汽车电工维修
经验 与 禁忌

吴文琳　主编　　　　林瑞玉　副主编

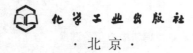
·北京·

内 容 提 要

本书根据汽车电工实际工作需要,重点介绍了汽车(含电动汽车、油电混合动力车)电气与电子设备维护与维修方法、技巧和禁忌,主要内容包括汽车电工维修常用工具、仪器及使用方法与技巧,汽车故障排查思路与要点,汽车电源系统与启动系统故障排查方法与技巧,汽车电控发动机故障的排查方法与技巧,底盘故障的排查方法与技巧,汽车车身辅助系统与车载网络系统故障排查方法与技巧,电动汽车故障排查方法与技巧。本书内容丰富,可操作性强,既是广大汽车电工的良师益友,也是汽车维修必备的工具书。

本书适合广大汽车维修人员、汽车爱好者阅读使用,可作为汽车院校相关专业师生的参考书,也可作为汽车电工培训用书。

图书在版编目(CIP)数据

汽车电工维修经验与禁忌/吴文琳主编. —北京:化学工业出版社,2020.4
ISBN 978-7-122-35927-8

Ⅰ.①汽… Ⅱ.①吴… Ⅲ.①汽车-电气设备-车辆修理 Ⅳ.①U472.41

中国版本图书馆 CIP 数据核字(2020)第 113199 号

责任编辑:辛　田　　　　　　　　　　文字编辑:冯国庆
责任校对:边　涛　　　　　　　　　　装帧设计:王晓宇

出版发行:化学工业出版社(北京市东城区青年湖南街 13 号　邮政编码 100011)
印　　刷:三河市航远印刷有限公司
装　　订:三河市宇新装订厂
787mm×1092mm　1/16　印张 19　字数 494 千字　2020 年 9 月北京第 1 版第 1 次印刷

购书咨询:010-64518888　　　　　　　售后服务:010-64518899
网　　址:http://www.cip.com.cn
凡购买本书,如有缺损质量问题,本社销售中心负责调换。

定　　价:78.00 元　　　　　　　　　　　　　　　　版权所有　违者必究

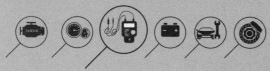

前言

随着汽车行业的快速发展，汽车电子化程度也越来越高，导致汽车的结构原理、使用和维修等方面发生了一系列的变化，电气系统越来越复杂，从而对汽车电工也就提出了更高的要求。为了满足广大汽车电工的工作需要，尽快提高电气设备和电控系统维修的操作技能，我们编写了本书，以帮助汽车电工提高汽车电气设备维修技术及处理实际问题的能力。

本书根据汽车电工实际工作需要，重点介绍了汽车（含电动汽车、油电混合动力车）电气与电子设备维护与维修方法、技巧和禁忌，主要内容包括汽车电工维修常用工具、仪器及使用方法与技巧，汽车故障排查思路与要点，汽车电源系统与启动系统故障排查方法与技巧，汽车电控发动机故障的排查方法与技巧，底盘故障的排查方法与技巧，汽车车身辅助系统与车载网络系统故障排查方法与技巧，电动汽车故障排查方法与技巧。

本书内容丰富、可操作性强，既是广大汽车电工的良师益友，也是汽车维修必备的工具书。本书适合广大汽车维修人员、汽车爱好者阅读使用，可作为汽车院校相关专业师生的参考书，也可作为汽车电工培训用书。

本书由吴文琳任主编，林瑞玉任副主编，参加编写的人员还有：林志强、林国强、黄志松、林志坚、何木泉、杨光明、林宇猛、陈谕磊、李剑文。在本书编写过程中，参阅了一些文献资料，在此向有关文献资料的作者表示诚挚的谢意。

由于编者水平有限，书中难免有不妥之处，敬请广大读者批评指正。

编者

目录

第一章
汽车电工维修常用工具、仪器及使用方法与技巧

第一节 常用电工工具、仪器及使用 …… 2
一、数字式万用表在汽车维修中的运用 …… 2
二、常见汽车检测工具及使用 …… 7
三、红外线测温仪的类型及使用 …… 9
四、钳形电流表的使用 …… 10
五、绝缘电阻表的使用 …… 11
六、常用电工工具、仪器使用的禁忌 …… 16

第二节 汽车电控装置故障维修常用仪表仪器及使用 …… 18
一、汽车故障诊断仪及使用 …… 18
二、汽车示波器及使用 …… 22
三、发动机尾气分析仪与真空表及使用 …… 24
四、CAN 分析仪 …… 25
五、电控装置故障维修中常用仪表仪器使用的禁忌 …… 26

第三节 汽车空调维修常用工具及使用 …… 26
一、维修汽车空调专用工具及使用 …… 26
二、空调系统的检测 …… 33
三、空调维修常用工具及使用的禁忌 …… 35

第四节 汽车电气维修安全常识 …… 35
一、电工安全操作规范 …… 35
二、预防触电的安全措施及急救方法 …… 36
三、新能源汽车安全操作规范 …… 38
四、预防电击、火灾和防爆炸措施 …… 41
五、汽车电气维修作业的禁忌 …… 43

第二章
汽车故障排查思路与要点

第一节 汽车故障的基本分析方法 …… 45

一、汽车及电动汽车电气设备的组成 …………………………………… 45
　二、汽车电气系统故障的类型与特点 …………………………………… 46
　三、汽车故障排查的基本方法 …………………………………………… 48
　四、汽车故障大致方向的判断方法 ……………………………………… 53
第二节　电控系统故障的分析技巧 ……………………………………………… 54
　一、电控系统故障维修操作方法与技巧 ………………………………… 54
　二、汽车电控系统维修注意事项 ………………………………………… 57
　三、汽车故障码与故障的关系 …………………………………………… 59
　四、与 ECU 自诊断系统无关和不能识别的故障 ……………………… 62
　五、汽车 ECU 自诊断测试操作方法 …………………………………… 64
　六、数据流读取与故障分析 ……………………………………………… 68
　七、利用故障表诊断故障 ………………………………………………… 73
　八、汽车电控系统疑难故障的维修 ……………………………………… 74
　九、电控系统的基本设定 ………………………………………………… 77
　十、电控系统维修中的禁忌 ……………………………………………… 79
第三节　汽车电路故障的分析方法与技巧 ……………………………………… 81
　一、汽车电路类型与故障 ………………………………………………… 81
　二、汽车电路的基本接线规律 …………………………………………… 84
　三、识读汽车电路的基本方法 …………………………………………… 88
　四、利用电路图检查故障的方法 ………………………………………… 90
　五、汽车导线与插接器的检查 …………………………………………… 93
　六、汽车电路搭铁不良故障的排查方法 ………………………………… 96
　七、继电器故障的分析方法与技巧 ……………………………………… 97
　八、汽车电路维修的禁忌 ………………………………………………… 99

第三章

汽车电源系统与启动系统故障排查方法与技巧

第一节　蓄电池故障的排查方法与技巧 ……………………………………… 102
　一、蓄电池正负极性的识别 …………………………………………… 102
　二、蓄电池技术状况的检测方法与技巧 ……………………………… 103
　三、免维护蓄电池技术状况的检测方法 ……………………………… 105
　四、蓄电池亏电的影响与应对措施 …………………………………… 106
　五、蓄电池的充电与防止硫化的方法 ………………………………… 107

六、蓄电池常见故障的诊断与排除 …………………………… 108
　　七、蓄电池故障维修的禁忌 …………………………………… 110
第二节　交流发电机与电压调节器 ………………………………… 111
　　一、发电机接线柱的识别 ……………………………………… 111
　　二、交流发电机的不解体检测 ………………………………… 112
　　三、发电机的性能测试 ………………………………………… 114
　　四、汽车无刷交流发电机的检测 ……………………………… 115
　　五、充电系统故障排查方法 …………………………………… 117
　　六、电压调节器的检查与测试 ………………………………… 118
　　七、供电系统故障排查方法 …………………………………… 119
　　八、交流发电机维修后的测试方法 …………………………… 123
　　九、供电系统故障维修的禁忌 ………………………………… 123
第三节　启动系统故障排查方法与技巧 …………………………… 124
　　一、起动机与接线柱的识别 …………………………………… 124
　　二、启动系统主要元件的检测方法 …………………………… 126
　　三、起动机的故障与诊断 ……………………………………… 130
　　四、启动系统常见故障的排查方法与技巧 …………………… 131
　　五、智能进入和启动系统故障排查思路 ……………………… 135
　　六、启动系统故障维修的禁忌 ………………………………… 137

第四章

汽车电控发动机故障的排查方法与技巧

第一节　发动机燃油喷射系统故障排查方法与技巧 ……………… 139
　　一、电控燃油喷射系统的检测方法与技巧 …………………… 139
　　二、发动机故障诊断排除的基本原则 ………………………… 141
　　三、电控发动机故障排查方法与技巧 ………………………… 142
　　四、发动机燃油喷射系统主要组成部分及配线异常时的故障 … 145
　　五、发动机排放控制系统故障排查技巧 ……………………… 146
　　六、电控燃油喷射系统维修的禁忌 …………………………… 149
第二节　发动机点火系统故障排查方法与技巧 …………………… 151
　　一、电子点火系统的故障排查方法与技巧 …………………… 151
　　二、点火系统主要部件故障的排查方法 ……………………… 153
　　三、点火系统常见故障及其排除方法 ………………………… 157

四、微机控制点火系统的常见故障的诊断与排除 …………………… 158
　　五、发动机点火系统故障维修的禁忌 …………………………………… 160
第三节　发动机电控系统故障排查方法与技巧 ……………………………… 162
　　一、传感器故障的排查方法与技巧 …………………………………… 162
　　二、执行器故障排查的方法及技巧 …………………………………… 165
　　三、发动机电控单元自诊断的功能与故障识别 ……………………… 167
　　四、发动机电控单元故障的类型与主要原因 ………………………… 167
　　五、发动机电控单元损坏的主要原因及检测方法 …………………… 168
　　六、发动机电控单元的故障维修技巧 ………………………………… 169
　　七、发动机电控系统常见故障的一般诊断方法 ……………………… 172
　　八、发动机电控系统故障维修的禁忌 ………………………………… 173
第四节　电控柴油机故障的排查方法与技巧 ………………………………… 175
　　一、电控柴油机维修注意事项 ………………………………………… 175
　　二、电控柴油机控制系统故障的主要表现 …………………………… 177
　　三、电控柴油机控制系统故障的排除方法 …………………………… 177
　　四、电控柴油机故障的诊断与排除方法 ……………………………… 185
　　五、电控柴油机故障维修的禁忌 ……………………………………… 189

第五章

底盘故障的排查方法与技巧

第一节　自动变速器故障排查方法与技巧 …………………………………… 192
　　一、自动变速器维修的注意事项 ……………………………………… 192
　　二、自动变速器故障的诊断原则 ……………………………………… 192
　　三、自动变速器故障排查方法 ………………………………………… 193
　　四、无级变速器维修注意事项 ………………………………………… 197
　　五、无级变速器电控系统的常见故障及原因 ………………………… 198
　　六、自动变速器故障维修的禁忌 ……………………………………… 199
第二节　电控动力转向系统故障排查方法与技巧 …………………………… 199
　　一、转向助力系统的结构与维修注意事项 …………………………… 199
　　二、电控汽车转向系统常见故障与排除方法 ………………………… 200
　　三、电动助力转向系统故障维修的禁忌 ……………………………… 202
第三节　防抱死制动系统故障排查方法与技巧 ……………………………… 202
　　一、维修防抱死制动系统注意的事项 ………………………………… 202

二、防抱死制动系统主要零部件的检测方法 …………………………………… 203
　　三、防抱死制动系统故障的维修方法 …………………………………………… 204
　　四、新能源汽车电动制动系统常见故障与排除方法 …………………………… 205
　　五、电控驻车制动系统故障的排查方法与技巧 ………………………………… 206
　　六、驱动防滑系统故障排查方法与技巧 ………………………………………… 207
　　七、防抱死制动系统与安全气囊故障维修的禁忌 ……………………………… 209

第六章

汽车车身辅助系统与车载网络系统故障排查方法与技巧

第一节　汽车照明、灯光信号及电喇叭系统 ……………………………………… 212
　　一、照明系统故障的排查方法与技巧 …………………………………………… 212
　　二、照明灯光电路常见的故障及排除方法 ……………………………………… 214
　　三、转向信号灯故障的排查方法与技巧 ………………………………………… 215
　　四、倒车灯、倒车雷达故障诊断排除 …………………………………………… 217
　　五、灯光系统故障的排查方法与技巧 …………………………………………… 218
　　六、电喇叭系统故障的排查方法与技巧 ………………………………………… 222
　　七、汽车照明、灯光信号及电喇叭系统维修的禁忌 …………………………… 224
第二节　汽车仪表与报警系统故障的排查方法与技巧 …………………………… 225
　　一、电子式组合仪表的维修注意事项 …………………………………………… 225
　　二、汽车仪表故障的检测方法 …………………………………………………… 226
　　三、电子组合仪表故障的排查方法 ……………………………………………… 226
　　四、电子组合仪表维修技巧 ……………………………………………………… 228
　　五、汽车报警系统常见故障的诊断与排除 ……………………………………… 230
　　六、仪表与报警系统故障维修的禁忌 …………………………………………… 230
第三节　车身辅助电气系统故障的排查方法与技巧 ……………………………… 231
　　一、汽车风窗刮水器故障的诊断方法 …………………………………………… 231
　　二、汽车刮水系统常见故障与排除 ……………………………………………… 232
　　三、电子智能式间歇刮水器常见故障维修 ……………………………………… 234
　　四、电动洗涤器系统故障排查方法 ……………………………………………… 234
　　五、启动预热装置常见故障诊断与排除 ………………………………………… 234
　　六、电动车窗故障的排查方法 …………………………………………………… 235
　　七、电动后视镜故障的排查方法 ………………………………………………… 236
　　八、电动座椅故障的排查方法 …………………………………………………… 236

九、电动天窗故障的诊断与排查 237
　　十、中控门锁常见故障的诊断与排除 239
　　十一、遥控装置故障的诊断及排除 240
　　十二、车身辅助电气系统故障维修的禁忌 241
第四节　空调系统故障排查方法与技巧 242
　　一、空调系统故障的诊断方法 242
　　二、制冷系统主要部件的就车检查 243
　　三、汽车空调制冷系统故障的查排方法 245
　　四、空调暖风系统故障排查方法 246
　　五、空调系统常见故障及排除方法 248
　　六、电动汽车空调故障的排查方法与技巧 250
　　七、电动空调常见故障与排除方法 252
　　八、空调系统故障维修的禁忌 254
第五节　车载网络系统故障的排查方法与技巧 255
　　一、典型车载网络的结构 255
　　二、车载网络故障的排查方法与技巧 256
　　三、电动汽车整车 CAN 总线网关及网络化管理 260
　　四、车载网络系统故障维修的禁忌 261

第七章

电动汽车故障排查方法与技巧

第一节　动力电池与管理系统故障排查方法 263
　　一、高压动力电池系统的组成与维修注意事项 263
　　二、动力电池系统故障排查基本思路 265
　　三、电池管理系统故障排查方法 270
　　四、动力电池系统常见故障与处理方法 271
　　五、动力电池系统故障维修的禁忌 273
第二节　驱动电动机与电动机控制器故障排查方法 273
　　一、驱动电动机系统故障排查基本思路 273
　　二、驱动电动机故障诊断与排除方法 274
　　三、驱动电动机控制器维修注意事项 276
　　四、驱动电动机控制器故障的诊断与排除方法 276
　　五、驱动电动机与电动机控制器故障维修的禁忌 279

第三节　高压配电系统故障排查方法 …………………………………………… 279
一、高压配电系统的组成构造 ………………………………………………… 279
二、高压配电系统维修注意事项 ……………………………………………… 281
三、高压配电系统常见故障诊断与排除 ……………………………………… 282
四、高压配电系统维修禁忌 …………………………………………………… 283

第四节　DC/DC 转换器与充电系统故障排查方法 ……………………………… 283
一、DC/DC 转换器故障排查思路 ……………………………………………… 283
二、高压转低压系统常见故障与排除 ………………………………………… 285
三、电动汽车充电注意事项 …………………………………………………… 287
四、充电系统常见故障诊断与排除 …………………………………………… 289
五、汽车充电系统使用的禁忌 ………………………………………………… 292

参考文献 …………………………………………………………………………… 294

第一章

汽车电工维修常用工具、仪器及使用方法与技巧

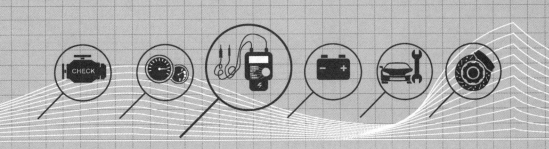

第一节　常用电工工具、仪器及使用

一、数字式万用表在汽车维修中的运用

目前，在汽车维修领域，大多使用数字式多功能汽车万用表，它是在数字式万用表原有功能的基础上，添加了模拟转换模块（简称转换模块），具备传感器信号模拟和驱动执行器的功能。它除具有一般万用表的通断性、电压、电流、电阻测试功能之外，还具有信号频率测量、发动机转速测量、脉宽测量、温度测量、占空比测量等汽车电路检测的实用功能，是汽车电工必备的工具。

1. 汽车万用表

汽车万用表的型号较多，表面的设计和布置也各不相同，但其结构大致相同。主要由数字及模拟量显示屏、功能按钮、测试项目选择开关、温度测量插孔、公用插孔（用于测量电压、电阻、频率、闭合角、频宽比和转速等）、搭铁插孔、电流测量插孔等构成。数字式万用表面板上的符号及含义见表1-1，数字式万用表上的外文字母含义见表1-2。

表1-1　数字式万用表面板上的符号及含义

序号	图形符号	名称及含义	序号	图形符号	名称及含义
1	⎓	直流	8	CYL	发动机气缸数
2	∼	交流	9	⏚	接地
3	⊀	闭合角	10	⚠	高压危险
4	↻	转速	11	🔋	电量不足
5	▷|	二极管	12	)))	蜂鸣通断
6	⎓∼	直流或交流	13	⚠	警告提示
7	DUTY	占空比	14	▯	双重绝缘

表1-2　数字式万用表上的外文字母含义

项目	外文字母（单词或语句）	中文含义	备注
量程类	RANGE	量程转换	—
	AUTO RANGE	自动量程转换	
	MANUAL RANGE	手动量程转换	
	AUTO/MANUAI RANGE	自动/手动量程转换	—

续表

项目	外文字母(单词或语句)	中文含义	备注
熔丝类	FUSE	熔丝	—
	FUSED	设熔丝保护	—
	UNFUSED	未设熔丝保护	—
按键	ON/OFF	开/关	—
	HOLD	数据保持	按动此键,可使测量数据保持
	PK HOLD	峰值(数据)保持	按动此键,能自动记录测量过程中的最大数据
	DATA	数据储存	—
	COM	模拟地公共插口	—
	MAX	最大值	—
	MIN	最小值	—
	DOWN	由大到小	—
	UP	由小到大	—
	TEMP	温度(测量)	—
	AUTO CAL	自动校准	—
	SEC	秒	—
	EACH	每次、各自	—
	AUTP POWER OFF	自动关机	—
	FUSE PROVIDED	电路熔丝保护	—

目前数字式万用表使用较多的是 DT-890 系列、DT9205 系列等。DT-890 型数字式万用表前后面板主要包括液晶显示器;电源开关;量程(功能)转换开关;h_{FE} 插口;表笔插孔及在后盖板下的电池盒,如图 1-1 所示。

① 如图 1-1 所示,万用表可以实现很多测量功能,表笔插孔有 4 个:标有"COM"字样的为公共插孔,通常插入黑表笔;标有"V/Ω"字样的插孔应插入红表笔,用以检测电阻值和交直流电压值;检测交直流电流有两个插孔,分别为"A"和"10A",供不同量程挡选用,也插入红表笔。

② 位于面板中间的是量程(功能)转换开关,又称为功能选择开关,用来检测时选择项目和量程。可以将旋钮拧在二极管处测导线的通断;旋钮拧在电阻挡可以测电阻;拧在直流电压挡测直流电压;也可以测交流电压以及直流电流、电容、三极管等。测量这些数据时的原则是接好对应的线,一定从刻度较大的挡位开始往最合适的挡位变换,这样不会损坏万用表。

由于最大显示数为±1999,不到满度 2000,所以量程挡的首位数几乎都是 2,如 200Ω、2kΩ、2V 等。

③ 液晶显示器直接以数字形式显示检测结果。普及型数字式万用表多为三位半仪表(如 DT-890 型),其最高位只能显示"1"或"0"(0 也可消隐,即不显示),故称半位,其余 3 位是整位,可显示 0~9 全部数字。三位半数字式万用表最大显示值为 1999。仪表具有自动显示极性功能,即如果被测电压或电流的极性错了,不必改换表笔接线,而在显示值面

前出现负号"一",也就是说此时红表笔指低电位,黑表笔接高电位。

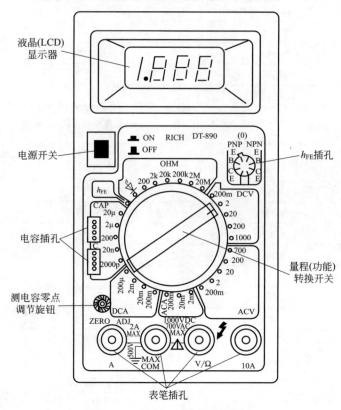

图1-1　DT-890型数字式万用表

2. 汽车万用表在故障维修中的应用

汽车万用表在故障维修中的应用主要有下列几个方面。

(1) 温度检测　测试该项目时应将功能选择开关置于温度(Temp)挡,按下功能按钮(℃/℉),将黑线搭铁,探针线插头端插入汽车万用表温度测量插孔,探针线插头端接触被测物体,显示屏即显示被测物体的温度。

(2) 信号频率检测　首先将测试项目选择开关置于频率(Freq)挡,黑线(自汽车万用表搭铁插孔引出)搭铁,红线(自汽车万用表公用插孔引出)接被测信号线,显示屏即显示被测信号的频率。

汽车上产生可变频率的传感器主要有数字式空气流量计、数字式进气压力传感器、光敏式车速传感器(VSS)、光敏式曲轴位置传感器(CKP)、光敏式凸轮轴位置传感器(CMP)、霍尔式车速传感器(VSS)、霍尔式曲轴位置传感器(CKP)和霍尔式凸轮轴位置传感器(CMP)等。

频宽比检测时,应将测试项目选择开关置于频宽比(Duty Cycle)挡,红线接电路信号,黑线搭铁,发动机运转,显示屏即显示脉冲信号的频宽比。

(3) 点火线圈初级电路闭合角测量　将测试项目选择开关置于闭合角(Dwell)挡,黑线搭铁,红线接点火线圈负接线柱,发动机运转,显示屏即显示点火线圈初步电路的闭合角。

(4) 起动机启动电流测量　首先将测试项目选择开关置于400mV挡(即用测量电流传感器电压的方法来测量起动机的启动电流),把霍尔式电流传感夹夹到蓄电池线上,其引线插头插入电流测量插孔,按下最小/最大功能按钮,然后拆下点火高压线,用起动机转动曲轴 2~3s,显示屏即显示起动机的启动电流值。

(5) 发动机转速检测 将测试项目选择开关置于转速(RPM)挡,转速测量专用插头插入搭铁插孔与公用插孔中,感应式转速传感器(汽车万用表附件)夹在某一缸高压点火线上,在发动机工作时,显示屏即显示发动机的转速。

(6) 利用汽车万用表检测电控系统故障时 首先检查熔丝、易熔线和接线端子的状况,在排除这些地方的故障后再用汽车万用表进行检查。除在测试过程中特殊指明者外,不能用指针式万用表测试电控单元(ECU)和传感器,而应使用高阻抗数字式万用表,万用表内阻应不低于 $10k\Omega$。

(7) 线路断路或短路故障检测 在检查线路断路故障时,应先脱开 ECU 和相应传感器的插接器,然后测量插接器相应端子间的电阻,以确定是否有断路或接触不良故障;检查线路搭铁短路故障时,应拆开线路两端的插接器,然后测量插接器被测端子与车身(搭铁)之间的电阻值。电阻值大于 $1M\Omega$ 为正常。

(8) 集成电路的检测 用万用表检测 TTL 集成电路好坏的方法如下。

① 首先要熟悉集成电路的内部结构原理,然后采用由后向前逐级检查的方法,分析其故障产生的原因。用 500 型万用表 $R\times 1k$ 挡检查 TTL 集成电路的数据见表 1-3,它是用万用表判别 TTL 集成电路好坏的一种实用方法。

表 1-3 用 500 型万用表 $R\times 1k$ 挡检查 TTL 集成电路的数据

测量项目	正常值/kΩ	不正常值/kΩ	万用表接法	备注
输入输出各端对电源地端	5	<1 或 >12	黑表笔搭铁端,红表笔接其他各端	用 500 型万用表 $R\times 1k$ 挡。用其他万用表会略有出入
正电源端对电源地端	3	0 或 ∞		
输入输出各端对电源地端	>40	<1	红表笔搭铁端,黑表笔接其他各端	
正电源端对电源地端	3	0 或 ∞		

② 电压测量判断法。对有可疑的集成电路,测量其引脚电压,将测量的结果与已知道或经验数据进行比较,进而判断出故障范围。

③ 信号检查法。利用示波器及信号源,检查电路各级的输入和输出信号。对于数字集成电路,主要是通过信号来查清它们的逻辑关系。可疑级一般发生在正常与不正常信号电压的两测试点之间的那一级。

(9) 用万用表在线检测集成电路的直流电阻 用万用表测量各引脚的内部等效直流电阻来判断其好坏,若各引脚的内部等效直流电阻与标准值相符,则说明这块集成电路是正常的;反之,若与标准值相差过大,则说明集成电路内部损坏。

因为集成电路内部有晶体三极管与二极管等非线路性元件,所以在测量时必须互换表笔检测,以获得正、反向两个阻值。只有当内部等效直流电阻正、反向阻值都符合标准,才能断定该集成电路完好。在电路中测得的集成电路某引脚与搭铁脚之间的直流电阻(在线电阻),实际是内部电阻与外部电阻并联后的总等效直流电阻。

(10) 用万用表在线检测集成电路的电压 在线测量电压是用万用表检测集成电路各引脚对地交、直流电压。

① 检测直流电压。在通电情况下,检测集成电路各引脚对地直流电压值,并与正常值

相比较，若电压与标准值不符，可断开引脚连线测接线端电压，以判断电压变化是外围元件引起的，还是集成电路内部引起的。也可以用万用表欧姆挡，直接在电路板上测量集成电路各引脚和外围元件的正、反向直流电阻，并与正常数据相比较，来发现和确定故障。

② 检测交流电压。对于一些工作频率比较低的集成电路，为了掌握其交流信号的变化情况，可用带有"dB"插孔的万用表对集成电路的交流工作电压进行近似测量。检测时，万用表置于交流电压挡，红表笔插入"dB"插孔。若无"dB"插孔，可在红表笔上串接一个 $0.1\sim0.5\mu F$ 的隔直电容器。

用数字式万用表检测交流电压时要把万用表挡位拨到交流挡，然后检测引脚对电路（对地）的交流电压。如果电压异常，则可断开引脚连线测接线端电压，以判断电压变化是由外围元件引起的，还是由集成电路内部引起的。

3. 使用数字式万用表应注意事项

① 数字式万用表适宜在 (23 ± 5)℃、相对湿度＜80％的环境中工作，实际使用环境应该控制在 0～40℃，相对湿度＜85％的范围内。禁止在高温、高湿、严寒、多尘以及阳光直射的环境下使用数字式万用表，以防液晶显示器损坏和集成电路及印制电路板漏电。如果液晶显示模糊或者字体残缺不全（例如"8"字显示成"3"），可能是环境温度过低的缘故，只要将万用表移到暖和的地方就会恢复正常显示。

② 使用数字式万用表之前，应当熟悉控制面板上的符号及其含义。然后检查线路的熔丝和接线端子的状况，是否断路或者接触不良。在排除这些地方的故障之后，再用数字式万用表正式进行测量。

测量时，可以在垂直方向和水平方向轻轻摇动导线，保证插头与插座、表笔与被测点之间接触良好，以提高准确性。如果线路接触不良，将产生额外电阻，这部分电阻就要消耗电压，产生电压降。另外，测量时人手不得碰触表笔的金属端或者被测物体，以免人体的电阻影响测量的结果。

③ 要保持表笔、导线的完好和清洁。凡是导线绝缘部分破损、表笔锈蚀或者弯曲，都要予以更换；表笔从蓄电池的接线柱上粘到了脏的氧化物，必须予以清除。检查数字式万用表导线是否完好的简便方法是：选择"电阻"挡，然后将两根表笔短接，此时表上的电阻读数应该为 0，如果读数大于 0，说明存在额外的电阻。如果不进行调整，该阻值会加到所测得的读数上，因而会影响测试的准确性。

④ 量程应该选择最接近的那一挡。万用表测量电压、电流和电阻都有不同的量程范围可供选择，所选择的量程越接近实际，测量出来的数值越精确。

⑤ 如果被测线路太长，或者线路深藏在汽车的某个装置之下，可以采用"对半开"的办法，在中间适当的位置找一个高阻抗的插头作为分界点，把长线路一分为二，再用数字式万用表对这两段分别进行测量。

⑥ 测量电阻时应当断开电源（包括可疑电路的电源），严禁在被测线路带电的情况下测量电阻，以免烧坏万用表，这样也可以防止出现错误读数。不允许用电阻挡测量蓄电池内阻。因为这样相当于电阻测量电路外加了一个电压，测量结果完全失去意义，而且还有可能损坏万用表。为了避免动态测量线路电阻时造成数字式万用表损坏，可以通过测量线路的"电压降"，然后运用公式 $R=U/I$ 计算，间接测量线路的电阻。

⑦ 测量电压应注意事项。

a. 根据电压的性质，选择"交流电"挡或者"直流电"挡。

b. 估计电源电压的高低，选择合适的电压量程挡位。

c. 红表笔接触被测的电子器件，黑表笔搭铁（即必须并联），然后观察万用表上的显示值，并与正常值对比，以确定电压是否正常。

d. 测量电控系统的电压时，点火开关应该接通（ON 位），蓄电池电压不低于 11V。

⑧ 绝不可使用万用表测量安全气囊（SRS）系统的传爆管，因为万用表带有电源，即使微弱的外加电流也可能点燃传爆管而造成重大伤害。

⑨ 电路中的二极管和固态部件可能导致数字式万用表显示出虚假读数。为了判断部件是否对测量结果有影响，可以先获得一个读数，然后将万用表的两根表笔调换，再获得第二个读数。如果这两个读数不相同，说明固态部件影响了万用表的测量结果。

⑩ 数字式万用表使用完毕，应该将量程开关转至最高交流电压挡，然后关闭电源，防止下次误操作而损坏数字式万用表。

⑪ 表内的电池（9V）最好每半年更换一次。虽然数字式万用表的电池能够使用较长时间（碱性电池的使用寿命一般为 500h），但是检测精度会随着电池电量的消耗而下降。如果数字式万用表的电量指示灯已经亮了很长时间，还一直在使用，所测得的数据可能不准确。

二、常见汽车检测工具及使用

常见的汽车检测工具有：跨接线、测试灯和绝缘工具三种。

1. 跨接线

汽车用跨接线（SST）俗称位跳线、短接线，就是一段长短不一的多股导线，两端分别接有鳄鱼夹或者不同形式的各种插头，以满足在不同的场合下使用。跨接线，长的达 2m，若过长，携带不方便；若过短，则可能不够用。它具有以下功能。

① 替代被怀疑断路的导线，起鉴别通断的作用。

② 若怀疑某部件性能失常，可以用跨接线将其隔离开来，检查该部件的工作状态。

③ 使用线径在 $16mm^2$ 以上的鳄鱼夹式跨接线，可以借助其他汽车上的蓄电池，启动故障车的发动机。

④ 跨接电控汽车诊断座上的 +B 端子和 FP 端子，可以接通电动燃油泵的电路；跨接诊断座上的 FP 端子和 E1 端子，可以触发 ECU，从而读取发动机的故障码。

⑤ 检查点火线圈的工作性能，具体方法如下。

a. 关闭点火开关，拆掉点火线圈 "−" 接线柱上的全部导线，将跨接线的鳄鱼夹夹持在点火线圈 "−" 接线柱上。

b. 拔出分电器盖上的中央高压线，使其端部离开气缸体 7mm 左右。

c. 接通点火开关，用跨接线的另一端间断地碰触点火线圈 "−" 接线柱。每当脱离时，若在高压线的端部产生一次火花（跳火），说明点火系统的低压电路和点火线圈良好；若不跳火，则说明点火系统低压电路或点火线圈有故障。

2. 测试灯

测试灯分有无源测试灯和有源测试灯两种。测试灯的使用方法及作用如下。

（1）无源测试灯

① 检查控制系统或电路的电源电路是否给各电气系统提供电源。使用时，将测试灯一端搭铁，另一端接电气部件电源插头。如灯亮，说明电气部件的电源电路无故障；如灯不亮，再接去向电源方向的第二个接点，如灯亮，则故障在第一接点与第二接点之间，电路出现的是断路故障。如灯仍不亮，则再去接第三接点……直到灯亮为止。且故障在最后被测接头与上一个被测接点间的电路上，大多为断路故障。

② 检测高压线是否漏电。操作方法是：启动发动机，将测试灯的负极搭铁，正极在高压

线之间晃动（需要保持一定的距离），如果测试灯连续闪烁，说明距离其最近的高压线漏电。

③ 具有跨接线和指示灯的双重作用。操作方法是：将测试灯跨接在汽车专用诊断座的相应端子上，触发ECU的自诊断功能，通过测试灯的闪烁频率，可以读取发动机的故障码，以便进行诊断。

（2）有源测试灯 用来检查电气线路的断路和短路故障。

① 断路检查。首先断开与电气部件相连接的电源电路，将测试灯一端搭铁，另一端接电路各接点（从电路首端开始）。如果灯不亮，则断路出现在被测点与搭铁之间；如灯亮，则断路出现在此被测点与上一个被测点之间。

② 短路检查。首先断开电气部件电路的电源线和搭铁线，测试灯一端搭铁，一端与余下电气部件电路相连接，如灯亮，表示有短路故障（搭铁）存在，然后逐步将电路中插接器脱开，开关打开，拆除部件等，直到灯灭为止，则短路出现在最后开路部件与上一个开路部件之间。

（3）防"虚电" 在很多情况下，线路电压正常并不能保证电流也正常。使用万用表检测可能有电压，但是若加上合适的负载，使用测试灯检测线路的电流，就会发现不正常，这就是所谓的"虚电"现象。"虚电"通常是指电路某处因针脚氧化或者连接螺钉松动等原因引起接触不良，在这种情况下可以通过小电流，所以用万用表测量电压，显示是正常的，但是若施加负荷，有一定的负载电流时，"虚电"电压就会减小甚至完全消失。这种情况要么造成起动机运转无力，要么造成插接器端子发热。

为此，最好用测试灯进行有负荷测试，如果线路的接触电阻很大，测试灯的亮度会下降。也可以在线路中串联电流表检测工作电流，如果线路接触不良造成接触电阻过大，在电压不变的情况下，显示的电流值会很小。

> **小贴士**
>
> 如果对于哪些情况可以使用测试灯不清楚，或者对测试灯的功率应多大没有把握，也可以使用测试灯，改为在不断开车上用电器插头的情况下测量供电电压，这种不断开负载的测量方法有助于准确判断故障原因。

3. 绝缘工具

（1）绝缘工具和检测设备的类型 除了传统的维修工具和检测设备外，新能源汽车因为存有高压电路，对高压系统部件进行维修时必须使用绝缘工具和检测设备，且绝缘工具必须装有耐压1000V以上的绝缘柄。

在新能源汽车维修时必要的绝缘以及防护工具包括：绝缘手套（绝缘等级为1000V/300A）、绝缘鞋、护目镜、绝缘安全帽（D类）、警示牌（高压危险，请勿靠近）、高压测试仪、绝缘工具、放电工具等，在开始作业前要对绝缘及防护工具进行检查，以确保其性能。新能源汽车常用的维修工具和检测设备见表1-4。

表1-4 新能源汽车常用的维修工具和检测设备

序号	类型	工具设备名称	规格要求	单位	备注
1	拆装工具	套装	高压电维修绝缘工具，耐压1000V	套	—
2	检测仪表	数字式万用表	符合CAT Ⅲ要求	个	如FLUKE系列万用表
3		数字电流钳	符合CAT Ⅲ要求	台	如FLUKE321
4		高压绝缘测试仪	符合CAT Ⅲ要求	台	如FLUKE1587

续表

序号	类型	工具设备名称	规格要求	单位	备注
5	诊断仪器	专用车型诊断仪	对应车型	套	如北汽BDS,比亚迪ED400、ED1000
6	防护用品	绝缘台	耐压≥10kV	台	—
7		绝缘手套	耐压≥10kV	副	—
8		绝缘鞋	耐压≥10kV	双	—
9		护目面罩(护目镜)	耐压≥10kV	副	—

（2）绝缘工具的使用方法　与传统普通型工具相比，专用绝缘工具绝缘面积大，除了与零部件接触点没有绝缘外，其他地方均进行了相应绝缘处理。绝缘工具通常由两个绝缘层构成，工具内部的绝缘层大多为黄色，而外层为橘色。双绝缘层的作用是为使用者提供安全预警：若工具的绝缘部分磨损与破坏，露出内部的黄色绝缘层，则必须废弃并更换新的完好工具。绝缘工具应包含绝缘旋具、绝缘钳、绝缘套筒和绝缘扭力扳手，如图1-2所示。

绝缘工具的使用方法与普通工具相同，但是有以下特别需要的注意事项。

① 有专门的工具室存放，室内应通风良好、清洁、干燥。

② 如发现绝缘工具损伤或受潮，应及时进行维修和干燥处理，试验合格后方可使用。

③ 绝缘工具必须按规定定期进行绝缘性能的试验，不符合试验要求的禁止使用。

除了进行拆装外，纯电动汽车维修作业也离不开一些检测工具，同时离不开绝缘检测设备，如万用表、绝缘测试仪等。

图1-2　绝缘工具

三、红外线测温仪的类型及使用

红外线测温仪分为接触式和非接触式两种。采用接触式测量时，应当在零件上找一个最合适的位置，然后将红外测温仪抵在这个位置进行测量。由于发动机机体（铸件）会造成部分热量散失，所以红外测温仪的读数比实际温度低5～8℃。

红外线测温仪适宜的测试范围及使用方法如下。

① 如果发动机的冷却液温度过高，可以用红外线测温仪测试冷却系统散热器进水管和出水管等处的温度，并与故障诊断仪的数据流结合起来分析。然后检查节温器的开闭是否正常，冷却液温度传感器是否损坏，冷却液是否变质。

② 若尾气中HC含量偏高，可以测量三元催化转化器入口处和出口处的温度。在发动机工作正常的情况下，三元催化转化器的工作温度为400～800℃，怠速时三元催化转化器出口处的温度比入口处的温度高约10%，若出口温度过高，说明混合气过浓，点火系统缺火或者电控系统有故障，造成三元催化转化器的负担过重。如果在工作温度状态下，催化转化器入口和出口处的温度没有差别，说明三元催化转化器失效。如果三元催化转化器的温度过高甚至烧红，说明有可燃料混合气在其中燃烧，应当查明"缺缸"的具体原因。

③ 检测EGR系统的状态。让发动机中速运转，然后检测EGR阀与进气歧管连接处的

温度，应当高于进气歧管其他部位的温度，否则说明 EGR 阀或其真空管路、控制电路有故障。

④ "缺缸"检查。用红外线测温仪测量各缸火花塞的温度，工作不良的火花塞温度会比其他缸火花塞的温度低一些。也可以用测温仪测量各缸排气歧管的温度，若某一缸排气歧管的温度明显偏低，说明该缸工作失常，应当检查这个气缸是否积炭严重，或者不喷油等。

⑤ 检测自动变速器。首先测量自动变速器油（ATF）的温度，若 ATF 温度过高，再测量 ATF 散热器进油管与出油管的温度差，以判断 ATF 散热器是否堵塞。在正常情况下，ATF 散热器进油口的温度应比出油口的温度高约 30℃。若温差小于 30℃，说明散热器内的冷水道堵塞；若温差大于 30℃，说明散热器内的 ATF 油道堵塞，其原因大多数是摩擦片烧蚀或脱落。

⑥ 检测点火线圈和点火模块是否发生断路和短路。

用红外线测温仪检测发动机工作或启动时点火线圈和点火模块的温度。

a. 检测点火线圈和点火模块是否发生断路。点火线圈和点火模块在反复几次启动（启动不着）后表面温度和环境温度一样，说明内部线圈断路，必须更换。

b. 检测点火线圈和点火模块是否发生短路。冷车行驶完全正常，热车行驶中突然熄火，在熄火的第一时间，用红外线测温仪检测。

若点火线圈表面温度超过 95℃，说明内部线圈短路，必须更换。

若点火模块热点超过 100℃，说明模块内部短路，必须更换。

四、钳形电流表的使用

1. 钳形电流表的结构与作用

钳形电流表（图 1-3）的工作部分主要由电流表和穿心式电流互感器组成，穿心式电流互感器铁芯制成活动开口，且呈钳形，故名钳形电流表。钳形电流表是一种不需要断开电路就可以直接测量电路交流电流的便携式仪表。

① 在汽车电气系统维修中，钳形电流表常用来测量汽车休眠时的暗电流（静态电流）。测量方法是在车辆完全静止后，用钳形电流表夹住蓄电池的正极或负极，以测量通过电源主线的静态电流。如果静态电流过大，说明电气系统存在漏电现象，应及时进行维修，否则，车辆停放一段时间后，蓄电池电量将被耗光。

② 在进行新能源汽车维修时，由于驱动系统的导线（如逆变器与电动机之间）存在较大的交变电流，必须使用钳形电流表进行间接测量，便于及时了解设备的工作电流及设备的运行状况。

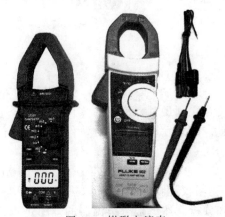

图 1-3 钳形电流表

2. 钳形电流表的使用方法

① 估算电流大小，选择正确挡位与电流类型。在使用钳形电流表时，根据电流的类型、电压等级正确选择钳形电流表，被测线路的电压要低于钳形电流表的额定电压。当测量高压线路的电流时，应选用与其电压等级相符的高压钳形电流表。查看钳形电流表的外观情况，一定要仔细检查表的绝缘性能是否良好，绝缘层无破损，手柄应清洁干燥。若指针没在零

位，应进行机械调零。钳形电流表的钳口应紧密结合，若指针晃动，可重新开闭一次钳口。

②打开电流钳，将被测量线路放入电流钳口中。使用时应按紧扳手，使钳口张开，将被测导线放入钳口中央，然后松开扳手并使钳口闭合紧密。钳口的结合面如有杂声，应重新开合一次，若仍有杂声，应处理结合面，以使读数准确。另外，不可同时钳住两根导线，如图 1-4 所示。读数后，将钳口张开，将被测导线退出，将挡位置于电流最高挡或 OFF 挡。

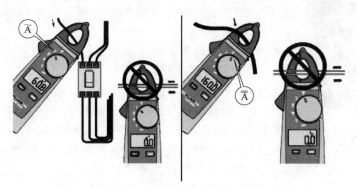

图 1-4 不可同时钳住两根导线

测量时应注意身体与带电体保持安全距离。当测量高压电缆各相电流时，电缆头线间距离应在 300mm 以上，且绝缘良好。观测读数时，要特别注意保持头部与带电部分的安全距离，人体任何部分与带电体的距离不得小于钳形电流表的整个长度。

> **注意**
> ①测量时电流钳应该保持钳口闭合，否则将测量出不正确的电流。
> ②钳形电流表要接触被测线路，所以钳形电流表不能测量裸导体的电流。用高压钳形表测量时，应由两人操作，测量时应戴绝缘手套，站在绝缘垫上，不得触及其他设备，以防止短路或搭铁。

五、绝缘电阻表的使用

新能源汽车使用了几百伏的高电压。在实际维修过程中，需要使用绝缘检测仪（绝缘电阻表）进行高压绝缘测量、充电桩（插座）的搭铁电阻测量等绝缘故障、漏电故障的确认。万用表测量的一般为低电压条件下的绝缘电阻，而绝缘电阻表测量的一般为高电压条件下的绝缘电阻。新能源汽车绝缘检测中广泛使用的绝缘检测仪有机械式和电子式两种。机械式一般使用较多的为手摇式绝缘电阻表，电子式绝缘电阻表是一种适用于多种应用场合的精密工具，该表既具有普通万用表的功能，同时具有测量绝缘性的功能，测量绝缘时通常设置有 100V、250V、500V、1000V 等挡位。

1. 手摇绝缘电阻表

（1）手摇绝缘电阻表的组成与类型　手摇绝缘电阻表又称摇表，它的刻度是以兆欧（MΩ）为单位的，因此又称兆欧表，如图 1-5 所示。它由摇柄、刻度盘和三个接线柱（即 L——线路端、E——接地端、G——保护环或叫屏蔽端）组成，保护环的作用是消除表壳表面"L"与"E"接线柱间的漏电和被测绝缘物表面漏电的影响。

手摇绝缘电阻表根据所测电压的不同，常用的有 500V、1000V 和 2500V 三种。选用的绝缘电阻表电压等级应高于被测物的绝缘电压等级。一般情况下，测量低压电气设备绝缘电阻时可选用 0~200MΩ 量程的绝缘电阻表。工作电压为 500~3000V（不含）的使用 1000V

的绝缘电阻表测量；工作电压在3000V及以上的使用2500V的绝缘电阻表测量。若选用高电压绝缘电阻表则可能损坏被测设备的绝缘。

无论是500V还是2500V的绝缘电阻表，只要在指针不为零的情况下，匀速摇（约120r/min），指针就会稳定在表盘的某个位置，根据表盘的显示数值和空格，就可以正确读出所测线路的绝缘电阻。

(2) 绝缘电阻表的使用方法

① 使用前安全检查

a. 首先选用与被测元件电压等级相适应的摇表，对于500V及以下的线路或电气设备，应使用500V或1000V的摇表；对于500V以上的线路或电气设备，应使用1000V或2500V的摇表。

b. 用摇表测试高压设备的绝缘时，应由两人进行。

图1-5 手摇绝缘电阻表

c. 测量前必须将被测线路或电气设备的电源全部断开，即不允许带电测绝缘电阻，并且要查明线路或电气设备上无人工作后方可进行。

d. 摇表使用的表线必须是绝缘线，且不宜采用双股绞合绝缘线，其表线的端部应有绝缘护套；摇表的线路端子"L"应接设备的被测相，接地端子"E"应接设备外壳及设备的非被测相，屏蔽端子"G"应接到保护环或电缆绝缘护层上，以减小绝缘表面泄漏电流对测量造成的误差。

e. 在使用前应检查绝缘电阻表连接线的绝缘层是否完好，有无破损。检查绝缘电阻表固定接线柱有无滑丝。测量前应对摇表进行开路实验和短路实验。

开路实验：将绝缘电阻表水平放置，连接线开路，以120r/min的速度摇动摇柄。在开路实验中，指针应指到∞处（在开路实验过程中，双手不能触碰线夹的导体部分，实验完成后，相互触碰线夹放电）。

短路实验：以120r/min的速度摇动摇柄，使"L"和"E"两接线柱输出线瞬时短接。短路实验中，指针应迅速指"0"。注意在摇动手柄时不得让"L"和"E"短接时间过长，否则将损坏绝缘电阻表。符合上述条件，说明摇表功能良好，可以使用。

f. 测试前必须将被测线路或电气设备接地放电。测试路线时，必须取得对方允许后方面进行。

g. 测量时，摇动摇表手柄的速度保持均匀120r/min为宜；保持稳定转速1min后，取读数，以便避开吸收电流的影响。

h. 测试过程中两手不得同时接触两根线。

i. 测试完毕应先拆线，然后停止摇动摇表。以防止电气设备向摇表反充电导致摇表损坏。

② 测量线路对地的绝缘电阻。将绝缘电阻表的"搭铁"接线柱（即E接线柱）可靠地搭铁（一般接到某一接地体上），将"线路"接线柱（即L接线柱）接到被测线路上，如图1-6(a)所示。连接好后，顺时针摇动绝缘电阻表，转速逐渐加快，保持在约120r/min后匀速摇动，当转速稳定，表的指针也稳定后，指针所指示的数值即为被测物的绝缘电阻值。

实际使用中，E、L两个接线柱也可以任意连接，即E可以与接被测物相连接，L可以与接地体连接（即搭铁），但G接线柱绝不能接错。

③ 测量电动机的绝缘电阻。将绝缘电阻表E接线柱接机壳（即搭铁），L接线柱接到电动

机某一相的绕组上,如图 1-6(b) 所示,测出的绝缘电阻值就是某一相的对地绝缘电阻值。

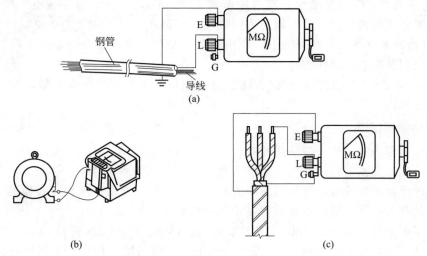

图 1-6 绝缘电阻表的接线方法

④ 测量电缆的绝缘电阻。测量电缆的导电线芯与电缆外壳的绝缘电阻时,将接线柱 E 与电缆外壳相连接,接线柱 L 与线芯连接,同时将接线柱 G 与电缆壳、芯之间的绝缘层相连接,如图 1-6(c) 所示。

观测被测设备和线路是否在停电的状态下进行测量。绝缘电阻表与被测设备间的连接导线不能用双股绝缘线或绞线,应用单股线分开单独连接。

确认三相导线无电,如有电需使用放电棒进行放电。为减少测量误差,通过接地线屏蔽测量时相线绝缘上产生的泄漏电流。接线时,先接接地端,后接导线端,拆线时顺序相反。电动机绕组对地绝缘电阻测量接线,选择 500V 量程的绝缘电阻表,使用时以 120r/min 的匀速摇动绝缘电阻表 1min,读取表针稳定的数值。

电动机绕组与绕组之间绝缘电阻测量:以 120r/min 的匀速摇动绝缘电阻表 1min,读取表针稳定的数值。低压电动机绝缘要求 380V 的为 $0.5M\Omega$ 及以上,220V 的为 $0.22M\Omega$ 及以上。

(3) 手摇绝缘电阻表使用注意事项

① 使用绝缘电阻表测量高压设备绝缘,应由两人操作。

② 应视被测设备电压等级的不同选用合适的绝缘电阻测试仪。

③ 测量用的导线,应使用绝缘导线,其端部应有绝缘套。

④ 手摇绝缘电阻表与被测设备之间应使用单股线分开单独连接,并保持线路表面清洁干燥,避免因线与线之间绝缘不良产生误差。

⑤ 测量绝缘时,必须将被测设备从各方面断开,验明无电压,证明设备上无人工作后,方可操作。在测量中禁止其他人接近设备。

⑥ 测量绝缘前后,必须将被测设备对地放电。被测设备必须与其他电源断开,以保护设备及人身安全。

⑦ 在带电设备附近测量绝缘电阻时,测量人员和绝缘电阻表的安放位置必须适当,保持安全距离,以免绝缘电阻表引线或引线支持物触碰带电部分。移动引线时,必须注意监护,防止工作人员触电。

⑧ 摇测时,将绝缘电阻表置于水平位置,摇把转动时其端钮间不许短路。摇测电容器、

电缆时,必须在摇把转动的情况下将接线拆开,否则反充电会损坏绝缘电阻表。

⑨ 摇动手柄时,应由慢渐快,均匀加速到 120r/min,并注意防止触电。摇动过程中,指针已指零时,不能再继续摇动,以防表内线圈发热损坏。

⑩ 为防止被测设备表面泄漏电阻,使用绝缘电阻时,应将被测设备的中间层(如电缆壳芯之间的内层绝缘物)接保护环。

⑪ 绝缘电阻表应定期校验。校验方法是直接测量有确定值的标准电阻,检查测量误差是否在允许范围内。

2. 数字绝缘电阻表

数字绝缘电阻表,又称为数字式兆欧表,也具有测量电器、电气电路绝缘性能的功能。它一般由直流电压变换器将电池电压转换为直流高压电作为测试电压,该测试电压施加于被测物上产生的电流经电流电压转换器转换为相应的电压值,然后送入模数转换器变为数字编码,再经微处理器计算处理,由显示器显示出相应的电阻值。

目前有多种型号的数字式兆欧表,例如 Fluke 1508、Fluke 1587 和 Fluke 1577 绝缘检测仪等。Fluke 1508 型仪表(图 1-7)是一种由电池供电的绝缘检测仪,该检测仪符合第四类(CAT Ⅳ)IEC 61010 标准。IEC 61010 标准根据瞬态脉冲的危险程度定义了四种测量类别(CAT Ⅰ～Ⅳ)。第四类(CAT Ⅳ)检测仪设计成可防护来自供电母线的(如高空或地下公用事业线路设施)瞬态损害。利用 F1508 绝缘检测仪可以进行测量,不仅可以得出绝缘电阻,还可以自动得出吸收比和极化指数。绝缘检测仪的使用方法可以参考各厂家的使用说明书。

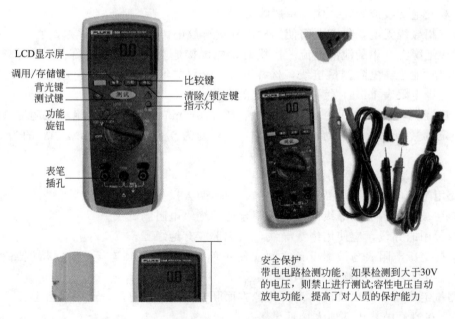

图 1-7 美国福禄克(Fluke)1508 绝缘检测仪

(1)仪表使用注意事项

① 严格按仪表使用手册操作,否则可能会破坏仪表提供的保护措施。

② 如果仪表或测试导线已经损坏,或者仪表无法正常操作,则请勿使用。若有疑问,请将仪表送修。

③ 在将仪表与被测电路连接之前,始终记住选用正确的端子、开关位置和量程挡。

④ 仪表测量已知电压来验证仪表操作是否正常。
⑤ 端子之间或任何一个端子与接地点之间施加的电压不能超过仪表上标明的额定值。
⑥ 电压在 30V AC RMS（交流真均方根）、42V AC（交流）峰值或 60V DC（直流）以上时应格外小心，这些电压有造成触电的危险。
⑦ 出现电池低电量指示符时，应尽快更换电池。
⑧ 测试电阻、连通性、二极管或电容以前，必须先切断电源，并将所有的高压电容放电。
⑨ 切勿在爆炸性气体或蒸汽附近使用仪表。
⑩ 使用测试导线时，手指应保持在保护装置后面。
⑪ 打开机壳或电池门以前，必须先把测试导线从仪表上拆下。不能在未安装好仪表顶盖或电池门打开的情况下使用仪表。
⑫ 在危险的处所工作时，必须遵循当地及国家主管部门的安全要求。
⑬ 在危险的区域工作时，依照当地或国家主管部门的要求，使用适当的保护设备。
⑭ 不要单独工作，维修时必须设专职监护人。
⑮ 仅使用指定的替换熔断丝来更换熔断的熔断丝，否则仪表保护措施可能会遭到破坏。
⑯ 使用前先检查测试导线的连通性。如果读数高或有噪声，则不要使用。

仪表以及使用手册上涉及安全的符号见表 1-5。其中"警告"代表可能导致人身伤害或死亡的危险情况和行为；"小心"代表可能会损坏仪表、被测设备，或导致数据永久性丢失的情况和行为。

表 1-5 仪表及使用手册上涉及安全的符号

符号	含义	符号	含义
~	AC（交流）	⏚	搭铁点
====	DC（直流）	─▭─	熔丝
⚡	警告:有造成触电的危险	▣	双重绝缘
➕	电池（在显示屏上出现时表示电池低电量）	⚠	重要信息,请参阅手册

（2）绝缘检测仪的使用方法　电动汽车的绝缘测试，只能在不通电的电路上进行。为避免触电导致的人身伤害或损坏测试仪，测试前应断开电路电源并将所有高压电容器放电。

F1508 绝缘检测仪具有自动带电检测和检测接收后自动放电功能，其具体操作步骤如下。

① 按图 1-8 所示方法设定检测仪并将测试探头插入 V 和 COM（公共）输入端子。
② 将旋转开关转至所需要的测试电压。
③ 将探头与待测电路连接，检测仪会自动检测电路是否通电。
a. 主显示位置显示——按"测试"按钮时，将获得一个有效的绝缘电阻读数。
b. 如果电路中的电压超过 30V（交流或直流），则在主显示位置显示电压超过 30V 以上警告的同时，还会显示高压符号（⚡）。在这种情况下，测试被禁止。在继续操作之前，先断开检测仪的连接并关闭电源。
④ 按住"测试"按钮开始测试。辅显示位置上显示被测电路上所施加的测试电压。主

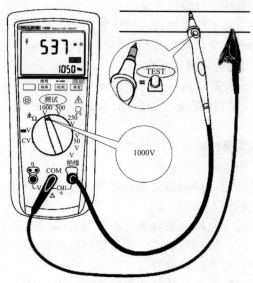

图 1-8 绝缘电阻测量

显示位置上显示高压符号（⚡）并以"MΩ"或"GΩ"为单位显示电阻。显示屏的下端出现测试图标，直到释放"测试"按钮。

⑤ 电阻超过最大显示量程时，测试仪显示">"符号及当前量程的最大电阻。

⑥ 继续将探头留在测试点上，然后释放"测试"按钮。被测电路开始通过测试仪放电。主显示位置显示电阻读数，直到开始新测试或选择了不同功能或量程，或检测到 30V 以上电压。

> **小贴士**
>
> F1508 绝缘检测仪的储存功能
>
> F1508 绝缘检测仪具备测量记录存储的功能，可以用在现场条件恶劣，记录数据不方便；或者只有一个测量人员，无法在测量过程中进行数据记录等场合。
>
> F1508 绝缘检测仪最多可以在测试仪上保存 19 个绝缘电阻或接地耦合电阻测量值。测量值以"后存先出"的方式保存。如果保存了 19 个以上的测量值，则最先保存的将被删除，以给最新测量值留出空间。

六、常用电工工具、仪器使用的禁忌

1. 汽车万用表使用的禁忌

① 利用汽车万用表检测电控系统故障时，除在测试过程中特殊指明者外，不能用指针式万用表测试电控单元（ECU）和传感器，而应使用高阻抗数字式万用表，万用表内阻应不低于 10kΩ。

② 为避免错误读数导致电击或人身伤害，显示屏出现电池指示符"─ ＋"时应尽快更换电池。

③ 测量电阻时应当断开电源（包括可疑电路的电源），严禁在被测线路带电的情况下测量电阻，以免烧坏万用表，这样也可以防止出现错误读数。不允许用电阻挡测量蓄电池内

阻。因为这样相当于电阻测量电路外加了一个电压，使测量结果完全失去意义，而且还有可能损坏万用表。为了避免动态测量线路电阻时造成数字式万用表损坏，可以通过测量线路的"电压降"，然后运用公式 $R=U/I$ 计算，间接测量线路的电阻。

④ 测量电控系统的电压时，点火开关应该接通（ON 位），蓄电池电压不低于 11V。

⑤ 绝不可使用万用表测量安全气囊（SRS）系统的传爆管，因为万用表带有电源，即使微弱的外加电流也可能点燃传爆管而造成重大伤害。

2. 使用跨接线的禁忌

① 用跨接线将电源电压加至试验部件之前，必须确认被跨接的两个电气的工作电压是否相同；如有的喷油器电源电压为 4V，若加上 12V 电压就可能使喷油器损坏。

② 绝对禁止将电源正极线与搭铁线跨接，即跨接线不能接在实验部件的"＋"接头与搭铁之间，因为这样会造成电源短路。

3. 测试灯使用的禁忌

不可用测试灯检查与电子控制模块端子连接的线路（除非《维修手册》中有特别的说明），因为自带电源测试灯的电池或者无源测试灯的电阻都可能造成固态电子电路的损坏。

如果对于哪些情况可以使用测试灯不清楚，或者对测试灯的功率应多大没有把握，也可以不使用测试灯，改为在不断开车上用电器插头的情况下测量供电电压，这种不断开负载的测量方法有助于准确判断故障原因。

4. 电流钳使用的禁忌

测量时电流钳应该保持钳口闭合，否则将测量出不正确的电流。

钳形电流表要接触被测线路，所以钳形电流表不能测量裸导体的电流。用高压钳形表测量时，应由两人操作，测量时应戴绝缘手套，站在绝缘垫上，不得触及其他设备，以防止短路或搭铁。

5. 手摇绝缘电阻表使用的禁忌

① 禁止在有雷电时或高压设备附近测绝缘电阻，只能在设备不带电，也没有感应电的情况下测量。

② 摇测过程中，被测设备上不能有人工作。

③ 绝缘电阻表线不能缠在一起，要分开。

④ 绝缘电阻表未停止转动之前或被测设备未放电之前，严禁手触。拆线时，不要触碰引线的金属部分。

⑤ 测量结束时，大电容设备要放电。

6. 安全操作的禁忌

① 更换电池、熔丝和数据资料卡之前，一定要先关闭仪器电源，并拔掉所有测试表笔以及连接线。

② 在测试电流和电压时，不可超过仪器规定的最大测试值。

③ 仪器的任何测试输入端和搭铁端均不可加载 250V 以上的交流、直流信号。

④ 不能用仪器的直流测试端测试交流信号，测试直流信号的电压不可高于 32V。

⑤ 当测试 60V 以上的直流信号或 24V 以上的交流信号时，要特别注意掌握测试时间不可过长，否则可能损坏仪器。

⑥ 不可在含有可燃性或爆炸性气体的环境中使用本仪器。

⑦ 测量电压值时，必须保证电流测试孔不得插任何测试笔。

⑧ 在转换测试功能前，一定要先将表笔从当前测试电路中断开。断开的顺序为先拆除红色或蓝色表笔，再拆除黑色表笔。

⑨ 在量取电阻值时，一定要将待测元件从电路中断开。

⑩ 在启动发动机进行测试前，要将变速杆置于空挡（手动变速器）或 P 位（自动变速器），拉紧驻车制动器操纵杆，并在驱动轮下支好垫木。

第二节　汽车电控装置故障维修常用仪表仪器及使用

一、汽车故障诊断仪及使用

1. 汽车故障诊断仪的基本功能和类型

汽车故障诊断仪又称为检测仪、解码器、读码器、诊断 ECU 等，一般都具有读取故障码、清除故障码、动态数据分析和执行元件测试等功能。

（1）解码器的基本功能

① 可直接读取故障码，不需通过发动机故障警告灯闪烁读取。

② 可直接清除故障码，使发动机故障警告灯熄灭。

③ 能与汽车 ECU 直接进行交流，显示电控发动机数据流，使电控系统工作状况一目了然，为诊断故障提供依据。

④ 能在静态或动态下，向电控系统各执行器发出维修作业需要的动作指令，以便检查执行器的工作状况。

⑤ 行车时可监测并记录数据流。

⑥ 有的具有示波器功能、万用表功能或打印功能。

⑦ 有的能显示系统控制电路图和维修指导，供诊断时参考。

⑧ 可与计算机相连，进行资料的更新与升级。

⑨ 功能强大的专用解码器，还能对车上 ECU 进行某些数据的重新输入和更改。

（2）汽车故障诊断仪的类型　汽车故障诊断仪的类型主要有原汽车厂家的专用型与通用型两大类。专用的故障诊断仪是针对某一品牌或车系而设计，具有强大的功能，包括整体测试、读取故障码、删除故障码、读取车辆运行参数、执行器激活检测、电控单元编码、电控单元升级、远程援助、电控单元列表确认、万用表功能、示波器功能、诊断指引、电路图查询、技术资料查询等。例如大众汽车公司的 VAS5052，通用汽车公司的 TECH2 等。通用型故障诊断仪适用多种品牌、车型，如元征 X431、博世 KT660 等。一般除主机、汽车诊断和网上升级所需附件之外，还配有各种测试接头。

2. 汽车故障诊断仪的使用

（1）汽车故障诊断仪的测试条件

① 汽车蓄电池电压等级。汽油机故障诊断仪，12V；柴油机故障诊断仪，12V 或 24V。

② 点火正时和怠速应在标准范围，发动机冷却液温度和自动变速器油温达到正常工作温度。

（2）设备连接　在车上找到诊断座，根据诊断座的形状选择相应的接头。将测试线一端连接好测试接头，另一端接入主机的测试口，再将测试接头连接至汽车诊断座。

要先连接好主机、测试线和诊断接头后,才把测试接头连接到诊断座上,否则容易导致连接过程中因导线短路造成诊断座保险丝熔化。

(3) 进入诊断系统　接通电源,进入汽车诊断主菜单,点击相应的车标图形按钮选好车型后,再选择要诊断的系统,界面将显示此系统能够实现的所有诊断功能,如读取电脑版本信息、读取故障码、清除故障码、读取数据流、元件动作测试、基本设定、控制单元编码等。

① 读取电脑版本信息。即读取被测试系统 ECU 的相关信息,包括软件版本、硬件版本、零件号等信息,读取的信息因车型或系统不同而不同。更换车辆控制单元并对新的控制单元编码时,需要读出原控制单元信息并记录,以作为购买新控制单元的参考。

② 读取故障码。即读取被测试系统 ECU 存储器内的故障码,帮助维修人员快速地查到引起故障的原因。

③ 清除故障码。即清除被测试系统 ECU 内存储的故障码,可用于验证故障码,如故障码被清除,则表明该代码是间歇性故障或是已排除故障但未清除的故障码。诊断维修之后,要注意清除故障码,此时使汽车仪表板上相应的系统报警灯熄灭。

④ 读取数据流。即通过仪器查看被测试系统 ECU 接收到的各种信号信息,如开关量的状态、各种数据输入、输出的瞬时值。在进行故障诊断时,若遇到无故障码显示的情况,可以通过查看数据流是否存在异常,分析相关系统或部件是否存在故障。目前新型的诊断仪还具有数据流波形显示方式,即将数据流转化为随时间变化的波形,使数据流显示更加直观。

⑤ 元件动作测试。即故障诊断仪向 ECU 发出指令,ECU 再控制某个执行元件工作,通过检查执行元件是否响应,判断执行器及其线路是否有故障。

 元件动作测试功能的使用请按照原厂手册操作,以免造成车辆故障。

⑥ 基本设定。车辆某些系统维修或者保养后,必须进行基本设定,如节气门自适应过程、点火正时、混合气、怠速稳定阀的设定等。不同车型、不同参数的基本设定选择不同的组号,以原厂手册为准。一般情况下,可以先查看基本设定组号对应的数据流,如果无此组数据流或者数据流和基本设定内容不符合,则此基本设定组号不正确。

进行基本设定操作时,被测车辆的状态应是:ECU 内无故障码存储;冷却液温度不低于 80℃;关闭所有电气(散热器电风扇必须关闭),空调关闭。

⑦ 控制单元编码。ECU 更换后必须进行控制单元编码,如果新的控制单元编码和原控制单元完全一样,只需将原编码输入新的控制单元,一般控制单元编码因车辆配置不同而不同,控制单元编码完成后重新读取车辆电脑版本信息,查看刚才录入的编码是否保存。

有些车型的控制单元可能只允许编码一次,且错误的编码轻则会导致车辆的性能不良,重则给车辆带来严重故障,所以尽量不要误操作。

(4) 使用注意事项

① 防止产生错误的故障码。在对大众系列车辆进行故障维修时,如果发动机处于运行状态,不要随意拔下传感器的连接插头。否则,每拔下一次传感器的插头,车辆的自诊断系统就会存储一个错误的故障码。

② 彻底消除各种错误的故障码。在对车辆某些部位进行检测时,车上的电控单元可能会存储一些错误的故障码。因此在车辆故障排除、修理结束以后,要进行一次故障码的清理工作,以彻底消除各种错误的故障码,以防这些错误的故障码给下一次的维修造成错判或麻

烦。当然，对于需要基本设定的情况，如果不先清除故障码，则无法进行基本设定。

③ 正确读取故障码。在使用解码器进行故障诊断时，应在使用"02"功能（查询故障存储信息）进行故障存储信息查询以后，再使用"05"功能（清除故障存储）进行故障码的清除。这样就可以防止重要的故障信息被误清除。正确的操作顺序是读取故障码→记录下读出的故障码→清除故障码→使发动机进行运转→再读取故障码。由此就可以排除历史故障码，使解码器上显示的是当前故障的实际故障码，以减少误判的可能性。

④ 应按照优先级的要求对故障原因进行检查。在进行故障码读取时，如果解码器上有多个故障码显示，应按照优先级的要求对故障原因进行检查。所谓优先级，即车载自诊断系统（OBD-Ⅱ）对故障码是按照优先级来存储的，通常有以下三种情况。

a. 高优先级的各种代码。在故障第 1 次产生时就会被设置，而且会立即点亮故障指示灯。

b. 优先级较低的故障码。在故障第 1 次产生时被设置，但此时并不点亮故障指示灯，只有在该故障第 2 次发生时，故障指示灯才会被点亮。

c. 最低优先级的故障码。主要是指那些和排放系统没有关系的故障。

⑤ 程序设置结束要断电一段时间。采用大众系列车辆专用解码器对车辆的某个功能进行程序设置时，在程序设置结束以后，要断开点火开关 30～50s，再进行其他功能的操作。

3. 汽车电脑专用插接器的使用

对于某些电控装置 ECU 系统无法采用电脑检测仪进行故障码的读取或进行数据的分析的车辆，往往采用检测 ECU 各端脚工作电压的方法来判断其工作情况。但因这种检测工作通常是在没有断开 ECU 线束插头的情况下进行的，而大部分汽车电控装置的 ECU 都安装在较为隐蔽的位置（如仪表台内部等），这就给检测工作带来了极大的不便。为了解决这一问题，许多汽车生产厂家设计了多种专用的检测工具，ECU 专用插接器就是其中的一种。

(1) "T" 形线束的 ECU 专用插接器。

① 结构方式。如图 1-9 所示是采用 3 组线束插头的 "T" 形线束的 ECU 专用插接器，插头 A 和 C 与 ECU 插座相同，插头 B 则与 ECU 线束插头基本一样。A、B、C 三组插座通过导线进行相互间的连接。

② 使用方法。使用 ECU 专用插接器时，只要拔下 ECU 线束，把 ECU 与线束分别与插头 A、B 相连接，此时 ECU 就会通过专用插接器与线束进行连接，维修人员就可以通过 ECU 连接及 ECU 端脚分布相同的插头 C 对 ECU 的各个端脚电压进行检测。

(2) 检测箱式汽车电脑专用插接器 如图 1-10 所示为检测箱式汽车电脑专用插接器示意。该插接器是将连接插头 A、B 的线束接到另一个专用的检测箱内，然后通过检测箱中与 ECU 插座各式各样端脚相对应的检测孔对 ECU 的各个端脚电压进行检测。

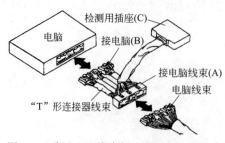

图 1-9 采用 3 组线束插头的 "T" 形线束的 ECU 专用插接器

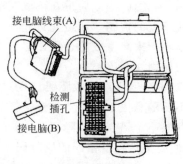

图 1-10 检测箱式汽车电脑专用插接器示意

4. 新能源汽车专用故障检测仪

新能源汽车专用故障检测仪除了必须注意高压安全外，检测仪器操作基本与普通车辆相同。新能源汽车专用故障检测仪能与多种车型匹配，能对多个子系统进行诊断，具有多种诊断能力，能对主要功能部件进行测试，且能对系统进行标定和写入器（又称为烧录器）程序。

（1）新能源汽车故障自诊断内容 对于混合动力汽车或纯电动汽车都会大量使用电控单元和电气元件，如传感器、执行器等。为提高对这些电气元件在售后中故障诊断的速度和准确性，车辆的控制系统都会设计有一套自诊断系统。故障自诊断主要完成对电控单元、传感器和执行器的状态进行实时监测，其内容如下。

① 能够实时监测系统的故障信息。

② 设定故障失效的备份值，在设定一个故障码时，控制器也应该设定一个与该故障信息相对应的默认输入或者输出值，且此默认值必须保证整个系统还能够在一个比较安全的工况下工作。

③ 冻结帧信息的存储，为了给随后的维修提供参考，同时能够让维修人员更清楚了解故障发生时刻车辆的相关信息，因此必须定义并存储故障的冻结帧信息。

④ 警告驾驶人，控制器确定了某一个故障后，还必须根据实际情况给驾驶人提供相应的信息，如点亮报警灯或声音提示等。

⑤ 能够实现与外部通信，外部诊断仪可以获取存储的故障信息。

为了实现上述功能，在日常使用的专用诊断仪对车辆进行诊断时，获取的主要信息基本可以概括为故障监测、诊断数据管理和诊断服务。

（2）故障自诊断过程

① 故障监测。故障监测部分可完成以下几种类型的故障诊断，主要有控制器相连的传感器、执行器、CAN 通信和控制器本身的故障。

a. 传感器故障。传感器本身就产生电信号，对传感器的故障诊断在软件中编制有传感器输入信号识别程序或者相应的逻辑判断实现对传感器的故障诊断，传感器故障类型主要有对地短路/断路，对电源短路/断路，传感器性能不佳等故障码。

b. 执行器故障。执行器进行的是控制操作，控制信号是输出信号，要对执行器的工作情况进行诊断。一般增设故障诊断电路，即 ECU 向执行器发出一个控制信号，执行器要有一条专用回路向 ECU 反馈其执行情况。当 ECU 得不到反馈信号或与期望值不符合时便认为该执行器已经不能正常工作。

c. CAN 通信故障。

ⅰ. 总线关闭故障：控制器不能和总线进行正常通信，CAN 发送器的故障计数器大于 255 时，设置 CAN BUS 关闭故障。

ⅱ. 数据帧发送超时故障：在特定时间内，对于 CAN 通信而言，一般为 5 倍的 CAN 发送周期，如果 CAN 数据帧没有发送出去，此时设置数据帧发送超时故障。

ⅲ. 信号错误：如果通信过程中出现信号传输错误，必须要在应用程序中设置默认值，主要的监测方法是通过对每一个信号增加更新位，或者其他方式来间接判断是否出现信号错误。

d. 控制器本身故障。控制器本身故障主要包括随机存储器（RAM）、只读储存器（ROM）等故障，诊断时在硬件上增加后备回路的同时，还增加独立于电控单元系统之外的监视电路，监视回路中设置计数器。当电控单元正常运行时，由电控单元中的运行程序对计数器定时进行清零处理，此时监视电路中计数器的数值永远不会出现溢出现象。

当电控单元出现不正常运行现象时,其将不能对计数器进行定时清零,致使监视计数器发生溢出现象。监视计数器溢出时其输出电平将由低电平变为高电平,计数器输出电平的变化,将直接触发备用回路。

② 处理方式。

a. 故障确认:在故障数据管理中主要对来自故障监测模块的信息进行计数,当计数器达到限值后,即进行故障确认,并且设置相应的标志位信息。

b. 故障清除:在故障数据管理中根据故障监测模块的信息和当前的故障状态对相应的计数器操作,当该计数器达到相应的限值时,自动清除存储器中该故障的相关信息。

c. 故障数据的存储:在故障数据管理中根据故障的状态将与此故障相关的一些冻结帧及技术器的信息存入存储器中。

(3) 混合动力和纯电动汽车的故障码(DTC) 大多数混合动力和纯电动汽车的故障码(DTC)遵循 OBD-Ⅱ命名协议,使用 5 个字符的代码。第一个字符表明故障所在的系统模块:

① B 表示车身系统;

② C 表示底盘系统;

③ P 表示动力总成系统;

④ U 表示网络通信。

第二个字符表明该故障码的命名法:

① 0 表示美国汽车工程师学会(SAE)定义的故障码;

② 1、2、3 表示汽车厂家定义的 DTC。

例如,P0A78 是常规的 SAE 定义的标准故障码,无论哪家汽车制造商都表示同样的含义:"驱动电动机'A'变频器性能异常"。

有的混合动力和纯电动汽车的制造商还会额外使用一些非 OBD-Ⅱ故障码,来更详细地定义 OBD-Ⅱ故障码代表的故障。例如,OBD-Ⅱ故障码 P0A92 定义为"混合动力发电机'A'性能异常"。但 2008 年款丰田普锐斯的制造商在设置该代码时,为 P0A92 的冻结帧记录中增加了额外的三位字符代码,称为详情码(Detail Code)或信息码(Information Code)。这样,2008 年款普锐斯的解码仪在显示 P0A92 故障码时,也会显示下列四个详情码中的一个。

① 261:MG1(电动机 1)磁力退化或同相短路。

② 521:MG1 系统故障。

③ 606:MG1 功率平衡故障(小功率平衡)。

④ 607:MG1 功率平衡故障(大功率平衡)。

每个故障码的详情都包含在该车的维修信息中。若不参考 DTC 而直接诊断问题,技术人员可能会错误诊断该车的故障所在。

很多混合动力和纯电动汽车模块在检测到故障且判断出故障码时会记录数据冻结帧。"冻结帧"可以是单帧数据,也可以是按顺序记录的一个多帧数据列。

二、汽车示波器及使用

汽车示波器是用于检测汽车电子电路故障的专用示波器。它能将电压信号的变化以图像的形式显示出来。在汽车维修工作中,对检测点火系统、尾气排放分析和零件质量等大有用处。

1. 汽车示波器的类型

示波器有专用的汽车示波器，有的汽车故障诊断仪、发动机分析仪具有示波器功能。示波器是将测试探头直接放到需要检测的元件的测试点，通过检测电控元件（传感器、执行器）或高压线的电压信号随时间变化的波形，观测电压信号的变化过程。

故障诊断仪通过诊断插座读取数据流操作方便，但是读取的数据（或数据流的波形显示方式）是电控元件经过线束传送并经 ECU 处理过的信息，有一定的误差。相比之下，示波器采用拦截式直接检测，信号更为准确，同时仪器的扫描速度比故障诊断仪和万用表更快，可实现信号的快速捕捉和波形的慢速显示，并具有信号波形的储存和回放功能，为分析故障提供很大方便。一般在汽车出现疑难故障而且用常规方法无法解决时才使用示波器分析波形。

示波器通常有双通道、4 通道、6 通道多种显示模式，仪器的通道数目是几，就可以同时独立地显示几种不同的信号波形。

示波器各通道的信号输入接口接红色测试探头，黑色接地探头与通道 1 共用接口（有的仪器单独设有接地接口），测量时将黑色探头接地，红色探头放到需要的测试点即可。为了使显示的波形清晰完整，信号波形的电压幅度（量程）和时间标度可以通过仪器进行调整。同时，还能用储存的方式记录信号波形，便于对维修前后进行波形对比，以判断维修的效果，确认故障是否真正被排除。为维修方便，多数示波器给出了标准波形，供维修人员进行参考。

用示波器观测各缸的点火波形时，各通道接口必须使用感应式电容探头，不能使用示波器普通测试探头。点火测试时，将点火高压电缆嵌入点火测试探头的卡槽内，通过感应的方式检测电压。为便于同时观测各缸的点火波形，可选用 4 通道和 6 通道示波器。

2. 汽车示波器的使用方法

① 对于发动机无法启动的故障，采用示波器检测一下点火波形和喷油驱动波形，就可以判断故障的大方向，看出点火时刻是否错乱。

② 使用示波器测量点火波形，可以检查点火能量是否充足。急速时，如果击穿电压低于 8000V，说明点火能量不足。导致击穿电压过低的原因可能是高压电路的电阻值低，需要检查高压线是否短路、火花塞电极间隙是否过小、电极是否被污染、火花塞绝缘瓷柱是否破裂等。

③ 对于数据总线系统的故障，可以采用多通道示波器检查两条线上的波形，是否为 0~5V 的方波。CAN 高位数据线（CAN-high）波形和低位数据线（CAN-low）波形的电位应当是相反的，即当一条为高电位（5V）时，另一条为低电位（0V），两条线电压之和等于 5V。如果某一条线的电位始终为 0V，说明该线断路或者接地短路；如果某一条线的电位始终为 12V，则说明该线与正极短路。

④ 对于 ABS 指示灯亮起的故障，可以采用示波器检测轮速传感器输出信号的波形。正常情况下是连续而均匀的方波，若存在明显的方波缺失，则说明信号发生盘部分磁体可能被消磁。

3. 汽车示波器安全操作注意事项

① 更换电池、熔丝和数据资料卡之前，一定要先关闭仪器电源，并拔掉所有测试表笔以及连接线。

② 操作仪器时，应确保仪器两端的黑色橡胶保护套安装完好。

③ 在测试电流和电压时，不可超过仪器规定的最大测试值。

④ 仪器的任何测试输入端和搭铁端均不可加载 250V 以上的交流、直流信号。

⑤ 不能用仪器的直流测试端测试交流信号，测试直流信号的电压不可高于 32V。

⑥ 更换熔丝的规格必须是 10A、32V，否则将损坏仪器或影响使用。

⑦ 当测试 60V 以上的直流信号或 24V 以上的交流信号时，要特别注意掌握测试时间不可过长，否则可能损坏仪器。

⑧ 不可在含有可燃性或爆炸性气体的环境中使用本仪器。

⑨ 测量电压值时，必须保证电流测试孔不得插任何测试笔。

⑩ 在转换测试功能前，一定要先将表笔从当前测试电路中断开。断开的顺序为先拆除红色或蓝色表笔，再拆除黑色表笔。

⑪ 在量取电阻值时，一定要将待测元件从电路中断开。

⑫ 在启动发动机进行测试前，要将变速杆置于空挡（手动变速器）或 P 位（自动变速器），拉紧驻车制动器操纵杆，并在驱动轮下支好垫木。

三、发动机尾气分析仪与真空表及使用

1. 发动机尾气分析仪及使用

发动机尾气分析仪是利用各种气体吸收红外线的比率不相同这一特性而设计的。现以 BANTAM 型汽车尾气分析仪为例，说明其工作原理。该分析仪采用新型固体红外光学平台，利用不分光红外法测量 HC、CO、CO_2，利用电化学法测量 O_2、NO_x，可以连续检测汽车尾气中多种成分的含量。

如果汽车发生与混合气浓度有关的故障，应当使用尾气分析仪检测发动机的尾气成分。尾气分析仪对于判断发动机的燃油控制、燃烧是否完全、有无"缺缸"等有很强的指导意义。

如果气缸内燃烧完全，尾气在通过三元催化转化器之前，CO_2 的含量（体积分数）为 13.2%～14.2%，而通过三元催化转化器之后，CO_2 的含量可能达到 15%。

分析尾气检测结果的要领如下。

① 如果测得的尾气中各成分含量 CO 低、HC 高、NO 低、O_2 高、CO_2 低、λ 大于 1，说明混合气过稀，应当检查空气流量传感器是否失常（表 1-6）。

② 若 1 个缸偶尔缺火，尾气中 HC 含量在 500×10^{-6} 左右；若燃烧完全中断，HC 的含量为 $2000 \times 10^{-6} \sim 3000 \times 10^{-6}$。

③ 如果发现 λ 值长期处在大于 1 或小于 1 的状态，就要考虑氧传感器是否已经老化。

表 1-6 尾气排放状况及其故障原因分析

序号	CO 含量	CO_2 含量	O_2 含量	HC 含量	NO_x 含量	可能的故障原因
1	很高	很低	很低	很高	很低	节温器或冷却液温度传感器故障（发动机在冷态运转）
2	很低	很高	很低	很低	很高	
3	很低	很低	很高	很低	很低	三元催化转化器之后漏气
4	很低	很高	很低	很低	中	喷油器故障，三元催化转化器工作有效
5	很高	很高	很低	很高	很高	喷油器故障，三元催化转化器未工作，真空泄漏，混合气浓

续表

序号	CO 含量	CO_2 含量	O_2 含量	HC 含量	NO_x 含量	可能的故障原因
6	很高	很低	很低	低	很低	混合气浓,喷油器泄漏,油面过高(油压高),空气滤清器过脏,燃油蒸气排放控制系统故障,PCV 系统故障,电控系统故障,曲轴箱被未燃汽油污染
7	高	很低	很低	低	很高	混合气浓,喷油器泄漏,油面过高(油压高),空气滤清器过脏,燃油蒸气排放控制系统故障,PCV 系统故障,电控系统故障,曲轴箱被未燃汽油污染,且三元催化转化器未工作
8	很高	很低	很高	很高	很低	混合气浓,而且点火系统缺火
9	很低	很低	很高	很高	很高	混合气稀,缺火,真空泄漏或空气流量传感器与节气门体间的管路漏气,EGR 阀不良或真空管安装错误,喷油器不良,氧传感器不良,电控系统故障,油面过低(或汽油压力低)
10	低	很低	很低	低	低	气缸压缩压力低,气门升程不足
11	低	很低	低	低	很高	点火过早,高压线与地短路或开路
12	低	低	低	低	高	电控系统对真空泄漏补偿
13	很低	低	很低	很低	很低	燃烧效率高,而且三元催化转化器工作有效

④ 可以在测量尾气的过程中逐缸断油,以判断到底是哪一个气缸缺火。

2. 真空表及使用

真空表对于检测进气系统的密封性能具有独特的作用,其基本检测方法是:启动发动机并运转达到正常工作温度,然后变速器挂空挡,让发动机怠速运转,再找到节气门后方专门装置的进气系统真空度检测孔,在该处连接真空表(如果没有这种检测孔,可以拆开进气歧管上的一根真空管,然后用三通接头连接真空表),就可以进行检测。检测时,若真空表摆动过甚,可以稍踩加速踏板,运转一会儿,直至表针稳定下来。

当发动机怠速运转时,轿车发动机进气管的真空度一般为 57.6~71.1kPa。迅速开闭节气门,如果真空表的指针在 6.7~84.6kPa 之间灵敏摆动,说明进气管真空度对节气门开度的随动性好,各部位的密封性良好。如果进气管的真空度太小,说明进气系统存在漏气现象。

四、CAN 分析仪

CAN 分析仪用于分析 CAN 总线网络数据、错误状态、网络负载、应用层协议(如 DeviceNet、CANopen、J1939 等)或模拟 CAN 总线应用终端的工作状态等,是 CAN 总线网络开发和维护的好帮手,方便实现网络维护、查错、管理等复杂工作。

例如,CANScope 是致远电子推出的一款 CAN 分析仪,它不仅具有成熟稳定的 CAN 高层协议分析处理能力,同时还集成了数字示波器的核心功能,使用户在获取 CAN 报文信息的同时,还可以实时观测总线物理层上的模拟波形。

CANScope 不但可以测量不同的线缆类型、线缆长度以及外界环境、终端电阻等物理因素对总线信号的影响,还可以收发和解析报文,帮助用户定位高层协议中存在的问题。借助 100Mbit/s 的高速示波器技术、512M 的超大缓存空间、可编程的模拟通道以及高端 FPGA 的控制配合,CANScope 可以实时完成眼图叠加、波形显示等复杂功能。

五、电控装置故障维修中常用仪表仪器使用的禁忌

① 在使用示波器时，可能需要接触到系统的其他部分，为避免潜在的危险，应特别注意静电放电（ESD）可能损坏示波器及其附件。为了防止静电放电，在安装或拆卸敏感元件时，应戴上防静电的搭铁腕带以释放自身的静电压。

② 在安装或拆卸敏感元件时，勿在工作区内使用可能产生或带有静电荷的任何装置。在台面或底座表面易于产生静电荷的区域内，避免操作敏感元件。同时也不要在任何表面上滑动敏感元件，更不要触摸插接器的外露插针，以尽可能减少对敏感元件的操作面积。敏感元件应装入防静电的袋子或容器中才可进行储运。

③ 勿将照明灯放在易受到水或其他液体溅落的处所，因灯泡受到溅落会破裂，其灯丝电极上的电压可能通过液体传导电流到附近的人。

第三节　汽车空调维修常用工具及使用

一、维修汽车空调专用工具及使用

1. 维修车用空调的常用工具和测试仪器

维修汽车空调时需要用到的工具和测试仪器如图 1-11 所示，主要有：维修工具组件（包括压力表歧管、充填软管、快速插头及维修罐开关阀等）、真空泵、扭矩扳手、传动带张力计、气体泄漏检测器、制冷剂再循环和回收机、制冷剂瓶、一般工具（如万用表、试灯、各种扳手、螺钉旋具等）。

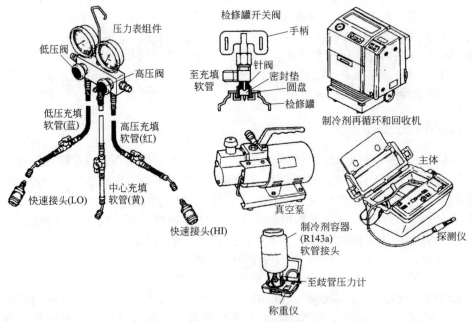

图 1-11　维修汽车空调时需要用到的工具和测试仪器
使用检修罐开关阀之前，要检查密封垫是否适用

(1) 歧管压力表组件　其主要用于制冷剂循环检查、抽真空及制冷剂充填。旋转压力表歧管前面的旋钮可以打开和关闭阀门。歧管压力表的结构如图 1-12 所示。

歧管压力表通过打开和关闭高低压阀，可以形成的 4 种工作情况，如图 1-13 所示。

(2) 检修罐开关阀　其作用是把检修罐中的制冷剂充填到制冷剂循环管路中，操作方法如图 1-14 所示。

① 逆时针旋转手柄到底，此时圆盘也提高，使针阀提高。

② 把检修罐开关阀拧入检修罐后，拧紧圆盘。注意不要拧入过多，以免损坏检修罐。

③ 将压力表歧管的黄色充填软管连接到检修罐开关阀。

④ 顺时针转动检修罐开关阀，降低针阀，打开检修罐上的小孔。

⑤ 如果逆时针转动手柄，针阀提高，制冷剂将经过阀流入制冷剂循环。

⑥ 顺时针把手柄转到底，针阀将会落下来，终止

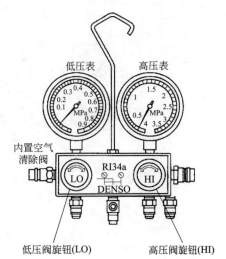

图 1-12　歧管压力表的结构

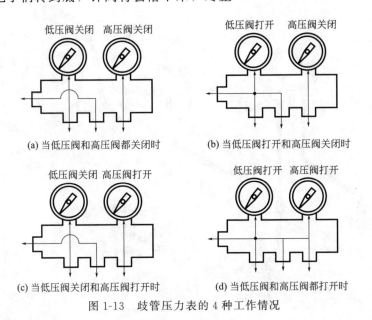

图 1-13　歧管压力表的 4 种工作情况

制冷剂充填。

(3) 制冷剂回收机/制冷剂再循环和回收机　制冷剂回收机是为了在拆卸空调循环零件时，临时把制冷剂收集起来，防止制冷剂散发空气中。

制冷剂再循环和回收机除了制冷剂的临时储存功能外，还有再循环功能，把水分和机油从制冷剂中分离出来。

(4) 电子气体泄漏检测器　把探测仪末端放在被检查区域并慢慢移动，检测气体泄漏。如果听到短暂间断的声响或看到指示灯快速闪烁，则说明气体有泄漏。

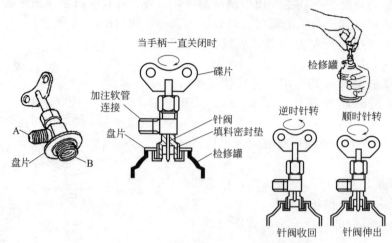

图 1-14 检修罐开关阀的操作方法
A—连接加注软管；B—连接维修罐

2. 维修工具和测试器的连接方法

压力表歧管和真空泵的连接方法如图 1-15 所示。

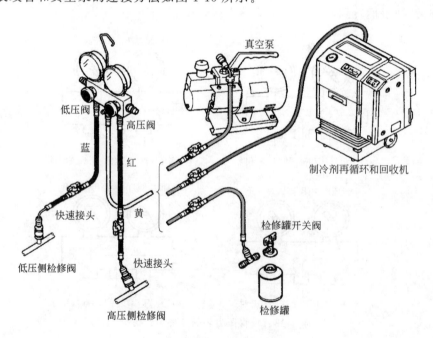

图 1-15 压力表歧管和真空泵的连接方法

① 关闭压力表歧管上的高压阀和低压阀。
② 红色充填软管连接到高压管路的维修阀上，蓝色充填软管连接到低压管路的维修阀上。维修阀也可能在空调压缩机上，因车而异。
③ 连接压力表歧管中间的黄色充填软管至如下设备。
 a. 制冷剂回收时：制冷剂再循环和回收机。
 b. 抽真空时：真空泵。

c. 充填时：气罐上的检修罐开关阀或充填瓶。

3. 制冷剂回收的方法

维修汽车空调时，收集管路制冷剂的方法如图 1-16 所示。

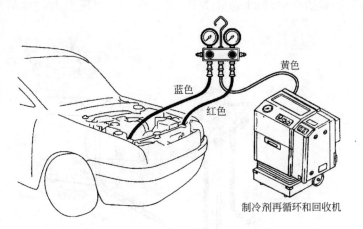

图 1-16 制冷剂回收

4. 抽真空和重新加注制冷剂的方法

当更换制冷剂循环管路零件时，必须进行抽真空和充填制冷剂。

（1）抽真空　如果在更换零件时，制冷剂循环管路内部对大气已经开放，空气中的水分将会保留在循环内。因此，在进行制冷剂充填之前，必须把所有的水分清除。抽真空就是为了从循环管路内蒸发和消除水分。

① 压力表歧管的连接方法（图 1-17）。

a. 连接充填软管到高压和低压维修阀。

b. 连接压力表歧管的中心充填软管（黄）到真空泵。

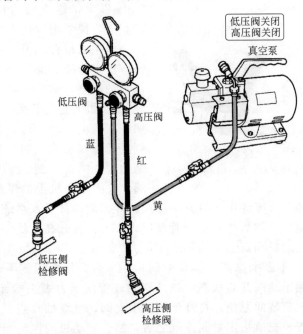

图 1-17 压力表歧管的连接方法

② 抽真空操作方法（图1-18）。

a. 打开压力表歧管的高压阀和低压阀，打开充填软管末端部的截止阀。

b. 接通真空泵开关进行抽真空（10min以上）。

c. 当压力表刻度盘指针下降到-0.1MPa以下时，关闭压力表歧管的高压阀和低压阀，关闭真空泵开关。

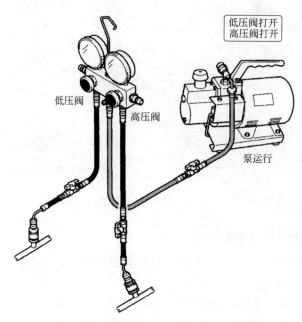

图1-18 抽真空操作方法

(2) 密封性检查和加冷冻机油　如图1-19所示为密封性检查（抽真空后指针回升检查）。

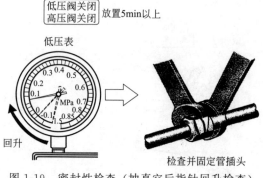

图1-19 密封性检查（抽真空后指针回升检查）

① 关闭压力表歧管的高低压阀，等待5min以上，检查密封性，表指示没有返回（回升），说明密封性良好。

如果表指针回升，说明某处有泄漏。此时应检查管插头部位是否正确连接，进行维修，抽真空，然后再进行检查。

② 如果更换了系统管路和部件，需要添加冷冻机油的话，可在此时加入，可从高压侧或低压侧加入，然后继续抽真空。从高压侧加入，抽真空到98kPa，关闭高压侧手动阀，关闭压缩机上的维修阀；把高压侧软管从压力表头端卸下，插入冷冻油中；打开维修阀，冷冻油即被吸入系统，吸油快完时立即关闭维修阀，以免吸入空气；然后将高压软管装回表头上，打开高压侧手动阀，继续抽真空后再加制冷剂。加油时发动机和真空泵均不应工作。

③ 从低压侧加入，不需维修阀，抽真空到98kPa后，将低压侧手动阀关闭，真空泵继续抽真空；保持高压侧手动阀开启状态，把低压侧软管从压力表头端卸下，插入冷冻油中，吸取冷冻油，吸毕将软管装回原位；打开低压侧手动阀，继续抽真空。

(3) 气体泄漏检查　充填指定量制冷剂之后，结合发动机的振动和制冷剂循环管路内的压力波动，重新检查气体泄漏。

充填制冷剂到 0.1MPa，用气体泄漏检测器检查气体泄漏。

① 将黄色充填软管从真空泵转接到维修罐上。

② 如图 1-20 所示，从充填软管（黄色）中排出空气。

a. 拧紧检修罐开关阀上的手柄，在检修罐上产生一个孔，旋松手柄，打开阀门。

b. 按下压力表歧管上的检测阀（打开），用制冷剂的压力排出充填软管（黄色）内的空气，直到带喷射声的制冷剂排出。一有制冷剂排出，立即释放检测阀（关闭）以使制冷剂排出量减到最少。

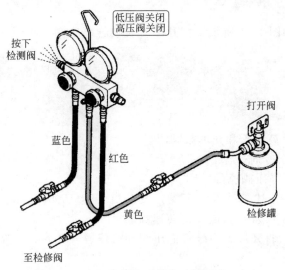

图 1-20　从充填软管（黄色）中排出空气

此时，压力表歧管的高压阀和低压阀应当关闭，不要把制冷剂弄到手上，否则可能导致冻伤

③ 打开压力表歧管上的高压阀，充填制冷剂直到低压表指示 0.1MPa，如图 1-21 所示。

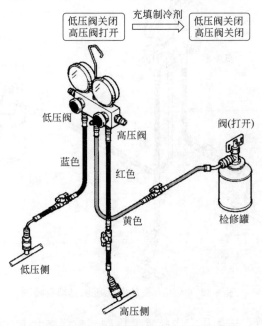

图 1-21　从压力表歧管高压侧充填制冷剂

④ 充填完成时，关闭压力表歧管高压阀。

⑤ 用气体泄漏检测器检查应无气体泄漏。

把漏气检测器置于管道连接部位、空调排放软管和空调送风机开口等处。实施检查时，发动机要停止工作。由于制冷剂比空气稍重，所以应把检测器置于管道较低一侧，并沿管周移动。实施检测时，要轻微振动管道。

（4）制冷剂充填　抽真空之后，进行密封性和气体泄漏检查，向循环中充填制冷剂。一般分两步进行，第一步是停止发动机，从高压侧补充制冷剂；第二步是启动发动机，从低压侧补充制冷剂。

① 从高压侧充填。

a.停止发动机，如图1-21所示，打开压力表歧管高压阀，充填指定量的制冷剂。

> **注意**　此时绝不要在没有制冷剂的情况下运行压缩机，否则可能会烧毁压缩机；不要打开压力表歧管的低压侧阀，因为液态制冷剂进入低压侧，在压缩机内被压缩，会损坏压缩机。

b.关闭压力表歧管高压阀和充填瓶阀门。

② 从低压侧充填制冷剂。

a.检查压力表歧管高压阀已经关闭。

b.启动发动机，按下述条件设置车辆：发动机转速1500r/min；车门全开；空调机开；设定温度 MAX COOL（最冷）；鼓风机转速高。

c.如图1-22所示，打开压力表歧管低压阀和检修罐开关阀，并充填指定量的制冷剂。

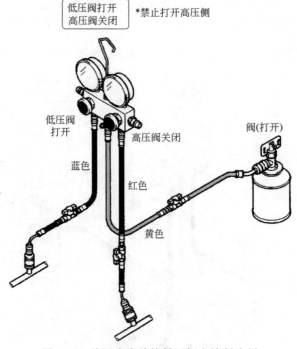

图1-22　从压力表歧管低压侧充填制冷剂

d.制冷剂充填完成后，关闭压力表歧管低压阀和检修罐开关阀，停止发动机。

> **注意** 绝不要打开压力表歧管高压阀,否则会特别危险,因为压缩机工作将导致制冷剂回流,损坏软管和检修阀。绝不要颠倒检修罐,应使其保持直立,使制冷剂以气态形式充填。当检修罐倒立时,液态制冷剂吸入压缩机,导致液体压缩,损坏压缩机阀门。另外,从回收罐充填时,检修阀在低压侧,因此回收罐倒立并以气体形态充填制冷剂。

如果因为环境温度低导致充填困难,可以在热水中(40℃以下)加热检修罐,以升高压力进行充填。

> **注意** 绝不要在沸水中或明火加热检修罐,这样做可能导致检修罐爆炸。通常使用40℃以下的热水加热。当用热水加热检修罐时,有湿气进入制冷剂循环的危险,因此绝不要将检修罐开关阀浸入水中。

当环境温度高时,用电风扇冷却冷凝器。

③ 检修罐的更换。充填制冷剂时,检修罐空了的话,更换新的检修罐的方法如下。

a. 关闭压力表歧管的高压阀和低压阀。
b. 提起检修罐开关阀的针阀和圆盘。
c. 将检修罐开关阀安装在新的检修罐上。
d. 用下列步骤排出充填软管(黄色)中的空气。
ⓐ 拧紧检修罐开关阀上的手柄,在检修罐上产生一个孔,旋松手柄打开阀门。
ⓑ 按下压力表歧管上的检测阀,用制冷剂压力排出软管中的空气,直到带喷射声的制冷剂排出。

> **注意** 关闭压力表歧管上的高压阀和低压阀。不要把制冷剂弄到手上,以免冻伤。继续制冷剂充填工作。

④ 确认制冷剂量加注是否合适。可通过观察压力表数值和检视窗显示情况来判断制冷剂量加注是否合适。加注时应按维修手册中规定的数量添加。

二、空调系统的检测

汽车空调系统工作条件比较恶劣,极易造成部件、管道损坏和接头松动,使制冷剂发生泄漏,其泄漏的常发部位见表1-7。

表1-7 汽车空调系统泄漏的常发部位

部件	泄漏常发部位	部件	泄漏常发部位
冷凝器	(1)冷凝器进气管和出液管连接处 (2)冷凝器盘管	制冷剂管道	(1)高、低压软管 (2)高、低压软管各接头处
蒸发器	(1)蒸发器进气管和出口管连接处 (2)蒸发器盘管 (3)膨胀阀	压缩机	(1)压缩机油封 (2)压缩机吸排气阀处 (3)前后盖密封处 (4)制冷剂管道接头处
储液干燥器	(1)易熔塞 (2)管道接口喇叭口处		

汽车空调制冷系统常用的检漏方法有卤素灯检漏、电子检漏仪检漏、肥皂泡检漏、染料

检漏、真空检漏和外观检漏等。

1. 用压力表检测的方法

把表座软管接在压缩机上，排除软管内的空气，启动汽车，调整发动机转速至1250r/min；开动空调器，将有关控制器调至最凉位置（风机也应在最高速）；按需要使发动机温度正常（运行5～10min）后，进行检测和维修作业。

根据压力表的读数来判断空调系统的状况。

① 压力表的读数，高、低压均很低时，说明制冷剂不足。如空调系统工作一段时间出现此现象，可能系统内某处出现泄漏，必须找出泄漏点并加以排除。

② 压力表的读数，高、低压均过高时，很可能是由制冷剂过多引起的。处理方法是：从低压侧逐渐放出一部分制冷剂，直到压力表指针显示规定压力为止。如开始时正常，后来出现上述现象，这是由冷凝器散热差造成的。可检查冷凝器散热片是否堵塞，风扇皮带是否过松，风扇转速是否正常，并予以排除。循环系统内，由于加注制冷剂过程中没有将空气抽净，存在空气，因此高、低压都增高，现象同制冷剂过多时相似，高压侧比前者还要高些。

③ 压力表读数，低压侧偏高，高压侧偏低时，如增加发动机转速，高、低压变化都不大，这种情况一般是由压缩机工作不良所造成的。应检查机内阀片是否损坏，活塞是否磨损，并予以排除。

④ 压力表读数，低压侧出现真空，高压侧压力过低，这种情况产生的原因大多是膨胀阀感温包内的制冷剂完全泄漏，使膨胀阀内的小孔全部堵死，使制冷剂不环流，系统不能制冷。排除的办法是更换或拆修膨胀阀。

2. 制冷剂的判断与加注方法

（1）汽车空调制冷剂是否充足的判断法　汽车空调系统制冷剂不足会导致制冷量不足，在无泄漏的情况下，一般3年左右添加一次制冷剂即可。可以通过观察玻璃检视窗内的制冷剂的气泡情况，来判断制冷剂是否充足。

① 启动发动机，将其转速保持在2000r/min左右，并使空调系统工作，然后透过玻璃检视窗观察制冷剂的流动。如果空调制冷系统的制冷剂量合适，则应能从玻璃检视窗里看到清澈的制冷剂在不停地流动，并且看不到气泡，只有在高温时偶然看到有一些小气泡。

② 交替地开动和关停空调器。注视玻璃检视窗，如果空调系统运转时，看不见小的气泡，并且空调系统已向车内送冷空气了，则表明一切都正常。如果在空调系统运转时，能够从玻璃检视窗内看见小气泡，则说明制冷剂不足，应及时维修、查出泄漏处。

③ 若空调系统运转时，从玻璃检视窗里看到一长串机油条纹或偶尔见到成块的机油条纹，则表明有部分制冷剂已泄漏，应及时维修。

④ 检查空调系统制冷剂是否充足，也可通过检查储液干燥器进、出口温度差来判断。储液干燥器通常装在冷凝器的后方，外形为圆筒状且有两根管路，一根管路通向膨胀阀；另一根管路通向冷凝器。运转发动机，使其转速保持在2000r/min左右，再让空调系统进入工作状态，用两手分别握住上述的两根管子，感受它们的温差。

a. 若感觉两根管路的温度很相近，则表明制冷剂的充注量合适。

b. 若感觉到通往冷凝管的管子较冷，则表明制冷系统中的制冷剂不足，应及时维修。

c. 若感觉到通往膨胀阀的管子较冷，则表明制冷系统中的制冷剂过量（此种情况较少）。

（2）空调制冷剂加注量的判断

① 每种汽车空调制冷系统，所需注入制冷剂的量不同，须按厂家的规定加注制冷剂。一般小量制冷剂罐的外壳均标有容量，而大容量的制冷剂罐则可通过过磅秤称重。

② 目前所使用的汽车空调，大多制冷系统均装有视液镜。若想知道充入的制冷剂量，可直接通过视液镜观察，看制冷剂的流向，并对量的多少进行合理判断。

③ 可通过高、低压进行判别。若两侧压力均偏低，说明制冷剂的量过少；若均偏高，说明制冷剂的量过多，需进行适当的调节。

（3）充注空调制冷剂应注意的事项　目前汽车空调制冷剂主要有 R12 和 R134a 两种，国内外新车的空调系统大都使用 R134a 制冷剂。

R134a 与 R12 空调系统相比，两者热力学性质和系统结构相似，最大的不同之处是冷冻油。凡是车用的 R134a 空调系统，厂方都会在压缩机、冷凝器、蒸发器、橡胶管和灌充设备上注明 R134a 的标志以防误用。

汽车空调系统补充制冷剂时应注意以下事项。

① 制冷剂不可互换。目前进口汽车空调装置大多采用 R134a 制冷剂，若将 R134a 空调系统改为灌充 R12 制冷剂，虽然一样可以发出冷风，但将会损害压缩机。因此制冷剂应灌充到对应空调系统中，不可互用。

② 当汽车空调修理和安装时都需要进行抽真空。抽真空好坏直接关系着空调的使用寿命。如果抽真空时间不够，将水分残留在机内，会破坏空调系统正常的工作。一般来说小轿车抽真空时间不可少于半小时，大客车抽真空时间不可少于 1h。

三、空调维修常用工具及使用的禁忌

不同规格的冷冻油不能混合使用，否则会引起变质，甚至会造成严重后果，如膨胀阀堵塞、空调压缩机损坏等。

不同牌号的冷冻油一起混合，也会引起变质。检查冷冻油是否变质的简单方法是将其滴一点到吸水性好的白纸上，过一段时间后，若油滴中央部分有黑色斑点，则说明已经变质，不能使用。

不能使用变质的冷冻油。如果冷冻油中混入水分，会在氧气的作用下产生一种油酸性质的酸性物质，腐蚀金属零部件。

第四节　汽车电气维修安全常识

一、电工安全操作规范

1. 电工安全操作规范

① 安全防护用具、工具、仪器等使用前必须认真检查，符合规定，方可使用。
② 工作中要穿好防护用具，做到安全生产。
③ 对本单位电气设备定期进行检查，发现问题及时处理。
④ 进行交流电作业时，必须切断电源，严禁带电作业。
⑤ 正确使用、调试仪器、仪表，用电设备必须可靠接地，零线、地线不得混用。
⑥ 工程车发、配电时，必须严格遵守其使用规定。

2. 新能源汽车维修安全规程

在新能源汽车使用与维护过程中必须贯彻一个方针，即"安全第一，预防为主"。在新能

源汽车全部停电或部分停电的电气设备上工作时，必须完成下列措施：停电；挂锁；验电；放电；悬挂标示牌；装设遮栏；有监护人。在维修作业时必须注意遵守以下安全操作规程。

① 必须穿戴齐全个人安全防护用品。禁止佩戴手表、戒指、项链等首饰，防止高压系统短路，造成人员伤害，车辆和工具损坏。

② 开始作业前必须设置安全隔离，并放置安全警示牌。

③ 开始作业前必须对工位铺设的绝缘垫进行绝缘检测。

④ 必须用干净的布或塑料罩对车辆进行保护，以免损坏车辆。

⑤ 工作要由两名或更多工作人员完成时，尽可能经常相互沟通。

⑥ 高压断电、验电和放电完成之前必须佩戴绝缘手套。

⑦ 举升车辆之前必须按操作规程进行相应的检查，车辆举升高度原则上不超过 1.7m。

⑧ 在进行动力电池拆装过程中，必须严格注意动力电池举升车的举升高度和与动力电池的接触情况。

⑨ 在拆装各类线束（缆）时，一定要注意各插接器按要求进行断开与接合。

⑩ 操作过程中任何设备工具的操作必须符合操作安全规程。

> **小贴士**
> 高压、低压和安全电压的区分

一般情况下，36V 以下电压不会造成人体伤亡，称为安全电压。工程上规定交流电压有 36V、12V 两种，直流电压有 48V、24V、12V、6V 四种。为了减少触电事故，要求所有工作人员经常接触的电气设备全部使用安全电压，而且环境越潮湿，使用安全电压的等级越低。例如，机床上的照明灯一般使用 36V 电压供电；汽车一般使用 24V、12V 电源供电。

在汽车维修中，钣金常用辅助电气工具一般均为低电压设备，其电压为 220V；工作常用高压电为 380V。

机床照明和特殊工种的手提照明电压一般采用安全电压，即电压为 36V 以下。

二、预防触电的安全措施及急救方法

1. 预防触电的安全措施

① 必须使用带有接地线的电器械，并保证电源插座的良好接地。接地插销具有三个插头，其中两个对称放置的是电路插头，第三个圆头是接地线插头。当电器械发生漏电时，接地线会把电流引入地，避免人体受到触电伤害。

② 不要在湿地面上使用电器械。

③ 使用的电器械的电缆线必须绝缘层良好，不破损不漏电。

④ 使用手持式照明灯时，如灯泡破碎，要立即处理，注意勿使其内部灯丝两极触及人体或他物。

⑤ 勿将照明灯放在易受到水或其他液体溅落的处所，因灯泡受到溅落会破裂，其灯丝电极上的电压可能通过液体传导电流到附近的人。

2. 用电的安全措施

① 维修电气设备或更换熔丝时，应首先切断电源，并在电源开关处挂上"严禁合闸"的警告牌；在没有采取足够的安全措施的情况下，严禁带电工作。

② 使用各种电气设备，应采取相应的安全措施。如使用手提式电钻时，必须戴上橡胶

手套或站在绝缘垫上。

③ 热设备应远离易燃物，用毕即断开电源。

④ 判断电线或用电设备是否带电，必须用验电器，如用测电笔（一般在250V以下使用）等检查判断，不允许用手去摸试。

⑤ 电灯开关应接在火线上，用螺旋灯头时不可把火线接在与螺旋套相连的接线柱上，以免调换灯泡时触电。

⑥ 电线或电气设备失火时，应迅速切断电源。在带电状态下，不能用水和泡沫灭火器灭火，否则会使人触电，这种情况可用黄沙、二氧化碳灭火器和1211灭火器进行灭火。

⑦ 发现有人触电时，首先应使触电者脱离电源，然后进行现场抢救。

3. 触电时的急救方法

进行触电急救，应采取"迅速、就地、准确、坚持"的原则。触电急救必须分秒必争，立即就地迅速用心肺复苏法进行抢救，并坚持不断地进行，同时及早与医疗部门联系，争取医务人员接替救治。在医务人员未接替救治前，不应放弃现场抢救，更不能只根据没有呼吸或脉搏擅自判定伤员死亡，放弃抢救。

援救电气事故中受伤人员时，绝对不可触碰仍然与电有接触的人员。如果可能，马上将电气系统断电（关闭点火开关或者马上拔出维修开关）。用不导电的物体（木条、竹竿等）把事故受害者或者导电体与放电体分离。如果伤员在高空作业，还须预防在脱离电源时摔下而导致摔伤。

伤员脱离电源被救下后，如果事故受害者能回应问询，应采取如下急救措施：对烧伤处进行降温处理，并用消过毒的无绒布进行包扎；即使事故受害者拒绝，也要要求其接受治疗（避免出现长期的后遗症）。如果是一度昏迷，尚未失去知觉，则应使伤员在空气流通的地方静卧休息；如果伤者呼吸停止，而心跳也随之停止或还有微弱的跳动时，可用人工呼吸的方法帮助伤者进行呼吸活动，达到气体交换的目的。

① 人工呼吸急救法。所谓人工呼吸就是口对口吹气，如图1-23所示。

伤者仰卧，如图1-23(a)所示，施救者跪于伤者一侧，用一手的拇指和食指捏闭伤者鼻孔，如图1-23(b)，另一手抬起伤者下颌，使其头部尽量后仰。解开伤者的领带、衣扣等，充分暴露胸部。操作时，施救者深吸一口气，以口唇密封伤者口唇四周，迅速用力向伤者口内吹去，如图1-23(c)，然后观察伤者胸廓的起伏，接着放松鼻孔，施救者口唇离开伤者口唇，再次进行吹气，如图1-23(d)，每分钟吹气12～16次。如果伤者口腔有严重外伤或牙关紧闭，可对鼻孔吹气，即对准伤者鼻孔进行人工呼吸。施救者吹气力量的大小依伤者的具体情况而定，一般以吹气时伤者胸部略有起伏为宜。

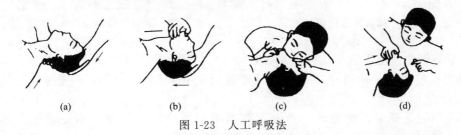

图1-23 人工呼吸法

② 进行心脏挤压法。触电事故发生后，使伤者平卧，根据当时的情况处理，不随便搬运伤者。将伤者仰卧于坚硬的木板或水泥地面上（绝对不可在柔软、有弹性的松土质或软床上进行），如图1-24所示。

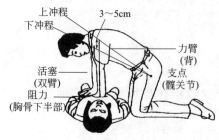

图 1-24 胸外心脏按压方法

施救者跪在伤者的身旁，左手放在伤者胸骨中下段（相当于两乳头连线的正中间），将手的中指对着伤者颈部下的凹陷处（相当于天突穴位），手掌放在胸廓的正中处，手掌的根部正好是挤压的部位，右手压在左手上，以助其加压，双手重叠再凭借施救者体重的力量，有节奏地冲击，进行挤压，使胸廓下降3~5cm，然后放松，反复进行，每分钟挤压60~80次。

三、新能源汽车安全操作规范

1. 作业前准备工作

混合动力汽车和电动汽车上的高压车载网络以最高650V的直流电压工作且必须提供较大电能。其高压电部分连接线束为橙色。部分高压部件上都有警示标志，如果不遵守作业要求，将导致严重性伤害，甚至有生命危险。

为防止意外触及高压电，新能源汽车对高压部件均采用特殊的标识或颜色。电动汽车通常采用高压警示标识和高压警示颜色两种形式进行高压标识。对维修人员或车主给予警示。新能源汽车通常采用两种形式进行高电压的标识警示，包括高压警示标识和导线颜色。

（1）高压警示标识　每辆电动汽车的高压组件壳体上都带有一个标识，均可通过标识直观看出高压电可能带来的危险，所用警示牌都基于国际标准危险电压警告标识。

如图1-25所示，高压警示标识采用黄色底色或红色底色，图形上布置有高压触电国家标准符号。所有高压用电设备，比如PTC（空调加热器）、DC/DC转换器、电动机控制器、高压控制盒、充电口和车载充电机等上面都贴有高压危险的标识牌，如图1-26所示。

图 1-25 高压警示标识

图 1-26 高压危险的标识牌

（2）导线颜色　电动汽车上高压系统的所有高电压线缆、高电压线缆的插头以及高压安全插头都使用橙色，并用橙色波纹管对线缆进行防护，以区分低压系统的黑色线束，如图1-27所示。

工作人员一定要穿好绝缘鞋，身上不要携带金属物品，如兜内不要装硬币等。使用1000V耐久性的绝缘手套，并在使用前确认是否破损，在未佩戴手套的情况下不要直接接触高压电部分。

进行场地检查，在比较明显的位置使用三角警示牌提醒其他人员"高电压作业中触摸危险"。将维修车辆停放在维修工作区域时，先确认地面和发动机舱内没水，不允许在潮湿的

图 1-27　高压系统的所有高电压线缆、高电压线缆的插头以及高压安全插头都使用橙色

环境下作业。确认工作区域内配有二氧化碳灭火器。

准备所需维修工具，确认维修工具经过绝缘处理。

切忌手上沾有水时进行高压作业或在高压部件沾有水的状态下作业。在地面或周围湿度过高时，须停止作业。

切断高压系统电源，首先切断手动维修开关。

2. 维修开关及其安全操作

（1）维修开关　在纯电动汽车和混合动力汽车上，维修开关也称为维修插接器、维修塞，是动力电池组中两组电池之间的电气插接器。一般位于高压电池包总成上方的左上角，连接了高压电池的一个正极和一个负极，它的主要作用是在车辆维修时直接断开高压回路，从而保证操作人员的安全。

手动维修开关内部安装有高压电路的主熔丝和互锁的舌簧开关。

（2）维修开关的安全操作　在执行任何检查或维护前，应先拆下手动维修开关，使高压电路在高压电池的中间位置切断，以确保维护期间的安全。

① 紧急维修开关的操作应由专业人员进行，至少操作人员应该接受过相关培训。

② 操作时，操作人员必须佩戴必要的保护装备，如绝缘手套、绝缘胶鞋等，其电压等级必须大于电池组的最高电压，用前须检查其是否完好无损，确保安全。

③ 断开点火开关，并将钥匙移到智能钥匙系统探测范围之外。断开低压蓄电池负极端子，拔下维修开关手柄后，必须妥善保管，直至维修完毕，避免误操作。

维修开关在正常状态时，手柄处于水平位置；需要拔出时，应先将手柄旋转至竖直状态，再向上拔出；需要插上时，应先沿竖直方向用力向下插入，再将手柄旋转至水平状态。

④ 拆开维修开关之后，必须等待至少 10min 后方能进行维修操作，以确保高压线路的余电已释放，如果条件允许，建议等待时间为 30min。断开维修开关后必须使用专业电压表检查高压系统是否确实已经断电成功。

3. 高压电池事故急救措施

电动车或高压电池起火时，应根据实际情况，进行下列操作。

① 将车辆退电至 OFF 挡，并在条件允许情况下断开 12V 蓄电池。

② 断开维修开关。

③ 就近寻找灭火器（请勿使用水基型灭火器）。

④ 如果车辆起火，火势较小较慢，应使用干粉灭火器灭火，并立即拨打求救电话。

⑤ 如果火势较大，发展较快，应立即远离车辆，拨打火警电话，等待救援。

如果高压电池发生泄漏（有明显液体流出），应按照以下方法对车辆进行操作。

① 将车辆退电至 OFF 挡，并在条件允许的情况下断开前舱 12V 蓄电池。

② 断开维修开关。

③ 发生少量泄漏时，应远离火源，使用吸水布吸附后置于密闭容器中，或采用焚烧方式处理，操作前请佩戴防酸碱手套。

④ 发生大量泄漏时，应统一收集，按照危险化学品处理，可加入葡萄糖酸钙溶液来处理产生的气体 HF。

⑤ 当人体不慎接触泄漏液体时，应立即用大量清水冲洗 10~15min，如果有疼痛感，可用 2.5% 的葡萄糖酸钙软膏涂覆，或用 2%~2.5% 的葡萄糖酸钙溶液浸泡止痛，若无改善或出现不适症状，请立即就医。

4. 高压安全断电与恢复系统运行

(1) 高压安全断电　拆卸维修高压系统前，必须首先执行高压禁用流程！

高压禁用操作程序如下。

① 移：移除车辆上所有外部电源，包括 12V 蓄电池充电器。

② 拔：拔出充电枪（仅针对插电式混合动力汽车或电动汽车）。

③ 关：关闭点火开关，把钥匙放到安全区域。

④ 断：断开 12V 蓄电池负极，并远离负极区域。

⑤ 取：取下维修开关（MSD），放到安全区域。

⑥ 等：等待 5min，以保证高压能量全部释放。

⑦ 查：佩戴个人安全防护设备，拆卸高压插接器，开始下一步的电压验证。

由于涉及"高"压操作，所以必须进行断电、验电和放电操作，请特别注意！不同车辆请严格参照其维修手册的要求进行高压安全断电。

现以北汽新能源 EV160 为例，介绍操作步骤如下。

① 断电操作。先将车钥匙置于 OFF 挡，并拔下蓄电池负极电缆，随后对桩头做物理及电气隔离，之后通过断开（拔出）PDU 控制电路 35 针插件。

② 验电和放电操作。验电其实就是检测高压直流是否还有输出，以保证后续的安全操作，所以检查端应该是在动力电池输出端，断开动力电池高压电缆有两种方法：一种是把车举起来从动力电池接插件处拔掉（有举升机的条件下，如动力电池更换项目）；另一种是不举升车辆而是在 PDU 接插件处拔掉（没有举升机的条件下，如高压绝缘故障项目）。

(2) 恢复系统运行　在对电动车辆维修完毕后，要由高电技师恢复系统运行。要目视检查所有的高压连接以及高压系统的接插口和螺孔连接都正确锁止，要目视检查所有的高压电缆都无法被触碰到，要目视检查是否电压平衡、电缆清洁并无法被触碰到，插入维修开关并把它锁闭。打开点火开关读取所有系统的故障码，把"高压系统已关闭"的警示标签从车辆上移除。在车辆显眼的位置贴上"高压系统已激活"的警示标签。

5. 健康防护措施

① 混合动力汽车和纯电动汽车的某些零部件可能有非常强的磁性。如果技术人员身上有植入体内的或便携式医疗电子设备，如心脏起搏器（Pacemaker）或心律转复除颤器（Defibrillator），则必须向该医疗设备的制造商了解可能会有哪些不利影响，确定无危害后再对混合动力汽车和纯电动汽车进行维护。

辐射电磁波（Electromagnetic Waves）也会影响医疗设备的正常工作。如果技术人员携带医疗设备，则在对混合动力汽车或纯电动汽车进行维护作业时需要与某些零部件保持足够的距离。

可能对医疗设备形成干扰的汽车设备包括：

a. 汽车充电桩；
b. 车载式汽车充电器；
c. 远程发射机；
d. 钥匙的信号天线；
e. 永磁电动机。

为避免对便携式医疗设备形成干扰，技术人员应参考汽车厂家的维修信息，找出所有能发射强电磁波的零部件，并了解与这些需要进行维修处理的零部件之间所需保持的最小距离。

有些混合动力汽车和纯电动汽车厂家建议身上有植入体内的或便携式医疗设备的技术人员不要参与此类车辆的维修工作。

② 对于特定的诊断或维修作业，技术人员可能需要在暴露的高压零部件附近进行操作。如果有导电物体落到暴露的高压电路上，则可能造成危险的短路事故。

在对混合动力汽车和纯电动汽车进行维修之前，技术人员应取下身上的所有首饰和金属物体，如戒指、手表、项链和工作徽章，并从衬衫和裤子兜里取出金属物体，例如兜中的自动铅笔或工具，因为它们可能会滑落出来造成弧闪事故。最重要的是，将衣物上的金属物移除或遮盖可避免意外触电。

6. 电动汽车维修注意事项

① 在车体高电压或高温处均有警告标示，严格按标示要求操作。
② 洗车时请勿将高压水枪向充电口部位喷射，以避免充电口进水，发生触电危险。
③ 使用指定的充电插座及充电线，切勿自行选择充电设备。
④ 对车辆进行消防灭火时，禁止使用水浇法，应采用干粉灭火器。
⑤ 维修车辆时，不可使车体湿润或带水操作。
⑥ 更换电池包时，注意防酸碱，使用工业"防碱手套"，并佩戴防护目镜。
⑦ 拆装车辆时，不可同时操作正负极。
⑧ 禁止正负对接，避免正极或负极经人体接地。
⑨ 拆开的高压线接口要进行绝缘处理。
⑩ 双人操作，一人监护，一人操作。

四、预防电击、火灾和防爆炸措施

1. 防电击

① 在维修点火系统故障时，如果发动机在启动或运转中，则不要用手触摸点火线圈、高压线和分电器等，以免被高压电击伤。
② 在进行高压试火时，最好用绝缘的橡胶夹子夹住高压线来进行试验，若用手直接接触高压导线，容易造成高压电击伤。
③ 电子仪表显示系统均采用冷阴极管，由于冷阴极管插接器通电后储存在高压交流电，因此在维修电子仪表显示系统时，通电后人体不得接触这些部位。
④ 做好维修设备安全用电的检查与管理，移动式照明灯只允许使用低压灯泡。

2. 防火灾和防爆炸

① 维修电喷发动机喷油系统时，为了防止发生火灾，必须事先对系统进行卸压。
② 燃油系统卸压方法（以日产公爵 VG30E 发动机为例）：启动发动机并使其怠速运转，

拔下燃油泵继电器的电源插头，使燃油泵停止工作，此时发动机会随之熄火。而后再起动机带动发动机运转一会儿，以保证完全卸去燃油系统的压力。

③ 在带电测试浮子可变电阻式燃油液面位置传感器时，不要将油位传感器取出。因为滑动臂在可变电阻上滑动时，接触处容易产生电火花，从而导致汽油着火，甚至会引起燃油箱爆炸。

④ 试验电动燃油泵的性能时，为了防止火灾的发生和防止损害发动机 ECU，可用两根导线分别连接蓄电池的正、负极与电动燃油泵的接线端子，听诊燃油泵是否有转动的声音。

⑤ 现代汽车一般都安装了空调设备，电控汽车空调系统的故障比较复杂：一是部分空调制冷剂容易着火；二是在空调系统检漏过程中容易发生事故。现在大多使用 R134a，性能优越，对环境的破坏程度小，但它有一个明显的缺点，就是易燃。因此，当使用 R134a 制冷剂的汽车空调系统出现泄漏时，必须及时修理，以防止发生火灾。

正确的检漏方法是利用瓶装氮气进行试漏。氮气是一种惰性气体，其性能比较稳定，所以安全可靠。不允许使用瓶装氧气或者压缩空气对空调系统进行试漏，因为氧气在管道中与空调压缩机的润滑油进行混合极易发生爆炸。

⑥ 车辆着火防护工具。新能源汽车着火时，应使用常规 ABC 干粉灭火器灭火，这种灭火器用于油或电路火灾。如果只是高压蓄电池着火，则推荐使用二氧化碳灭火器，发生大面积火灾时，持续浇水同样可浇灭高压蓄电池火灾。用水量过少是非常危险的，这会加剧高压蓄电池火灾的火势。

动力电池若起火燃烧，建议使用二氧化碳类型灭火器；如果采用水来灭火，应使用大量、可持续的水去灭火，如只用一桶，将加剧动力电池火灾的程度，这是危险的。

当电动汽车发生火灾时，最有效的灭火方式是采用大量的水灭火。因为电动汽车起火多为电路短路起火，这种情况下为了保证人员安全，使用水基灭火器可以快速对短路产生的热量降温，使电能耗尽来有效灭火。

3. 防烫伤

汽车三元催化转换器的工作温度高达 650℃ 以上，其外壳有时会发红，即使在发动机熄火后的一段时间内仍然很烫。因此，在停车后的一段时间里，修理人员不要在三元催化转换器附近进行修车作业，也不要到车底下进行放油操作，以免发生烫伤事故。

4. 防机械伤害

① 对于整体式 ABS，在维修制动器之前，应彻底卸去高压蓄能器（又称蓄压器）中的压力。因为 ABS 中往往积蓄着压力很高的制动液，储能器中的压力高达 18.6MPa。如果未经卸压就松开排气螺钉，那么高压的制动液会喷出伤人。蓄能器卸压的方法是：先断开点火开关，然后反复踩、放制动踏板 25 次以上，直到制动踏板变得很硬时为止。

② 必须按照维修规范拆卸或更换安全气囊系统。在维修和测试安全气囊系统各零部件前，必须先将点火开关转到锁止（LOCK）位置，并将蓄电池负极电缆端子拆下 30s 或更长时间（视车型而定），然后开始维修工作。因为安全气囊系统有备用电源，若从蓄电池上拆下负极端子不到规定的间隔时间就开始维修，很容易因备用电源而导致安全气囊膨开，造成严重事故。

③ 在维修过程中，如果可能产生振动，则对安全气囊系统的传感器具有冲击作用，那么应在维修之前拆下碰撞传感器，以防止安全气囊膨开伤人。

④ 安全气囊系统控制单元、前碰撞传感器和安全气囊组件等部件都不得暴晒或者接近火源。

⑤ 绝对不能检测安全气囊系统点火器（引爆管）的电阻，否则有可能导致气囊引爆。检测安全气囊系统故障时，必须使用高阻抗的（大于 $10k\Omega/V$）电阻/电压表，最好使用数字式万用表。如果使用指针式万用表，因其阻抗较小，表内电源的电压加到安全气囊系统上，就有可能造成安全气囊引爆。

⑥ 在拆卸或搬运安全气囊组件时，安全气囊的装饰盖应朝上放置，且不得将安全气囊组件重叠堆放，以防止安全气囊误膨开造成严重的机械损伤。

五、汽车电气维修作业的禁忌

1. 用电的禁忌

① 维修电气设备或更换熔丝时，应首先切断电源，并在电源开关处挂上"严禁合闸"的警告牌；在没有采取足够的安全措施的情况下，严禁带电工作。

② 使用各种电气设备，应采取相应的安全措施。如使用手提式电钻时，必须戴上橡胶手套或站在绝缘垫上。

③ 热设备应远离易燃物，用毕即断开电源。

④ 判断电线或用电设备是否带电，必须用验电器，如测电笔（一般在250V以下使用）等检查判断，不允许用手去摸试。

⑤ 电灯开关应接在火线上，用螺旋灯头时不可把火线接在与螺旋套相连的接线柱上，以免调换灯泡时触电。

2. 电动汽车电气维修作业的禁忌

① 非持证电工不准装接电动汽车高压电气设备。

② 任何人不准玩弄电气设备和开关。

③ 破损的电气设备应及时调换，不准使用绝缘损坏的电气设备。

④ 不准利用车身电源对电动汽车以外部的用电设备供电

⑤ 设备维修切断电源时，任何人不准启动挂有警告牌的电气设备，或合上拔去的熔断器。

⑥ 不准用水冲洗、揩擦电气设备。

⑦ 熔断丝熔断时，不准调换容量不符的熔丝。

⑧ 不经技术部门或主管部门审批，不准私自改动和加装

⑨ 发现有人触电，应立即切断电源进行抢救，按未脱离电源前不准直接接触触电者。

⑩ 雷雨天气，禁止室外对车辆充电和维修维护。

第二章

汽车故障排查思路与要点

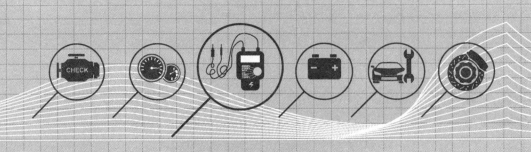

第一节 汽车故障的基本分析方法

一、汽车及电动汽车电气设备的组成

1. 汽车电气设备的组成

汽车电气系统由电源系统、用电设备和配电装置三部分组成,如图2-1所示。

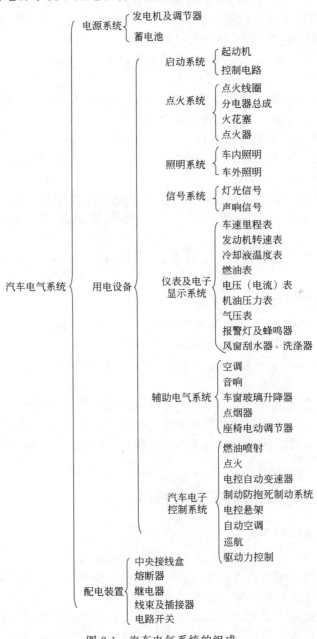

图 2-1 汽车电气系统的组成

(1) 电源系统　电源系统包括蓄电池、发电机及调节器。发电机与蓄电池并联工作，发动机不工作时由蓄电池供电，发动机启动后，转由发电机供电。在发电机给用电设备供电的同时，也给蓄电池充电。发电机配有调节器，其主要作用是在发电机转速变化时，自动保持发电机输出电压的稳定。

(2) 用电设备　汽车用电设备分为启动系统、点火系统、照明信统、信号系统、仪表及电子显示系统、辅助电气系统及汽车电子控制系统等。

① 启动系统。启动系统主要包括起动机及其控制电路，用来启动发动机。

② 点火系统。它分为传统点火系统、电子点火系统以及微机控制点火系统三种。点火系统包括点火开关、点火线圈、分电器（有的车型已取消分电器）、控制器（ECU）、信号发生器、点火控制器、火花塞、高压导线等。

③ 照明系统与信号系统。照明系统包括车内外各种照明灯及其控制装置。信号系统包括声响信号和灯光信号装置、制动信号灯、转向信号灯、倒车信号灯等。

照明装置包括车内、外各种照明灯。信号装置包括电喇叭、闪光器、蜂鸣器及各种信号灯，提供安全行车所必需的信号。

④ 仪表及电子显示系统。包括电压（电流）表、机油压力表、冷却液温度表、燃油表、车速里程表、发动机转速表、气压及各种报警灯等。

⑤ 辅助电气系统。辅助电气系统包括电动刮水器、空调系统、车窗玻璃电动升降器、电动座椅、防盗系统、收录机等。现在辅助电气设备有日益增多的趋势，主要向舒适、娱乐、保障安全等方面发展。

⑥ 汽车电子控制系统。汽车电子控制系统包括电控燃油喷射系统（EFI）、微机控制点火系统（ESA）、电控自动变速器（ECT）、防抱死制动系统（ABS）、电控悬架系统（EMS）、自动空调（A/C）等。

(3) 配电装置　配电装置包括中央接线盒、熔断器、继电器、线束及插接器、电路开关等。

2. 电动汽车的电气设备

(1) 电动汽车除了电力驱动控制系统外，其他部分的功能及其结构组成基本与传统汽车相似，只是有些部件根据所选的驱动方式不同，已被简化或省去。电动汽车与传统汽车结构上的最大区别在于动力系统，如图 2-2 所示，增加了电池、电动机、电控系统三大组件。

(2) 电动汽车的电气系统　电动汽车的电气系统是在传统燃油汽车车身和底盘的基础上增加了高压电源系统、电动机驱动及控制系统、车载充电及电池管理系统、整车控制器和高低电压转换器等电气元件。电动汽车电气系统结构如图 2-3 所示，其主要部件的安装位置如图 2-4 所示。

二、汽车电气系统故障的类型与特点

1. 汽车电气系统故障的类型

汽车电气系统的故障主要有电气设备故障和线路故障两种。

(1) 电气设备故障　电气设备故障是指电气设备自身丧失其原有机能，包括电气设备的机械损坏、烧毁、电子元件的击穿、老化、性能减退等。

在实际使用和维修中，常常因线路故障而造成电路设备故障。电气设备故障一般是可修复的，但对于一些不可拆的电子设备出现故障后无法进行修复，而只能更换。

第二章　汽车故障排查思路与要点

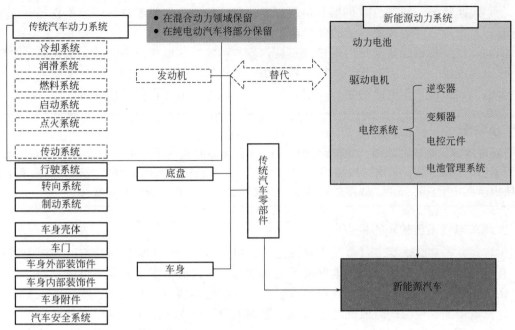

图 2-2　电动汽车在结构上与传统汽车的区别

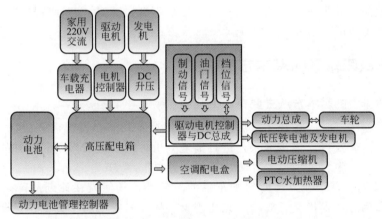

图 2-3　电动汽车电气系统结构

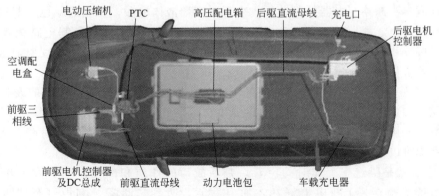

图 2-4　电动汽车主要部件的安装位置

（2）线路故障　线路故障包括断路、短路、接线松脱、接触不良或绝缘不良等。这类故障有时容易出现一些假现象，给故障诊断带来困难。

例如，当某搭铁线与车身出现接触不良，就有可能造成电气设备开关无法控制，电气设备工作出现混乱。这是因为几个电气设备共用一个搭铁，一旦该搭铁线出现接触不良，它就把多个电气设备的工作电路联系到一起，造成一个或多个电气设备工作异常。

> **小贴士**
>
> 疑难故障又称软性故障，用车辆自备的诊断系统功能或使用专用仪器设备诊断时，无故障码输出（或显示），或虽有故障码输出，但不是故障的真正原因或部位所在，而更换故障码所提示系统相应零部件，故障依然存在，这类故障称为电控系统的疑难故障。

2. 汽车电气系统故障的特点

（1）元件击穿　击穿有过电压击穿或过流、过热引起的热击穿。击穿有时表现为短路形式，有时表现为断路形式。由于电路故障引起的过压、过流击穿常常是不可恢复的。

（2）元件老化或性能退化　这包括许多方面，如电容器的容量减小、绝缘电阻下降、晶体管的漏电增加、电阻的阻值变化、可调电阻的阻值不能连续变化、继电器触点烧蚀等。像继电器这类元件，往往还存在由于绝缘老化、线圈烧断、匝间短路、触点抖动，甚至无法调整初始动作电流的故障。

（3）线路故障　这类故障包括接线松脱，接触不良、潮湿、腐蚀等导致的绝缘不良、短路、旁路等，这类故障一般与元器件无关。

三、汽车故障排查的基本方法

1. 汽车故障排查的基本方法主要有以下几种

（1）直观诊断法　采用直观诊断法时，首先要弄清故障的表现，有何特征及伴随症状；然后由简到繁，由表及里，逐步深入，进行推理分析；最后做出判断。这种故障诊断方法可简单归纳为"口问、眼看、手摸、耳听、鼻嗅、路试"。

① 口问。除驾驶员诊断自己所驾驶车辆的故障外，任何人在诊断故障之前，都必须先问明情况，如车辆的技术状况、故障的先兆迹象、故障的发生属于突变还是渐变等。即便是经验丰富的诊断人员，在不问明情况时，就盲目诊断，也会影响诊断的速度和质量。

② 眼看。就是通过目视查看电气元件或连接导线有无烧焦变色、变形、螺钉松动、导线连接不良或接头断路，电器外壳破损、变形，容器液体泄漏，排气的颜色、漏油的部位和程度、机油的颜色、损坏情况等。查看熔丝有无烧断，电子元件或印制电路板焊点是否松脱，元件连接线和印制电路是否锈蚀严重，在夜间查看导线接头有无跳火现象，这样可以较快地发现故障部位或有故障的元器件。

③ 手摸。就是用手触摸可能产生故障的部位，通过温度、振动等情况的变化，来判断其工作情况。如点火线圈正常，不应发热烫手，若发热烫手，说明点火线圈内部有短路故障；用手拨动连接导线接头是否松动等。轴承是否过紧，汽油管路、柴油管路有无供油脉动等。通过手摸可以很快找到故障部位。

④ 耳听。就是听汽车工作时的声音，判断故障的性质和部位。如听发电机有刮碰异响声即为故障。检查某个断电器好坏，通电后能否听到"咔嗒"响声（有"咔嗒"响声说明工作正常，否则有故障）。仔细听声响装置（如报警器、电喇叭、扬声器等）有无异

常响声等。

⑤ 鼻闻。就是凭汽车在运行中散发出的某些特殊气味，判断故障所在部位。通过气味的大小和方向来判断故障的性质、损坏程度和哪个器件损坏。如闻到焦糊味，就可判断是导线有过电流烧坏外绝缘层而产生气味，若闻到硫酸味，说明是蓄电池过充电或外壳有渗漏故障等。

这种方法对于诊断电气线路、摩擦衬片等处的常见故障特别有效。

⑥ 路试。诊断人员可亲自试车，去体验故障的部位，如用单缸断火法判定发动机异响，用更换零件法来证实故障的部位等。再如传感器、执行器等也可做对比试验来判断，如火花塞是经常使用试验对比的零件之一。

上述的各种方法，并非每一种故障的诊断都必须采用，不同故障，可视其具体情况而灵活运用。

（2）试灯法 试灯法就是用一个汽车用灯泡作为试灯，检查电路中有无断路故障。检查时试灯一端与电路中某一接线柱连接；另一端搭铁。若灯亮，则表明电路正常；若灯不亮，则表明电路有断路故障。

试灯法又分为短路检测法和断路检测法两种。短路检测法主要用于检测线路中的断路故障，而断路检测法则主要用于检测线路中的短路故障。这种方法特别适合不允许直接短路的带有电子元件的电器。

> **小贴士**
> 用试灯法测试交流发电机是否发电

试灯的一端接交流发电机的电枢，另一端搭铁，如果试灯不亮，说明交流发电机工作正常；反之，则认为发电机不发电。另外，在检查汽车电气系统是否断路时，可在怀疑断路处接上试灯，如试灯不亮，则说明电路有断路；反之，则认为电路正常。

（3）断路法或短路法

① 断路法。该方法适用于排查电控汽车电路系统发生搭铁不良或短路故障。

汽车电路设备发生搭铁（短路）故障时，可用断路法判断，即将怀疑有搭铁故障的电路段断路后，根据电气设备中搭铁故障是否还存在，判断电路搭铁的部位和原因。

例如某轿车大灯开关扳到某挡位时，易熔丝就被烧断，表明该灯光电路有短路故障。此时可采用断路法分别对前照灯和后灯的连接线、灯座等进行详细检查。

② 短路法。汽车电路中出现断路故障，还可以用短路法判断，即用螺钉旋具或导线将被怀疑有断路故障的电路短接后，观察仪表指针变化或电气设备的工作状况，从而判断出该电路中是否存在断路故障。

例如怀疑起动机电磁开关有故障，则接通点火开关后，当用导线将两接点短接时，若起动机电磁线圈有吸动声音，表明电磁开关内部接触不良或断路。

（4）换件法 换件法在实际故障诊断中经常采用，即使用一个无故障的元件替换怀疑出现故障的元件，观察出现故障系统的工作情况，从而判断故障所在。

采用换件法必须注意的是，在换件前要对其线路进行必要的检查，确保线路正常方可使用，否则会造成更大的损失。

例如电控发动机的ECU不适宜采用换新件的方法来鉴别其好坏。因为将新ECU或别的车上拆下的ECU装在故障车上试验，有可能因故障车的故障而导致新换上的ECU损坏。这是因为ECU故障大多数是由于外部元器件或电气线路损坏造成的，因此在没有排除外部故障的情况下,是不能把新ECU装在故障车上试验的。确系需要,只能采用将故障车上的ECU换到同类型非故障车上来做对比判别鉴定的方法。

(5) 高阻抗万用表测量法　由于现代电控汽车上采用了较多的电子电气部件,仅靠直观检查不能准确地知道它们的好与坏。使用高阻抗万用表测量电路和元器件的好坏是常用的方法,主要用于测量电路通断、电压、电阻和电流。

(6) 低压搭铁试火法　低压搭铁试火法即拆下用电设备接线的某一线端对汽车的金属部分(搭铁)碰试而产生火花来判断故障的方法。这种方法比较简单,是广大汽车电工经常使用的方法。搭铁试火法可分为直接搭铁和间接搭铁两种。

① 直接搭铁是指未经过负载而直接搭铁,以是否产生强烈的火花来判断电路有无故障。例如,要判断点火线圈至蓄电池一段电路是否有故障,可拆下点火线圈上连接点火开关的线头,在汽车车身或车架上刮碰,如果有强烈的火花,说明该段电路正常;如果无火花产生,说明该段电路出现了断路。

② 间接搭铁是指通过汽车电气的某一负载而间接搭铁,以是否产生微弱的火花来判断线路或负载有无故障。例如,将传统点火系统断电器连接线搭铁(回路经过点火线圈初级绕组),如果有火花,说明这段线路正常;如果无火花,则说明这段线路出现了断路。

(7) 高压试火法　高压试火法即对高压电路进行搭铁试火,观察电火花状况,从而判断点火系统的工作情况的方法。具体方法:取下点火线圈或火花塞的高压导线,将其对准火花塞或缸盖等,距离约5mm,然后接通启动开关,转动发动机,看其跳火情况。如果火花强烈,呈天蓝色,且跳火声较大,则表明点火系统工作基本正常;反之,则说明点火系工作不正常。

(8) 仪表法　仪表法即通过观察汽车仪表板上的电流表、水温表、燃油表、机油压力表等的指示情况,来判断电路中有无故障的方法。

例如,发动机冷态,接通点火开关时,水温表指示满刻度位置不动,说明水温表传感器有故障或该线路有搭铁。

(9) 故障码法　现代汽车电控系统的ECU具备故障自诊断功能,通过故障码向维修人员提供故障信息,只要不拆蓄电池,电控系统出现的故障将一直保存在ECU里,维修人员可按特定的方法提取故障码。

采用专业检测仪器读码,先将选好的相关车型的软件测试卡插在检测仪器上,连接各插头,并将装好的检测仪器接到车上专用的故障检测插座上,根据检测仪器提供的操作程序进行操作,从而读取故障码。

各汽车制造厂都为自己生产的各种型号汽车设计了专用的解码仪,但为了方便维修人员操作,目前美国、日本、欧洲等汽车制造厂家广泛采用OBD-Ⅱ诊断模式和统一的接口,使用通用的解码仪即可以读码。

(10) 数据流或波形分析法　数据流和波形分析法是排除电控汽车发动机故障的基本方法之一。由于这种方法需要一定的理论基础知识和一些必要的技术数据,故在排除一般电控发动机故障时使用较少,而大多用在排除电控发动机的疑难故障方面。

① 数据流法。把汽车电控系统的一些主要传感器和执行器正常工作时的技术参数(如转速、蓄电池电压、空气流量、喷油脉宽、节气门开度、点火提前角、冷却液温度等)值汇集起来,然后按不同的要求进行组合,形成数据组,称为数据流。这些数据资料可通过专用故障检测仪,把各种传感器和执行器I/O信号的瞬时值以数据方式在显示屏上显示出来,这样可以根据电控汽车工作过程中各种数据的变化(有故障时的数据)与正常行驶时的数据或标准数据流对比,快速查出电控系统故障的原因。

② 波形分析法。电控发动机发生的故障，有时属于间歇性、时有时无的故障，很难用数据流分析和判断，而且在电控系统中，很多传感器和执行器的信号采用电压、频率或其他数字形式表示。在发动机实际运行过程中，由于信号变化很快，很难从这些不断变化的数字中发现问题所在。但用示波器显示的波形就能捕捉到故障中微小的、间断的变化。其原理是利用电控发动机正常工作时各种传感器信号（包括曲轴位置传感器、凸轮轴位置传感器、氧传感器信号及某些型号的空气流量计信号、喷油器信号、怠速电动机控制信号等）所描述的波形图与有故障时波形图相比较，若有异常之处，则表明该信号的控制元器件或线路本身出现了故障。

> **小贴士**
>
> 波形法在维修中运用的方式
>
> 波形法在汽车电子控制系统故障诊断与维修中的运用方式有两种：一是确定整个系统的运行情况；二是确定在整个状态运行正常情况下，某个电气元器件或电路是否存在故障。波形分析应用最多而且最有效的是对氧传感器信号波形分析。通过对氧传感器波形分析，可诊断出点火不良、真空漏气、喷油不平衡等故障。

（11）测量压力比较法　电控汽车发动机发生的故障中，有一部分是因为燃油喷油回路中的压力失准而引发的，这种故障往往不会有故障码输出，因此速查判断较困难。若利用测量回路中各段喷油压力参数的变化情况，便可速查出故障的原因所在。

如果是由于燃油泵磨损造成供油压力下降，滤清器或油泵滤网堵塞使供油压力不足，压力调节器损坏使系统压力不稳，喷油器堵塞造成各气缸供油不均匀等原因引发的故障，都可采用此法排除。这部分故障主要包括发动机无法启动、启动困难、怠速不稳、加速不畅或没有高速及动力不足等。

（12）元器件模拟方法　元器件模拟法是通过信号模拟器来代替传感器向控制电脑输送模拟的传感器信号，并对控制电脑的响应参数进行分析比较的测量方式。信号模拟器有两种：一种是单路信号模拟器；另一种是同步信号模拟器。

① 单路信号模拟器。单路信号模拟器是单一通道信号发生器，它只能输出一路信号，模拟一个传感器的动态变化信号。主要的模拟信号：可变电压信号0～15V；可变交流、直流频率信号0～10kHz；可变电阻信号0～200kΩ。单路信号模拟器有两个功用：一是用对比方式判断被模拟的传感器好坏；二是用可变模拟信号去动态分析电脑控制系统的响应，进而分析控制电脑及系统的工作情况。

② 同步信号模拟器。同步信号模拟器是两通道以上的信号发生器，它主要用于产生有相关逻辑关系的信号，如曲轴转角和凸轮轴转角传感器同步信号，用于模拟发动机的运转工况，完成在发动机未转动的情况下对控制电脑进行动态响应数据分析的试验。同步信号模拟器的功用也有两个：一是用对比方式比较传感器的好坏；二是分析电脑控制系统的响应数据参数。

（13）加温或淋水排查法

① 加温排查法。有的故障只在热车时才会出现，可能是由于有关零部件或传感器受热而引起的。这时可用电吹风或类似的加热工具对可能引起故障的零部件或传感器进行加热试验，检查是否会出现故障。

加热温度对有些传感器不可超过60℃，更不可直接加热电脑中的零件。

② 淋水排查法。有的故障只是在雨天或低温环境下才发生，这时可用淋水法检查，即

用水喷淋在车辆上以检查故障所在。

不可将水直接喷淋在发动机电控零部件上,可喷淋在散热器前面间接改变温度和湿度;也不可将水直接喷淋在电子器件上。

(14) 故障征兆模拟法　由于现代汽车的各种装置和系统过于庞大、复杂,给维修带来不便。为方便维修,有些汽车厂家在维修手册中提供故障征兆表,帮助进行故障分析,使分析有序不乱。故障征兆表以汽车表现出的故障现象为纵线,以可能引起该故障的系统、电路为横线制成表格,表中标出可能产生故障的元件、部位、检测内容等,它利于有针对性地进行故障判断。经逐项检查,排除疑点,最终即可确定故障部位。

2. 电动汽车故障维修方法

电动汽车的故障维修与传统汽车的故障维修基本相似,但由于电动汽车构造的特殊性,在细节上与传统汽车存在着差异。

电动汽车维修基本方法是,首先找到故障产生的部位;之后用相应的仪器进行测试,分析、研究故障产生的原因,推理验证故障的产生情况;然后进行维修,确认故障已修复;最后进行试车,以检验故障修复的效果。

(1) 故障现象观察法　故障现象是故障的直接表现,在熟悉电路结构和特点的情况下,只要能熟练地运用故障现象观察法对主要电路故障进行检查,很多情况下可以很快确定故障部位,甚至可以直接找到故障点。例如,控制器附近电路烧坏、断路,这类故障可以通过观察故障现象很快找到故障部位。

(2) 测试关键点　判断出大致的故障范围之后,可以通过测试关键点的电压和电流,并与正常时的工作电压和电流进行对比来进一步缩小故障范围。这一点至关重要,也是维修的难点,要求维修者平时应多积累资料。

(3) 测电压法　测量电压是维修电动汽车常用的基本维修方法之一,在实践中经常用到。它主要是测量电路或元器件的工作电压,以此来对故障部位和元器件进行判定。即用万用表检查其电压有无或大小,然后再与正常状态下所测数值进行比较,以此来判断该电路的工作是否正常。

(4) 测电流法　测量电流也是维修电动汽车的常用方法之一。例如,测量电动车电动机电流,如果电流值和正常值相比变化很大,则说明电动机有问题,就可对症下药,对其进行重点检查。

(5) 测电阻法　测量电阻也是维修电动车的常用方法之一,它主要是测量电路和元器件的对地电阻值及元器件本身的电阻值,这样可以很容易地判定出故障所在。例如,用万用表蜂鸣器挡测量连接导线的通断就是十分方便快捷的办法。

(6) 敲击法　这也是维修电动汽车很有效的方法之一,特别是对于虚焊和接触不良引起的故障。其方法是用绝缘体(如木棍),在加电和不加电的情况下,对有可能出问题的部位进行敲打和按压,就可较容易地发现虚焊和接触不良等故障。

(7) 摸温法　摸温法就是直接用手触摸(应注意安全)被怀疑的元器件,感受其温度,根据其温度的异常变化等现象来发现问题,可很快地判断出问题所在。这种方法可快速对电动汽车关键部件的好坏做出判断。

(8) 替换法　替换法就是怀疑某个部件有故障而又不易测试其性能好坏时,用新的部件进行替换。替换法是电动汽车维修中经常使用而又行之有效的方法。

(9) 修改电路法　修改电路法是在某些电路设计不合理或因配件与原机的电路不相符时所采用的维修方法。

(10) 拆除法　拆除法是拆除在电路中起辅助性作用的元器件或配件的维修方法。例如,电动摩托车的闸把在检查故障时可暂时先去除，以此缩小故障范围，等故障排除后再接上闸把。

四、汽车故障大致方向的判断方法

1. 判断汽车故障大致方向的几个规律

① "由表及里、因车而异"。首先做常规检查，即检查各插接器是否松脱、腐蚀或接触不良，发动机燃油系统压力是否正常，气缸压力是否合格，配气相位是否准确，把最简单的故障排除。

② 接通点火开关，若起动机不转动，说明电路断路，应当检查熔断器是否烧断，蓄电池连线的插头是否松动，搭铁线是否接触不良。

③ 对于返修的汽车，应当从原厂曾经修理、调整过的部位查起，包括配件是否正规、安装是否正确（上下、左右、前后是否装反，管道或插接器是否插错）、装配记号是否对准、是否更换了一次性零件等。

④ 对于改装的汽车，加装件往往是故障的高发部位。因此，改装汽车出现故障，应当首先从改装部件查找原因，而不是按常规一步一步查下去。例如，加装电子防盗器及音响的轿车，应该先检查防盗器分支电路的插头及搭接部位。

⑤ 当中控门锁系统功能失灵时，先观察是全部门锁失灵还是个别门锁失灵。如果全部门锁失灵，一般是电源断路、集控开关损坏等原因造成的；如果只是个别门锁失灵，一般是该门锁机械方面的故障，只要拆检故障所在车门即可查出原因。

2. 电喷发动机故障的大致方向的判断

① 如果发动机不能启动，而且故障指示灯点亮，说明发动机的电控系统有问题，除了检测曲轴位置传感器的信号外，还应检查凸轮轴位置传感器的信号是否正常。

② 如果发动机热态时工作正常，加速性能良好，冷态时工作失常，说明点火系统和燃油供给系统没有问题，故障原因与发动机的温度有关，很可能是燃油品质较差，或者怠速空气控制阀、冷却液温度传感器失常。

③ 如果发动机出现运转无力、排气管冒白烟的故障，但是电控单元（ECU）没有故障码存储，说明空燃比控制和点火正时都有问题，这往往是由发动机控制单元熔丝熔断引起的。

④ 电控汽车同时出现多个故障，一般是由于它们的公共电路出现问题。

3. 柴油发动机故障大致方向的判断

① 如果柴油机启动困难，应当首先确定故障是出自高压油路还是出自低压油路。可以拧松高压油泵上的放气螺钉，用手油泵泵油，若放气螺钉处出现气泡或者无油流出，说明故障出在低压油路；若放气螺钉处有油流出并且没有气泡，说明低压油路正常，故障可能出在高压油路。

② 如果柴油机逐渐熄火，可以拧松高压油泵或者柴油滤清器上的放气螺钉，用手油泵连续泵油，若油流中的气泡总不消失，说明燃油系统漏气，已经混入了空气。

③ 如果柴油机功率不足、排气管冒黑烟，不要一开始就更换高压油泵的柱塞和喷油器，甚至更换气缸、活塞和活塞环，而应首先检查空气滤清器和排气管是否堵塞，然后再检查燃油滤清器是否过脏。有些故障看似很严重，却往往是由空气滤清器或者消声器堵塞引起的。若上述检查都正常，再用气缸压力表测量气缸压力，如果发现气缸的压缩压力明显偏低，应

当检查气缸垫是否冲坏、该缸气门座圈是否松动或者严重磨损。

④ 进行"断油"试验（松开高压油管的接头，暂时中断供油），若发现某缸工作不正常，应该首先检查喷油器。如果喷油器失常，先检查该缸的出油阀紧固螺母（即出油阀紧座）是否松动。

⑤ 柴油机油路进空气是一种比较常见的故障。排除柴油机油路中的空气，应当从负压段开始。所谓负压段，是指从燃油箱至输油泵进油口之间的油路。柴油机工作时，输油泵对这段油路产生吸力，因而这段油路的油压低于大气压。在负压段，漏油较少，而漏气较多，因此排除柴油机油路中的空气应当从负压段开始。

4. 电动汽车故障大致方向的判断

判断电动汽车故障，首先应当熟悉该型号电动汽车的构造和工作原理，然后结合所出现的症状进行分析、检查，才能迅速、准确地将故障查出。

新能源汽车技术先进，涉及高电压系统，结构复杂。快速排除新能源汽车故障，就必须通过确认故障现象、读取故障码、定格数据和数据流、主动测试等方法进行维修。同时要准备整车电气原理、整车二维线束图、整车电气控制策略等资料，并准确识读和掌握。

（1）要考虑设计制造的影响　　电动汽车制造厂在某一时期，由于设计制造方面还有某些问题未能解决，造成电动汽车的某种先天缺陷，以致在某一时期某一部件损坏的数量较多。掌握了这一情况后，若遇到电动机动力下降或其他一些原因，就可以对电动机相关部位进行检查。

（2）要考虑环境条件的影响　　在判断故障时，要考虑环境条件所带来的影响。例如，电动、燃油两用货车在灰尘较大的环境下行驶，空气滤清器就容易堵塞；在雾天或高湿度的环境下行驶，纸质滤芯的气孔就容易堵塞，滤芯的使用周期会大大缩短。若电动、燃油两用货车在行驶中，电动机出现动力下降、电力消耗量加大的现象，就要重点考虑滤清器可能已被堵塞，由于空气进入量减少，造成混合气过浓所致。

（3）要掌握电动汽车的故障症状　　电动汽车故障的判断是以故障症状的外部表现为依据的。此故障症状的外部表现主要有电动机动力下降、耗电异常、润滑脂消耗量增加、容易熄火、不能启动或仪表指示异常等。出现上述问题时，再结合电动汽车的构造原理进行分析和推理，判断结果就会更加准确。

第二节　电控系统故障的分析技巧

一、电控系统故障维修操作方法与技巧

1. 点火开关处于ON（接通挡）时不能拆除蓄电池连接线

在对电控汽车维修时，当点火开关处于ON（接通挡）时，无论发动机是否正在运转，都不可拆下蓄电池的连接线或熔断器。否则会使电控单元（ECU）、相关的传感器等微电子元器件严重受损。

除蓄电池的连接线外，其他凡是与蓄电池电压相同的电气装置的导线，只要点火开关处于ON位置，也都不能随意拆除。否则，也会使相关的传感器、电控单元（ECU）烧坏。这些电气装置包括：点火系统、怠速控制步进电动机、电控单元（ECU）的可编

程只读存储器（PROM）、喷油器、空调及其他电磁离合器、电控单元（ECU）的某些连接线等。

2. 利用高压电火花检查故障方法

在检查电控汽车发动机的电子点火系统有无高压电火花时，千万不可沿用检查传统式点火系统的"划火法"（或刮火法），否则，将在划火过程中，由于过电压或过电流容易损坏电子点火系统中的电子元器件，甚至损坏电控单元（ECU）。

而正确的检查方法是：将高压导线插入一个备用火花塞，再将火花塞外壳搭铁，从火花塞电极间隙观察跳火情况。

用逐缸断火法来检验个别缸的工作情况时，应将断火缸高压线端搭铁，即用断路法而不是用开路法断火，否则，会产生最高次级电压而烧坏线路。

3. 维修电控汽车燃油系统之前要卸压

对于电控汽车燃油喷射式发动机，为了便于再次启动，当发动机熄火后，燃油管路内仍将保持着较高的燃油压力（一般为140～150kPa），因此在对电控发动机燃油系统进行故障速查和维修时，特别是在拆卸燃油管道，进行维修或更换燃油滤清器、电动燃油泵、喷油器等部件时，应该先释放掉燃油管道内的残余油压，避免松开燃油管道接头时有大量燃油高速喷出，造成人身伤害或引发火灾，即便是检测油路压力，在接入油压表之前也应卸压，然后接表进行测量。检测结束，拆下油压表前也应卸压（切不可忘）。

油压卸压具体操作如下。

① 启动发动机怠速运转。

② 在发动机运转中拔下电动燃油泵继电器（或拔下电动燃油泵电源插头）。

③ 待发动机自行熄火后再转动点火开关，启动发动机2～3次，燃油压力即可完全释放。

④ 关闭点火开关，装上电动燃油泵继电器（或插上电动燃油泵电源插头）。

4. 维修电控汽车燃油系统故障之前要拆卸蓄电池连接线

由于电控汽车燃油喷射系统的燃油泵均采用电动泵，若在维修燃油系统故障时，如检测系统压力时没有拆除蓄电池连接线，就有可能在维修过程中无意或有意接通电动燃油泵电路，使电动燃油泵工作，高压燃油会从拆开的燃油管路中以高压高速突然喷出，造成人身伤害或引发火灾。

其方法是：在拆卸燃油管路之前，先将点火开关置于"断开"（OFF）挡位，再拆下蓄电池连接线或熔断器；当燃油系统检测或修理装置（如燃油压力表等）接入燃油管路后，若需用蓄电池电源对其测试时，也必须先关闭点火开关，再接入蓄电池连接线，然后打开点火开关（否则将可能产生电火花而引起火灾）。

当燃油系统速查维修作业完毕之后，在拆除燃油检测装置之前，同样必须先关闭点火开关，然后拆下蓄电池连接线，方可执行拆卸燃油检测装置作业。

5. 蓄电池连接线拆卸时机

在维修电控汽车之前应按要求先读取ECU记录的故障码，然后才能进行其他的维修作业或拆除蓄电池连接线，否则将产生故障码和其他信息（如防盗音响信息等）自动清除。对于有故障但发动机仍能运行的车辆，虽然麻烦和费时，但通过一定的方法，仍能获得故障码；但对于根本无法启动的发动机，这样操作后就再也无法获得故障码，也就失去了一个很重要的故障判断信息。

6. 排查故障程序"先常规、后仪器［电控单元（ECU）］"原则

一般来讲，对电控汽车进行故障维修与查排时，应首先对外围故障进行排查后，再进入电子控制系统检测，但在实际操作中有不少人只相信电控单元（ECU）的检测，而忽视了一般常规的检查程序，往往使维修走了不少弯路。

常规检查主要是针对机械系统、真空系统、排气系统和液压系统，其检测项目包括压缩比、真空密封、火花塞积炭、排气系统是否堵塞以及线束、插接器的连接是否可靠等。因为ECU故障诊断仪对于检测上述机械系统的故障是无能为力的，其软件对这部分故障也不设置故障码，所以需要采用传统的方法，遵循"先易后难、由表及里"的原则进行检查。

线束、插接器、搭铁线等断路、短路及接触不良之类的"故障"占有相当大的比重。ECU出现故障的概率很小，因此在多数情况下，排查电子控制系统的故障主要是检测传感器、执行器、插接器和线束，只有在确认这些元器件正常之后，再考虑ECU是否存在故障。

7. 仪器检测与人工调整并重原则

有些维修工认为，维修电控汽车只要用仪器检测找到故障点，然后更换故障码所提示的损坏部件即可，无须进行什么调整，但其实不能一概而论，有的车型若干部位还是需要调整的，例如：混合气（CO含量）成分的调整；节气门位置传感器的调整；轮速传感器气隙的调整；自动变速器挡位开关的调整。

8. 重视专用仪器诊断也不忘通用仪表的作用

在进行传统汽车维修工作时，维修人员习惯于使用通用仪器检测电控汽车，如万用表等，但是目前大有忽视通用测试仪器的趋势。其实ECU故障诊断仪在读取数据流时反应比较慢，对于间歇性的一些疑难故障也未必能检测到。因此，对于采用何种检测仪器合适，需要根据具体情况灵活运用。

以故障诊断仪为主，配合使用示波器、红外线测温仪、尾气分析仪、点火正时灯、真空表、故障模拟器等专用仪器，能够收到很好的效果。

> **小贴士**
>
> 在许多情况下，使用专用测试仪器更加有效。目前市面上已经出现了多种专用不解体检测诊断设备，如喷油器快速探测器、氧传感器分析仪、蓄电池测试仪、遥控器测试仪、熔丝电流测试仪等。这些专用仪器为不解体检测电控汽车提供了极大的方便，维修人员要善于加以利用。例如：红外线测温仪就是一种很有效的专项测试仪器，它适用于下列场合。
>
> ① 若怀疑冷却液温度传感器损坏，则可以采用红外线测温仪测试冷却系统的温度，并且与ECU故障诊断仪的数据流结合起来一起进行分析，这样故障诊断的效果就会迅速提高。
>
> ② 测量加热型氧传感器，应在刚启动发动机时立即测温，并且与氧传感器附近的排气管温度进行比较，如果温度相同，则说明氧传感器的加热电路或者氧传感器的加热元件损坏。
>
> ③ 测量EGR阀。发动机中速运转时，EGR阀与进气歧管连接处的温度应当高于进气歧管其他部位的温度，否则说明EGR阀或者真空控制线路、控制电路有故障。
>
> ④ 发动机"缺缸"检查。用红外线测温仪测量各缸火花塞，不工作气缸的火花塞温度会比其他缸火花塞的温度要低一些。

⑤ 对于尾气 HC 含量偏高的故障，最简单的方法是用红外线测温仪测量三元催化转化器入口处和出口处的温度。发动机 ECU 工作正常时，三元催化转化器的工作温度为 400～800℃，怠速时三元催化转化器出口处的温度比入口处的温度高约 10%，若出口温度过高，说明混合气过浓、点火系统缺火或者电控系统有故障，造成三元催化转化器的负担过重。如果在正常工作温度状态下三元催化转化器入口处和出口处的温度没有差别，说明尾气中 HC 含量偏高的原因是三元催化转化器失效。

⑥ 在检查电路尤其是检查电源线和搭铁线时，许多人习惯于使用万用表，通过测量电压和电阻进行判断，但是这样的检测只是静态的，无法准确地判定故障部位。比较理想的检测方法是利用有负载的 LED 试灯进行验证，而不仅仅是用万用表进行检查。例如检测点火线圈的供电时，有时用万用表静态测量其电压，能够达到蓄电池的电压值，但是汽车运行时由于负荷增大，可能无法达到正常的电压。这是由于线路接触不良导致接触电阻增大而引起的。因此，最好用 LED 试灯进行有负荷测试，如果线路接触不良或者接触电阻过大，则 LED 试灯的亮度会下降，所以用 LED 试灯进行动态测试比采用万用表测量更加准确。

⑦ 若发生与混合气浓度有关的故障，则应当使用尾气分析仪检测发动机的尾气成分。在排除故障的过程中，若将解码器、示波器及故障模拟器配合使用，能够收到很好的效果。

9. 重视发动机信号也不忘记底盘信号

有的汽修人员只注重进气量、节气门位置和冷却液温度这几个发动机信号，或检测故障码提示的传感器的信号，而没有对底盘部分的信号给予足够的关注，其实不少底盘信号参数为多个电控单元（ECU）所采用，而且相互关联，因此千万不可忽视。电控汽车的主要信号及其影响范围见表 2-1。

表 2-1　电控汽车的主要信号及其影响范围

序号	信号名称	涉及的控制项目或影响范围
1	发动机转速	发动机电喷系统（点火、喷油）、自动变速器、空调系统
2	进气量	喷油量控制、点火正时控制、燃油箱通气
3	进气歧管压力	喷油量控制、海拔高度喷油量调节
4	节气门位置（TP）	点火正时、加速控制、急减速断油、断油清缸、修正喷油脉宽、EGR、燃油蒸气回收、自动变速器（控制换挡时刻、强制降挡和锁止离合器）、空调压缩机切断、巡航控制、ABS/ASR
5	冷却液温度	修正喷油脉宽、低温启动加浓、修正冷启动时的喷油正时和点火正时、怠速转速控制、减速燃油切断、自动变速器、空调系统
6	车速	发动机电喷系统（EFI）、自动变速器、转向助力系统、电子防盗系统、电子主动悬架系统、巡航系统、空调冷却风扇、超速断油、组合仪表（车速表）、碰撞预警系统 AWS、时间信息控制
7	车轮转速	ABS、ASR、VDC（车辆动态控制系统）、轮胎气压智能监视系统、组合仪表
8	制动信号	EFI、VDC、自动变速器、电子主动悬架系统、巡航系统、前照灯照程调节
9	空调信号	发动机电喷系统（EFI）、怠速控制、自动变速器

二、汽车电控系统维修注意事项

由于汽车电控系统装备有微机、各种传感器及执行部件，所以它对于高压、高温、潮湿、强电磁干扰等环境都很敏感，因此在维修中应注意如下事项。

① 电控发动机发生故障时，首先应对发动机本身进行检查，分析故障原因，然后考虑电控系统的问题，虽然许多故障现象都可能与电控单元（ECU）有关，但其故障率是很低的。电控系统中多数故障源于配线的断路、短路、连接插头松动等明显的问题。在确信与故障现象有关的电路、元器件无问题之前，不要轻易地去处置电控单元（ECU），更不能随便打开电控单元（ECU）盖子。

② 安装蓄电池时，务必辨清其正负极性，极性不可接反（负极搭铁），蓄电池极性与线夹连接要牢固，搭铁要可靠。切忌用快速充电机进行辅助启动，以免电子元器件过压而受损。在没有连接和拧紧蓄电池电缆接头时，绝不要启动发动机。不可在发动机运转时拆下蓄电池电缆。

当跨接启动其他车辆或用其他车辆跨接启动本车时，须先断开点火开关，然后才可装或拆跨接线缆作业。

③ 电控系统常见的故障是电路断路或接触不良。除了一些很明显的线路断脱、插接器松动等可以通过直观检查发现外，大量的接触不良故障须用高阻抗的万用表检测才能做出正确的判断。

检查线路不良之处，不能用刮火的办法来检查线路是否通断，这样极容易造成电路中电感线圈的自感电动势击穿电子元器件。

④ 除在测试程序中特殊标明者外，不能用指针式万用表测试电控单元（ECU）的传感器，而应使用高阻抗的数字式万用表检测（一般用 $10M\Omega$ 以上的即可）。也不可用 LED 试灯去测试任何与电控单元（ECU）相连的任何电器装置，以防止电控单元（ECU）和传感器受损，标明者除外。

⑤ 在点火开关接通的任何时候，不可随意断开任何 12V 的电气工作装置。因为断开某些电气装置，由于在断电的瞬间线圈的自感作用，将会在线路上产生瞬时的高电压，有时可能超过 7000V，这会使微机及传感器严重受损。不能随意断开的电气装置有：蓄电池任一电极、混合气控制电磁阀、怠速控制装置（步进电动机）、电磁喷油器、二次空气喷射电磁阀（气泵电磁阀）、点火装置的导线、电控单元（ECU）的 PROM（可编程只读存储器）、任何电控单元（ECU）（微机）的导线、鼓风机导线及空调离合器导线等。

⑥ 因作业需要必须断开蓄电池连接线时，应注意下列事项。

a. 首先检查自诊断故障码是否存在，若有故障码，应记下故障码后再断开蓄电池。蓄电池断开后，电控单元（ECU）中的非固化信息将全部消失，如果电控单元（ECU）已存储了故障码而未读取，将失去 ECU 故障自诊断系统对故障诊断和排除提供的极有益的帮助，给发动机的维修带来困难。

b. 断开蓄电池前，应牢记带防盗密码的音响设备的编码，否则，在下次使用中，音响设备自锁接收困难，影响使用。

c. 必须断开点火开关，否则电路中的自感电动势极有可能将电场中的电子元件击穿，造成严重的后果。

⑦ 如果蓄电池断开后装复，发动机的工作状况不如蓄电池断开以前，这时不可轻易更换零部件。这可能是因为蓄电池断开后，控制单元中的学习修正记忆被消除。电控单元（ECU）根据厂家存储只读存储器（ROM）中的数据进行控制，而电控单元（ECU）要根据系统目前的实际情况进行学习和修正，此时发动机工作状况会有差异。如此原因，则发动机运转一段时间后，控制单元便会自动建立学习修正记忆，使发动机的不良工作状况自动消失。

⑧ 应尽量避免高压线拔出试火的时间过长。在装有电子点火的点火系统中用中央高压线或高压分线做跳火试验，瞬间产生的过电压会损坏电子点火控制器。应该把火花塞拆下连

同高压分线放在缸盖上（火花塞外壳搭铁），启动起动机做跳火试验，判断故障。

⑨ 在取下或装复 PROM 时，操作人员应先使自己搭铁，否则，身体上的感应静电会损坏电控单元（ECU）的电路。在对电控单元（ECU）进行维修操作时，要注意人体静电对电控单元（ECU）芯片的影响。比如，在拆装 PROM 或用万用表测试内部电路参数时，应当用一个金属带，将人体所带的静电屏蔽掉，以免造成不良后果。当测试探针插入插头时，注意不要损坏插头或针脚。测试方法：从插头后侧即连接线一端插入探针，切勿从针脚孔那一侧插入探针，避免不慎跨接针脚而烧损。

⑩ 对装有安全气囊的汽车，应在断开蓄电池 20s 或更长一段时间之后，才可进行维修，否则安全气囊可能会充气膨胀。如不按正确的顺序进行操作，安全气囊也有可能意外张开，造成事故。因此，当没有正确、全面的维修资料时，不可进行维修。

⑪ 电控汽车不应装大功率的扬声器，同时音响的扬声器不能装在靠近电控单元（ECU）的近旁，因为扬声器的磁铁会破坏电控单元（ECU）的电路和元器件。如果车上装有功率超过 8W 的无线电台，则其天线应尽量远离电控单元（ECU），否则会对电控单元（ECU）造成不良影响。

⑫ 在对车辆进行电弧焊接修理作业时，一定要断开电控单元（ECU）与蓄电池的连接，若在靠近电控单元（ECU）处做焊接修理，则应将电控单元（ECU）盒移走。特别是在靠近电控单元（ECU）或传感器的地方进行焊修作业时，应特别小心，而且焊机的电缆线切勿跨过电控单元（ECU）。当汽车进入烤漆房等 80℃ 以上高温环境作业时，要拆下电控单元（ECU）后才可进入施工。

⑬ 在对电气系统线路结构不了解的情况下，不要乱拆、乱接，在拆卸、更换电喷系统零部件时，要特别小心，安装时应做到完全复位，防止人为添加故障。

⑭ 若无特殊说明，电控发动机可借鉴传统化油器式发动机的基本检查与维修方法。但要充分注意电喷系统中特殊部件的特殊要求，如喷油器 O 形圈不可重复使用等。

⑮ 在检查电控系统各端子电压和读取故障码时，必须具备以下条件：蓄电池电压不小于 11V；节气门完全关闭；变速杆置于空挡；关闭所有电气设备；发动机达到正常的工作温度；真空管路不得漏气；喷油压力正常；火花塞都能跳火。测量气缸压缩压力时，应先将燃油泵熔丝、点火线圈导线和电控单元（ECU）断开，即不让燃油系统和点火系统工作。

⑯ 维修环境要防火、防潮、防静电、防电子干扰。维修作业时应严禁吸烟，要远离易燃易爆物，以防发生意外事故。维修现场应配备干式化学灭火器。

三、汽车故障码与故障的关系

故障码分析的主要内容：
① 故障码与故障症状之间的相互关系；
② 故障码的性质；
③ 故障码分析流程，即排查步骤；
④ 故障码设置条件及冻结数据祯分析；
⑤ 故障码设置后的失效保护模式。
故障、故障码、故障指示灯之间的关系：
① 在多数情况下，故障指示灯点亮是故障码存在的外部表征；
② 在少数情况下，读到故障码，但并不存在实质性故障；
③ 有时故障现象明显，却读不到故障码，故障指示灯也未点亮。这是由于 OBD-Ⅱ 车载自诊断系统对涉及尾气排放的一些项目（加热型氧传感器、三元催化转化器、发动机缺火

等）不断地进行监控，如果要设置故障码，需要满足一定的条件，这些条件不完全满足，即使存在明显的故障，也不会存储故障码。例如ECU识别气缸内"缺火"，主要看缺火周期的长短及缺火频率的高低。如果在一个缺火计算周期内偶尔发生一两次，是不会点亮故障灯的。即使存储了故障码，但如果连续42个Key Off/On内不再出现缺火，也会自行消除故障码；相反，如果在缺火计算周期内连续发生燃烧中断，或者较长一段时间内一直缺火，ECU就会点亮或闪烁故障指示灯。

汽车维修时有时会出现反常情况：有故障码不一定就有故障，或没有故障码不一定就没有故障。因此，要善于处理故障码与故障的关系，主要有以下几种。

1. 汽车电控系统有故障码，确有故障

有故障码，确有故障且故障症状明显，例如冷却液温度传感器和位置传感器；有故障码，确有故障但故障症状不太明显，例如进气温度传感器。

汽车维修人员通过调取故障码，大多数都能判明故障所在。在电控单元（ECU）自诊断系统正常的情况下，若发动机有故障症状而仪表板上发动机故障指示灯未亮（即无故障码输出），则对于这些故障的查排与判断，切记不要盲目地检查电控系统的电控单元（ECU）、传感器、执行器和电路，否则不仅不能排除故障，反而稍有不慎还会损坏与ECU相关的某些元器件。分析电喷发动机时，先按传统发动机维修机械部分，只有在故障码显示的情况下才优先维修电控系统部分。

2. 电喷发动机各系统相互有影响作用

发动机供电系统、供气系统及电控系统中有些部件的工作特性是相互影响和制约的。例如，燃油泵损坏或喷油器堵塞，进气系统漏气，都会出现混合气过稀，而此时氧传感器电压将始终处于低电平状态，ECU故障自诊断系统都会判定为氧传感器故障，从而显示相应的故障码。又如，正时带过松跳齿，配气相位严重失准，使发动机在压缩行程中进气门开启，导致进气歧管内压力升高，造成进气压力传感器失效，却显示空气流量计信号不可靠。上述表明，故障码与故障部位间并不能保证其一一对应的关系，也就是说，ECU故障自诊断系统会显示一些虚假的故障码，给出错误的故障信息，实际上是发动机各系统相互影响和作用的结果。

3. 有故障码，不一定就有故障

有故障码显示（输出）而故障码所指系统不一定就有故障，例如一些软件故障。还有一种情况，即历史故障码尚未消除。ECU中存储的故障码有两种：当前故障码和历史故障码，应加以区别。区别方法如下：

① 读出故障码，但启动后"CHECK"灯熄灭，表明ECU未检测到当前发动机故障读出的故障码是历史故障码，清除即可。

② 读出几个故障码，但启动后，"CHECK"灯常亮，表明ECU已检测到当前发动机故障，先记下这几个故障码，然后清除，再启动运行发动机。

💡 专家指南

ECU故障自诊断系统有可能输出虚假的故障码，这种情况复杂，多数是由于工况信号失误而引起的。

当故障码出现后，应与发动机的实际故障特征进行对比和分析，以得到合理的判断结果，不应把故障码奉为唯一的判断依据，也就是说，故障码所指示的信号系统不一定就是真正的故障点。

4. 故障码不一定反映具体的故障部位

车辆电控系统中的故障码反映了系统存在故障，但实际上并非为相应电路的故障。故障码的含义并不具体在某个具体元件。只依靠故障码，轻易采取换件维修的方法，是不能真正地排除电控系统故障点的。当读取故障码后，一定要再深入分析、检查和判断，确定故障点的具体部位及零部件，再采取相应的维修措施，才能排除故障。

例如，当冷却液温度传感器信号电压过低，有如下 4 种可能：冷却液温度高、冷却液温度传感器故障、ECU 故障、信号电路对搭铁短路。此时，故障码仅仅表明发动机存在故障而不能准确反映故障的具体部位。

5. ECU 故障自诊断系统提供的故障码与机械故障无关

ECU 故障自诊断系统所提供的故障码，仅与所提示的系统故障部位相对应的内、外线路有关，它与其他线路和该部位的机械（如导线脱落或断芯等）故障无关，而造成电控系统故障的原因是多方面的，故障码仅仅是 ECU 故障自诊断系统认可的一个是或否的界定结论，不一定是电控系统真正零部件的故障部位，也不可能指出故障的具体原因。因此，当运用故障自诊断的故障码去查排故障时，必须有清醒、明确的认识去分析故障特征和故障码的内涵实质，必须克服片面、孤立地依赖故障码。也只有在弄清楚电控系统的工作原理以及各元器件、传感器和执行器的特性与设计技术参数的基础上，根据故障码的提示，区分故障的性质与特征，进行综合分析和判断，才可检查出故障部位，给予快捷排除。

> **小贴士**
>
> 如果车辆的故障指示灯已经点亮，但采用解码器却读不出故障码，对此应重点检查故障灯及其相关电路是否有故障。从大量的维修实例来看，车辆自诊断系统出现的故障，通常多为电控单元（ECU）内部电路搭铁方面的问题，或诊断插座与 ECU 之间接触不良或解码器与诊断插座之间连接不良等。

6. 无故障码，但确有故障，控制系统不一定正常

OBD-Ⅱ（自诊断系统）有时并不能读取所有的故障码。例如冷却液温度传感器 20℃时标准阻值为 2~3kΩ，80℃时标准阻值为 200~400Ω，但实际情况在 80℃时阻值为几千欧，此时，ECU 误认为是冷车，于是增加喷油量，结果造成混合气过浓，热车难以发动且油耗高（实际上，此时 ECU 将 80℃时阻值几千欧误认为是冷车，由于几千欧的阻值，对于冷车属于正常范围内，所以无故障码）。

> **专家指南**
>
> 当无故障码而传感器或开关信号不一定正常的情况下，应该采用故障诊断仪读取发动机的数据与标准数据比较的方法来检查传感器或开关信号是否正常。
>
> ECU 在对传感器信号进行检测时，只能接收其内设范围以外的（传感器）超常信号，从而判断传感器有无故障。一般在解读故障码后，只要对相应的传感器、导线插接器以及导线进行检查，找到并排除断路、短路的故障点，故障便可排除。但是，若因某种原因使传感器的灵敏度下降（虽在 ECU 设定的范围之内，但反应迟钝、输出特性偏移等），则自诊断系统就检测不出来。尽管发动机确有故障表现，但自诊断系统却输出了表示无故障下的正常故障码。这时就应该根据发动机的故障症状进行分析和判断，继而对传感器单体进行针对性的检测，以找到并排除传感器故障。当发动机怠速不稳并伴有行驶中发动机运转失调，系统又无故

障码输出时,首先值得考虑(怀疑)的便是空气流量计或者是进气歧管(真空)压力传感器出了故障。因为这两个传感器性能的好坏直接影响到基本燃油喷射量,即使此时没有显示相应的故障码,也应该对它们进行检查。

7. OBD-Ⅱ(自诊断系统)有时可能显示错误的故障码

这通常是由于发动机工况信号失误而引起的。要善于区分虚假故障码,当读取故障码后,有时会发现故障码所指示的故障与汽车的实际故障完全无关,此时可以认为故障码显示有错误,不必太在意。造成这种情况的原因:一是上次维修时原故障码未能有效地清除;二是发动机在运行中,维修人员有意或无意地拔掉了有关传感器的导线插接器,出现的人为性故障。

专家指南

在使用解码器对车辆进行故障诊断时,可以检测到故障码,但检查电路没有发现问题,出现这种情况的原因可能有以下几个方面。

① 历史性故障码没有及时清除。历史性故障码是指:车辆的故障已经排除,但没有及时清除掉存储的故障码。原故障码仍然存储在电控单元(ECU)中的随机存储器(RAM)中。

② 人为故障。人为故障引起的故障码,如发动机运行或点火开关闭合的情况下,维修人员拔插相关电路的器件或插接件等,车辆的自诊断系统就会有相应的故障码产生与存储。

③ 呈现真正故障码的方法。遇到上述情况在进行故障维修时,不要急于按照故障码的提示信息去检查相关元器件或插接件,而应先消除存储的故障码,然后运行,再进行故障码的读取。如果仍然可以读得原来的同一故障码,则就说明真正有故障。

8. 维修操作不当会引发附加的错误故障码

若上一次对电喷汽车修理后,由于操作不当而未能完全消除旧的故障码,那么在本次读故障码时,那些残存的旧故障码仍然要重复显示,这给维修工作带来混乱及困难。如果单纯地以故障为依据,特别是现代汽车技术含量越来越高,电气设备数目繁多,新、旧故障码加在一起很难区分。这种情况下往往会造成故障维修陷入僵局,无从下手,不仅影响维修的效率,还会造成人力、时间的浪费。

四、与ECU自诊断系统无关和不能识别的故障

1. 与ECU无关的故障

如果发现发动机有故障,而故障指示灯并未闪亮(或没有显示故障码),在大多数表况下,说明该故障可能与发动机 ECU 无关,此时应视同发动机没有装设 ECU 故障自诊断系统,按照基本检查与速排的常规程序对信号进行检查。与发动机 ECU 控制无关的故障主要有下列几种。

(1) 怠速不稳或可能熄火　故障原因:怠速转速过低;真空管路泄漏,使怠速比不当;点火过迟;曲轴箱通风阀或通风管路堵塞;火花塞或高压导线有缺陷;废气再循环阀卡住,或关闭不严。

(2) 加速时缺火现象　故障原因:火花塞高压线有缺陷;分电器盖开裂或损坏而漏电,分火不良;点火线圈有短路故障或有裂痕;点火线圈或点火控制电路导线松动;燃油滤清器堵塞、燃油泵油压不足或燃油管有裂缝。

（3）加速时有爆燃声　故障原因：点火时间早；燃油等级过低，抗爆性差；进气管路中有漏气处；废气再循环阀不能正常开启。

（4）燃油耗量增高　故障原因：点火过迟；排气管受阻；空气滤清器受阻；废气再循环阀卡滞而常开。

2. ECU 故障自诊断系统不能识别的故障类别

当车辆发生故障后，ECU 却读取不到故障码，或者故障码判断失误，即 ECU 不能识别。不受电控单元监控的主要有下列几种系统的故障。

① 初级点火电路。电控单元（ECU）不能探测不工作的点火线圈初级电路和点火高压导线断芯、污染或工作性能下降及损坏的火花塞。

② 点火正时失准。电控单元（ECU）不能探测到错误的配气相位和点火正时失准，但这些现象却能导致氧传感器的故障码被存储在电控单元（ECU）中。

③ 发动机控制系统搭铁不良。ECU 不能监测电气线路搭铁不良故障，但会产生因这种情况而导致的故障码存储。

④ 电控单元（ECU）插头故障。电控单元（ECU）不能鉴定自身的插头脱落、松动或插脚变形损坏，但会产生因这种情况而导致的故障码存储。

⑤ 燃油系统的燃油压力。电控单元（ECU）不能探测燃油泵进油口滤网和燃油滤清器管路的堵塞，也不能检测燃油出口油管、进油管和回油管是否被挤瘪，但上述现象能造成混合气成分的改变，如过浓或过稀，使氧传感的故障码被存储在电控单元（ECU）中。

⑥ 喷油器工作不良。电控单元（ECU）不能确定喷油器是否粘住或性能低下，但上述现象能引起混合气过浓或过稀，导致氧传感的故障码被存储在电控单元（ECU）中。

⑦ 气缸压力状况。电控单元（ECU）不能探测到发动机气缸压力不均匀，或过高、过低及泄漏故障。

⑧ 节气门体空气流量。电控单元（ECU）不能探测到空气滤清器进气孔或空气滤清器滤芯的脏污、堵塞或节流状况，翼板式空气流量计壳体碰瘪产生裂纹损伤而出现的漏气现象。

⑨ 排气系统故障。电控单元（ECU）不能探测到排气系统的堵塞、节流或泄漏故障。

⑩ 真空助力系统故障。电控单元（ECU）不能监控真空助力装置中的各真空管路泄漏或节流，但进气歧管绝对压力传感器的真空度会被监测到，且电控单元（ECU）将存储故障码。

⑪ 电控单元（ECU）不能监控发动机曲轴箱强制通风（PCV）阀工作不良或管道堵塞；发动机冷却液温度传感器信号发生错误（失准）。

⑫ 电控单元（ECU）不能监控发动机燃油超耗故障，燃油超耗的主要影响因素是点火不正时，气缸密封性下降、混合气配比不当（即空燃比失调），进、排气系统不畅，发动机温控失准，燃油品质及供油系统泄漏等。

> **小贴士**
>
> 电控汽车的 ECU 对传感器信号进行监测时，只能接收其设定范围以内的传感器非正常信号。一旦解读故障码后，只要对相应的传感器、导线插接器、导线进行检查，找到并排除短路、断路的故障即可。采用解码器进行故障诊断时，无法检测到故障的原因如下：
>
> ① 不属于电控系统的故障。在车辆的各种故障中，凡故障不属于电控系统的电路，解码器均无法检测到。例如：发动机点火系统的高压电路故障、电磁阀出现的发卡现象等均不属于电控系统故障，故障码器对这些电路的问题无能为力。

② 传感器特性发生的变化。汽车自诊断系统通常仅能够监视电控装置信号的范围，无法监视传感器特性的变化，这主要是当传感器信号特性出现变化时，往往不能产生故障代码之故。例如：自动变速器油温传感器的电阻值变化有一个正常的范围，只有当电阻值超出该范围时，电子控制单元（ECU）才会判断出现故障并产生故障码存储到存储器中。如果油温传感器的温度与电阻值之间的特性出现了变化，而其电阻值却在正常值范围内，此时，自动变速器就会出现工作不良现象，但故障指示灯却不会点亮，解码器也读不出故障信息。

③ 不能检测到某一元件故障。由于汽车自诊断系统通常监视的往往为某一个电路，而不只是某一个元件。例如：解码器显示的诸如"进气温度传感器故障"，是指该传感器相应的电路故障，包括进气温度传感器本身、进气温度传感器与电控单元（ECU）之间的连接线路和相应的各插接件、进气温度传感器电路的搭铁及 ECU 为传感器的供电、搭铁情况。

如果对故障码所提示的故障范围不甚清楚，仅按所提示的故障原因字面含义去检查故障，必然会使维修走弯路或误入歧途。

五、汽车 ECU 自诊断测试操作方法

1. ECU 自诊断原理

故障自诊断模块监测的对象是电控汽车上的各种传感器、电子控制系统本身以及各种执行元件。故障自诊断模块共用汽车电子控制系统的信号输入电路。汽车正常运行时，ECU 输入、输出信号的电平都是在规定范围内变化的，当接收到某一电路的信号超出规定范围，或输入信号在一段时间内不发生变化，或输入信号不连接，或在一段时间内收不到某一传感器的信号时，ECU 就判断该电路出现故障，并设定一个故障码，将这个故障码存入内部存储器，同时点亮仪表盘上的故障指示灯。

针对各种传感器、电子控制系统本身以及各种执行元件产生的故障，故障自诊断模块采取不同的应急措施。

① 当某一传感器或电路产生了故障后，其信号就不能再作为汽车的控制参数，为了维护汽车的运行，故障自诊断模块便从其程序存储器中调出预先设定的经验值，作为该电路的应急输入参数，保证汽车可以继续工作。

② 当电子控制系统自身产生故障时，故障自诊断模块便触发备用控制回路对汽车进行应急的简单控制，使汽车可以开到修理厂进行维修，这种应急功能叫作"安全回家功能"。

③ 当某一执行元件出现可能导致其他元件损坏或严重后果的故障时，为了安全起见，故障自诊断模块采取一定的安全措施，自动停止某些功能的执行，这种功能称为故障保险。例如，当点火器出现故障时，故障自诊断模块就会切断燃油喷射系统电源，使喷油嘴停止喷油，防止未燃烧混合气体进入排气系统引起爆炸。

2. 读取故障码之前的准备工作

（1）检查蓄电池电压　对于 12V 系汽车蓄电池来说，其电压值不应低于 11V；对于 24V 系汽车蓄电池来说，其电压值不应低于 23V。

（2）所有辅助电气都要关闭　读取故障码时，关闭辅助电气设备（如空调、灯光、收放机等）也是很有必要的。因为辅助电气设备不仅要消耗一部分电能，而且还会干扰控制电脑（ECU）的正常工作。

（3）检查故障指示灯　在接通点火开关但不启动发动机时，控制电脑（ECU）便开始进入初始化状态，并对整个电控系统进行自我检查，此时警告灯也亮。如果警告灯不亮，则

说明警告灯线路有故障,应予以检查和修理。接通点火开关片刻或发动机启动后,如果警告灯熄灭,则说明控制电脑 ECU 没有查出电控系统有故障;如果警告灯仍亮而不灭,则说明电控系统有故障,应排除。

(4) 做好安全防范　汽车电控系统读取故障一般分为静态(如 KOEO)和动态(如福特公司的 KOER 测试模式)两种测试模式。在静态测试模式状态下,只需要接通点火开关而不需要启动发动机,便可读取故障;动态测试模式是指在发动机正常运转过程中,进行故障自诊断的一种测试模式。因此,在电控汽车实施动态模式测试时,应当确保汽车制动状态良好,变速杆置于驻车挡或空挡,必要时,可用三角木块将汽车车轮塞住,以防发生意外事故。

(5) 检查机械连接可靠性　读码前,应直观检视与电控系统有关的机械部件的插接情况。例如:导线插接器连接是否有问题;真空管是否脱落、泄漏或者阻塞;空气流量计是否有漏气现象等。

在上述检查过程中,应断开点火开关(OFF),以防在导线的插接过程中,因导线连接和断开时,电感元件所产生的感应电动势将 ECU 的个别电子元件烧毁,而导致 ECU 损坏。

(6) 适时关闭节气门　启动发动机使其怠速运转并暖机,当冷却液温度达到正常值范围(85~95℃)时,便可对电控系统进行自诊断监测。在暖机完成之后,开始检测之前,应完全松开加速踏板,使节气门处于全关闭状态。

3. 新能源汽车故障检测仪的使用方法

现以北汽 E150EV 电动汽车专用诊断仪 IMS-D60 为例,介绍新能源汽车故障检测仪的使用方法。

IMS-D60 电脑检测仪采用新款设计,系统更稳定、运行速度更快、数据更精确,全新彩色触摸屏,操作简便。

(1) 仪器使用安全注意事项

① 在进行测试操作前应先将车辆置于空挡位置,并使用驻车制动,避免启动时发生碰撞事故。

② 蓄电池中含硫酸,在实测工作时请避免直接接触蓄电池电解液,防止腐蚀监测仪显示屏及线束。

③ 进行动态测试时,应将车辆停放在通风良好的场所。

④ 在测试操作场合中不要吸烟或携带任何火源,避免引起火灾。

⑤ 进行验车工作时,应将车钥匙置于 OFF 挡并注意对线路及电子元件的保护。

(2) 检测车辆电路元件注意事项

① 车钥匙置于 ON 挡时,不能任意插拔传感器或其他电子装置,因为断开电路时由于线圈的自感作用,将会产生很高的瞬时高压,这时高压会造成传感器及 VCU(整车控制器)的损坏。

② 当在车辆上靠近 VCU 或传感器的地方作业时,应加倍注意,以免损坏 VCU 和传感器。

③ 不能将带有强磁的磁源放置在靠近 VCU 或传感器位置,这会严重影响电控系统的工作状况。

④ 在进行车辆电脑或对电脑控制的数字仪表维修、拆卸的过程中,应用手腕处与车身接触释放静电。避免身体与车体摩擦产生的高压静电损坏电脑元器件。

⑤ 维修人员不应在没有提示的情况下随意用连线跨接 VCU 接脚,或用 LED 灯直接测试电脑控制系统电路。

⑥ 在测试程序中没有明确说明情况下，不应用指针式或低阻抗万用表对电控系统电路进行测试，避免损坏电气元件。

⑦ 在维修工作中应注意被更换的电气型号，并需测量新元件的相应的阻值，确保维修准确无误并能保持电路正常。

⑧ 认真检查电控系统线路及接线头，保证无因不良搭铁或有腐蚀而导致元件工作不良。

⑨ 确保 VCU 接脚连线插接可靠，否则由于虚接会损坏电脑元件。

(3) 仪器使用操作注意事项

① 首先应注意仪器的保管，不要摔碰，避免潮湿，因为本仪器是精密电子集成系统。

② 测试前，将检测仪器与被检车辆正确连接，然后将车钥匙置于 ON 挡，进行正常的测试工作。

③ 在进行动态测试时，在车辆运行过程中，主机显示屏可能出现闪烁现象，这是正常的。

④ 在检测中，主机显示电脑诊断座出现"错误"提示时，说明自诊线路连接不良，车辆电脑不能与主机实现通信。需检查各连接线接口连接是否良好，在特殊情况下要检查线路。

(4) 故障码检查流程

① 开机。按电源按钮开机，点击"电控专家"图标进入（目前 BMEV 电动车诊断程序在本菜单中），然后进入下一个界面。

a. 图标菜单：每个车系的测试程序入口，点击进入选择相应的测试系统。

b. 通过点击"↑"和"↓"来实现翻页。

c. 查看历史测试故障码。

d. 查看历史测试数据流。

e. 查看历史图片。

f. 可以通过查阅"帮助"来操作该仪器。

g. "返回"到上一步操作。

② 点击键盘，继续进入所示界面。

a. 汽车测试系统列表。

b. 点击"↑"返回上页。

c. 点击"↓"进入下页。

d. 点击"打印"进入打印功能。

e. 点击"主页"返回到主页。

f. 点击"诊断提示"进入诊断座位置以及诊断测试接头提示。

(5) 北汽 E150EV 电动汽车诊断

① 点击进入纯电动车专用诊断系统，进入功能主菜单界面。

② 点击"读取故障码信息"，获取车辆故障的详细信息和维修指导信息（详细的故障描述等内容参考故障诊断仪的显示）。

注意 故障诊断仪显示的故障都是最新的故障，即假如故障重复发生，新故障冻结帧将覆盖旧的冻结帧。

③ 为了分析故障发生时车辆所处的状态，应选择读取冻结帧数据，选择相应故障码，进入即可获取整车控制器记录的故障冻结帧信息。目前整车控制器存储记录了 16 个变量，

包括车速、铅酸蓄电池电压、转矩、电动机转速、高压电压、锂电池电流、挡位状态、加速踏板开度、制动状态、电动机本体温度、电动机控制器温度、SOC、车辆工况、电池状态和电动机状态等关键信息。冻结帧代表的意义：当车辆确认有故障的瞬间，由整车控制器存储车辆在"这个瞬间"的状态信息，比如车辆发生故障时车辆的车速是多少？高压多少？挡位状态？驾驶员踩的加速踏板开度？制动状态……这些信息，有助于分析故障时的状态和故障原因，为电动车辆的维修提供重要依据。

④ 假如车辆的故障信息已经清除，并且专业电动汽车维修人员已经修理好了车辆，确认车辆的状态良好，那么点击"清除故障码信息"，清除已经储存在 VCU 中的故障信息。

⑤ 点击"取消"，表示不重新读取故障码；点击"确定"，表示重新读取车辆故障信息，确定车辆在维修后是否仍然存在故障。

⑥ 如果维修人员想获知车辆的某些状态信息，那么点击"读取数据流"，获取车辆的特定状态信息。

⑦ 选择所需获知的状态信息的名称，并点击窗口右侧的"确定"按钮，进入读取数据流信息的界面，开始读取信息。

⑧ 读取数据流，作用如下。

a. 12V 低压铅酸蓄电池电压：可以分析电池是否亏电、是否 DC/DC 正在充电等。

b. 加速踏板开度：可以分析当前加速踏板的开度。

c. 电动机系统状态：电动机初始化、预充电状态、电动机转矩、电动机本体温度、电动机控制器温度、电动机转速、电动机生命信号等。

d. 电池系统状态：电池总电压、电池当前放电电流、电池电量 SOC、单体电池最低电压、单体电池最高电压、单体电池最高温度、单体电池最低温度、电池系统生命信号、电池继电器闭合与断开状态等。

e. 整车信息：挡位状态、加速踏板电压值、低速和高速冷却风扇开启与闭合状态等。

4. 故障诊断仪与电控单元无法通信的原因及处置措施

通过检查故障诊断仪与电控单元的通信是否正常，可以初步了解电控单元的工作情况。

(1) 故障诊断仪与控制单元　如果故障诊断仪与控制单元之间能够建立通信联络，说明该系统的供电和接地是正常的。但是，电控单元不能与诊断仪进行正常通信（即故障诊断仪无法进入控制系统的诊断菜单，或者在显示屏上没有显示），并不表示系统彻底损坏。

如果故障诊断仪无法进入需要测试的电控单元，需要判断是故障诊断仪的问题还是电控系统的问题，或者是连接线路的问题。常见原因如下。

① 故障诊断仪没有升级为 CAN 系统，或者插入故障诊断仪的程序卡不对。

② 故障诊断仪与车上诊断座（DLC）的连接不可靠，或者诊断座接口与控制单元之间的数据线接触不良。

③ 电控单元、诊断座的电源短路或接地线接触不良。如果检查发现某传感器电源的电压很低（应该是 5V 参考电压），且进一步检查发现电控单元电源对地短路，则电控单元进入应急保护状态，此时，故障诊断仪不能与其进行通信。

④ CAN-H 或 CAN-L 数据线短路或断路。

⑤ 蓄电池亏电，点火开关未接通，导致控制单元的供电不正常。

⑥ CAN 通信线路受到电磁干扰，此时应当检查故障诊断仪的连接电缆是否太靠近分缸高压线、点火线圈、起动机或爆闪灯等干扰源。

⑦ 电控单元本身有故障。

(2) 没有需要的功能可供选用的处理方法　有时连接故障诊断仪以后没有需要的功能可

供选用，此时应当检查相关电控系统是否有故障码存储，如果存在故障，必须先进行维修，并且消除故障码，否则某些功能将无法执行。

六、数据流读取与故障分析

所谓"数据流"，是指通过故障诊断仪动态监测到的电控系统的若干物理量或化学量，读取和分析数据流，是排查电子控制系统故障的一个非常重要的途径。不仅在没有故障码的情况下，即使有故障码输出，阅读电子控制单元的数据流也是至关重要的。

数据流中的参数可以按汽车和发动机的各个系统进行分类，不同类型或不同系统参数的分析方法各不相同。在进行电控装置故障诊断时，还应将几种不同类型或不同系统的参数进行综合对照分析。不同品牌及不同车型的汽车，其电控装置的数据流参数的名称和内容都不完全相同。

1. 阅读数据流的适宜时机

① 排查偶发性故障时使用故障诊断仪捕捉系统运行过程中的异常信号，要求检测参数的迟滞时间尽可能短。

② 诊断由于传感器特性变异引起的故障时。

③ 故障诊断仪读不到故障码时。

④ 电子器件确实存在故障，但是故障指示灯不点亮时。

2. 读取数据流的条件与路径

利用故障诊断仪读取数据流，应当事先满足下列条件。

① 蓄电池电压大于 11.5V。

② 熔断器正常。

③ 各系统接地正常。

④ 发动机怠速运转，并且达到正常的工作温度。

如果上述条件不满足，可能出现一些虚假的数据，这样容易导致维修人员误判故障。

万一读不到数据流，有一个可行的补救办法，就是从另一辆型号相同的、车况良好的汽车上测量和记录相关的数据，以作参照。

3. 理出数据链，找准切入点

数据流中的参数分为 2 种形式——数值参数和状态参数。所谓"数值参数"，是指有一定单位和一定变化范围的物理量，例如电压、压力、温度、时间、速度和频率等；所谓"状态参数"，是指表征电磁阀或开关工作状态的参数，例如开或关、高或低、是或否、0 或 1 等。在检测时，首先要分清从故障诊断仪读出的参数是传感器输入控制单元的信号，还是控制单元输出给执行元件的指令。输入的信号参数可以是数值参数，也可以是状态参数；而输出的指令大部分是状态参数，小部分是数值参数。

数据流中的数据众多，有的数据正常，有的数据不正常，它们之间存在着非常密切的关联性。可以将读取的数据划分成若干个数据链，数据链中任何一个数据发生变化，都会导致其他数据发生变化。切忌将某个数据孤立起来或单独考察。数据流分析中的重点参数如下。

（1）发动机转速　发动机转速信号（PRM）参数由曲轴位置传感器（CKP）提供，在一些系统中还会有凸轮轴位置传感器（CMP）参数。

（2）工作温度　工作温度信号由发动机冷却液温度（ECT）和进气温度（IAT）传感器提供。

(3) 发动机负荷 测量发动机负荷的方法很多,可以检查进气歧管绝对压力(MAP)、空气流量(MAP)或真空传感器信号。

(4) 驾驶人指令信号 节气门位置(TP)传感器是检查驾驶人指令的唯一装置,它是电脑感知驾驶人操作意图的信号来源。

(5) 发动机工作性能监测信号 氧传感器的电压随空燃比的变化而变化,所以可以用来检查加油和排放控制系统的工作是否正常,检查电脑对发动机工作条件变化的反应是否灵敏,在故障诊断中氧传感器的参数通常是第一位,与之相关的参数还有长效修正系数和短效修正系数,这两个系数反映了发动机空燃比在一段工作时间内的发动机燃烧状况。

通过氧传感器参数结合一些现象可以判断发动机的工作性能下降情况。例如:发动机积炭严重的分析,第一个特征现象是发动机冷启动困难(包括启动困难,即启动次数增多才能启动着车;一般启动时发动机的电脑工作是连续按设定的启动程序3ms内喷三次油,不是一直喷油,也不是通过计算来喷油,因此即使驾驶人一直拧住点火开关在启动挡不松手,不能着车,必须重新启动才重新喷三次油;启动次数增多的一个可能原因就是发动机积炭过重,另一个原因是油压有问题和温度传感器有问题,还有一个原因就是怠速控制系统有故障);第二个现象是从数据流中得到喷油量参数严重超过正常怠速值(一般正常值为1.5~2.5ms)显示为3.5~6ms,长效修正系数偏大;第三个现象是发动机怠速发抖(发摆)。

(6) 其他排放控制参数 EGR阀位置;EGR压力反馈。

(7) 输出参数 在数据流中,输出参数可以用来观察电脑是否能对输入信号做出适当的反应。输出信号主要有以下几种。

① 节气门控制。节气门控制信息在数据流中表示为:喷油器脉冲宽度及长效和短效修正的参数,通常以曲轴的转动角度来表示,在某些最新型车上还有加速踏板传感器的开度信号。

② 点火提前。点火控制信息在数据流中表示为:点火提前角、失火次数。

③ 怠速控制。怠速调整则用怠速空气控制(IAC)电动机位置的参数来表示。

④ 废气控制。废气控制是用EGR、EVAP、二次空气喷射等动作元件的状况来表示。

(8) 特殊工况信号 在汽车运行中,有部分工况需测试汽车工作动作点。

① 怠速工况。需了解怠速触点开闭情况。如果在怠速时怠速触点闭合,表示车辆在怠速工况程序运行;如果怠速触点断开,表示此时车辆并未运行在怠速工况,发动机此时是按小功率负荷在运行。

② 动力转向时。在大多数汽车上都有对方向盘转动时的测控,方向盘在正中直线位置和在转向位置发动机的喷油量均不一样。在直线位置时按正常时喷油,在转向位置时按增量喷油方式工作。

③ 空调工作时。汽车发动机电脑在接收到空调开关工作信号时,按空调已工作程序喷油提高发动机功率,以稳定发动机的工作,此时,即使空调压缩机未真正进入工作汽车电脑也会指令按空调已工作程序增大喷油量以稳定发动机的工作。

④ 电子风扇动作点。首先确认发动机温度状况,然后确认风扇在该温度点电脑是否输出指令让其工作(直接温度开关控制的在电脑数据流中只有温度值一项,没有指令风扇动作一项),此时注意观察比较风扇动作与未动作时的喷油量。

4. 记住主要数据的正常范围及换算关系

要牢记常见车型主要检测数据的正常范围和变化规律(表2-2),如果每检测一项数据都要查找维修资料则太慢。

表 2-2 摩托罗拉电喷系统运行工况参数正常范围

项目	单位	参数范围
怠速转速（未开空调/开启空调）	r/min	800±50, 980±50
进气温度	℃	与环境温度相符
进气歧管绝对压力	kPa	15～105
进气歧管绝对压力传感器输出电压	V	0.5～5.5
冷却液温度（热车）	℃	85
冷却液温度传感器电阻	Ω	153.6～52594
曲轴位置传感器输出电压	V	0.8～5.0
曲轴位置传感器线圈电阻	Ω	515
凸轮轴位置传感器输出电压	V	0.8～5.0
节气门位置传感器输出电压	V	0.5～4.85
氧传感器输出电压	V	0.1～0.9
点火提前角（上止点前）	(°)	5～45
点火线圈初级绕组电阻	Ω	0.53±0.06
点火线圈次级绕组电阻	kΩ	12.8±2.6
喷油脉宽（怠速）	ms	2.0～5.0
喷油器线圈电阻	Ω	13.70±0.68
燃油系统压力	MPa	0.25～3.0
步进电动机正常步数	st	58～95
步进电动机线圈电阻（27℃）	Ω	48.0±2.4

从故障诊断仪上读到的确许多数据往往不采用法定计量单位标注，例如发动机负荷，有的用"%"表示，有的则用"ms"表示。维修人员应当掌握各种数据单位的换算方法（表 2-3），例如 1mmHg＝133.32Pa，真空 1inHg＝0.003388MPa，ppm 表示百万分之一（即 $\times 10^{-6}$）等。

表 2-3 压力单位换算表

项目	psi	kPa	bar	kgf/cm²
psi	1	0.145	14.504	14.22
kPa	6.8946	1	100	98.067
bar	0.0689	0.01	1	0.9807
kgf/cm²	0.0703	0.0102	1.02	1

即使在正常范围内，数据流的数值与仪表显示的数字也可能不一致。这是由于车载 ECU 的计数方法采用二进制，数字信号中的低值数用"0"表示，高值数用"1"表示。而许多传感器输出的信号是 0～5V 的模拟信号，必须把模拟信号转换为数字信号，所以车载 ECU 数据流有时采用"赋值"来表示（表 2-4）。由于数据流数值的范围比较宽，其赋值范围为 0～255，赋值后再转换成二进制码。因此维修人员从数据流中看到的是一种赋值数字，它与仪表显示的读数是相互对应的。

表 2-4　大众/奥迪车系部分数据流赋值

项　　目	数据流显示的赋值	相当于
冷却液温度	170～204	80～105℃
发动机负荷	10～30	0.5～1.5ms
发动机转速	76～96	760～960r/min
怠速空气质量测量值	112～144	−4.0～+4.0kg/h
蓄电池电压	146～212	10～14.5V
节气门开度	0～12	0°～5°
λ修正值（氧传感器自适应值）	78～178	−10%～+10%

5. 数据流的读取方法和步骤

① 数据流检测条件。冷却液温度不低于80℃；数据流检测时，散热风扇不允许转动；空调应该关闭；其他用电设备应该关闭；故障存储器中应该没有故障存储。

② 连接VAG1552微机故障检测仪，并让发动机怠速运转。选择地址代码"01"，进入"发动机电子控制系统"。

③ 屏幕显示输入"读测量数据块"功能代码"08"，按"Q"键确认。

④ 屏幕显示输入相关的显示组号（如000），按"Q"键确认。

⑤ 屏幕即显示相关的数据块。例如输入"基本功能"的显示组号，按"Q"确认，屏幕即会显示相关内容。

金奔腾故障诊断仪显示的部分数据如图2-5所示。

<比较>	发动机数据流	正在录制…
发动机转速	0780r/min	[750, 850]
冷却液温度	70℃	[85, 105]
节气门开度	007°<	[002, 004]
车速	000km/h	[0, 0]
喷油脉宽	3.5ms	[1.8, 2.5]
氧传感器	000mV	[100, 900]
蓄电池电压	13.5V	[12.0, 14.5]
点火提前角	010°	[006, 015]
怠速电动机	45STEP	[35, 55]

上下键滚动数据流，确定键启动或停止录制

图 2-5　金奔腾故障诊断仪显示的部分数据

读取数据流时应注意以下事项。

数据流有一定直观性，响应速度较快。但数据流和真实状况相比有一定时间滞后。也就是说，数据流不能及时反映车辆的技术状况。例如发动机怠速抖动，不能把发动机抖动瞬间数据流的变化不经分析就理解为是这些变动的数据引起了发动机抖动，而应考虑到时间滞后这一因素。

6. 利用数据流分析故障

利用数据流进行故障分析，主要读取电控系统动态参数，并与标准参数进行比较，帮助修理人员分析汽车的故障。

利用数据流分析故障主要有以下两种方法。

（1）数据对比法　通过仪器读取数据，然后与厂家提供的标准数据进行比较，查看数据差异情况。如果与标准数据不相符，则应检查相应的元器件。

（2）数据动态判断法　当对某一个传感器怀疑而使用常规手段又判断不出好坏时，可以观察其数据流的变化。具体分析方法如下。

① 进气歧管绝对压力传感器真空软管堵塞故障的数据流分析。读取数据流，怠速时节气门开度正常，怠速运转没有高于正常值，但进气量明显高于正常值，氧传感器输出的电压值较高，说明混合气偏浓。

a. 怠速时节气门开度正常，怠速转速正常，说明进气系统内部和外部密封良好，所以数据流显示的进气量明显高于正常值的信息不可靠。

b. 进气歧管绝对压力传感器（MAP）真空软管堵塞，使 MAP 感受到的真空度明显低于进气系统实际的真空度，造成 MAP 输出高信号，使控制单元误认为进气量较大，所以数据流显示的进气量明显高于正常值。

c. 控制单元误认为进气量较大，加大喷油脉宽，导致混合气过浓。

d. 同时 MAP 真空软管堵塞，使 MAP 无法感知或无法同步感知到进气道内真正的真空度变化，致使控制单元无法知道正确的进气量，而反复调整怠速步进电动机的步数，这时怠速转速会发生大幅度波动，有时会出现使用自动变速器的汽车在摘挡时熄火的故障，这是由于怠速挂挡时控制单元会自动调高发动机转速，在摘挡后则回到正常怠速，由于 MAP 真空软管堵塞，造成怠速转速大幅度波动，于是就出现摘挡时熄火的故障。

由于软管堵塞属于机械故障，用故障诊断仪无法检测到，所以故障有一定的隐蔽性。

e. MAP 真空软管是否堵塞的检测方法。在检测进气歧管绝对压力传感器（MAP）输出电压信号时，正常情况下随空气压力的上升，进气歧管绝对压力传感器输出信号的频率也会相应增大，所以在加大节气门开度的同时，检查传感器输出电压信号是否同步变化，即可查出 MAP 真空软管是否堵塞。若不能同步变化则说明 MAP 真空软管堵塞，应更换真空软管。

② 空气流量传感器故障的数据流分析。怠速时空气流量数据流的分析：在用数据流检测空气流量传感器（MAF）时，发动机冷却液温度必须达到85℃以上；要熟悉产品的数据，以大众轿车为例，在正常情况下，怠速时空气质量流量为 2～4g/s，节气门开度为 0°～5°。

a. 节气门开度正常，空气质量流量高于上限，说明空气流量传感器输出信号过高，会造成混合气过浓。

b. 节气门开度正常，空气质量流量小于下限，说明空气流量传感器输出信号过低，会造成混合气过稀。

加速时空气流量数据流的分析：有些汽车怠速运转正常，行驶中也比较稳定，只是加速不良，应重点检测在特定速度区域的空气流量是否正常。例如，大众车系在 120km/h 时空气的质量流量应为 60g/s，若数据流明显低于 60g/s，就会因混合气过稀而造成加速无力。

> **小贴士**
>
> ① 若数据流确实正常，说明传感器本身及其电路没有问题，此时则没有必要花费时间和精力检测该传感器。
>
> ② 若检测的数据接近上限或者接近下限，即使在正常范围之内，都是有问题的。不要认为检测的数据在标准范围之内就一律是正常的。

③ 若发动机确实存在故障，但是在数据流上反映不出来，这其中有两个原因：一是故障诊断仪的功能有局限性；二是故障诊断仪的版本过时了。例如，某些轻微的发动机喘抖现象，在数据流中可能反映不出来。诊断仪这种对故障"视而不见"的现象，往往是其采样频率过低的缘故。

七、利用故障表诊断故障

发动机电喷控制系统发生故障常以某种表现形式出现，但产生的原因可能是一个部件或数个部件发生异常而引起的。一般情况下，可以通过故障对号查表法进行故障诊断，汽车发动机电喷系统故障判断表见表 2-5。

表 2-5 汽车发动机电喷系统故障判断

怠速转速不正常	发动机转动但不能启动	发动机起动后即熄火	怠速不良或不稳定	一氧化碳值不正常	运转不稳定	汽车行驶时发动机缺火	油耗太高	达不到最大功率	可能故障原因	故障排除方法
●	●	●	●		●	●		●	点火系统故障	检查蓄电池、分电器、火花塞、点火线圈及点火正时
●	●	●						●	发动机出现机械故障	检查配气相位、压缩比、燃油压力
●	●	●	●					●	油泵不工作	检查油泵熔断器、油泵继电器及油泵
	●	●	●						喷油器线路接触不良	检查线路
	●								燃油系统堵塞	检查油箱、滤清器及燃油管是否畅通
	●								进气系统漏气	检查所有软管和连接件，排除漏气
	●		●	●	●		●	●	燃油压力不正常	检查油压调节器
	●								冷启动喷油器不喷油	测试喷油器，检查线路及温度时间开关
●	●		●		●		●		冷启动喷油器漏油	检查喷油器是否漏油
	●								温度时间开关有故障	温度低于 35℃ 开关是否接通
●	●	●							辅助空气阀工作不正常	冷车时应开启，热车时应关闭
●	●	●	●			●			冷却水温度传感器故障	在 20℃ 测试时是否符合标准值
●	●					●	●		空气流量计故障	检查油泵触点，检查翼片可否自动移动

注："●"表示可能有关故障原因。

一种故障现象可能是由多个元件损坏造成的，通常不能立即就查到故障元件，还要通过必要的测量并进行分析，才能将故障排除。

八、汽车电控系统疑难故障的维修

1. 疑难故障（又可称软性故障）的特征

（1）间歇性　间歇性故障的征兆表现为不稳定，时有时无，不是持续显现，其原因大多是由于系统某些导线插头接触不良松动而造成的。

（2）虚假性　虚假性故障一时难以寻觅到，如传感器性能下降，且误导电控单元的综合性故障。

（3）交叉性　交叉性故障是指电控部分故障与非电控部分故障交织在一起，且同时出现的综合性故障。例如，常见的油电路综合故障，非电控故障掩盖了电控故障，此时若只注重机械方面的故障排除，而忽视了电控系统方面的故障，则将会延长检查和排除故障的时间。

（4）潜伏性　潜伏性故障的征兆表现为有故障存在，但故障通常处于很隐蔽的状态而没有明显的故障现象，只有在某种特定的条件（如受热、受潮、冲击振动等）下，其征兆才显现出来。

（5）干扰性　干扰性故障的征兆是要受到某些干扰源后才显现出来，如电控系统经常受到车内电磁波的干扰，使某些器件工作失常，如防盗导线与ECU有关导线相连时出现的ECU工作失调。

（6）人为性　人为性故障是指人为造成电控系统的一些故障，如随意拔下插头或连线出现的一些新故障或换件安装失误而出现新故障。

对于电控系统的疑难故障是指，用车辆自备的自诊断系统功能或使用专用的故障检测仪器设备进行诊断时，无故障码输出（或显示），或虽有故障码输出，但不是故障的真正原因或部位所在，而更换故障码所提示系统相应的零部件后故障依然存在，即一时排除不了的故障。

2. 电控系统疑难故障易发部位

汽车电控系统疑难故障易发生在下列几个部位。

（1）电控系统　包括各传感器、ECU、各执行器。

（2）燃油供给系统　如电动燃油泵、压力调节器、空气流量计、空气滤清器、喷油器及燃油箱等。

（3）点火系统　包括点火线圈、点火器、高压线、火花塞、连接线路。

（4）机械部位　如配气相位失准，间隙失调，各管道松动、脱落或损坏与接错，电气线路脱焊或电路板腐蚀、锈损等。

3. 疑难故障的排查方法

（1）电控系统疑难故障速查速排前的准备

① 检查电控系统各熔断器的状况，是否有损坏或接触不良的现象。

② 检查进气系统各真空管道是否有老化腐蚀、渗漏或堵塞、连接不良或脱落、接错的地方。

③ 检查空气滤清器和燃油滤清器安装状况，查看滤芯及周围是否有污物、积垢或堵塞，视需清洗或更换。

④ 检查每个传感器、执行器外表是否有明显的污染损坏现象。

⑤ 检查高压导线连接是否正常，有无老化、油污或漏电、外表绝缘不良的现象。

⑥ 检查电控系统线束的连接情况是否良好，有无松动、脱落、断开等。各插接部分是

否到位、可靠。

⑦ 检查蓄电池电压是否在规定标准范围之内。

⑧ 启动发动机查看运转工况，看进、排气歧管及氧传感器处是否密封良好，燃油管道接头有无渗漏现象。

⑨ 检查喷油器是否有脏物，燃油喷射压力及雾化是否符合规定。

⑩ 倾听发动机有无异响，视需要检测各缸压力是否在规定范围之内。

⑪ 视需要检查有关部分及安全防范措施等。

⑫ 所需工具、仪器准备齐全，检查性能良好。

（2）疑难故障的速查先后顺序　根据疑难故障高发的部位，一般疑难故障的速查先后顺序，应先从电控系统开始，用故障诊断仪 VAG1551、VAG1552 或其他符合要求的检测仪解码器读取故障码，如有不可清除的故障码，大多为某一传感器失效，更换即可。

然而许多时候电控系统各电气线路之间具有一定联系。有的故障还受到电路和机械部分的影响，极易形成一些假象。故障码仅是设计人员事先设计并存储在 ECU 中的"死程序"，受许多条件控制和具有不可变性，所以检查出故障码后还需检查数据流，对检测出不符合标准的传感器数据进行细致研究，根据故障所反映的特征进行综合分析，以确定故障点。

当使用专用故障检测仪检测不出故障时，再进行燃油系统的检测。检测燃油系统在打开点火开关、发动机怠速运转时的燃油压力，检测关闭点火开关后燃油系统的压力保持程度和密封性，以及喷油器的喷油雾化效果等。

造成发动机不能启动的原因和影响因素很多。就混合气浓度而言，有混合气过稀和混合气过浓两种情况，都可能使发动机不能启动。影响供油的故障可能出现在燃油质量、燃油泵、燃油滤清器、燃油压力调节器、冷启动系统、喷油器和水温传感器上。影响供气系统的故障多表现为空气滤清器堵塞、进气系统漏气和怠速控制阀故障等。

如经检查仍没有发现故障点，故障很可能出在机械部分，而且多为事故车辆或多次维修过的车辆。配气相位失常是这类车辆发生故障的主要原因。正时带老化磨损、松动、跳齿或齿轮跑位，造成发动机在各种工况下均工作不良，如抖动、加速无力、提速缓慢、整体性能下降等。

（3）采用故障征兆模拟法来诊断汽车电控系统软性故障　检查汽车电控系统的软性故障通常可采用故障征兆模拟法来进行诊断，具体方法与步骤如下。

① 进行故障分析。模拟车辆出现故障时相似的条件和环境，在停车的条件下，对车辆施以外部作用，再模拟出现故障时的相近温度、湿度、负荷和振动等，验证故障征兆，找出故障部位。

② 检测特点。采用这种检查方法通常仅需要类似万用表这样简单的测量工具，即可以准确地判断出故障的可能部位和原因。

（4）采用振动的方法查找汽车线束与插接件故障　当振动可能是引起故障的原因时，即可采用振动法进行试验。基本试验方法主要如下。

① 插接器。在垂直和水平方向轻轻摇动插接器，如图 2-6(a) 所示。

② 配线。在垂直和水平方向轻轻地摆动配线，如图 2-6(b) 所示。插接器的接头、振动支架和穿过开口的插接器体都应仔细检查。

③ 零件和传感器。用手指轻拍装有传感器的零件，检查是否失灵，如图 2-6(c) 所示。切记不可用力拍打继电器，否则可能会使继电器断路。

（5）采用温度法来诊断汽车电控系统软性故障　所谓温度法就是对怀疑元件或组件进行加温或冷却，来判断故障的一种方法，具体方法如下。

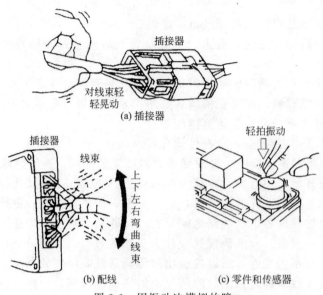

图 2-6 用振动法模拟故障

① 加热法。有些故障只是在热车时出现,可能是因为有关零件或传感器受热引起的。可用电吹风或类似加热工具加热可能引起故障的零部件和传感器,检查是否出现故障,如图 2-7 所示。但必须注意:加热温度不得高于 60℃(温度限制在不致损坏电子元器件的范围内),且不可直接加热 ECU 中的零件。

② 水淋法。有些故障是在雨天或高湿度的环境下产生的,可用水喷淋在车辆上,检查是否发生故障,如图 2-8 所示。但应注意:不可将水直接喷淋在发动机电控零件上,而应喷淋在散热器前面,间接改变湿度和温度;不可将水直接喷在电子器件上;尤其应该防止水渗漏到 ECU 内部(如果车辆漏水,进入的水可能侵入 ECU 内部,所以当试验车辆漏水故障时必须特别注意)。

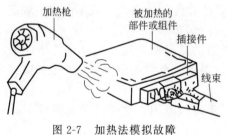

图 2-7 加热法模拟故障

图 2-8 水淋法模拟故障

(6) 汽车电气满负荷试验法、重接或重焊法维修故障的技能

① 满负荷试验检查方法。如果怀疑故障是由于车辆上电气用电负荷过大而引起的,可接通所有电气负荷,包括空调、大灯、按电喇叭等,在满负荷状态下检查汽车电控系统是否出现故障,以此来确认故障是否为用电负荷过大引起的。

② 重接或重焊检查方法。重接或重焊检查方法特别适用于故障时有时无且振动时故障现象较明显的故障车。这些故障一是零部件或元器件内部接触不良;二是接头虚焊或虚接,后者较为常见。在肉眼无法看清虚焊点或虚接件的情况下,可在故障怀疑部位,用烙铁重焊或将接头取下后去除氧化层重新接上,直至故障消失。

(7) 利用测量压力诊断和排除疑难杂症

电控发动机发生的故障中，有一部分是因为喷油回路中的压力失常而引起的，这种故障往往不会有故障码出现，因此也较难判断。利用测量喷油压力参数的变化情况，以诊断出故障的原因，称为压力诊断和排除。如果是由于燃油泵磨损造成供油压力下降、滤清器或油泵滤网堵塞使供油量不足、压力调节器损坏使系统压力不稳、喷油器堵塞造成各缸供油不均匀等原因引发的故障，都可用此方法排除。这部分故障包括无法启动、启动困难、怠速不稳、加速不畅或无高速等。

(8) 使用真空度测试排气系统阻塞　在发动机转速为 1000r/min 的条件下测试真空度，观察真空表读数。如果读数明显地逐渐下降，则表明排气系统存在阻塞现象，应对三元催化转化系统进行维修。

九、电控系统的基本设定

对汽车电子控制系统进行基本设定，分为标定、设置、调整、匹配、适配、同步、初始化和格式化，这是现代汽车维修中比较"高档"的工作。有关各项设定的方法与步骤，在该车型的维修资料中有详细的记载，维修人员只要按照故障诊断仪的提示，一步一步执行即可。

1. 需要进行基本设定的系统部件

① 发动机控制。点火，气门正时调节，节气门调节，启动电动机调节，启动离合调节，喷油调节等。

② 无级变速器控制。皮带位置调节，转速调节。

③ 自动变速箱控制。继电器或电磁换向阀控制。

④ 主动悬架。空气弹簧刚性和阻尼孔大小调节。

⑤ 驱动力以及防滑控制。包括 ABS 防抱死制动系统、EBD 电子制动力分配、EBA 紧急制动辅助装置、ESP 电控行驶平稳系统、TCS 循迹控制系统、MSR 发动机阻力矩控制、EDS 电子差速锁、OBD 车载自动诊断系统和 DSC 动态稳定控制系统。

⑥ 车身控制 BCM，包括车窗升降（包括力传感-用于安全）、天窗折叠、滑动、座椅升降调制，雨刮，除霜器等。

⑦ 空调，采暖，通风控制，包括压缩机、冷凝器、蒸发器风扇、膨胀阀等控制。

⑧ 电子开关和照明，包括大灯、尾灯、显示背光，加减速，电台，CD 等。

⑨ ACC 电子主动巡航控制。

⑩ 安全气囊自诊断和点爆控制。

⑪ 主动式安全带自诊断和点爆控制，回拉式安全带点爆控制。

⑫ EPS 转向控制，HPS 转向控制。

⑬ TPC 胎压控制。

⑭ 汽车仪表。

⑮ 防盗报警。

⑯ 车尾高度平衡系统。

⑰ 智能传感器，即带 ECU 的传感器。

2. 应当进行基本设定的情况

采用电子控制单元进行自动控制的系统，凡是影响电控单元与器件协调工作的因素发生了变化，包括维修后、保养后以及部件重新安装或调整以后，都应当进行基本设定，具体设定的情况如下。

① 故障诊断仪检测到基本设定错误的故障。

② 虽然没有故障码，但是检测数据流时发现节气门存在开度超差而且出现怠速不稳、加速不良的现象。

③ 更换了电控单元，更换了发动机或自动变速器，更换或改变了节气门体及节气门电位计的设置。

④ 断开了蓄电池电缆和蓄电池亏电以后。

例如，节气门体在下列情况下必须进行节气门的基本设定。

① 更换发动机电控单元后（因电控单元具有记忆功能，其已经记忆了点火开关关闭时节气门控制组件的停止位置，而新电控单元还没有存储节气门体的特性信息）。

② 电控单元断电后，其内记忆的节气门体特性信息已经丢失。

③ 更换节气门体后。

④ 清洗节气门体后（在相同的节气门开度下，进气量会发生变化，即怠速控制特性发生了变化）。

⑤ 更换或清洗进气道之后。

3. 进行基本设定需要满足的条件

发动机、底盘或车身电子控制系统的基本设定，都必须在一定的条件下才能完成。尽管各电控系统的设定条件不完全相同，但是以下这些前提条件是一致的。

① 电控单元（ECU）中没有故障码存储。

② 蓄电池电压高于 11V。

③ 冷却液温度高于 80℃（散热器风扇已经运转）。

④ 关闭了各用电器（包括空调器）开关。

⑤ 关闭了所有车门（包括发动机罩、后备厢盖）。

⑥ 节气门不犯卡，节气门拉索调整符合要求，节气门能够达到止点。

⑦ 自动变速器处于 N 位或 P 位。

如果在使用故障诊断仪进行基本设定的过程中，发现无法执行，需要从以上几方面寻找原因。

4. 电控系统基本设定的一般步骤

现以捷达轿车为例，说明节气门体基本设定的方法。

① 打开驾驶员侧总继电器盒的装饰盖。

② 将故障诊断仪 V.A.G1551/1552 用专用线 V.A.G1551/3 连接于继电器盒右侧的故障诊断插座上。

③ 接通点火开关至点火挡。

④ 输入地址码 01，进入"发动机电子控制系统"，按 Q 键确认。

⑤ 按"→"键，荧屏上显示"功能选择××"。

⑥ 输入功能 02，查询故障存储，如有故障予以排除，并且清除故障记忆。

⑦ 输入功能 04（基本设定），并按 Q 键确认。

⑧ 输入通道号 060，选择"显示组 60"，并按 Q 键确认，此时可以观察到节气控制器的如下动作：怠速电动机进入应急运行，以最小位置运行到最大位置，电控单元将节气门打开的各个角度存储在永久存储器中，该过程持续时间最多 10s，紧接着节气门短时间处于启动位置，然后关闭。

⑨ 待故障诊断仪的显示屏出现"OK"字样，而且节气门体发出的声音终止时，按"→"键，退出基本设定。

⑩ 输入功能 06（结束输出），按 Q 键确认。

大众车系其他车型的自动变速器、ABS、电子防盗器、自动空调等系统的基本设定方法与此大同小异，只是各控系统的地址码以及通道号不同而已。

5. 进行基本设定还需要注意的问题

除了上面叙述的之外，在进行电控系统基本设定时还需要注意以下问题。

① 连接故障诊断仪后，如果没有可供选用的功能，应当检查相关电控系统是否有故障码存储，如果存在故障，必须先进行维修，并且消除故障码，否则基本设定无法进行。

② 在进行节气门的基本设定之前，如果节气门脏污，应先清洗节气门，消除节气门的卡滞，而后进行基本设定。

③ 基本设定应当在接通点火开关但是不启动发动机的情况下进行。在进行基本设定的过程中，不要断开故障诊断仪的连接，不要关闭点火开关。

④ 有的节气门不需要进行基本设定，如奥迪 200 1.8T、别克世纪、别克赛欧、欧宝、韩国大宇等轿车，先接通，然后关闭点火开关，就完成了节气门的自我校验。

⑤ 采用故障诊断仪进行基本设定时，需要输入"通道号"。

⑥ 采用"金奔腾"中文 1552 故障诊断仪对桑塔纳 2000 轿车节气门进行基本设定时，若因故中断，会存储故障码 17967 或 17973，下次接通点火开关后，将自动进行基本设定。

十、电控系统维修中的禁忌

① 在发动机运转时，不要随便断开蓄电池的任何一根电缆线，这是因为蓄电池相当于一个大电容，它与发电机及负载并联，可以吸收和平衡电感性负载通断电瞬间产生的浪涌电压，保护汽车的 ECU 等电子器件。

② 除蓄电池的连接线外，其他凡是与蓄电池电压相同的电气装置的导线，只要点火开关处于 ON 位置，也都不能随意拆除。否则，也会使相关的传感器、电控单元（ECU）烧坏。不能随意断开的电气装置有：点火系统、怠速控制步进电动机、电控单元（ECU）的可编程只读存储器（PROM）、喷油器、空调及其他电磁离合器、任何电控单元（ECU）（微机）的导线、鼓风机导线及空调离合器导线等。

③ 安装蓄电池时，务必辨清其正负极性，极性不可接反（负极搭铁），蓄电池极性与线夹连接要牢固，搭铁要可靠，并切忌用快速充电机进行辅助启动，以免电子元器件过压而受损。在没有连接和拧紧蓄电池电缆接头时，绝不要启动发动机。不可在发动机运转时拆下蓄电池电缆。

当跨接启动其他车辆或用其他车辆跨接启动本车时，须先断开点火开关，然后才可装或拆跨接线缆作业，如图 2-9 所示。

④ 除了某些车辆的测试程序中的特殊说明者外，一般不可使用指针式万用表检测控制系统各部分的电阻，而应该用高阻抗的数字式万用表（10MΩ 以上）或者是电控汽车专用检测仪表进行检测。

⑤ 不可使用阻抗过小的检测工具、仪器。在对电控系统进行检测时，为避免电控系统由于过载而损坏，不

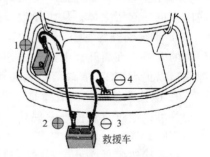

图 2-9 跨接启动其他车辆
1—急救车电池正极柱；2—支援车电池正极柱；3—支援车电池负极柱；4—急救车车体搭铁

可使用阻抗过小的检测工具。因为电控系统中，ECU与传感器的工作电流通常都很小，因此，与之相应的电路元器件的负载能力也比较小。在对其进行故障速查时，若使用输入检测工具不当，则可能造成元器件因超载而损坏。

⑥ 不可使用试灯对电控系统的传感器、ECU进行检测（包括对其接线端子的检查）。

⑦ 不可沿用检查传统式点火系统的"划火法"（或刮火法）高压电火花。在检查电控汽车发动机的电子点火系统有无高压电火花时，千万不可沿用检查传统式点火系统的"划火法"（或刮火法），否则，将在划火过程中，由于过电压或过电流容易损坏电子点火系统中的电子元器件，甚至损坏电控单元（ECU）。

而正确的检查方法是：应该把火花塞拆下连同高压分线放在缸盖上（火花塞外壳搭铁），启动起动机做跳火试验判断故障。

⑧ 维修不当也可能引发错误的故障码。在对电控汽车进行维修时，由于维修方法不当或操作失误，也会导致自诊断系统输出错误的故障码。

在电控汽车维修读取故障码时，经常会出现多个（或10个以上）故障码。有些人特别是驾驶人员，当车辆有故障时或故障指示灯点亮时，往往随意在点火开关处于"ON"位，甚至在发动机运转过程中，便将一些元器件的导线插头拔下又再插上，殊不知这样做一次或每拔下一个传感器的插头，ECU便会记录一个故障码。人为故障码与真实故障码混在一起，给维修增加了难度，所以要注意区分，防止误导。

再如，上一次维修汽车时，故障已经排除但没有及时清除故障码，那么ECU也同样将原来的故障码保存其内，成为历史性故障码。因此在对电控汽车维修时应加以注意，不应造成不必要的人为故障码，给维修工作带来混乱和困难。

⑨ 在电控汽车上实施电焊必须切断ECU电源或拆下ECU。在对车辆进行电弧焊接修理作业时，一定要断开电控单元（ECU）与蓄电池的连接，若在靠近电控单元（ECU）处做焊接修理，则应将电控单元（ECU）盒移走。特别是在靠近电控单元（ECU）或传感器的地方进行焊修作业时，应特别小心，而且焊机的电缆线切勿跨过电控单元（ECU）。当汽车进入烤漆房等80℃以上高温环境作业时，要拆下电控单元（ECU）后才可进入施工。

若在没有拆下ECU（或没有切断ECU电源）的情况下就对电控汽车进行电焊作业，会因电焊时的大电流而烧坏车上的电子元件或ECU。

⑩ 采用断电清除故障码。对大多数电喷发动机而言，拆下蓄电池连接线或拆下通往电控单元（ECU）的熔断器，保持断电30s即可清除掉电控单元（ECU）中存储的故障码。但是有些发动机则不适于用这种拆卸电源的方法来清除故障码，因为车辆防盗系统、音响系统、时钟等的内存（包括防盗密码）也是存储在随机存储器中的，采用断电消码时便会将这些内存也一起清除掉，从而导致音响锁码等。

⑪ 不要断开为ECU供电的正极电源线。在维修起动机时，可能需要拆卸从蓄电池到起动机的电缆。在断开蓄电池正极连接起动机的电缆时，最好不要断开为ECU供电的正极电源线，以免因ECU有效信息丢失而引起性能失常。

⑫ 电控系统常见的故障是电路断路或接触不良。除了一些很明显的线路断脱、插接器松动等可以通过直观检查发现外，大量的接触不良故障须用高阻抗的万用表检测才能做出正确的判断。

检查线路不良之处，不能用刮火的办法来检查线路是否通断，这样极容易造成电路中电感线圈的自感电动势击穿电子元器件。

⑬ 在取下或装复PROM时，操作人员应先使自己搭铁，否则，身体上的感应静电会损坏电控单元（ECU）的电路。在对电控单元（ECU）进行维修操作时，要注意人体静电对

电控单元（ECU）芯片的影响。比如，在拆装 PROM 或用万用表测试内部电路参数时，应当用一个金属带，将人体所带的静电屏蔽掉，以免造成不良后果。当测试探针插入插头时，注意不要损坏插头或针脚。测试方法：从插头后侧即连接线一端插入探针，切勿从针脚孔那一侧插入探针，避免不慎跨接针脚而烧损。

⑭ 对装有安全气囊的汽车，应在断开蓄电池 20s 或更长一段时间之后，才可进行维修，否则安全气囊可能会充气膨胀。如不按正确的顺序进行操作，安全气囊也有可能意外张开，造成事故。因此，当没有正确、全面的维修资料时，不可进行维修。

⑮ 电控汽车不应装大功率的扬声器，同时音响的扬声器不能装在靠近电控单元（ECU）的近旁，因为扬声器的磁铁会破坏电控单元（ECU）的电路和元器件。如果车上装有功率超过 8W 的无线电台，则其天线应尽量远离电控单元（ECU），否则会对电控单元（ECU）造成不良影响。

⑯ 在对电气系统线路结构不了解的情况下，不要乱拆、乱接，在拆卸、更换电喷系统零部件时，要特别小心，安装时应做到完全复位，防止人为添加故障。

⑰ 若无特殊说明，电控发动机可借鉴传统化油器式发动机的基本检查与维修方法。但要充分注意电喷系统中特殊部件的特殊要求，如喷油器 O 形圈不可重复使用等。

⑱ 在检查电控系统各端子电压和读取故障码时，必须具备以下条件：蓄电池电压不低于 11V；节气门完全关闭；变速杆置于空挡；关闭所有电气设备；发动机达到正常的工作温度；真空管路不得漏气；喷油压力正常；火花塞都能跳火。测量气缸压缩压力时，应先将燃油泵熔丝、点火线圈导线和电控单元（ECU）断开，即不让燃油系统和点火系统工作。

⑲ 维修环境要防火、防潮、防静电、防电子干扰。维修作业时应严禁吸烟，要远离易燃易爆物，以防发生意外事故。维修现场应配备干式化学灭火器。

第三节　汽车电路故障的分析方法与技巧

一、汽车电路类型与故障

1. 汽车电路的类型

（1）电源电路　电源电路也称充电电路，是由蓄电池、发电机、调节器及充电指示装置等组成的电路。

（2）启动电路　启动电路是由起动机、启动继电器、启动开关及启动保护电路组成的电路。

（3）点火电路　点火电路是汽油发动机汽车特有的电路。它由点火线圈、电子点火控制器、火花塞及点火开关组成。

（4）照明与灯光信号装置电路　照明与灯光信号装置电路是由前照灯、雾灯、示廓灯、转向灯、制动灯、倒车灯、车内照明灯及有关控制继电器和开关组成的电路。

（5）仪表信息系统电路　仪表信息系统电路是由仪表及其传感器、各种报警指示灯及控制器组成的电路。

（6）辅助电气装置电路　辅助电气装置电路是由为提高车辆安全性、舒适性等而设置的各种电气装置组成的电路。

(7) 电子控制系统电路　电子控制系统电路主要由发动机控制系统、自动变速器及巡航控制系统、防抱死制动系统、安全气囊控制系统等电路组成。

2. 汽车电路故障类型

汽车电路发生的故障主要有：电子元器件失效、电路断路、电路与电源短路、电路与搭铁短路、线间短路、电路接触电阻增大、电路插接器插接松动、线路漏电，还有断路程度较轻的接触面氧化形成高电阻，短路程度较轻的绝缘性不良等类型。

(1) 电子元器件失效

① 元件击穿。元件击穿主要是过电压击穿、过电流击穿和热击穿。击穿现象有时表现为短路形式，有时表现为断路形式。晶体管的击穿也是一种主要的故障现象。有的晶体管由于自身热稳定性差而导致类似于击穿的故障，称为"热击穿"或"热短路"。因电路故障引起的过电压击穿和过电流击穿一般是不可恢复的。

② 元件老化。元件老化是指性能老化，它包含许多现象，如晶体管的漏电增加、电阻值变化、可变电阻不能连续变化、继电器触点烧蚀等。

对于继电器，往往还存在由于绝缘老化、线圈烧坏、匝间短路、触点抖动、甚至无法调整初始动作电流等故障。

③ 元器件内部连接故障。连接故障主要指电子器件的内部松脱、接触不良、潮湿、腐蚀等引起的短路和断路现象，此类故障一般与元件无关。

(2) 电路故障

① 断路。断路是指由于导线连接端松脱、接触不良或导线折断所引起的故障。

② 短路。短路是指导线绝缘损坏而导致导线间相互接触造成短路。或开关、接线盒、灯座等外接线的螺钉松脱而造成导线的线头相碰，或导线头部与搭铁相碰等。

③ 漏电与搭铁。漏电与搭铁是指由于电器绝缘不良、绝缘层老化、破损或导线受潮而导致导线的相线与金属机体相碰。

3. 各单元电路的易发故障

(1) 电源和启动系统故障　电源和启动系统故障包括：蓄电池接线柱锈蚀接触不良，尤其以蓄电池负极接车身搭铁的部位；起动机接线柱和电流表的接线柱接触不良；总熔断器损坏；启动继电器触点烧蚀和蓄电池存电不足等。

(2) 点火系统故障　点火系统故障包括：断电触点烧蚀；间隙失准（正常间隙应为 0.35～0.45mm）；熔断器损坏；火花塞漏电。

(3) 充电系统故障　充电系统故障是不充电。常见原因包括：电压调节器触点烧蚀（机械式调节器）；电流表接线柱接触不良以及熔断器损坏而造成的励磁电流中断。

(4) 照明系统故障　照明系统故障包括：断线和搭铁，以及因线束插接器插件内触片锈蚀而造成接触不良。

(5) 电路熔断器故障　电路熔断器故障包括：熔断和接触不良。对熔断器熔断应找出原因、排除故障后方能接通电路。

(6) 其他单元电路故障

① 断路。由于导线折断、连接点松动或接触不良而引起的断路；或因搭铁线松动或接触不良而出现断路。

② 短路。由于导线绝缘破坏并互相接触而造成的短路；开关、接线盒、灯座等外接线螺钉松脱而造成的两线相碰；接线时操作不慎而使两线接头相碰；电源线线头增加搭铁等。

③ 漏电。电气绝缘不良；连接导线受潮；绝缘层老化、破损。

4. 汽车电路故障检测

（1）电路的断路的检测　电路断路，又称开路，分为用电器的供电端断路和搭铁端断路两种情况，断路的特征是用电器不工作，熔丝完好、未烧断。故障原因有开关触点或继电器触点松动、烧蚀、导线插接器连接松动造成的接触不良以及导线折断等情况。

线路断路可用跨接线、试灯或万用表多种方法进行检查，具体方法如下。

① 跨接线法。当怀疑电路中的某段线路断路时，用跨接线将该段线路短接，若用电器工作，则可断定该段线路断路，如该段电路较长时，再用该方法进一步缩小怀疑范围，如图 2-10 所示。

② 试灯法。接通控制开关，将试灯的一端搭铁，另一端与蓄电池到该用电器之间线路各点依次相接触，直到触及某一点后灯不亮为止。断路处即在试灯亮和试灯不亮的两个被测点之间，如图 2-11 所示。

③ 万用表测量法。接通控制开关，将万用表拨至直流电压合适挡位，使负表笔搭铁，正表笔依次测量蓄电池到该用电器之间线路上的各点电压，直到万用表检测时无电压指示为止，则断路发生在有电压指示和无电压指示的两个被测点之间的电路上，如图 2-12 所示。

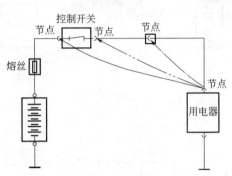

图 2-10　跨接线法检查断路

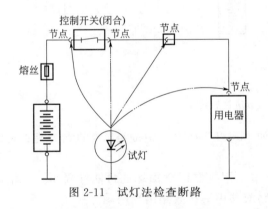

图 2-11　试灯法检查断路

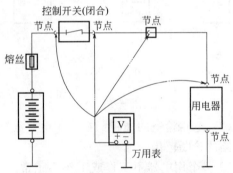

图 2-12　万用表测量法检查断路

（2）电路短路的检测　电路短路指供电端电路不经过任何电气设备，直接被导线接地。短路的特征是用电器不工作，同时由于电流过大，熔丝还会出现烧断。

查找线路的短路部位时，需要逐个拆开各个节点，所以该方法又称为断路法。电路短路可用试灯或万用表进行检查，具体方法如下。

① 试灯法。断开与控制开关及用电器连接处的导线，试灯一端与蓄电池正极相连，用试灯另一端与接该用电器的导线接头相连，如试灯亮，说明搭铁有短路故障存在［图 2-13(a)］。逐个拆开控制开关到用电器之间导线上的各个节点，如试灯灭，则故障发生在拆开接点与上一个接点之间的导线上［图 2-13(b)］。

② 万用表测量法。将万用表拨至电阻挡，任一表笔搭铁，另一表笔与接用电器的导线接头相连，如果检测电阻值为 0，则说明有搭铁短路故障存在［图 2-14(a)］。逐个拆开控制开关到用电器之间导线上的各个节点，如检测电阻值为∞，则故障发生在电阻值为 0 时拆开的接点与上一个接点之间的导线上［图 2-14(b)］。

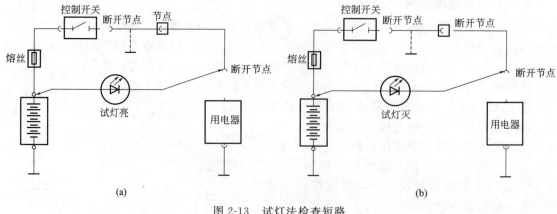

图 2-13 试灯法检查短路

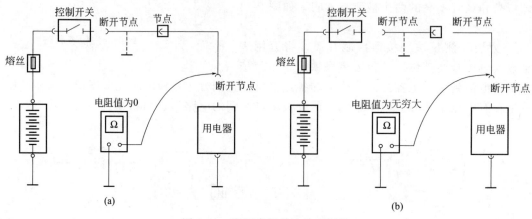

图 2-14 万用表测量法检查短路

(3) 电路检查的捷径 在汽车电气故障中如出现以下情况,则按照思路进行处理,可缩小线路的诊断范围。

① 多个用电器不工作或工作不正常。由于多个用电器同时损坏的可能性极小,该情况可判断是它们的公用电路部分,即共用电源线路或共用搭铁线路出现问题。

② 个别用电器不工作或工作不正常,其他用电器工作正常。该情况可排除它们的共用电路部分出现故障,重点检查该用电器所在的支路部分。

二、汽车电路的基本接线规律

1. 汽车电路接线的一般规律

汽车线路一般采用单线制、用电设备并联、负极搭铁、线路有颜色和编号加以区分,并以点火开关为中心将全车电路分成几条干线,即蓄电池火线(30 号线)、附件火线(ACC 线)、钥匙开关火线(15 号线)。

(1) 蓄电池火线(正极 B 线或 30 号线)接法 一般从蓄电池正极引出直通熔断器盒,也有的从蓄电池正极线直接引到起动机正极接线柱上,再从那里用较细的相线引出正极线接到其他电路。

(2) 点火、仪表和指示灯电路线接法(IG 线或 15 号线) 这些设备的线路必须经过汽车钥匙才能接通电路。点火开关在 ON（工作）和 ST（启动）挡才有电的电线，必须先经过点火钥匙才能接通点火系统、预充磁、仪表系统、指示灯、信号系统、电子控制系统重要电路。

（3）专用线（ACC 线或 15A 线） 专用线是指无论发动机是否工作都需要接通的电器线路，如收音机、点烟器等。点火开关单独设置一挡予以供电，但发动机运行时收音机等仍需接入与点火仪表指示灯等同时工作，所以点火开关触刀与触点的接触结构要特殊设计。

（4）启动控制线（ST 线或 50 号线） 起动机主电路的控制开关（触盘）常用磁力开关来通断。其接线方式有两种形式：小功率起动机磁力开关的吸引线圈和保持线圈由点火开关的启动挡控制；大功率起动机的吸引、保持线圈电流也很大（可达 40~80A），容易烧蚀点火开关的"30~50"触点对，必须另设启动继电器（如东风、解放及三菱重型车）。装有自动变速器的轿车，为了保证空挡启动，常在 50 号线上串有空挡开关。

（5）搭铁线 搭铁点分布在汽车全身，与不同金属相接。搭铁线接法主要是单线制，某些轿车局部采用双搭铁线。

2. 电源系统的接线规律

（1）发电机与蓄电池并联连接 蓄电池正极经电流表（或直接）接发电机正极，蓄电池必须负极搭铁。蓄电池静止电动势常为 11.5~13.5V，发电机输出电压常限定在 13.8~15V。发电机工作时电压比蓄电池电压高 0.3~3.5V，这主要是为了克服线路压降，使蓄电池充电时既能充足，又不至于过度充电。发电机上有标记，分别连接相应接线。

（2）国产硅整流发电机的接法 国产硅整流发电机的接线柱旁均有标记或名称，"＋"或"B+"为电枢接线柱，此接线柱应与蓄电池"＋"极相连；"F"为磁场接线柱，它与调节器磁场接线柱相连；"E"为搭铁接线柱，应与调节器的搭铁接线柱相接。

（3）采用外装调节器的交流发电机的接法 外置调节器的交流发电机的磁场线圈搭铁方式有两种：一种是磁场线圈直接在发电机内部搭铁；另一种是磁场线圈不在发电机内部搭铁，而是通过调节器搭铁。

3. 启动系统的接线规律

启动系统的作用是将进入气缸的混合气升温到适宜点火温度，用起动机驱动曲轴达到一定转速，并使发动机由静止状态进入点火且连接运转状态。

发动机正常运转后，使起动机的吸引、保持线圈断电，起动机的驱动齿轮退回，启动主电路切断，起到保护起动机的作用。

（1）点火开关直接控制起动机的电路 点火开关在启动挡直接控制起动机的吸拉保持线圈，用启动继电器触点作为开关。适用于 1.2kW 以下的起动机电路。

（2）带启动保护的起动机控制电路 适用于 1.5kW 以上的起动机电路。由于其磁力开关线圈的电流大于 40A，故必须用启动继电器的触点作为控制开关。其控制电路的工作过程分为以下两种情况。

① 发动机点火前的电路工作原理。

a. 当点火开关在"0"挡时：电路均断开。

b. 当点火开关在"1"挡时（未启动）：此时的供电线路包括发动机励磁线路、点火线圈线路、仪表线路和技法灯线路。

c. 当点火开关在"2"挡时：此时除了接通上述线路外，还要同时接通以下两条线路。

ⓐ 起动机继电器电路：其电流走向为从蓄电池正极→电流表→起动机继电器线圈→继电器常闭触点→搭铁→蓄电池负极。此时，继电器常闭触点吸合，使得吸引线圈和保持线圈

通电，驱动起动机小齿轮与飞轮齿圈啮合，准备发动机的启动。

ⓑ 起动机主电路的触桥电路：从蓄电池正极→触桥→起动机励磁线圈→起动机电枢→搭铁→蓄电池负极。此时，起动机开始正式驱动发动机启动。

与此同时：触桥→点火线圈旁路的触点接通→电流直通点火线圈一次→附加电阻被隔除在外。

② 发动机点火后的电路工作原理（驱动保护装置发挥作用）。驱动保护装置的工作原理：发动机点火后→发电机中性点 N 的对搭铁电压（约为发电机调节器电压的 1/2）→使得驱动继电器中的起保护继电器的常闭触点断开→切断起动继电器线圈的搭铁通路和切断充电指示灯搭铁通路→起动机停止运转，同时充电指示灯熄灭。

此时即使误将点火开关扳到 2 挡，起动机也不会运转，从而起到保护起动机的作用。

4. 照明系统的接线规律

(1) 照明系统的组成　照明系统一般由前照灯、示宽灯（位置灯）、尾灯（后示宽灯）、牌照灯、仪表灯、室内灯等组成。其中，前照灯又分为远光灯和近光灯，用变光开关控制。

(2) 采用组合开关集中控制　现代轿车的照明系统多采用组合开关集中控制。为了驾驶人操作时手不离开方向盘，常将组合开关装于转向柱上，位于方向盘下右侧。

(3) 各种灯光的控制方法

① 照明灯由组合开关的灯光开关控制。

a. 灯光开关在"0"挡为关断。

b. 灯光开关在"1"挡为所有小灯亮（包括示宽灯、尾灯、牌照灯、仪表灯和室内灯）。

c. 灯光开关在"2"挡为前照灯和小灯同时亮，且"2"挡用于控制灯光继电器的线圈。

② 由于前照灯的远光灯功率较大，故采用灯光继电器来控制其通断，并用变光开关控制远近光的变换，灯光系统的电源直接来自蓄电池正极，不受点火开关控制。

③ 超车灯信号采用远光灯亮与灭来表示，发出此信号不通过灯光开关，属短时接通按钮。

5. 点火系统的接线规律

点火系统可以分为无触点点火系统和微机控制点火系统。

其工作过程的电流通路：一次电流接通→一次电流切断（此时恰是某缸活塞处于压缩上止点之前的某一角度）→引起一次线圈产生约 300V 的自感电动势→引起二次线圈的互感而产生 6000～3000V 脉冲高压→引起火花塞跳火。

无触点点火系统的点火模块的接线方法：由点火开关控制的电源输入线 2 条（接 4 脚和 5 脚）；由信号发生器（它与分电器轴连为一体）引来的信号输入线 3 条（接 3 脚、5 脚和 6 脚，其中，5 脚供信号发生器用作电源的相线）；一次电流的输入和输出线两条（接 1 脚和 2 脚）。

6. 仪表警报系统的接线规律

汽车仪表系统是汽车运行过程中状态参数的提供者，如发动机的水温、行驶速度、行驶里程、发动机转速、剩余燃油、机油压力、发电机是否充电等。

(1) 所有的电气仪表都要受点火开关的控制　点火开关的工作挡与启动挡和电源接通。

(2) 各种仪表的表头与其传感器串联　燃油表和冷却液温度表还串联有仪表稳压器。

(3) 指示灯和报警灯的接线方法

① 将其灯泡接点火开关的正极线，外接传感器开关。当开关接通时，则与搭铁构成通路，点亮灯。如充电指示灯、驻车制动指示灯、制动液液面警告灯、门未关警告灯、机油压

力警告灯、冷却液液位过低警告灯等。

② 将指示灯泡搭铁，其控制信号来自其他开关的正极端。如远光指示灯、转向指示灯、座椅安全带未系指示灯、防抱死制动指示灯以及巡航控制指示灯等。

指示灯与警告灯一般均与各类仪表装配于同一个总成内或布置在其附近。它们同受点火开关的工作挡和启动挡控制。在工作挡（ON）可以检验其是否良好。

(4) 其他结构仪表接线方法

① 双金属片电热丝式结构仪表。其表头一般只有两根线，如燃油指示表的两个接线柱是上下排列的，应将上接线柱与电源线连接，而下接线柱则与传感器连接。

② 双线环十字交叉且中间有一个磁性指针的仪表。一般为三条引线，其中，一条接点火开关，一条搭铁，另一条接传感器。

③ 机械式仪表。不需要与电路连接，如软轴传动的车速里程表、直接作用的弯管弹簧式制动气压表和油压表，以及乙醚膨胀式冷却液温度表和油压表等。此类仪表的优点是读数精度较高，但缺点是需要安装许多管路和软轴，容易泄漏、拆装麻烦，故正被电子控制仪表所取代。

7. 信号系统的接线规律

信号系统主要包括转向信号、危险警告信号、制动信号、倒车信号和喇叭等。它们都是由驾驶人根据道路交通情况向其他的车辆和行人发出的，带有较强的随机性。一般靠自身开关控制。如制动信号由制动踏板联动控制；倒车灯由变速杆倒挡轴联动控制，均无须驾驶人特意操作。而喇叭按钮多设在方向盘上，驾驶人"手不离盘"即可发出信号。转向信号灯和危险警告灯的特点如下。

(1) 转向灯的特点与电路接法

① 转向灯特点。转向灯一般具有一定的闪频，国家标准规定为 60～120 次/min，车辆的前后左右都设置转向灯（某些轿车侧面也设有转向灯），功率为 21～25W。

② 转向灯电路接法。因为转向信号灯是在点火开关处于工作挡（ON）时使用的，故转向灯与转向灯开关以及转向闪光继电器均经过危险警告灯开关的动断触点与点火开关串联。

(2) 危险警告灯的特点与电路接法

① 危险灯的使用场合。主要用于本车有故障或危险而不能行驶；本车有牵引其他车的任务，需要引起其他车注意；本车需要优先通行，需要其他车避让等。因此，危险警告灯可在发动机不工作时使用，此时无须接通点火系统及仪表报警灯。

② 危险灯的接线方法。专门设有危险警告开关，它是一个多刀联动开关。在断开点火开关连接的同时，接通蓄电池接线，其闪光器及灯泡电源直接来自蓄电池，并将闪光继电器的输出端与左右转向灯连在一起，即在闪光继电器动作时，左右转向灯及指示灯同时闪光发出危险信号。

8. 电子控制系统的接线规律

(1) 电子控制系统的基本接线规律

① 电子控制电路必须受点火开关的控制。

② 必须有各种传感器随时输入工况信号：传感器可分为两类，一类属于数字信号，例如磁脉冲式或霍尔式传感器能够产生脉冲电压数字信号；另一类由热敏电阻制成，当阻值发生变化时，其输出电压也随之变化，属于模拟量电压信号，如冷却液温度传感器和机油温度传感器等。

③ 电控系统的执行器则受电控单元控制，且具有自诊断功能。

(2) 电控单元控制的两种控制模式

① 开环控制模式。如燃油喷射系统的开环控制，当电控单元接收到输入信号以后，仅根据预先已经设置好的程序予以响应，而对于氧传感器信号则不予监控。开环控制的工况有暖机工况、减速工况、节气门全开工况等。

② 闭环控制模式。电控单元对于氧传感器信号实施监控，通过反馈使得电控单元控制的喷油脉冲宽度得到理想空燃比，以实现最佳燃油经济性和低排放。闭环工况有怠速工况、巡航工况等。

三、识读汽车电路的基本方法

1. 识读整车电路图的基本方法

（1）要了解整车电路图与局部电路图的关系　善于化整为零，进行电路图的分解；要抓住汽车电路图"单线并联制"的基本特点，按照各个系统不同的功能及工作原理，将复杂的整车图分解为相对简单的独立的子系统图，分别进行分析。

（2）要熟悉电气图形符号和接线柱标记并认真阅读图注　能够利用通用符号迅速识别出线路中的设备。通过图注迅速了解该电路所包含的元器件名称、数量、用途位置和线路走向，这样有利于抓住重点，进而掌握各个元器件之间的控制关系。

（3）要熟悉线路的配线规律和颜色标记　一定要先阅读各系统的配线说明，因为电路走向是根据不同的配线装置进行划分的。同时要了解配线颜色，记住各种颜色的字母标记。这样，即使线路的跨距很远，也能找到其线路的连接关系。

（4）以控制元件和开关为纽带　开关是控制电路通断的关键，电路中主要的开关往往汇集许多导线，如点火开关、车灯总开关。读图时应注意与开关有关的几个问题。

① 在开关的许多接线柱中，注意哪些是接直通电源的，哪些是接用电器的，接线柱旁是否有接线符号，这些符号是否常见。

② 开关共有几个挡位，在每个挡位中哪些接线柱通电，哪些断电。

③ 蓄电池或发电机的电流是通过什么路径到达这个开关的，中间是否经过别的开关和熔断器，这个开关是手动的还是电控的。

④ 各个开关分别控制哪个用电器，被控用电器的作用和功能是什么。

⑤ 在被控的用电器中，哪些用电器常通，哪些电路短暂接通，哪些应先接通，哪些应后接通，哪些应单独工作，哪些应同时工作，哪些用电器允许同时接通。

在标准画法的电路图中，开关总是处于断开状态；电子开关的状态则视具体情形而定。有些开关往往汇集许多导线，分析电路时应注意以下问题。

① 开关的许多接线柱中，哪些是直通电源的，哪些是接用电器的。

② 开关控制哪些用电器，被控用电器中哪些电器经常接通，哪些短暂接通，哪些先接通，哪些后接通，哪些单独工作，哪些同时工作。

③ 多挡开关的每一挡中，哪些接线柱有电，哪些无电。

（5）以电流回路原则为突破口　任何一个电路要想工作，必须有电流流过用电设备，即在电源、用电设备（负载）和塔铁之间形成回路。

① 对于直流电路而言，电流总是要从电源的正极出发，通过导线，经熔断器、开关到达用电器，再经过导线（或搭铁）回到同一电源的负极，在这一过程中，只要有一个环节出现错误，此电路就不会正确、有效。

② 从电源正极出发，经某用电器（或再经其他用电器），最后又回到同一电源的正极，

由于电源的电位差（电压）仅存在于电源的正、负极之间，电源的同一电极是等电位的，没有电压。这种"从正到正"的途径是不会产生电流的。

③ 在汽车电路中，发电机和蓄电池都是电源，在寻找回路时，不能混为一谈，不能从一个电源的正极出发，经过若干用电器后，回到另一个电源的负极，这种做法，不会构成一个真正的通路，也不会产生电流。所以必须强调，回路是指从一个电源的正极出发，经过用电器，回到同一电源的负极。

(6) 要熟悉继电器的特点及其工作状态

① 明确开关和继电器的状态和作用。

② 继电器由线圈工作的控制电路和触点工作的主电路两部分组成，且主电路中的触点只有当在线圈电路中有工作电流通过时，才能动作。同时要注意，电路图中所画出的继电器处于失电状态。

(7) 认真阅读图注 认真阅读图注，了解电路图的名称、技术规范，明确图形符号的含义，建立元器件和图形符号间一一对应的关系，这样才能快速准确地识图。

(8) 了解汽车电路图的一般规律

① 电源部分到各用电器熔断器或开关的导线是用电器的公共火线，在电路图中一般画在上部。

② 标准画法的电路图，开关的触点位于零位或静态，即开关处于断开状态或继电器线圈处于不通电状态，晶体管、晶闸管等具有开关特性的元件的导通与截止视具体情况而定。

③ 汽车电路是单线制，各用电器相互并联，继电器和开关串联在电路中。

④ 大部分用电器都经过熔断器，受熔断器的保护。

⑤ 把整车电路按功能及工作原理划分成若干独立的电路系统，这样可解决整车电路庞大复杂、分析起来困难的问题。现在汽车整车电路一般都按各个电路系统来绘制，如电源系统、启动系统、点火系统、照明系统、信号系统等，这些单元电路都有它们自身的特点，抓住特点把各个单元电路的结构、原理读懂了，理解整车电路也就容易了。

2. 识别局部电路图的要点

(1) 识读电源系统

① 首先找出电源（蓄电池）与起动机之间的连接（包括电源总开关）。

② 然后找出充电主回路（包括发电机、调节器、电流表和蓄电池），它确立了两个直流电源之间的关系，是全车电路的主干。

③ 最后找出发电机的激磁回路，激磁回路常受点火开关或磁场继电器的控制。

(2) 识读启动系统 先找点火开关、启动继电器和电源开关的控制电路。有的车型点火钥匙与启动继电器（或电磁开关）有联系，有的车型还附设有预热装置，其预热、启动和供电常常合用一个开关。

(3) 识读点火系统

① 先找低压电路的点火控制器（或分电器）、点火线圈和点火开关。

② 再找高压电路的高压线，并按照工作次序与各缸火花塞相连。

(4) 识读照明系统

① 先找车灯总开关、变光器，然后按接线符号分别找到电源线和各种灯具。

② 照明电路的一般接线规律：前照灯与示廓灯不同时亮；前照灯的远光与近光不同时亮；仪表照明灯、尾灯、牌照灯及室内灯只有在夜间工作时才亮。

(5) 识读仪表电路系统

① 先找组合仪表、点火开关、仪表传感器与仪表电源稳压器。

② 仪表电路都受点火开关（或电源总开关）控制，电热式或电磁式仪表其表头与传感器并联。

③ 有的几块表共用一个稳压器或降压电阻，以获取较高的读数精度。

④ 有的仪表和指示灯同时显示一种参数，如充电、油压、油量和冷却液温度等。其指示灯是闪烁的，由一个多谐振荡器控制，同时还有蜂鸣器报警。

（6）识读信号系统

① 先找转信号灯、制动信号灯和喇叭等。

② 信号装置属于随时可能使用的短暂工作的电器，因此都接在经常有电的接线柱上，且仅受一个开关控制，以免影响信号的发出。

③ 闪光继电器的种类很多，在电路中一般均采用串联接法。

（7）识读电控系统　当一个或多个电控单元置于电路中时，为提高电控系统的识图速度，可从以下方面着手分析。

① 查找系统的供电线。哪些是常火线，哪些受点火开关控制。

② 查找系统的搭铁线。共有几个搭铁点（又称接地点）。

③ 再分析各元件的共用关系，看哪些元件共用一根线路。一般情况下，可以多个执行器共用一根电源线，搭铁线单独引出（由 ECU 控制执行器搭线）；多个传感器共用一根搭铁线，信号线单独引出（以此可判断各传感器的信号端子和搭铁端子）。

④ 对于应用电控系统较多的轿车，应将其电控系统划分为若干子系统分别识读。

⑤ 最常用的电控系统：燃油喷射电控系统、微机控制点火系统、自动变速电控系统、防抱死制动控制系统、动力转向电控系统、悬架电控系统、巡航电控系统、安全气囊电控系统、空调电控系统等。

（8）识读辅助装置控制系统

① 近年来生产的轿车车身辅助装置越来越多，如排气制动电控系统、空调、暖风、除霜等。查找辅助电器电路首先需熟悉其图形符号、功能、有关的控制开关，然后按照从电源、熔断器、控制开关到用电器的顺序进行。

② 有的辅助电路，为了减少总开关的电流，设置了若干继电器，其触点的闭合可能被另一个开关和控制电路所控制。

3. 新能源汽车电路的识读

新能源汽车电路图中的元素与普通车辆基本相同，具有接插件、熔丝、继电器、导线以及用电器等，如图 2-15 所示。

电路图中所表示的所有开关、元件、模块都处于静止位置（车门关闭，钥匙从点火开关中拔出）。

电路图上表示的元件和线路可能与实际车辆上看到的不一样，例如一根短导线与长导线画得一样长。另外，开关和其他元件表示的尽可能简单，仅考虑到所起到的作用。

四、利用电路图检查故障的方法

1. 利用电路图分析故障的方法

（1）分割各个单元系统　要分析汽车电路图，首先必须掌握组成电路的各个电器元件的基本功能和电气特性。在大概掌握全图的基本原理的基础上，再把一个个单元系统电路分割开来。

在框划各个系统时，一定要遵守回路原则，注意既不能漏掉各个系统中的组件，也不能

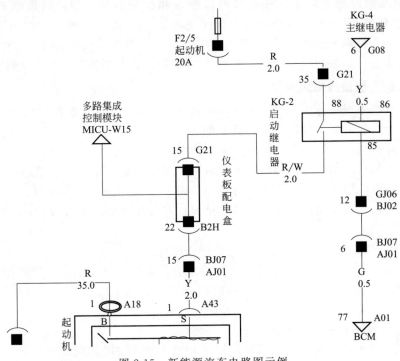

图 2-15 新能源汽车电路图示例

多框划其他系统的组件,一般规律是:各电气系统只有电源和总开关是公共的,其他任何一个系统都应是一个完整的独立的电气回路,即包括电源、开关(保险)、电气(或电子线路)、导线等。从电源的正极经导线、开关、熔丝至电气后搭铁,最后回到电源负极。

(2) 分析各局部电路之间的内在联系和相互关系 从整车电路来讲,各局部电路除电源电路公用外,其他单元电路都是相对独立的,但它们之间也存在着内在联系。

分析电路时,不但要熟悉各局部电路的组成、特点、工作过程和电流流经的路径,还要了解局部电路之间的联系和相互影响,这是迅速找出故障部位、排除故障的必要条件。

(3) 掌握各种开关在电路中的功能 对多层多挡接线柱的开关,要按层、按挡位、按接线柱逐级分析其各层各挡的功能。

当开关接线柱较多时,首先抓住从电源来的一两个接线柱,再逐个分析与其他各接线柱相连的用电设备处于何种挡位,从而找出控制关系。

(4) 全面分析开关、继电器的初始状态和工作状态 在识图时,必须根据工作状态进行分析,因为大多数用电设备都是通过开关、按钮、继电器触点的变化而改变电路工作状态的,进而实现不同的电路功能。

2. 利用电路图检查故障的思路

① 根据电路原理图上熔丝、继电器上标注的编号或标注的名称很容易找到其在熔丝盒、继电器盒上的位置。

② 根据导线的颜色与部件上标出的插接器端子的序号,可以在实车上迅速找到相应的导线与端子。

③ 通过分析电路原理图即可确定一些故障的诊断方案,如有一个制动灯不亮,则应该去检查不亮的制动灯灯泡及相应线路;如果两个灯都不亮,那么首先应该考虑去检查制动开关及其熔丝。

④ 根据电路原理图可确定一些故障的检测点和检测步骤。如果遇到喇叭不响的故障（不带喇叭继电器），可以先检测喇叭供电端子是否有 12V 电压，如果有，说明故障不在喇叭熔丝，下一步再将喇叭搭铁线直接搭铁（喇叭开关一般在搭铁电路上）；如果喇叭不响，则故障在喇叭本身，如果喇叭响，再去检查喇叭开关，依此步骤很快即可找到故障点。

3. 利用电路图检查故障的步骤

根据电气系统出现故障的现象，诊断确定故障的确切部位。查看用户所反映的故障情况，同时注意观察通电后的种种现象，将有问题的电路及装置仔细检查，在动手拆卸之前，应尽量缩小故障产生的范围。

检查时应首先对电源系统的供电情况及故障元件本身进行检查，如果通过上述检查还不能确定故障的原因，则需借助电路图进行故障诊断。电路图可以提供电气设备的基本电路、电器元件的安装位置、线束及插接器的基本情况。在使用电路图进行故障诊断时，可按下述步骤进行。

① 在电路图中找出故障系统的电路，并仔细阅读。

② 通过阅读电路图找出故障系统电气中所包含的电气元件、线束和插接器等。

③ 通过电路图找出上述电气元件、线束和插接器在车上的安装位置及电气元件和插接器上各端子的作用或编码。

④ 对怀疑有故障的部件按前述内容进行检测。

⑤ 根据电路图检查线束的短路和断路情况，直至查出故障的部位。

利用电路图进行电压检测的情况如图 2-16 所示，利用电路图进行短路检测的情况如图 2-17 所示。

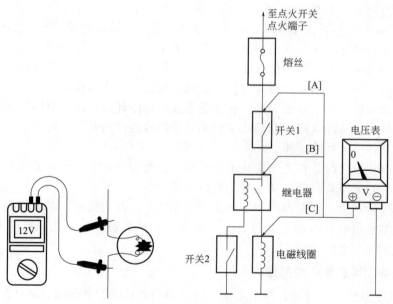

图 2-16　电路电压检测

如果检测到的数据与正确的数据不符，就说明系统有故障。如图 2-18 所示，在开关断开时各点的电压应为万用表所示的数值，如图 2-19 所示为开关接通时各点的正常电压，如果电压不符，如图 2-20 所示继电器触点处有 2V 电压，就说明此处有接触电阻，故障为触点不良。

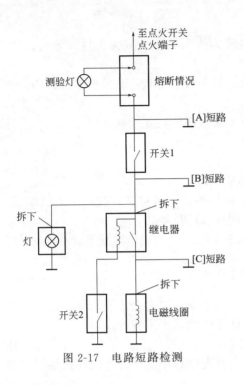

图 2-17 电路短路检测

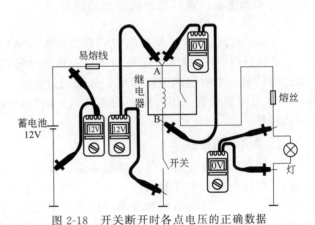

图 2-18 开关断开时各点电压的正确数据

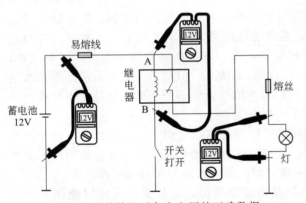

图 2-19 开关接通时各点电压的正确数据

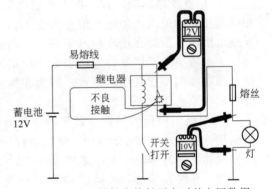

图 2-20 继电器触点接触不良时的电压数据

五、汽车导线与插接器的检查

汽车电路的分线束与分线束之间，线束与用电设备之间，线束与开关之间的连接采用插接器，现代汽车上使用很普遍。为防止在汽车行驶过程中脱开，均采用闭锁装置，而且为了避免安装中出现差错，插接器还制成不同的规格、形状。

1. 导线的检查

汽车电气线路中的导线分低压线和高压线两种。低压线分为普通导线和电缆线两种。普通低压线为带绝缘包层的铜质多股软线，导线的截面积可根据用电设备的工作电流大小进行适当选择；蓄电池和起动机的连接线、蓄电池和车架的搭铁线等则使用电缆线。为便于识别和维修，汽车各条线路的导线均采用不同的颜色，对汽车导线的颜色各个国家有不同的规定。双色线中所占比例大的颜色称为主色，所占比例小的称为辅助色。

导线的故障检查与排除方法如下。

（1）检查导线断路　当线路出现断路时，主要表现为线头脱落、开关失效、导线折断、插头松动或搭铁不良。

检查时，对于明显的导线断裂部位比较容易查找，但是对于比较隐蔽的内芯线断路，需使用万用表、试灯才能确定故障部位。

（2）检查导线短路　导线因绝缘层损坏或导线线头裸露部分相互接触，使导线间发生短路。可用万用表或试灯检测线路的短路故障。

（3）检查导线搭铁

① 外观检查。直接用眼睛观察导线是否有破裂、破损处。

② 试灯检查。以蓄电池作为电源，将蓄电池的负极搭铁，正极接试灯的一个引线端子，而试灯的另一个引线端子接导线，如果试灯发亮，表明导线已搭铁。

③ 万用表检查。用万用表的两表笔分别与导线和车架接触，如果电阻接近于0，表明导线已搭铁。

2. 插接器的检查

插接器除具有安装方便、接线准确的优点之外，在使用中也时常会出现故障，而最为常见的故障则为接触不良的问题，直接影响着电控汽车良好性能的正常发挥。

（1）导线及插接器短路故障的检查　导线及插接器的故障可能是由于线束与车身（地线）之间或是在有关开关内部短路所造成的。检查前应首先查看车身上的导线插接器固定是否牢靠，然后便可按下列步骤进行测试。

① 检查线路通断。首先拆下控制电脑ECU和传感器两侧的导线插接器，再测量插接器相应端子间的电阻。如电阻值不大于1Ω，则说明线路正常，以便进行下一步检查。在测量导线电阻时，最好在垂直和水平两个方向轻轻摇动导线，以提高测量的准确性；同时注意，对于大多数导线插接器，万用表表棒应从插接器的后端插入，但是对于装有防水套的防水型插接器表棒则不能从后端插入，因为在插入时稍有不慎便会使端子变形，这是在维修检测时应特别注意的。

② 短路电阻值的检测。首先拆下控制电脑ECU和传感器两侧的导线插接器，再测量两侧插接器各端子与车身间的电阻值。测量时，表棒一端搭铁接车身，另一端要分别在两侧导线插接器上进行测量，其电阻值大于1Ω为正常，即说明该线路与车身无短路故障。

（2）导线及插接器断路的检视　导线及插接器断路故障，可能是由于导线使用中的折断、插接器接触不良或插接器端子松脱造成的。

① 导线在中间断开的故障是很罕见的，大都是在插接器处断开。因此，检查时应着重、仔细检查传感器和插接器处的导线，是否有松脱和接触不良。

② 由接触不良而引起的插接器断路故障，常是由于插接器端子锈蚀或外界脏污进入端子或插接器插座从而造成接触压力降低所致。此时，只需把插接器拆下，再重新插上，以改变其连接状况，使其恢复正常接触即可。

（3）导线插接器外观及接触压力检查　首先应一一拆下各导线插接器，检视插接器端子上有无锈蚀和脏污，对锈蚀和脏污应进行清理；然后，便可检视端子有无松动现象。反之，如果在哪一个插孔中的插头端子拔出时比其他插孔容易，则该插孔可能在使用中会引起接触不良的故障。

> **小贴士**
>
> 拔开插接器时，不能直接拉拔导线，应先将插接器的锁止舌扣解除。

（1）插接器的拆卸　插接器的符号和实物示意如图 2-21 所示。插接器的拆卸方法示意如图 2-22 所示。

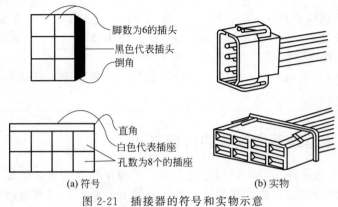

图 2-21　插接器的符号和实物示意

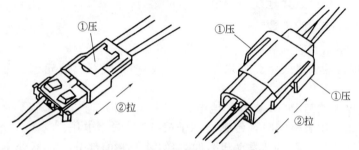

图 2-22　插接器的拆卸方法示意

（2）高压线束插接器操作系
① 第一种高压接插件（图 2-23）。
a. 用手或起子轻撬助力手柄锁扣。
b. 将助力手柄脱出锁头，然后缓慢向上抬高助力手柄，接插件会慢慢退出。
c. 当助力手柄由水平位置变到垂直位置时，表明接插件已全部处于拔出状态。
② 第二种高压接插件（图 2-24）。
a. 按住插头 1 后，将接插件往外拔，听到"咔"响声后停止。
b. 按住插头 2 后，将接插件往外拔，直到拔出为止。

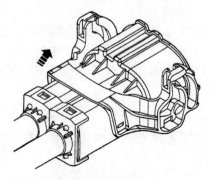

图 2-23　第一种高压接插件

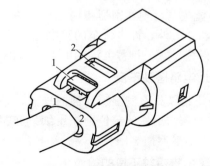

图 2-24　第二种高压接插件

> 提示：点火开关关闭且高压安全插头脱开时，标准情况下将显示检查控制信息"高压系统故障"。只有点火开关打开时，才能显示无电压（高电压系统已关闭）。
>
> 警告：
> ① 如果无法明确确定组合仪表中无电压，则不允许开始工作，否则有生命危险！
> ② 在开始工作之前，必须由具备资质且经过认证的 1000V DC 电气专业人员，使用相应的测量仪/测量方法确定已断电！
> ③ 在这样的情况下，必须联系技术支持！此外，隔离车辆，并借助高压截止带将其隔开！

六、汽车电路搭铁不良故障的排查方法

汽车电路绝大多数采用单线制，即电气设备的正极用导线连接，俗称火线；负极用不长的导线与车架金属部分连接，称为接地线，作为系统的回路线，因此接地线是汽车电路的重要组成部分。任何一个完整的电路，其电流必须从电源的正极出发，经过熔断器、开关、导线等到达用电设备，再经过接地线回到电源的负极。

1. 电路搭铁不良故障的主要特征

因为电路搭铁不良引起的故障，大致有以下几个特征。

（1）电控系统性能明显失常。如果 PCM 供电和搭铁线路出现问题，可能出现以下几个现象。

① 故障诊断仪无法与 PCM 或者其他电子控制单元进行通信。

② 采用数字式万用表检测时，传感器端子没有 5V 参考电压。

③ 接通点火开关（或者启动发动机）时，PCM 控制的部分执行器处于不工作状态，例如电动燃油泵不能短时运转、仪表板上的故障指示灯不点亮、没有喷油脉冲等。

（2）仪表指示反常。例如，如果仪表板稳压器的电阻丝搭铁不良，稳压器将不能正常工作，当输出电压和输入电压相等时，会出现冷却液温度表及燃油表同时指示最大刻度的现象。

另外，如果搭铁线接触不良，在汽车运行和颠簸中，搭铁处形成的电压降飘忽不定，有时还会引起汽车低速行驶时发动机冷却液温度显示低，高速行驶时发动机冷却液温度显示高的异常现象。

① 故障时有时无。

② 产生异常火花。

③ 加速时汽车前后窜动。

④ 性能失常出现在剧烈碰撞之后。汽车经过剧烈碰撞以后，往往引起车架变形，或者插接器松动。另外，许多轿车的蓄电池安装在发动机旁或者座椅下面，与电控单元、电气插接器等靠得很近，一旦蓄电池的电解液溢出，很容易对周边电气设备及搭铁点造成腐蚀。

2. 防止电路搭铁不良

① 防止搭铁处有潮湿、锈蚀的现象，否则很容易在搭铁处形成氧化和腐蚀。

② 对于搭铁不良的部位，先用细砂布打磨，将油漆或锈蚀物清理干净，然后拧紧固定螺栓或者将插接器插牢固。

3. 汽车搭铁接触不良的检查

汽车搭铁接触不良一般是导线断路、导线端子锈蚀、连线端子松动等。

① 一般汽车电路大多是数字信号及高精度的模拟信号电路，如果搭铁线有接触不良故障，就相当于在电路中串联了电阻，有可能会使高精度信号失准。通常这种情况都能通过目视或测试电阻检查发现故障点。

② 维修汽车搭铁线断路故障。搭铁线有导线断开或者连线端子锈蚀现象，导致搭铁线失去了作用，严重时可能导致电气不工作或较明显的工作不良。通常这种情况都能通过目测检查发现故障。如目测不能发现故障，可以进行电阻测量，通过电控检测仪检测或其他辅助手段准确确定故障点所在的位置。

③ 在不带电的情况下测量搭铁点的电阻值，即用万用表的一根表笔可靠地连搭铁线，另一根表笔与车身金属部分相连接，测量其间的电阻，若存在电阻，说明搭铁不良。

④ 采用模拟振动法检查。对于有怀疑的部位，可以在垂直方向和水平方向轻轻摆动搭铁线，模拟汽车行驶时的振动状态，同时观察相关部件的反应，判断搭铁是否有虚焊、松动、接触不良或者导线断裂等现象。如果挪动某一搭铁线时故障再现或者故障消失，说明搭铁不良的地方就在此处。

⑤ 测量电压降。在电路处于通电的状态下，采用万用表测量搭铁点的电压降，其读数应当尽可能低（接近0V）。具体方法是：启动发动机，使用万用表的直流电压挡，将红表笔接触发电机的输出端，黑表笔接触发动机的机体，测出一个电压值；然后将红表笔接触发电机的输出端，黑表笔接触车架的金属部分，再测出一个电压值。在正常情况下，这两个电压值应该是一致的。若前者数值大，后者数值小，相差0.5V以上，说明存在0.5V以上的电压降，它是由发动机机体与车架之间搭铁不良引起的。

检测某点的搭铁情况时，应该测量该点对电源正极的电压，尽量不要测量该点对电源负极的电阻，这是因为万用表本身具有一定的内阻，测量出的电阻值误差较大。

⑥ 采用试灯检查。在使用万用表检测电路尤其是电源线和搭铁线之后，最好用有负荷的测试灯加以验证，这样可以避免"有电压无电流"的现象。

七、继电器故障的分析方法与技巧

1. 继电器工作状态的简便判断方法

汽车继电器广泛用于控制汽车启动、预热、空调、灯光、刮水器、电喷、油泵、防盗、音响、导航、电动风扇、冷却风扇、电动门窗、安全气囊、防抱死制动、悬架控制以及汽车电子仪表和故障诊断等系统中，其数量仅次于传感器。

接通点火开关后，用耳朵或听诊器倾听控制继电器内有无吸合声，或者用手触摸，感受一下继电器有没有振动感。如有，说明继电器工作基本正常，用电器不工作是由其他原因引起的；否则说明该继电器工作不正常。

也可以拔下继电器进行实验，例如发生空调压缩机不工作的故障，可以启动发动机，然后接通鼓风机开关和空调开关，再拔下空调压缩机的继电器进行判断。若拔下继电器时发动机的转速明显下降，插入该继电器后发动机的转速又提升，则说明空调压缩机的继电器及其控制线路是正常的。

至于继电器的安装位置，凡是在电路图上标在点划线内的继电器及熔断器，一般布置在中央配电盒内。

2. 继电器的常见故障

继电器的主要故障：绝缘老化、线圈烧断、匝间短路、触点抖动以及无法调整初始动作电流等。

现代汽车往往将各种控制继电器与熔丝安装在一起，成为一个中央配电盒。它的正面装有继电器和熔丝插座，背面是插座，用来与线束的插头相连，如图 2-25 所示为北京现代轿车熔丝/继电器盒结构。比亚迪 E6 电动汽车前机舱熔丝盒与仪表板熔丝盒分别如图 2-26 和图 2-27 所示。

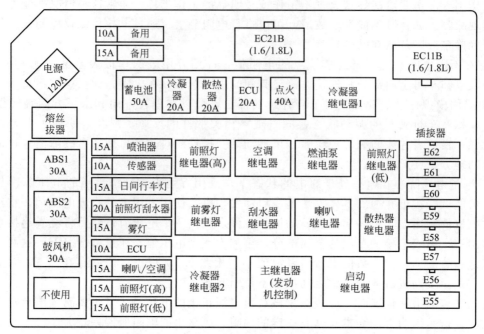

图 2-25 北京现代轿车熔丝/继电器盒结构

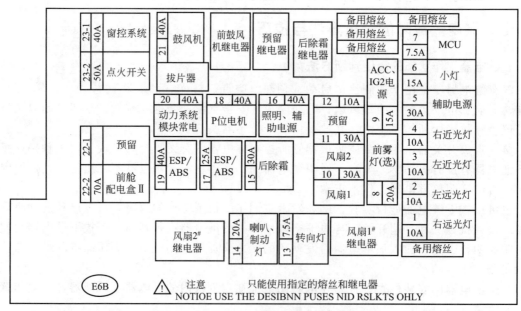

图 2-26 比亚迪 E6 电动汽车前机舱熔丝盒

继电器的常见故障如下。

① 继电器线圈烧坏。在进行维修、维护及电焊时，如果温度可能超过 80℃，应当首先

1	30A	后洗涤继电器	2	30A	电动外后视镜除霜继电器	3	30A	点烟器继电器
4	30A	P位电动机继电器	5	30A	电动车窗继电器	6	30A	电池包冷却风扇继电器	7		预留继电器

23	15A	24	7.5A	25	10A	26	10A	27	7.5A	28	15A	29	7.5A	30	5A	31	10A	32	15A	33	30A
P位电动机		DLC		电池包冷却风扇		后洗涤		EHPS		模块二挡电源		电动外后视镜除霜		ESP-ECU/ABS-ECU		开关二挡电源		SRS-ECU		前刮水器	
12	10A	13	7.5A	14	10A	15	15A	16	20A	17	20A	18	20A	19	20A	22	10A	21	10A	22	7.5A
昼行灯		转向轴锁		空调模块		后刮水器		左前窗控		右后窗控		右前窗控		左后窗控		ACC电源		车载终端		高压配电器	
1	20A	2	7.5A	3	10A	4	15A	5	15A	6	7.5A	7	15A	8	7.5A	9	7.5A	10	7.5A	11	7.5A
门锁电动机		室内灯		组合仪表		音像系统		点烟器		后雾灯		双路电源		VIOG常电		动力电池管理器		网关I-key		EPB-ECU	

图2-27 比亚迪E6电动汽车仪表板熔丝盒

拆下对温度敏感的继电器和电控单元。

② 触点腐蚀。如果触点脏污，可以采用专用电气触点清洗剂处理。

③ 设法减少继电器触点的接触电阻值。车用继电器触点间存在的接触电阻值，主要由收缩电阻和表面膜电阻构成。其接触电阻值与触点的接触形式、材料性能和表面加工等因素有关。

3. 继电器在电气维修中的妙用

汽车电路可以分为电源电路和控制电路。在大多数用电系统中，继电器就是电源电路和控制电路的交汇点，控制电路通过控制继电器的通断来控制电源电路，因而在实际维修中可以通过短接继电器对应的插孔，将一个复杂的系统问题一分为二，直接缩小汽车故障的诊断范围：如果是控制电路，就要对传感器和相关插接件进行检查；如果是电源电路，则需要对线路上的插接件和导线进行检查，从而快速判断出汽车电气故障到底发生在控制电路还是电源电路。

八、汽车电路维修的禁忌

1. 电气维修的禁忌

维修电气系统的原则之一是不要随意更换电线或电气设备，这种操作有可能损坏汽车或因短路、过载而引起火灾。

① 拆卸蓄电池时，应先拆负极（一）电缆，再拆正极电缆；装上蓄电池时，须先接正极电缆，后连接负极（一）电缆。拆下或装上蓄电池之前，应确保点火开关和其他开关都已断开，否则会导致半导体元器件的损坏。同样，拆卸和安装元器件时，应切断电源。

② 更换烧坏的保险时，应使用相同规格的保险。使用比规定容量大的保险会导致电气元件损坏或产生火灾。

③ 拆下或装上蓄电池电缆时，应确保点火开关或其他开关都已断开，否则会导致半导体元器件的损坏。

④ 靠近振动部件（如发动机）的线束部分应用卡子固定，将松弛部分拉紧，以免由于振动造成线束与其他部件接触。

⑤ 不要粗暴地对待电气元件，也不能随意乱扔。无论好坏器件，都应轻拿轻放。

⑥ 与尖锐边缘磨碰的线束部分应用胶带缠起来，以免损坏。

⑦ 安装固定零件时，应确保线束不要被夹住或被破坏。

⑧ 安装时，应确保接插头接插牢固。

⑨ 进行保养时，若温度超过 80℃（如进行焊接时），应先拆下对温度敏感的零件（如继电器和 ECU）。

2. 电气电路维修的禁忌

① 当使用测试灯和自带电源的测试灯时，注意不要靠近电子电路（如安全气囊电路）和 ECU 控制电路，因为当电流通过测试灯时会损坏敏感电路。

② 跨接中所用熔断器（标称值）的标定值千万不要大于保护被测电路的熔断器标定值。

③ 装用电子线路的现代汽车，一般不允许使用"试火"的办法判明故障部位及其原因。这种方法，必须借助于一些仪表和工具，按照一定的方法进行。否则，"试火"产生的过电流，会给某些电路和元件带来意想不到的损害。

④ 靠近振动部件（如发动机）的线束应用卡子固定，并将松弛部分拉紧，以免由于振动造成线束与其他部件碰擦；紧挨尖锐金属部件的线束部分应用胶带缠好，以免磨破；安装固定零件时，应确保线束不被夹住或损坏。

⑤ 维修工作中，对电气和电子元器件应轻拿轻放，不能粗暴对待；若工作时温度超过 80℃（如进行焊接作业时），应先拆下对温度敏感的器件（如继电器、ECU 等）。

⑥ 有些电子电路由于性能要求、技术保护等原因，采用不可拆卸的封装方式，其电路故障应先从其外围逐一检查，外围故障排除后，可确定其内部损坏，采取总成更换的方法进行维修。

3. 导线插接器维修的禁忌

① 插接器的检视必须在点火锁关闭（OFF）的状态下进行，否则会因自感而烧坏有关机件。

② 拆下导线插接器时，要注意松开锁紧弹簧或按下锁扣的正确方法（不可硬拉、硬拽），装复时，应将插接器插到底并锁止。

③ 对于防水型插接器（拆下检测时）应注意小心取下其防水套。安装时防水套应到位，否则可能引起因水和潮湿进入的连线故障。

④ 在用万用表检查插接器时，表棒插入不可对端子用力过大，以防因端片变形而引起插接器接触不良。

4. 电动汽车高压插接器维修的禁忌

必须完全更新损坏的高压插头连接，不允许进行修理。在打开插头连接前必须擦去污物。

① 断开 Hirschmann 高压插头。如图 2-23 所示，沿箭头方向按压插头上的左右锁止件，将插头沿箭头方向拔出。

> **注意** 如图 2-24 所示，拔下插头 2 时会有些费力。当高压插头 2 损坏时，必须完全更新高压线！

② 连接 Hirschmann 高压插头。将插头 1 沿箭头方向推上。

提示：必须听到插头嵌入的声音。

第三章

汽车电源系统与启动系统故障排查方法与技巧

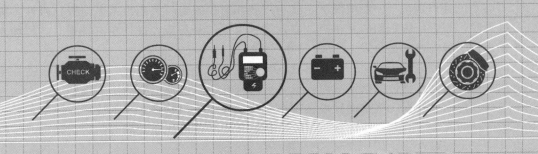

第一节　蓄电池故障的排查方法与技巧

一、蓄电池正负极性的识别

1. 新蓄电池的正负极柱识别

为了避免蓄电池搭铁极性弄错或相互连接时安装错误，造成电气系统出现故障，应准确辨别蓄电池的正负极。通常，新蓄电池正极柱上刻有"＋"或"POS"记号或涂有红漆标记；负极柱上刻有"－"或"NEG"记号或涂有蓝、绿、白、黄漆等标记。有的生产厂家还将正极柱的直径做得比负极柱略大些。正极柱比较坚硬，而负极柱较软。

2. 标记不清或无明显标记蓄电池的正负极柱识别

对于久用后标记不清或无明显标记的旧蓄电池，其识别方法如下。

（1）颜色识别法　由于蓄电池正极板的活性物质是二氧化铅（PbO_2），呈深棕色；负极板上的活性物质为海绵状铅（Pb），呈青灰色，因此从极板的颜色就可以区分出正、负极桩：正极桩为深棕色，颜色深；负极桩为青灰色，颜色浅。

（2）电压测量识别法　用万用表直流50V电压挡，用其红、黑两表笔分别去测蓄电池的两极柱。如指针转向正确，有电压值示出，则红表笔所接的极柱为蓄电池的正极，黑表笔所接的极柱为蓄电池的负极。

（3）电流测量识别法　将车用电流表"＋"接线柱的连线与任一极柱相触，另一根线柱与该单格电池的另一极柱瞬间划擦，同时迅速观察电流表指针的摆向：若指针向"＋"摆动，则电流表"＋"接线柱相触的极柱为"＋"极；若指针向"－"摆动，则电流表"＋"接线柱相触的极柱为"－"极。

（4）盐水气泡识别法　将通过蓄电池极柱的两根导线的另一端插入稀硫酸溶液或盐水中，并将两根导线保持2mm的距离。观察导线端头产生的气泡；气泡多的那根导线所连接的极柱为蓄电池的负极，气泡少的为蓄电池的正极。

（5）马铃薯识别法　通过蓄电池极柱的两根导线的另一端插入切开的马铃薯内（注意：不要让这两根导线相接而造成短路），观察导线周围马铃薯的颜色；导线周围马铃薯变成绿色的为正极，另一个即为负极。

（6）位置识别法　一般情况下，按与厂牌相对位置也可判断出蓄电池极柱极性。极柱前后排列时，靠近厂牌正面的是正极，靠近厂牌反面的是负极；极柱左右排列时，厂牌左边的是正极，厂牌右边的是负极。

（7）高率放电计识别法　用高率放电计判别蓄电池正负极柱时，与有明显极性标记的蓄电池进行比较，按指针的摆动方向，也可准确判断出蓄电池极柱的正负极性。

（8）指南针辨别　将指南针放在带有电流的导线下，并将右手掌放在导线上，使拇指掩盖指南针的北极，其余各指即指示导线中电流方向。因电流流动的方向由正到负，所以能很容易确定正极所在。

二、蓄电池技术状况的检测方法与技巧

1. 检测蓄电池技术状况的方法

（1）使用万用表测量　采用数字式万用表测量汽车的静态电流时，应在先记住音响防盗系统（或装置）密码的情况下，再按以下步骤进行操作。

① 断开点火开关，关闭车载电话以及车门灯开关等所有用电器的开关。

② 确认发动机舱盖下面的灯、杂物箱灯和后备厢灯处于关闭状态。

③ 先把数字式万用表的两端与蓄电池的负极极柱与负极连接电缆连接好，然后从蓄电池的负极上脱开负极电缆，再进行检测，初测时将表的量程设定在最大，逐步设定在"mA/ADC"。

④ 读取车辆的静态工作电流，如果放电电流在 20~40mA，则说明静态电流基本正常；如果测得的电流很大，则说明蓄电池的放电电流很大，应查找故障原因。

⑤ 采用逐一断开蓄电池负载各分支电路的方法，来判断问题出在哪一支路。通常可以采用逐一拔下分支电路熔丝的方法来查找故障部位，当不良支路的熔丝被拔下时，电流读数会下降，由此就可以找到有问题的电路。

（2）采用钳形电路表检测　采用钳形电流表检测车辆静态电流，具有不需要拆卸蓄电池连接线的优点，具体方法如下。

① 关闭发动机约 15min，确认门锁灯、照明灯等各种电气装置的开关均处于断开状态。

② 采用合适的钳形表（例如 SK-7831 型等），将其挡位设置在较高位置，然后将钳形表头夹在蓄电池负极上，LCD 屏幕上显示的值，就是静态电流值。

③ 如果测得的电流为 20~40mA，则说明静态电流基本正常；如果测得的电流很大，则说明蓄电池的放电电流很大，应查找故障原因。

④ 采用逐一断开蓄电池负载各分支电路的方法，来判断问题出在哪一支路。通常可以采用逐一拔下分支电路熔丝的方法来查找故障部位，当不良支路的熔丝被拔下时，钳形表的读数会下降，由此就可以找到有问题的电路。

用钳形电流表检测的好处是不需要拆卸蓄电池的连接线。

（3）检查方法　采用隔离法（分段拔去熔丝）。

（4）使用蓄电池测试仪检查

① 蓄电池测试仪是一种新型的检测仪器，专门用来对蓄电池的性能进行检测，能够快速检测蓄电池的存电状况，以及点火开关断开以后蓄电池是否有放电现象。

② 蓄电池测试仪的检测方式主要有：蓄电池在车检测、发电机检测以及静态电流检测，检测所需要的时间从 30s~4min 不等。

③ 蓄电池测试仪检测的内容包括：蓄电池状况、蓄电池寿命比例（%）、蓄电池极板断路或短路故障、蓄电池极板故障、蓄电池电解液温度、发电机工作电流、发电机工作电压、整流二极管脉冲电压以及供电系统的静态电流等，并且将检测的结果在显示屏上直接显示出来，该数据还可以通过检测仪的红外端口传送给打印机将其打印出来。

2. 蓄电池技术状况检测方法的妙用

（1）蓄电池失效的判定　蓄电池失效后，往往表现为充不进电，即不存电。有以下现象时，可判定蓄电池已损坏无修复价值。

① 长时间充电后电解液仍无变化，不冒气，密度不变，端电压低，摸蓄电池外壳发热。

② 电解液浑浊，呈棕色或青色，正极板或负极板脱落严重。

③ 从加液口观察极板，可以看到极板厚度不均，负极板两面的隔板膨胀，几乎碰到正极板，出现弯曲。

④ 原来蓄电池存电不足，充电时端电压快速上升、电解液沸腾、密度不变，待停止充电不久，端电压又下降。

⑤ 塑料蓄电池壳四壁向外凸起，主要是极板脱落物质挤落在极板间，向外挤胀极板形成的。

(2) 模拟启动放电来判断放电程度和启动能力　高率放电计是模拟接入起动机负荷，测量蓄电池在大电流（接近起动机启动电流）放电时的端电压，用以判断蓄电池的放电程度和启动能力。高率放电计有可变电流式和不可变电流式两种。应用较多的是不可变电流式。测量时，将放电针用力压在蓄电池的正、负极柱上（红放电针接正极），保持15s，若蓄电池电压能够保持在9.6V以上，说明该蓄电池性能良好，但存电不足；若稳定在10.6～11.6V，则说明存电足；若电压迅速下降，则说明蓄电池已损坏。不同厂牌的高率放电计，其放电程度和放电电压的对应关系不同，应依据厂家的使用说明书来确定。

(3) 就车启动时测量端电压或根据启动现象判断蓄电池放电程度　在发动机阻力正常的情况下，启动发动机的同时，测量蓄电池的端电压，对于12V电气，其端电压高于9V，说明蓄电池存电比较足；对于24V电气，其端电压高于18V，说明蓄电池存电比较足。

在汽车上连续几次使用起动机，若都能驱动发动机快速旋转，说明蓄电池存电充足；若旋转无力或不能旋转，则说明蓄电池放电过多或有故障。夜间开灯使用起动机时启动旋转有力，灯光稍许变暗，则说明蓄电池存电充足；若起动机旋转无力、灯光暗淡，则说明蓄电池放电过多；若不能带动发动机，灯光暗淡、变红甚至熄灭，说明蓄电池放电过多或严重硫化。

3. 蓄电池技术状况的检测方法

(1) 通过在车测压法来判断蓄电池的技术状况　所谓在车测压法，就是在汽车上用电压表在一定状态下测量蓄电池电压，根据测得值可判断蓄电池存电量。

在发动机正常温度下，将一个电压表接在蓄电池的正负极上，拔出分电器盖上的中央高压线并搭铁。

启动发动机连续运转15s左右，观察电压表的读数，在起动机和线路连接良好的情况下，对于12V蓄电池，如电压为9.6V或高于9.6V（6V蓄电池，等于或高于4.8V），说明蓄电池技术状况良好，如果电压低于上述值，则说明蓄电池技术状况不好，应进行检查和修理。

(2) 通过灯光判断法来判断蓄电池的技术状况　在夜间开大灯的情况下，接通起动机，通过灯光的变暗程度也可以判断出蓄电池的存电量。

① 观察灯光。如果起动机转动很快，且灯光虽有稍许变暗，但仍有足够的亮度，则说明蓄电池能够保持一定的电压，技术状态良好而且充电较足。

② 观察起动机。

a. 如果起动机旋转无力，灯光又非常暗淡，则说明蓄电池放电过多，必须立即充电。

b. 如果接通起动机灯光暗红，并迅速熄灭，则说明蓄电池放电已经超过了允许限度或者已严重硫化。

(3) 通过充、放电判断法来判断蓄电池的技术状况　充、放电检查是判定蓄电池技术状态的可靠方法。通过对充、放电检查所得出的各项参数及对现象进行分析，可判断出蓄电池故障的程度及故障性质，对蓄电池的维修很有好处。

① 充电至完全全充电状态。充电至完全全充电状态，即多数单格电压充至2.4～2.7V

并充分冒气泡，电解液浓度在 2h 内不再增高，即可视为已达到完全全充电状态。

在充电过程中，测量并记录各单格的电解液密度、温度及端电压，观察并记录好充电过程中的现象。

充电过程中，若电解液温度超过 45℃，应暂停充电使其降温。充电完毕时，如电解液密度不合规定，应用蒸馏水或密度为 $1.4g/cm^3$ 的电解液进行调整。调整后，应再充电 2h。

② 放电。用蓄电池额定容量 1/20 的电流（A）进行放电，并保持放电电流固定。在放电过程中，要每隔一定时间（开始每隔 1h，待单格电池电压降至 1.9V 后则每隔 15min）测量一次单格端电压、电解液密度及温度。当放电至出现下述情况之一时，即停止放电，并将记录的总放电时间（h）乘以放电电流（A），即得出实际放电容量。但在以下情况时应停止放电：

a. 多数单格端电压已降至 1.75V 以下；

b. 某单格端电压急剧下降；

c. 按蓄电池充放电过程中测量得到的参数及反映的现象，分析蓄电池的故障性质及程度。

（4）采用玻璃管检查蓄电池电解液液面的高度　蓄电池电解液高度过高或过低，都会影响蓄电池的技术状况。蓄电池液面应保持适当的高度。蓄电池每个单格电池的电解液液面应高出极板 10～15mm。

（5）用划火法检查单格蓄电池存电程度的方法　用一根直径小于 1.5mm 的铜线，一端接在某一单格电池的一个极上，另一端与该单格的另一极划擦，不要跨接两个以上的单格。如出现蓝白色的强火光，表明该单格电池存电充足。如出现红色火花，表明该单格电量不足。如无火花或只有微弱的小火星，表明该单格电池短路，存电量微弱。

（6）用较简单的方法判断车用蓄电池是否有自放电现象　新的蓄电池或充足电的蓄电池，过一两天后，就感觉亏电，如起动机不转、前照灯不亮、电喇叭声音不响等，这种情况可能是由于蓄电池存在自放电而引起的。

三、免维护蓄电池技术状况的检测方法

1. 判断免维护蓄电池的状况

免维护蓄电池的状况是否良好，一般可以通过其壳体上的检视装置判断出来。

检视装置中有一个绿色的小球。该小球可随电解液密度不同在一定范围内运动，通过观察该小球的颜色，就可以判断蓄电池电解液的密度是否正常。

（1）免维护蓄电池电解液密度达标　当蓄电池电解液密度达到标准状态时，小绿球浮到顶端，从检视孔中可看到一个绿点。

（2）免维护蓄电池电解液密度降低　当电解液密度降低后，从检视孔中看到的是黑色点，此时蓄电池必须充电才能使用。

（3）免维护蓄电池电解液不足　若检视孔中看不到任何颜色，则说明蓄电池电解液不足（此时如果接起动机时启动无力），应查找电解液不足的原因。液面过低的原因可能是外壳破裂或有外漏现象，应仔细检查。

必须注意的是：有些免维护蓄电池的电解液不足时，从检视孔中看到的是浅黄色。

免维护蓄电池具有故障少、寿命长、启动性好等特点。但它也是铅酸蓄电池，由于电解液析水和自行放电是不可避免的，所以日常应经常注意其状况的好坏，定期检查电解液液面高度及电解液的密度。

2. 采用普通数字式万用表测量蓄电池开路电压的方法

采用普通数字式万用表测量蓄电池开路电压的方法来判断蓄电池电解液的密度，进而确定蓄电池的电量的方法如下。

（1）检测前的要求　在检测蓄电池开路电压之前，为了获得准确的数据，蓄电池应处于稳定状态5～10min内没有承受负载，且检测温度也应在16～37℃。

对于才充好电的蓄电池，还要先消除其表面产生的电荷后，才能获得准确的开路电压值。消除表面电荷的方法较简单，可在蓄电池两端连接一个20A左右的负载约2min，例如接通前照灯等，然后断开连接的负载，使蓄电池稳定5～10min后，再测量蓄电池的开路电压。

（2）测量与判断方法　测量蓄电池开路电路的方法较简单，与测量一般干电池两端的电压基本相同，然后将测得数据与表3-1中所列的开路电压和相对密度、电量状态之间的对应关系进行对比，就可以判断出蓄电池电解液的密度以及其电量状态。

表 3-1　蓄电池开路电压与其相对密度、电量状态之间的对应关系

蓄电池开路电压/V	≥12.6	12.4	12.2	12	11.9
蓄电池电解液相对密度	1.265	1.225	1.19	1.155	1.1
蓄电池电量状态/%	100	75	50	25	完全放电

四、蓄电池亏电的影响与应对措施

1. 蓄电池亏电对汽车的影响

（1）造成发动机怠速不稳　对于装用怠速旋转阀的发动机，在闭环控制状态下，如果蓄电池亏电，会引起怠速偏离设定值，使发动机怠速不稳定。

（2）减少实际喷油量　如果蓄电池亏电，喷油器针阀实际打开的时间要比ECU控制喷油器通电的时间短，这意味着针阀打开的延续时间比ECU计算的时间短，致使喷油量不足。蓄电池的电压越低，这种滞后的时间越长，对喷油量的影响越大。

（3）削弱点火能量　由于电源的电压过低，使点火线圈蓄能的时间变长，点火器闭合的时间相对较短的缘故。

（4）造成电子防盗系统失灵　其现象是：用遥控器发出解除防盗信号时，轿车没有正常的反应，车门不能打开，汽车无法启动。这是由于在低温条件下，蓄电池容量达不到电子防盗系统接收器的启动电压引起的。

（5）组合仪表显示失常　具体表现在组合仪表只能暗淡地显示几个指示灯，其余为黑屏。

（6）导致电控单元控制混乱，给故障检测造成麻烦　目前越来越多的轿车电控系统采用CAN数据总线交换信息，而且它们之间传递的是数字信号或高精度的模拟信号，CAN数据总线对电压特别敏感，如果工作电压低于10.5V，会造成某些对工作电压要求高的电控单元暂时停止工作，使汽车的多路信息传输系统出现短暂无法通信的现象。

（7）造成底盘部分性能受影响　其中包括自动变速器不能进入超速位、P位锁止功能无法解除、ABS不能进入工作状态、巡航控制系统无法正常工作以及安全气囊指示灯一直点亮。

2. 应对蓄电池亏电的主要技术措施

（1）蓄电池充足电　在检测电控系统之前，应当使蓄电池充足电，以保证故障诊断顺利

进行。

（2）经常保持充电系统工作正常　断开车身上所有的电气开关，如果蓄电池电压为 13.6～13.7V，接通前照明灯或空调后，蓄电池电压降为 12.4～12.5V，或者仪表板上的充电指示灯常亮不灭，说明蓄电池的电压过低，应当检查充电系统是否有问题，其检查顺序是：熔断器→电压调节器→相关线束→发电机，主要检查发电机是否不发电、电压调节器调整的电压是否过低、充电线路是否接触不良或断路等。

（3）消除蓄电池的自放电　尽管蓄电池的自放电难以完全避免，但是每昼夜蓄电池的自行放电量超过蓄电池额定容量的 2%，则属于不正常。为此，一要用开水清除蓄电池极柱和蓄电池盖表面的油污、尘土以及电解液等导电和腐蚀性物质；二要换掉含有杂质的电解液；三要清除蓄电池壳体底部的沉积物，更换破裂的隔板，防止正极板与负极板之间短路。

（4）不加装额外的大功率负载　尽量不要加装额外的用电设备，特别是大功率的负载，如氙气灯、音响等。

（5）必要时对电控系统进行设定　在排除因蓄电池亏电引起的故障以后，需要对汽车的电子控制系统重新进行设定，这些设定包括怠速设定、节气门设定、加速踏板设定、电子防盗系统的匹配等。

五、蓄电池的充电与防止硫化的方法

1. 蓄电池的充电方法

（1）蓄电池的初充电方法

① 充电前检查外壳和密封胶是否有裂缝，将通气孔的密封物清除。

② 分清蓄电池的极性。

③ 加注适当密度的电解液，静置 4～6h 待电解液渗入极板和隔板，温度降到 30℃ 以下。

④ 接好充电机电源，开始充电，正常充电分两个阶段。

a. 第一阶段充电。选用额定容量 1/20～1/15 的电流进行持续充电，直至电解液中出现较多气泡，单格电压达到 2.4V 左右为止。

b. 第二阶段充电。即将电流减少一半，直至电解液达到烈"沸腾"，析出大量气泡，并且电解液密度和电压在 2h 内不再升高为止。

（2）蓄电池的补充充电方法

① 用蒸馏水或蓄电池专用补充液将蓄电池的液面调整到规定高度。

② 充电前按照充电设备的额定电压和额定电流将要充电的蓄电池连接起来。串联在一路的蓄电池的总电压不能大于充电设备的额定电压。

③ 定电流充电的充电电流是根据蓄电池的容量来选择的。定电流充电分两个阶段进行。第一阶段的充电电流约为蓄电池额定容量的 1/10，如蓄电池定额容量为 60A·h，则充电电流约为 60A。充电至电解液产生气泡，单格电池端电压达 2.4V 为止；第二阶段将充电电流减半，直至充满为止。汽车维修店常采用这种方法对蓄电池进行补充充电。

④ 蓄电池充完电后，检查蓄电池的电解液的密度。如果电解液密度不符合要求，可先将原格内的电解液倒出一些；如果密度过小，可再加入密度大的电解液；如果密度过大，可加入蒸馏水稀释。调整后液面高度应符合规定。

（3）蓄电池是否充满电的判断方法

① 蓄电池的端电压上升到最大值，而且在 3h 以内不再增加电压。

② 电解液高度已上升到最大值，而且在 3h 内不再升高。

③ 蓄电池内部激烈地放出大量气泡，形成"沸腾"的现象。

只有当以上三种现象同时出现时，才能认为是充足电，仅仅以其中任何一项作为依据是不能证明已充足的。因为在使用中任意添加过稀硫酸的蓄电池，电解液的密度都会较早达到原始值，或者是有故障的蓄电池，端电压在充电初期就升得很高。

对新蓄电池为了延长其使用寿命，初充电一般采用恒流充电式。

2. 蓄电池硫化的消除与预防方法

蓄电池放电以后，极板上的一部分或大部分二氧化铅和铅变成了硫酸铅。这种硫酸铅是一种比较细小的颗粒状结晶，如果及时进行补充充电，则很容易变成二氧化铅和铅。如果充电不及时，极板上的硫酸铅晶体便会慢慢变大。粗大而坚硬的硫酸铅晶体使电阻增大，导电性能差，化学反应迟钝，充电过程中不易转化成二氧化铅和铅。时间一长，这些粗大的硫酸铅晶体就会逐渐连接成一片，甚至布满整个极板表面，堵塞极板上的孔隙，阻碍电解液的渗入，并导致极板上的有效活性物质减少，造成蓄电池容量大幅度减小，这就是通常所说的硫化现象。

防止蓄电池出现硫化，就要在蓄电池放电后，及时对其进行补充充电，使其经常处于充足电状态。这不仅可以防止蓄电池极化，还是延长蓄电池寿命的有效措施。

六、蓄电池常见故障的诊断与排除

蓄电池使用中常出现极板弯曲、断裂、自放电、活性物质脱落、反极、硫化及短路等故障。造成蓄电池故障的原因是多方面的，大体可分为生产制造和使用不当两大方面。生产制造方面的原因主要有原材料质量不好（含铁、铜量过高）、工艺粗糙和极性装反造成极柱标错。使用方面的原因主要有充电不及时、产生硫化、充电时极性接反、外壳不干净和电解液不纯、杂质多、密度过高或过低等，这些原因都可能造成蓄电池故障的发生。

蓄电池常见故障部位如图 3-1 所示。

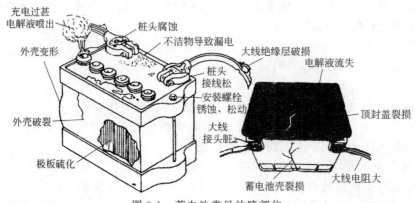

图 3-1　蓄电池常见故障部位

1. 蓄电池常见外部故障及其排除方法

（1）容器破裂　蓄电池容器多由硬橡胶或塑料制成，其质地硬脆。造成破裂的原因有蓄电池固定螺母旋得过紧、行车剧烈振动、外物击伤和电解液结冰等。检查判断时可根据蓄电池电解液面高度以及蓄电池底部的潮湿情况来判断容器是否有裂纹存在，容器的裂纹一般在其上近四角。蓄电池容器裂纹轻者可修补，重者应更换。

（2）封口胶破裂　封口胶因质量低劣或受到撞击容易造成破裂，封口胶破裂后，电解液从裂缝中渗出，与杂质或脏物混合会使蓄电池外表沟通形成短路，引起自行放电。封口胶轻微裂缝可清洁干燥后，用喷灯喷裂纹处烤热熔封。严重者可把封口胶清除干净，重新封口。

（3）极柱螺栓和螺母腐蚀　蓄电池的极柱螺栓和接线端已腐蚀产生污物，可用竹片将污物刮去，用抹布蘸5%的碱溶液擦去残余的污物和酸液，再用水清洗干净，然后在极桩及接线端表面涂以凡士林油层保护。严重的腐蚀应更换极柱接线螺母及螺栓。

（4）蓄电池爆炸

蓄电池充电后期，电解液中的水分解为氢气和氧气。由于氢气可以燃烧，氧气可以助燃，如果气体不及时逸出，且与明火接触即迅速燃烧，从而引起爆炸，因此为了防止蓄电池产生爆炸事故，在使用过程中应从防止形成可爆性混合气体和杜绝明火两方面着手来预防蓄电池的爆炸。具体措施如下。

① 蓄电池充电室内通风良好。
② 严禁蓄电池的周围有明火。
③ 使用匹配的充电设备，不过充电。
④ 蓄电池内部连接处的焊接要可靠，避免因松动产生火花。
⑤ 蓄电池的通气孔保持通畅。

2. 蓄电池常见故障与排除方法（表3-2）

表3-2　蓄电池常见故障与排除方法

故障现象	故障原因	故障排除方法
蓄电池在存放过程中自行放电	(1)电解液不纯净 (2)电解液中硫酸的浓度不均匀,形成上下浓度差,引起自行放电	将蓄电池完全放电;用蒸馏水将蓄电池清洗干净,再注入新的电解液,重新充电
蓄电池极板上出现粗大而坚硬的硫酸铅结晶体,极板硫化	(1)蓄电池长期充电不足 (2)蓄电池经常过放电后没有及时充电 (3)电解液液面过低 (4)电解液不纯、电解液密度过大	(1)清洁蓄电池极板上的硫酸铅,并用蒸馏水冲洗干净 (2)注入新电解液,用经常充电的方法充电
蓄电池隔板变形,活性物质大量沉淀,使正负极连通极板短路	(1)极板严重变形 (2)隔板损坏而使正负极板相接触 (3)堆积在电池槽底部的脱落物使正负板连通	根据情况,查明短路原因,进行修理
在蓄电池电池槽底部有大量极板活性物质严重脱落	(1)充电电流过大 (2)放电电流过大 (3)电解液密度过高 (4)电解液不纯净 (5)极板受到剧烈振动	更换极板或报废
蓄电池极板发生拱曲,严重变形	(1)充电电流过大 (2)放电电流过大 (3)极板活性物质的体积变化不一致	更换极板
电解液液面下降快	(1)蓄电池有漏液现象 (2)充电电压太高,蓄电池出现过充电现象	查明原因、修理排除
蓄电池局部发热（蓄电池极板连接条和极桩发热）	(1)焊接处有裂纹或脱焊腐蚀 (2)极柱的接触部分产生硫化物引起导线接触不良 (3)短路使连接条和极柱发热	(1)定期检查极柱和导线连接是否良好,有无硫化物产生 (2)对于极柱上产生硫化物的应先消除其硫化物,用砂纸打磨接触面并涂凡士林加以保护 (3)定期清洁连接条,防止发生短路故障

七、蓄电池故障维修的禁忌

1. 免维护蓄电池

免维护蓄电池是严格密封的,所以不需要加注蒸馏水,但是要经常检查外壳有无裂纹和腐蚀情况。有电解液指示器的,要检查电解液液面和密度。

① 大电流使用时间不宜过长。使用起动机,每次启动的时间不得超过5s,相邻两次启动之间的时间间隔应该在15s以及上。

② 充电电压不要过高,因充电电压增高10%~12%时,蓄电池的寿命将会缩短2/3左右。

③ 尽量避免蓄电池过放电和长期处于欠充电状态下工作,放完电的蓄电池应该在24h内充电。

2. 不能用短接"试火"的方法检验交流发电机的工作情况

交流发电机运转时,不得采用"划火"的方法检查发电机是否发电,特别是在高速运转的情况下,切勿进行检查作业。因为交流发电机的输出端与蓄电池正极是由导线直接连接的,无论交流发电机工作正常与否,在"试火"时,蓄电池都会短路放电,并且火花很强。用"试火"方法不仅检验不出交流发电机发电与否,而且容易产生瞬时高压,损坏交流发电机及调节器电子元件。

3. 不能用兆欧表或照明电检验硅整流交流发电机和调节器

因为兆欧表产生的电压和照明电的电压远远超出交流发电机整流二极管及调节器电子元件的耐压极限,很容易将电子元件击穿损坏。

4. 正常使用方式

发动机正常运行时,切不可任意拆卸各用电器的连接线,以免发生搭铁短路或突然断开电气时产生瞬时过电压,损坏调节器中的半导体元件。当发动机熄火后,应及时断开点火开关,以免蓄电池通过调节器的大功率管连续放电,可能烧毁磁场绕组和晶体管式的调节器。

5. 蓄电池故障诊断禁忌

① 切忌用多种放电计去检测某一个蓄电池。

② 拆检蓄电池时,切忌在周围吸烟。

③ 避免在蓄电池附近电焊或明火。蓄电池充放电时析出的气体极易爆炸。禁止在蓄电池周围吸烟。

④ 对蓄电池充电时,遵照制造厂的使用说明书。蓄电池充电时要在通风良好的地方进行。切忌正、负极接错。在充电机工作时,不要连接或脱开充电机引线。

⑤ 充电室内严禁明火,保持通风。使用中采用低压恒压充电,减少析气量。

⑥ 即使蓄电池电解液液位很低也不要添加电解液,只许加蒸馏水。

⑦ 维护蓄电池时,不要戴珠宝首饰或手表。应佩戴护目镜或防护面罩。

⑧ 千万不要把工具搁在蓄电池上。它们可能会同时触及到两个电极柱,使蓄电池短路而引起爆炸。

⑨ 切忌在蓄电池上用"刮火"方法检查其存电量。

⑩ 切忌高温暴晒蓄电池。

⑪ 切忌堵塞蓄电池上的通气孔。

⑫ 刚充完电的蓄电池，在电解液未降到常温、充电时逸出的气体未消散之前，不能用放电计检查；周围有易燃气体或有正在充电的蓄电池时，也不宜使用。否则易造成失火事故。经放电计检查的蓄电池，在使用前应补充充电。对于不外露连接条的蓄电池，不能用3V高率放电计检测单格电池。这说明，高率放电计的型号不同，其分流电阻值可能不同，则测量对其放电电流和电压值也就不同，使用时应参照原厂使用说明书的规定。

第二节 交流发电机与电压调节器

一、发电机接线柱的识别

汽车车型不同，交流发电机的机型也有所区别，但一般机型均设有电枢、磁场、搭铁、中性点等接线柱。交流发电机接线柱的识别方法主要有直流辨认法、线径辨认法、字母识别法和符号判别法等。

1. 直流辨认法

交流发电机上较粗（$\phi 60mm$）的接线柱为电枢接线柱；2个较细（$\phi 3mm$）的接线柱中的一个螺钉根部与外壳直接接触或用导电铜片相接的为搭铁接线柱，另一个与之相邻的细接线柱则为磁场接线柱，还有一个独立的接线柱为中性点接线柱。

2. 线径辨认法

交流发电机上比较粗的接线柱为电枢接线柱，一般直径为6mm；发电机上有2个较细、直径为3mm的接线柱，其中一个螺钉根部与外壳直接接触或用导电铜片相接的为搭铁接线柱，另外一个与之相邻的细接线柱为磁场接线柱；还有一个独立的接线柱为中性点接线柱。

3. 字母识别法

国产交流发电机上一般只有三个接线柱，上面分别标有"+""-""F"。其中，"+"——电枢；"-"——搭铁；"F"——磁场接线柱。

4. 符号判别法

交流发电机的整流端盖上设有不同的接线柱，并在相应的位置上标有不同的字母符号，各符号含义及作用分别叙述如下。

① "A""B+"或"B"（Battery，蓄电池）为电枢接线柱，向交流发电机内部与正整流板连接，向外输出电能，通过较粗的导线与蓄电池正极与起动机相连。另外，一般的电源输出线也称为"B"。

② "F"（Field，励磁绕组）为磁场接线柱，应用于普通交流发电机，向交流发电机内部与励磁绕组的一端相连接，向外接电压调节器的"F"接线柱。对于整体式交流发电机（内置式集成电路电压调节器）来说，励磁绕组与集成电路调节器相连的一端也称为"F"。

③ "N"或"P"（Neutral，中性的）为中性点接线柱，向交流发电机内部与星形绕组连接的中性点相连接，向外对于普通交流发电机来说，一般用来控制各种用途的继电器，如充电指示灯继电器、磁场继电器等，对于整体式交流发电机（内装集成电路式调节器），中性

点（或三相绕组中的一相接点）一般和集成电路调节器相连接。

④ "L"（Light，灯，光线）为充电指示灯接线柱，对于整体式交流发电机（内置式集成电路电压调节器），向内和集成电路式电压调节器相连接，通过电压调节器来控制充电指示灯的工作，向外一般通过点火开关和充电指示灯相接。

⑤ "D+"为充电指示灯接线柱，标有"D+"接线柱的一般为采用三个专用磁场二极管的9管或11管的交流发电机，因而充电指示灯通过3个专用的磁场二极管进行控制，向外一般通过点火开关和充电指示灯相接。

⑥ "S"接线柱。现代汽车普遍应用的大功率交流发电机中常采用"S"端子，其作用为蓄电池电压检测线，向内与集成电路电压调节器相接，此线一般为较粗的中间没有任何熔断装置的导线，与蓄电池的正极直接相连，用来检测交流发电机的电压高低，作用是控制电压调节器工作的基准信号。

⑦ "E"（Earth，搭铁，搭铁，地线）搭铁接线柱常用搭铁标志"⊥"或"E"，对于普通交流发电机来说，"⊥"或"E"与交流发电机的外壳相连接，向外与电压调节器的"E"或"一"接线柱相连接，目的是使交流发电机与电压调节器之间形成良好的搭铁回路，保障充电系统的正常工作。

⑧ "IG"（Ignition，点火）接线柱为点火线，一般通过此线来控制交流发电机的工作，向外一般通过点火开关与蓄电池正极相连接。

5. 万用表测量识别

测量前先将交流发电机各接线柱上的导线拆下，把万用表置于"$R \times 10$"或"$R \times 100$"挡，用两根表笔分别去测量各接线柱和机壳之间的电阻，然后将两表笔对调位置进行测量，若两次测量中电阻均为0，则所测脚为"搭铁"接线柱；若两次测量中电阻均为$5\sim6\Omega$（12V电系车型）或$19.5\sim22\Omega$（24V电系车型），则所测脚为"磁场"接线柱；若两次测量中，一次电阻为$40\sim50\Omega$，另一次为10000Ω，则所测脚为"电枢"接线柱。电枢接线柱对搭铁电阻值大，中性点接线柱对搭铁电阻值小。

二、交流发电机的不解体检测

1. 手动的检测方法

连接好电路，用直流电源（6～12V）给发电机磁场线圈励磁（即将电源的负极搭铁，正极接发电机磁场接线柱），并将电压表正、负表笔分别接到发电机电枢接柱与地线间。

用手尽量高速转动发电机带轮并观察电压表。正常的发电机电压应达到3～5V（12V电系车型）或5～8V（24V电系车型）。

用1m左右的尼龙绳绕在带轮上，将发电机夹持在台虎钳上，用力拉动绳索使发电机旋转，空载电压可达10～12V（12V电系车型）或20V以上（24V电系车型）。

如果检查结果符合上述规律，说明发电机正常，问题出在其他电路；反之则说明发电机本身有故障，应解体检查查找原因并进行维修。

2. 万用表测压的方法

（1）连接好电路

① 先检查调整发电机带的张力，然后拆下发电机各接线柱上的导线，另用一根导线将发电机电枢（+）和磁场（F）两个接线柱连接起来。

② 用万用表检测发电机的输出电压。其方法是将万用表拨至直流电压挡（0～50V），红表笔接发电机电枢（＋）接线柱，黑表笔接外壳，即搭铁。

（2）对发电机进行励磁　启动发动机，并把从发电机电枢（＋）接线柱上拆下的那根火线碰一下"磁场"接线柱，即对发电机进行励磁，几秒左右将该线移开，开始缓缓地提高发动机转速。

观察万用表上所指示的电压值。若该电压随发电机的转速升高而逐渐增大，则说明被测发电机工作基本正常，问题出在其他部分。若万用表指针不动（无电压值），则说明发电机未发电，其内部可能有元件或部件不良，应进一步解体检查。

3. 观察试灯灯光的方法

（1）不拆线检查判断　在发动机熄火状态，接通点火开关，用直流试灯的一端接"F"（磁场）接线柱，另一端接外壳。

① 如试灯亮，则说明发电机励磁电路良好。

② 如试灯不亮，则说明调节器有问题。拆下"＋"（电枢）接线柱头后启动发动机，使其以稍高于怠速的转速运转，再用试灯的一端触外壳，另一端触"＋"接线柱。如灯不亮或为暗红光，则说明交流发电机内部有问题。

（2）拆线检查判断　也可以将"＋"与"F"接线柱上的线头都拆下，接上试灯后启动发动机并慢慢提高转速，观察试灯。

① 如果试灯灯光随发动机转速升高也增强，则为调节器有问题。

② 如果试灯一直发红或光度无明显变化，则为交流发电机内部有故障。例如个别二极管损坏，定子绕组某相松脱、短路等。应进一步解体检查。

4. 在空载状态下采用在车上测压、测流的方法

拆下蓄电池的负极搭铁线，从交流发电机的电枢（标有"＋"或"A记号"）接线柱上拆下接线，用一个量程为0～40A的直流电流表串接在拆下的接线端头与电枢接线柱之间。再将一个量程为0～20V（对12V电系车型而言）的直流电压表的"＋"接线柱连接在发电机电枢接线柱上，电压表的"－"接线柱接在发动机机体上（即搭铁）。

关断汽车上所有用电器的开关。接上蓄电池的负极搭铁线，启动发动机，使发动机转速由怠速提高到略高于1300r/min（对于国产系列车型略高于1000r/min即可，对于一般进口汽车此转速可提高到2000r/min）下运转，此时电压值应为13.8～14.8V（指12V电系），电流表读数以小于10A为佳，否则说明所测量的交流发电机可能有问题。

5. 在满载状态下采用在车上测压、测流的方法

在上述空载检测的基础上，保持发动机转速，接通汽车上主要用电器，例如照明灯、信号灯、暖风电动机（注意不要按喇叭），此时电压值应为13.8～14.8V（指12V电系），电流表读数应大于额定电流值。

如果符合上述规律，则所测发电机工作基本正常，否则说明其内部有故障，应进一步解体检查。

6. 采用万用表就车测阻的方法

在发电机不从车上拆下的情况下，用万用表测量发电机各接线柱之间的正、反向电阻，也可初步判定发电机有无故障。如有故障，需将发电机解体后进行维修。

用万用表检测发电机各接线柱之间的电阻值应符合规定范围。表3-3列出了不同类型发电机正常时的电阻值范围。

表 3-3 不同类型发电机正常时的电阻值范围

发电机类型	"F"与"E"之间的电阻	"B"与"E"之间		"B"与"F"之间		"N"与"B"(或"E")之间	
		正向	反向	正向	反向	正向	反向
有刷	5~6Ω(12V);19.5~21Ω(24V)	40~50Ω	>10kΩ	50~60Ω	>10kΩ	10Ω	>10kΩ
无刷	3.5~3.8Ω(12V);15~16Ω(24V)	40~50Ω	>10kΩ	50~60Ω	>10kΩ	10Ω	>10kΩ

测量结果分析如下。

① "F"与"E"(—)之间 "F"与"E"之间的阻值大于标准值时,一般是电刷与滑环接触不良或滑环脏污;若阻值小于标准值或接近于零,一般是磁场绕组有匝间短路;若阻值为∞,一般是磁场绕组断路;若阻值为零,则"F"接线柱搭铁或两个滑环短路。

② "B"(+)与"E"(—)之间 "B"与"E"之间的正向阻值小于标准值时,则说明某个二极管被击穿(短路);若正、反向阻值均为零,则说明"B"接线柱搭铁或正、负极板上各有一个或一个以上的二极管被击穿;若正向阻值大于标准值,则说明二极管断路;若正、反向阻值为∞,则说明连接电路出现为断路。

③ "B"(+)与"F"之间 "B"与"F"之间的正向阻值小于标准值时,则说明二极管短路;若正、反向阻值等于"F"与"E"之间的标准值,则说明"B"接线柱搭铁或正、负极板上各有一个或一个以上的二极管被击穿;若正、反向阻值为∞,则说明磁场绕组断路。

④ 若交流发电机有中性抽头接线柱(N),用万用表测"N"与"B"之间的正、反向电阻值,若正向电阻为无穷大,则说明"N"端子引线所连的绕组断路或三个二极管均断路;若正、反向电阻值均为零,则说明正二极管中至少有一个二极管短路。同理,测量"N"与"E"之间的正、反向电阻值,可进一步判断故障在负二极管和定子绕组。

三、发电机的性能测试

1. 检测发电机空载输出电压

如果汽车装有催化式排气净化装置,在做此实验时,发动机的运转时间不得超过 15min。

① 在发动机停转且不使用车上电气设备的情况下,测量蓄电池电压,并把这个电压作为参考电压或基准电压。将电压表并联到蓄电池电缆接头上,红表笔接蓄电池正极,黑表笔接蓄电池负极。

② 启动发动机,使发动机转速保持在 2000r/min,在不使用车上电气设备的情况下,测量蓄电池电压,这个电压称为空载充电电压,空载充电电压应比参考电压高些,但差值不超过 2V。根据汽车型号的不同为 13.5~15.0V。

③ 测量结果若低于 13.5V,表明充电系统存在发电不足的问题;若高于 15.0V,表明发电机的发电电压过高。

> **注意** 对于 12V 交流发电机,其正常的发电电压应在 14V(13.5~14.5V)左右;对于 24V 交流发电机,其正常的发电电压应在 28V(27.5~28.5V)左右。

④ 在发动机转速仍为 2000r/min 时,接通电气附件,如暖风机、空调和前照灯等,当电压稳定时测量蓄电池电压,这个电压称负载电压。负载电压至少应高于参考电压 0.5V。

如果电压在规定范围内,则硅整流发电机和调节器工作均正常。

⑤ 检查结果不正常,可在充电电流为 20A 时检查充电线路压降。

将电压表正极接发电机"电枢"(B+)接线柱,电压表负极接蓄电池正极桩头,电压表读数不得超过 0.7V;将电压表正极接调节器壳体,另一端接发电机机体,电压表读数不得超过 0.05V;当电压表一端接发电机机壳,另一端接蓄电池负极时,电压表读数不得超过 0.05V。若示值不符,应清洁、紧固相应连接线头及安装架。

2. 发电机"B"接线柱输出电流测试

发电机电流检测的电路连接如图 3-2 所示。

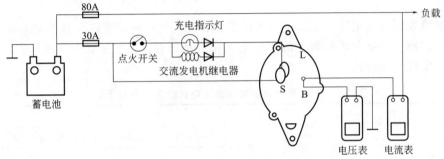

图 3-2　发电机电流检测的电路连接

① 检查蓄电池的状态是否正常;检查发电机传动带的张紧度是否正常;检查发电机运转时有无异响等。

② 把点火开关转到"OFF"位置,拆下蓄电池的负极电缆。

③ 从发电机的端子"B"拆下输出线,在端子"B"和已拆下的输出线之间串联一个 0~100A 的测试用直流电流表。

④ 把一个 0~20V 的测试用电压表接到端子"B"和搭铁之间。把电压表的正极导线接到端子"B"上,把电压表的负极导线可靠搭铁。

⑤ 连接蓄电池的负极电缆。检查电压表的读数是否与蓄电池的电压相同,若电压为 0V,则认为发电机的端子"B"与蓄电池正极间的接线脱开或熔丝烧断。

⑥ 将照明开关置于"ON"位置,前照灯点亮后,启动发动机。

⑦ 把前照灯调到远光灯位置,取暖器送风机开关调到大风量位置,然后将发动机转速升高到 2500r/min,观察该电流表上的最大输出电流值,极限值应为额定输出电流的 70%。

⑧ 电流表的读数值应大于极限值。若低于极限值而交流发电机的输出线正常时,则从发动机上拆下交流发电机加以检查。

3. 用示波器观察输出电压的波形

当发电机有故障时,其输出电压的波形将会出现异常。故可根据输出电压的波形判断发电机内部二极管以及定子绕组是否有故障。发电机出现各种故障时输出电压的波形如图 3-3 所示。

四、汽车无刷交流发电机的检测

1. 采用测阻的方法判断无刷硅整流发电机性能

(1) 测量方法　测阻判断无刷硅整流发电机性能是在不解体的情况下进行的,可采用万

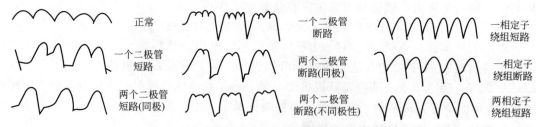

图 3-3 发电机出现各种故障时的输出电压波形

用表测量无刷硅整流发电机各接线柱之间的电阻值,以此来初步判断发电机是否有断路或开路故障。

(2)测量判断对比电阻 表 3-4 中列出了 WSF 系列无刷硅整流交流发电机的实测电阻正常值,供检测时对比参考。表中的字母 F 为磁场接线柱、B+ 为电枢接线柱、E 为搭铁接线柱、N 为中性点接线柱。

表 3-4 WSF 系列无刷硅整流发电机的实测电阻正常值

电阻		无刷发电机型号	
		WSF14X(14V,36A)	WSF28X(28V,18A)
"F"与"E"接线柱之间的电阻/Ω		3.5~3.8	15~16
"B+"与"E"接线柱之间的电阻/kΩ	正向	390~400	390~400
	反向	>500	>500
"N"与"E"接线柱之间的电阻/kΩ	正向	1.2~1.4	1.2~1.4
	反向	>500	>500

2. 采用测速的方法判断无刷硅整流发电机性能

测速判断无刷硅整流发电机性能分为空载测量与满载测量,通过测量最低转速来判断所测发电机性能的好坏。如图 3-4 所示为无刷硅整流发电机检测电路。

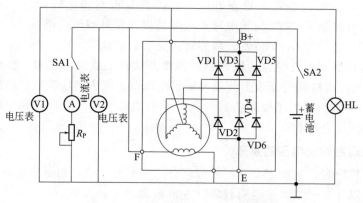

图 3-4 无刷硅整流发电机检测电路

(1)空载测量

① 在试验台上,将被检测的发电机与调速电动机的传动部件相连接,并固定好。

② 断开 SA1 开关,接通 SA2 开关,驱动调速电动机,并逐渐提高被测发电机的转速,待指示灯 HL 点亮后切断 SA2 开关,使发电机进入自激状态。

③ 提高被测发电机的转速，直到其输出电压达到额定值（通过观察 V2 电压表）时，从转速表上（转速表与调速电动机相连）记下相对应的发电机转速，该转速即为所要测得的发电机的空载转速。

（2）满载测量　在上述测量的基础上，接通 SA1 开关，继续提高发电机转速，与此同时，减小负载电阻 R_P 的电阻值，使电压表 V2 与电流表 A 指示出该发电机满载时的额定电压和额定电流值，再从转速表上记下相对应的转速，该转速即为发电机的满载转速。

（3）测量结果分析

① 正常情况下，14V、500W 的无刷硅整流交流发电机的空载转速应≤1000r/min，当达到额定功率时的满载转速应≤2500r/min。当发电机转速达到额定转速时，其中性点电压表 V1 的示值约为发电机额定输出电压的 1/2。

② 通过空载转速与满载转速的测量，将实测值与其标准值进行对比后，即可看出所测发电机性能的好坏。如不符合规定要求或性能变差，则应对发电机本身进行拆卸检查，以找出故障的原因，并进行相应的修理。

五、充电系统故障排查方法

工况正常的发电机，在打开点火开关时，发电机指示灯应亮，在发动机启动后熄灭。如果在发动机运转时充电指示灯亮，说明充电系统有故障。蓄电池的电压在 13.8V 左右。

如果存在发电机指示灯闪烁或者不亮等异常情况，蓄电池电压低于 12.8V 或者更低、高于 14.5V，就必须对充电系统进行排查。

① 检查发电机的传动带和导线连接状况。如果传动带存在老化、表面炭化、张紧度过松等，都会造成传动带打滑、发出异响，使发电机丢转。如果轴承损坏，会使发电机丢转、产生运转噪声，严重时会使转子与定子发生接触摩擦，造成发电机严重发热，导致充电系统故障。

② 打开点火开关，不启动发动机，如果充电指示灯不亮，则拔下发电机的线束插头。用试灯一端搭铁，另一端测量发电机"L"端，如果这时能够使充电指示灯亮，可以判断发电机有故障；如果充电指示灯仍旧不亮，证明充电指示灯线路有断路或灯泡损坏。应按照充电系统的电路图检查充电指示灯线路以及检查仪表板内的充电指示灯灯泡。

③ 打开点火开关，不启动发动机，在充电指示灯亮时，拔下发电机的线束插头，充电指示灯应熄灭，测量插头的"L"端的电压应为蓄电池电压。如果充电指示灯不熄灭，可以判断是其线路有搭铁故障。应按照充电系统的电路图检查充电指示灯线路，排除线路搭铁故障。

④ 在充电指示灯能够亮的情况下，启动发动机中速运行，充电指示灯应熄灭。如果不能熄灭，而拔下发电机插头后灯才熄灭，可以判断发电机有故障，维修或更换发电机。

⑤ 在关闭点火开关时，检查并记录蓄电池电压。然后连接发电机插头，中速运行发动机，测量电压应高于启动前的电压，在 13.8V 左右。如果所测电压低于启动前的电压或高于 14.5V，可以判断发电机故障。

⑥ 测量发电机壳体与蓄电池负极之间的电压不应超过 0.5V。如果超过 0.5V，应检查蓄电池负极与发动机搭铁线路，确保可靠连接，清除接触点的电阻，紧固所有接头。

⑦ 测量蓄电池正极与发电机输出端的电压也不应超过 0.5V。如果超过 0.5V，应检查蓄电池正极与发电机输出端之间的线路，确保可靠连接，清除接触点的电阻，紧固所有接头。

六、电压调节器的检查与测试

充电系统出现故障,经检查确认发电机工作正常,而调节器有故障时,应将调节器从车上拆下,进行维修。使用中的调节器也应定期进行测试和必要的调整,保证发电机的输出电压经常稳定在额定值内。

1. 电压调节器的故障与检查

电压调节器由于使用不当或质量不佳,可能出现的故障现象及原因见表 3-5。

表 3-5　电压调节器故障现象及原因

故障现象	故障原因
发电机不发电	大功率三极管断路,稳压管或小功率三极管损坏使大功率三极管始终处于截止状态
发电机电压过高,充电电流过大,车上灯泡特亮或烧坏,蓄电池电解液沸腾,消耗过快	大功率三极管短路,稳压管或小功率三极管损坏使大功率三极管始终处于饱和导通状态

2. 电压调节器搭铁形式的判断

电子电压调节器有内搭铁和外搭铁之分,必须与相应搭铁形式的发电机配用。若调节器标记不清,为避免选错,可用如图 3-5 所示的方法判别。

用一个 12V(或 24V)蓄电池和一个 12V(或 24V)、2W 的小灯泡按如图 3-5 所示的方法接线。如灯泡在"−"与"F"接线柱之间发亮,而在"+"与"F"接线柱之间不亮,则该调节器为内搭铁式,如图 2-47(a)所示;如灯泡在"+"与"F"接线柱之间发亮,而在"−"与"F"接线柱之间不亮,则该调节器为外搭铁式,如图 3-5(b)所示。

3. 电压调节器故障检查

电压调节器的检查方法如图 3-6 所示。用一个电压可调的直流稳压电源(0~30V,3A)和一个 12V(或 24V)、20W 的车用小灯泡代替发电机磁场绕组,按如图 3-6 所示的方法接线后进行试验。调节直流稳压电源,使其输出电压从零逐渐增高时,灯泡应逐渐变亮。当电压升高到调节器的调节电压〔(14.0±0.2)V 或 (28.0±0.5)V〕时,灯泡应突然熄灭。若电压超过调节电压值,灯泡仍不熄灭或一直不亮,都说明调节器有故障。

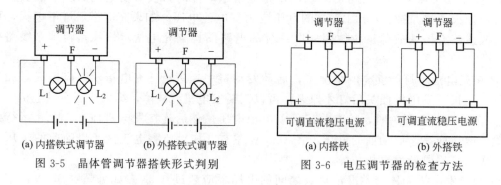

图 3-5　晶体管调节器搭铁形式判别　　图 3-6　电压调节器的检查方法

如果已知电压调节器的有关参数,也可用万用表 $R \times 10\Omega$ 挡测量调节器三个接线柱之间的电阻值来判断调节器的好坏。

调节器的故障一般是晶体管损坏导致大功率三极管始终处于不通或导通的状态,致使发电机电压建立不起来或调节电压过高而损坏用电设备。

4. 电压调节器的性能测试

电压调节器的性能在万能试验台上进行测试。首先固定发电机，然后根据调节器的搭铁形式按图 3-7 接线。

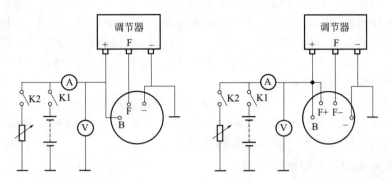

(a) 内搭铁发电机配用的调节器测试电路　　(b) 外搭铁发电机配用的调节器测试电路

图 3-7　电压调节器的测试

发电机由调速电动机驱动运转，先接通 K1，待发电机自励后，断开 K1。合上 K2，并将发电机转速控制在 3000r/min，调节可变电阻，使发电机处于半载（输出电流为额定电流的一半）时，记下调节器所维持的电压值，该电压值应符合规定，一般为（14.0±0.5）V 或（28.0±0.5）V。若不符合规定应报废。

七、供电系统故障排查方法

汽车供电系统（电源系统）电路主要由蓄电池、交流发电机、调节器、电流表、放电警告灯继电器及放电警告灯等组成。

1. 电源系统故障诊断的基本方法

（1）放电警告灯诊断　在装备有放电警告灯的汽车上，可利用放电警告灯来诊断充电系统有无故障，方法如下。

① 首先预热发动机，启动发动机后，使其怠速或将发电机转速控制在 1200r/min 左右运转 10min，然后断开点火开关，使发动机停止运转。

② 再接通点火开关（将点火开关转到"ON"位，并不启动发动机），观察放电警告灯是否发亮。此时放电警告灯应当发亮，如果不亮，说明放电警告灯电路或充电指示控制器有故障。

③ 再次启动发动机，并逐渐升高发动机转速（即逐渐踩下加速踏板），当发动机转速升高到 600～800r/min 时，放电警告灯自动熄灭，说明放电警告灯电路正常，发电机能够发电。此时调节器工作是否正常，还需用电压表或万用表进行检测诊断。

（2）用电压表诊断

① 将直流电压表（万用表拨到直流电压 DC 挡）的正极接发电机输出端子 B，负极搭铁。

② 记下此时电压表指示的电压，该电压即为蓄电池的空载电压，正常值为 12.0～12.6V。

③ 启动发动机，并逐渐踩下加速踏板使其转速升高，当发动机转速升高到高于怠速转速（600～800r/min），电压表指示的电压应高于蓄电池的空载电压，并随转速升高而稳定在某一调节电压值不变。

若电压表指示的电压高于调节器的调节电压,且随发电机转速升高而升高,则说明发电机能发电,调节器有故障;若电压表指示的电压随发电机转速升高而保持蓄电池空载电压值不变或低于蓄电池空载电压值,则说明发电机或调节器有故障,此时可将发电机和调节器从车上拆下分别进行检测,也可继续进行以下检测。

a. 另取一根导线将调节器大功率晶体管的集电极与发射极短接。方法:对外搭铁型调节器,导线的一端接发电机的励磁端子"F",另一端接发电机的搭铁端子"E";对内搭铁型调节器,导线的一端接发电机的励磁端子"F",另一端接发电机的输出端子"B",这样便可将发电机励磁绕组的电路直接接通。

b. 启动发动机,并将其转速升到比怠速稍高,观察电压表指示的电压,若仍等于或低于蓄电池空载电压,则说明发电机有故障(发电机不发电);若此时电压表电压随转速升高而升高,则说明发电机能发电,故障出在调节器。

2. 电源系统常见故障维修检测技巧

电源系统部件常见故障部位如图3-8所示。电源系统的故障主要是以是否充电来表现的,主要有不充电、充电电流过小、充电电流过大或充电电流不稳等故障。发电机异响故障原因:发电机固定螺栓松动;发电机传动带松动或有故障;发动机轴承与轴颈配合松动或有故障。供电系统常见故障及诊断见表3-6。

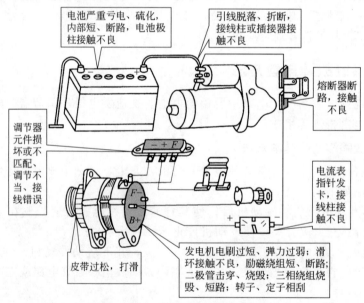

图 3-8　电源系统部件常见故障部位

表 3-6　供电系统常见故障及诊断

故障现象	故障原因	故障处理方法
不发电	二极管损坏	更换二极管
	调节器损坏	更换调节器
	励磁绕组断路、短路或搭铁	更换励磁绕组
	定子绕组断路、短路或搭铁	更换定子绕组
	电刷与集电环不接触	维修电刷装置或清洁集电环
	接线柱搭铁	检查接线柱

续表

故障现象	故障原因	故障处理方法
发电量小	个别二极管损坏	更换二极管
	调节器电压调整值偏低	更换调节器
	励磁绕组有局部短路	更换励磁绕组
	电刷接触不良	检查电刷装置或清洁集电环
发电不稳定	传动带过松	调整传动带松紧度
	电刷弹簧压力不足	更换电刷弹簧或电刷
	定子绕组接触不良	维修定子绕组
	接线柱松动或接触不良	检查接线柱
发电机异响	发电机装配不当	重新装配发电机
	定子与转子表面相摩擦	维修定子或转子
	定子绕组搭铁	维修定子绕组
	发电机轴承损坏	更换轴承

3. 供电系统常见故障及其排除方法

交流发电机供电系统（充电系统）常见故障及其排除方法见表3-7。

表3-7 交流发电机供电系统（充电系统）常见故障及其排除方法

故障现象	故障部位		故障原因	故障排除方法
完全不充电(电流表指示放电或充电指示灯亮)	接线		接线断开或短路	修理
	电流表		接线错误	改接
	发电机不发电		(1)二极管损坏 (2)电刷卡死与集电环不接触 (3)定子、转子线圈断路、短路或搭铁、接线柱绝缘不良 (4)阻尼电容器损坏	(1)更换 (2)更换或修理 (3)更换或修理 (4)更换
	调节器	调节电压过低 触点式	(1)调整不当 (2)触点接触不良	(1)再调整 (2)修理
		调节电压过低 晶体管式	调整不当	更换
		调节器不工作 触点式	(1)高速触点烧结在一起 (2)内部断路或短路	(1)更换 (2)修理或更换
		调节器不工作 晶体管式	(1)大功率管断路 (2)其他电阻、电容、二极管和三极管有断路、短路	(1)更换 (2)更换
	磁场继电器工作不良		(1)继电器线圈或电阻断路、短路 (2)触点接触不良	(1)更换 (2)修理
充电电流过小(启动性能变差,灯光变暗)	接线		接线的各连接处松动,接触不良	修复
	发电机发电不足		(1)发电机皮带过松 (2)二极管损坏(个别的) (3)电刷接触不良,集电环油污 (4)转子线圈局部短路,定子线圈局部短路或接头断开	(1)调整 (2)更换 (3)修理 (4)更换或修理
	调节器		(1)电压调整偏低 (2)触点脏污 (3)继电器触点接触不良	(1)再调整 (2)修理 (3)换或修理

续表

故障现象	故障部位		故障原因		故障排除方法
充电电流不稳定（电流表指针不断摆动）	接线		接线的各连接处松动，接触不良		修复
	发电机		(1)发电机皮带过松 (2)转子线圈或定子线圈有故障 (3)电刷压力不足，接触不良 (4)接线柱松动，接触不良		(1)调整 (2)修理或更换 (3)修理或更换 (4)修理
	调节器	调整作用不稳定	(1)触点脏污、接触不良 (2)线圈、电阻有故障 (3)附加电阻断路	触点式调节器	(1)修理可调整 (2)修理或更换 (3)修理或更换
			(1)连接部分松动 (2)电子元件性能变差	晶体管调节器	(1)修理 (2)更换
		继电器工作不良	同完全不充电时继电器的故障原因		更换或修理
充电电流过大（灯丝易断，电解液消耗过快）	调节器	调整值过高	(1)调整不当 (2)触点脏污，接触不良（高速触点） (3)接触不良		(1)再调整 (2)修理 (3)修理
		调节器不工作	(1)线圈断路、短路，加速电阻断路 (2)低速触点烧结		(1)更换 (2)更换
发电机有不正常响声	发电机		(1)发电机安装不当 (2)发电机轴承损坏、松动 (3)转子与定子相碰 (4)二极管短路、断路 (5)定子线圈断路，出现电磁声		(1)修理 (2)更换 (3)修理或更换 (4)更换 (5)更换或修理

> **小贴士**
>
> 发电机剩磁消失的判断方法
>
> 在发动机运转的情况下，如果发电机接线正确和力学性能正常，但是发电机不发电，说明故障原因可能是剩磁已经消失。
>
> 如果硅整流发电机不发电，不要急于分解发电机，应当首先检查其有无剩磁，以判断属于发电机的故障还是电压调节器的故障。
>
> ① 用螺钉旋具做后端盖的"磁化"试验。具体方法：接通点火开关，用螺钉旋具靠近硅整流发电机后端盖的中心部位，如果没有被吸引的感觉，说明发电机没有剩磁。后端盖不被磁化，原因可能在发电机上，也可能是电压调节器不能向发电机提供励磁电流。
>
> 如果发电机后端盖的中心部位有被吸引的感觉，说明发电机存在剩磁，电压调节器能向发电机供给励磁电流，不发电的故障原因在发电机本身。
>
> a. 发电机的电刷已经磨损超限或者被卡住，也可能是电刷与转子滑环之间接触不良。
>
> b. 发电机转子存在短路或断路故障。
>
> c. 转子的励磁电路断路，它往往是线路连接不良引起的，应当重插、拧紧、插紧或者进行除锈处理。
>
> ② 让发电机做电动机械试验时，如果耗电正常，响声也正常，但还是发不出电来，说明发电机磁极的剩磁消失或者磁场方向改变。
>
> ③ 发电机、蓄电池经过拆卸和维修，装车后试验，如果电流表的指针在 -25~0A 范围内大幅度摆动（发电机发出的电流方向改变），说明发电机的剩磁方向已经改变。

八、交流发电机维修后的测试方法

维修后的汽车交流发电机，测试方法有下列三种。

1. 磁力的检测

主要是检测磁场绕组、电刷、电刷与集电环的接触、绕组与集电环的焊接，电刷弹簧等是否有故障。

方法1：用一根细导线将蓄电池的正极电压引至交流发电机的磁场"F"接线柱，在细导线触碰磁场接线柱的瞬间产生蓝色火花，证明励磁电路正常，无火花产生则证明励磁电路存在断路故障。

方法2：未励磁前用手转动带轮应很轻松，感觉不到阻力。励磁（将正极电压引给磁场"F"接线柱）后，用手转动带轮向顺时针方向旋转时，会感到有一个阻碍转动的力，这个力就是磁场产生的磁力。这时，用螺钉旋具或铁钉之类的铁器放在后端盖轴承的外面，有被磁力吸引的感觉，有磁力产生证明励磁电路正常，否则励磁后无磁力产生则证明磁场电路断路。

2. 电枢接线柱的检测

将万用表拨至 $R\times1(\Omega)$ 的量程挡位上，电枢接线柱"B+"与搭铁接线柱"E"之间应当有一个定值的正向电阻，这个阻值的大小随着不同电压等级（14V 或 28V）及不同型号的交流发电机而有所差异。如小解放 CA1046L$_2$ 型汽车 488 发动机上安装的 JFZ1815Z 整体式交流发电机（14V，55A），电枢接线柱"B+"与搭铁接线柱"E"之间的正向电阻值为 33Ω，反向阻值为∞。如果测得的正向电阻值和反向电阻值皆为 0，即为双向导通，证明元件板（正二极管所在的底板）存在着搭铁故障，这种故障大多是由于元件板的固定螺栓与元件板之间的绝缘（管、片）漏装或损坏造成的。

3. 励磁量输出（直流电压）的测试方法

这是为了确定交流发电机是否发电。操作方法如下。

（1）交流发电机的固定　在有台虎钳的地方，最好采用台虎钳夹固的方法稳定住交流发电机。即先用棉纱或破布包住交流发电机壳体，再用张开的台虎钳口轻轻地夹住被棉纱或破布包住的机壳，不要用力夹，以防铝壳变形、扫膛甚至损坏。在没有台虎钳的地方，可用人力扶牢交流发电机。无论哪种方法固定都必须将电流负极（蓄电池或其他直流电源）与交流发电机机壳连通，组成负极搭铁结构。

（2）励磁量输出　在交流发电机与电压调节器分别安装在不同位置的分体式交流发电机测试中，只要给磁场接线柱"F"一个励磁电压，另一人用手轻轻转动（或用布带拉转）带轮，将万用表拨至直流电压挡 2.5V 或 10V 的挡位上，正表棒触电枢接线柱"B+"，负表棒触搭铁接线柱"E"或直接搭铁，带轮正向转动时，万用表表针应随之摆动，随着带轮转速的提高，表针的摆动幅度会加大，表示交流发电机有输出，随着转速的增加，输出（电压）也在增加。否则，励磁无回路火花产生或带轮转动时无输出（电压），都表示交流发电机不发电。

九、供电系统故障维修的禁忌

1. 交流发电机

① 发电机和调节器的规格及型号要相互匹配，电压、搭铁极性必须一致，否则充电系统不能正常工作。

② 禁止短接调节器接柱，防止烧毁发电机或击穿二极管。

③ 蓄电池搭铁极性必须与发电机一致，不能接错。因国产交流发电机均为负极搭铁，故蓄电池必须为负极搭铁，否则会出现蓄电池经发电机二极管大电流放电的现象，将二极管迅速烧坏，有时还会烧坏调节器中的电子元件。在蓄电池更换或补充充电后，要格外注意。

④ 发电机运转时，不能通过短接交流发电机的"B""E"端子（即用试火花的方法）来检查发电机是否发电，否则容易烧坏整流二极管。

⑤ 当整流器的六个整流二极管与定子绕组连接时，绝对禁止使用220V以上交流电压或兆欧表检查发电机的绝缘情况，应采用万用表或低压试灯检查。否则将会损坏二极管及调节器中的电子元件。

⑥ 发电机正常运行时，切不可任意拆卸各电气的连接线，以防引起电路中的瞬时过电压损坏二极管及调节器中的电子元件或其他电子设备。

⑦ 发电机皮带的挠度应符合规定。若挠度过大，则发电机发电不足；若挠度过小，将损坏皮带和皮带轮轴承。

⑧ 发电机不发电或充电电流很小时，应及时排除故障，不宜长时间持续运转，否则可能烧坏整流器和定子绕组。

2. 调节器

① 若调节器与发电机的搭铁形式不匹配而又急需使用时，只能改变发电机磁场绕组的搭铁形式，使发电机与调节器的搭铁形式一致。

② 蓄电池可起到电容器的作用，即可在一定程度上吸收电路中的瞬时过电压。在发电机运行过程中不要拆下蓄电池连接导线，否则容易造成发电机二极管及调节器中电子元件的损坏。

③ 充电系统的导线连接要牢固可靠，以免在电路突然断开时产生瞬时过电压，而烧坏晶体管元件。

④ 发动机熄火后，应将点火开关（或电源开关）断开，以免蓄电池长时间向励磁绕组和调节器磁场绕组放电，浪费电能。

⑤ 在更换半导体元件时，电烙铁的功率应小于45W，焊接时操作要迅速，并应采取相应的散热措施，以免烧坏半导体元件。

第三节 启动系统故障排查方法与技巧

一、起动机与接线柱的识别

1. 行星齿轮啮合式减速起动机

行星齿轮啮合式减速起动机结构如图3-9所示。其输出轴与电枢轴同轴线、机构结构紧凑、传动比大、效率高。行星齿轮由太阳轮、三个行星齿轮、齿圈组成。太阳轮与电枢轴连接，三个行星齿轮装在行星齿轮架上，行星齿轮架与输出轴连接，齿圈固定不动。当电枢旋转时，太阳轮带动三个行星齿轮绕齿圈旋转，行星齿轮绕齿圈的运动带动行星齿轮架旋转，将电动机动力传递到传动机构。

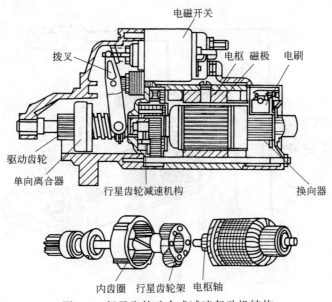

图 3-9 行星齿轮啮合式减速起动机结构

奥迪系列轿车使用的波许减速齿轮启动机，是一种带有超速离合器、电刷式的串联电动机，换向器端盖和驱动套管封闭住励磁壳体，而励磁壳体上又带有电机磁极和励磁线圈，花键电枢轴驱动端又带有驱动总成，其分解如图3-10所示。

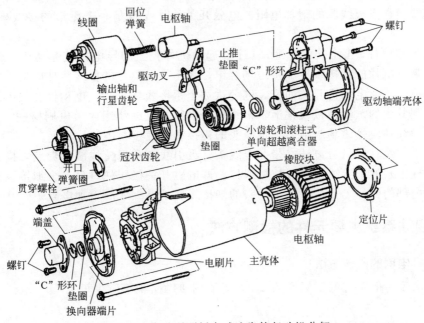

图 3-10 奥迪系列轿车减速齿轮起动机分解

2. 起动机上接线柱的识别技巧

（1）3个接线柱起动机 如图3-11所示，电磁开关绝缘盖上有3个接线柱，分别是接线柱"B"（或"30"）、接线柱"M"（或"C"）和起动接线柱"S"（或"50"）。

（2）4个接线柱起动机（如QD124） 电磁开关绝缘盖上有4个接线柱，2个粗，2个

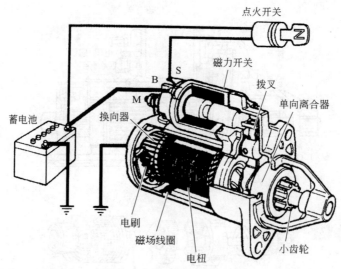

图 3-11 发动机启动示意

细。分别是接线柱"B"、接线柱"M"、启动接线柱"S"和点火接线柱"R"。接线柱"B"和接线柱"M"通常是 8mm 或 10mm 粗铜质螺栓，有接线片的为接线柱"M"，是串励电动机励磁绕组供电端接线柱；剩下的一个是接线柱"B"，为蓄电池的火线接线柱。

启动接线柱"S"和点火接线柱"R"通常是 4mm 或 5mm 粗的铁质螺栓，有接线片的是启动接线柱"S"，上面的电线通往启动继电器；剩下的一个接线柱是点火接线柱"R"，上面接的电线通往点火线圈的附加电阻。电磁开关的外壳也是一个无形的接线柱（31），即搭铁。

① 2 个粗接线柱，1 个接蓄电池，1 个经起动机外壳上的导电片接起动机内部的磁场绕组。所以，带导电片的粗接线柱应接磁场绕组，而不带导电片的粗接线柱应接蓄电池。如果把导电片去掉，单就电动机开关而言，区分这 2 个粗接线柱方法：电动机开关内部的吸引线圈经焊点接到其中 1 个粗接线柱上，再经磁场绕组、电枢绕组、负电刷搭铁。所以，带 1 个线头的粗接线柱应接磁场绕组，不带线头的粗接线柱应接蓄电池。

② 2 个细接线柱的区分方法：带 2 个线头（吸引线圈和保持线圈经焊点焊接到一起后再连到细接线柱上）的细接线柱是吸拉接线柱，即电磁开关接线柱；另一个细接线柱直接连到电动机开关内部的弹片上，所以不带线头的细接线柱是点火线圈附加电阻短路开关接线柱。

二、启动系统主要元件的检测方法

1. 起动机电刷的检查方法

电刷的高度一般不应低于标准的 2/3，电刷的接触面积不应少于 75%，电刷弹簧的弹力应符合要求。

电刷在电刷架内无卡滞现象，否则需进行修磨或更换。

① 在电刷架（正极侧）与其基座（负极侧）之间进行绝缘性测试。

电刷测试（图 3-12）：用万用表检查各个绝缘电刷和绝缘垫板的导通性，如果出现导通，则更换电刷架总成。

② 检查电刷是否平滑移动。如果电刷架弯曲，则需要更换；如果滑动表面脏，则进行清理。

2. 起动机电磁开关的检测方法

电磁开关性能检测如图 3-13 所示。

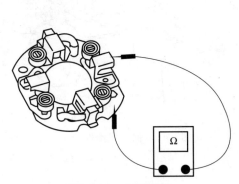

图 3-12 电刷测试

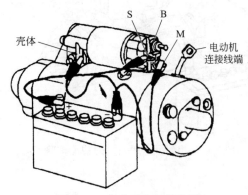

图 3-13 电磁开关性能检测

拆下起动机"M"端子上的线端，用带夹电缆将起动机"M"端子和电磁开关壳体与蓄电池负极连接。用带夹电缆将起动机"B"端子与蓄电池正极连接，此时驱动齿轮应向外移动。如果驱动齿轮不动，则可以判定电磁开关有故障，需要更换电磁开关。

在吸拉动作的基础上，当驱动齿轮保持在伸出位置时，拆下起动机"M"端子上的电缆夹。此时驱动齿轮应保持在伸出位置不动，如果驱动齿轮回位，可判定保持线圈断路。

在保持动作的基础上，再拆下起动机壳体上的电缆夹。此时，驱动齿轮应迅速回位，如果驱动齿轮不能回位，则可以判定回位弹簧失效，应更换电磁开关。

3. 起动机的检测

起动机的检测分为解体检测和不解体检测两种：解体检测随解体过程一同进行；不解体测试可以在拆卸之前或装复以后进行。

在进行起动机的解体之前，最好进行不解体检测，通过不解体的性能检测，大致可以找出故障。起动机组装完毕之后也应进行性能检测，以保证起动机正常运行。在进行以下的检测时，应尽快完成，以免烧坏电动机中的线圈。这里只介绍不解体检测方法。

（1）吸引线圈性能测试。

① 先把励磁绕组的引线断开。

② 按着如图 3-14 所示的方法连接蓄电池与电磁启动开关。

（2）保持线圈性能测试 接线方法如图 3-15 所示，在驱动齿轮移出之后从端子"C"上拆下导线。

① 驱动齿轮应能伸出，否则表明其功能不正常。

② 驱动齿轮仍能保留在伸出位置，否则表明保持线圈损坏或搭铁不正确。

③ 拆下蓄电池负极接外壳的接线夹后，驱动齿轮能迅速返回原始位置即为正常。

（3）驱动齿轮复位测试 如图 3-16 所示。

（4）驱动齿轮间隙的检查 连接蓄电池和电磁开关，如图 3-17 所示，驱动齿轮间隙的测量如图 3-18 所示。

（5）空载测试 如图 3-19 所示。

① 固定起动机。

② 导线的连接方法如图 3-19 所示。

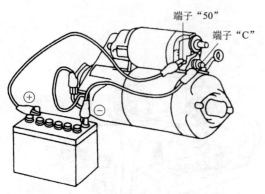

图 3-14 电磁开关吸引线圈功能试验

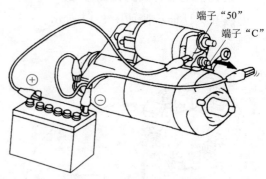

图 3-15 保持线圈性能试验

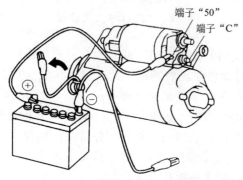

图 3-16 驱动齿轮复位试验

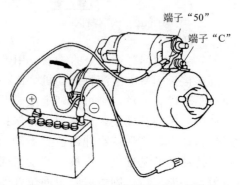

图 3-17 驱动齿轮间隙检查时的接线

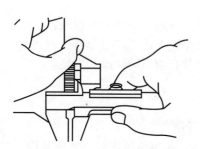

图 3-18 驱动齿轮间隙的测量

测量时先把驱动齿轮推向电枢方向，消除间隙后测驱动齿轮端和止动套圈间的间隙，并与标准值进行比较

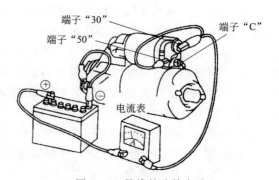

图 3-19 导线的连接方法

③ 检查起动机，应该平稳运转，同时驱动齿轮应移出。

④ 读取电流表的数值，应符合标准值。

⑤ 断开端子"50"后，起动机应立即停止转动，同时驱动齿轮缩回。

4. 启动电路的检查

（1）起动机及其电路检查方法

① 短接蓄电池正极起动机主接线柱，如果起动机正常工作，则说明起动机的电动机正

常,故障在电磁开关或控制电路;如果起动机依然存在故障,则说明故障在电动机,检查维修或更换电动机。

② 在电动机正常的情况下,继续短接蓄电池正极和起动机电磁开关接线柱,如果起动机工作正常,则说明电磁开关正常,故障在控制电路,检查电路,维修或更换。

(2) 起动机电路的检查

① 用万用表测量起动机接线柱"30"电压,正常值应为蓄电池电压。如果没有电压或电压不符合规定,则说明蓄电池正极接线柱与起动机接线柱"30"之间电路有故障。

② 断开起动机电磁开关上的线束插接器"50",将点火开关置于"START"位置,并保持住,用万用表测量线束插接器"50"插座电压,应为蓄电池电压,否则说明起动机控制电路有故障。

(3) 启动继电器的检查 拆下启动继电器,用万用表根据表 3-8 的内容对启动继电器进行检查,如图 3-20~图 3-22 所示。如果检查结果与规定值不相符,则更换启动继电器。

表 3-8 启动继电器检查表

测量端子	检查条件	规定值
2-4	在端子1和端子3之间施加蓄电池电压	小于1Ω
2-4	在端子1和端子3之间不施加蓄电池电压	10kΩ 或更大

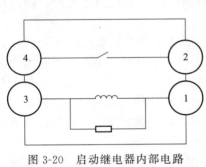

图 3-20 启动继电器内部电路
1~4—端子

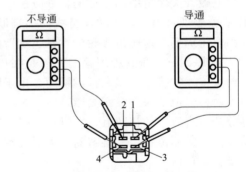

图 3-21 启动继电器线圈和开关的检查
1~4—端子

(4) 点火开关的检查 拆下点火开关,其端子示意如图 3-23 所示,用万用表根据表 3-9 的内容对点火开关进行检查。如果测量结果与规定值不相符,则更换点火开关。

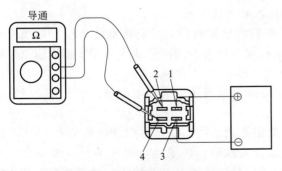

图 3-22 启动继电器工作情况的检查
1~4—端子

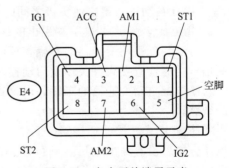

图 3-23 点火开关端子示意

表 3-9 点火开关测量表

测量端子	开关状态	规定值	测量端子	开关状态	规定值
所有端子之间	LOCK	大于 10kΩ 或更大	1(ST1)-2(AM1)	START	小于 1Ω
2(AM1)-3(ACC)	ACC	小于 1Ω	1(ST1)-4(IG1)		
2(AM1)-3(ACC)	ON	小于 1Ω	6(IG2)-7(AM2)		
2(AM1)-4(IG1)			6(IG2)-8(ST2)		
6(IG2)-7(AM2)					

三、起动机的故障与诊断

1. 需要检查起动机故障情况

① 接通点火开关启动挡,可听到"嘎、嘎"的起动机驱动齿轮与飞轮齿冲击声。
② 接通点火开关后,起动机不转动,电磁开关发出的"嗒、嗒"响声。
③ 接通点火开关后,起动机空转。
④ 接通点火开关后,充电系统正常但起动机没有反应。

2. 起动机的故障的诊断

(1) 电磁开关保持线圈故障的诊断方法

① 故障表现:当起动机的保持线圈出现断路、短路或搭铁不良的情况时,会出现起动机的驱动齿轮周期性地敲击飞轮的"哒、哒"声。

② 故障原因:出现这种现象的原因是在启动时,活动铁芯被吸引线圈吸过来,使主接触盘与两主接线柱接触。但在接触瞬间,由于吸引线圈断电,活动铁芯仅在保持线圈的作用下保持不动,但由于保持线圈故障,活动铁芯在复位弹簧的作用下退回,使主接触盘与两主接线柱分开,直流电动机断电。同时,吸引线圈又通电,将活动铁芯又吸引到使主接触盘与两主接线柱接触的位置,接触瞬间,吸引线圈又会断电,使主接触盘分离,如此反复,便会出现"哒、哒"声。

(2) 电磁开关吸引线圈故障的诊断方法　若吸引线圈出现故障,在启动时,只在保持线圈的作用下是不能将活动铁芯吸过来的。在启动时,对于带有启动继电器的启动电路,只听到启动继电器触点的吸合声,而起动机没有动作,当然这种故障是以排除蓄电池故障为前提的。

(3) 维修起动机控制故障的方法

① 用万用表测量蓄电池的电压,在启动前应为 12V;在拧至启动位置时应大于 10V。
② 检查发动机与蓄电池负极之间的连接线,必须连接可靠。
③ 用电压表测量"ST"端引出的线头,在启动位置时应对地有蓄电池电压。如果没有电压,对于装配手动变速器的车辆,证明启动控制线路有开路故障或点火开关不能输出启动控制信号,应检查点火开关以及启动控制线路。

对于装配自动变速器的车辆,应检查变速器的挡位开关、启动继电器、点火开关以及相关的线路。

④ 检查点火开关的插接器。测量点火开关相关端子的引线,在启动位置应有 12V 的输出电压。如果没有输出电压,则可以判断点火开关故障,应更换点火开关。如果输出 12V 启动信号,而起动机仍旧不工作,可以判断启动信号的线路有开路故障。对于装配手动变速器的车辆,应沿着启动信号线的走向检查线路,维修排除开路故障。对于装配自动变速器的

车辆，应检查启动继电器、变速器的挡位开关以及相关的线路。

> **小贴士**
>
> 区分起动机故障还是蓄电池故障的方法
>
> ① 如果冷车启动时启动无力，热车时很容易启动，表示起动机是好的，是蓄电池存电不足等故障。
>
> ② 如起动机空转良好，而驱动齿轮与飞轮齿环啮合后电枢不转动或转动无力，表示故障在蓄电池。
>
> ③ 如果起动机通电后不空转或空转不自如，更不能带动曲轴，表示故障在起动机。

四、启动系统常见故障的排查方法与技巧

不同车型启动系统的组成，各组成部分的结构以及连接的方式都有一定的差异，因此故障诊断的方法因车型和维修人员的经验的不同而有差异。

1. 运用直观检查法判断汽车启动系统常见故障大概部位

（1）根据灯光或电喇叭的声音判断汽车启动系统故障部位　汽车启动系统最常出现的故障是起动机运转无力或不转，两者维修方法相同。如接通启动开关，起动机运转无力或不转，应立即切断启动开关，开亮大灯或按喇叭，看灯光或声音是否正常。

① 无声或无光。如果开亮大灯或按电喇叭时，无光或无声，则应检查电源线路及熔断器有无断路处。

② 灯光或声音弱。如果开亮大灯或按电喇叭时，灯光或声音弱，则应检查蓄电池是否亏电，接线是否良好。

③ 灯光或声音正常。如果开亮大灯或按电喇叭时，灯光或声音均正常，可用螺钉旋具（螺丝刀）将起动机接蓄电池接线柱与接电动机接线柱短接，看起动机运转是否正常。如果起动机仍然运转无力或不转，则就可以判断问题出在启动机本身。

（2）判断汽车起动机故障的大概部位的方法　在起动机不转时，如果用旋具将起动机接蓄电池接线柱与接电动机接线柱短接后，观察起动机的工作情况。

① 起动机仍然不转。如果用旋具将起动机接蓄电池接线柱与接电动机接线柱短接后，起动机仍然不能运转，则多为起动机本身内部有断路故障存在。

② 起动机运转无力。如果用旋具将起动机接蓄电池接线柱与接电动机接线柱短接后，起动机运转无力，则说明起动机有短路、接触不良或机械故障。

③ 起动机运转正常。如果用旋具将起动机接蓄电池接线柱与接电动机接线柱短接后，起动机运转正常，再用旋具将起动机电磁开关接线柱与起动机接蓄电池接线柱短接，看起动机运转是否正常。

a. 若起动机仍不转，则可能是电磁开关接触盘与触点间接触不良或线圈匝间短路。

b. 若起动机运转无力，则可能是电磁开关接触盘与触点间接触不良或线圈匝间短路。

c. 若起动机运转正常，再用旋具短路启动继电器，看起动机能否正常运转。

若不转，则可能是点火开关内的开关触点接触不良或损坏；若运转正常，则应重点检查启动继电器。

2. 汽车启动系统常见故障部位的诊断与排查方法

汽车启动系统常见故障主要有起动机完全不工作（不转）；起动机可以工作，但转动无

力；起动机的驱动齿轮可移出与飞轮啮合，但起动机不转；起动机运转但驱动齿轮不与飞轮啮合；起动机空转等。

在车辆进行启动检测之前，一定要把变速器挂在空挡位置，并实施驻车制动后方可进行。确认起动机是否有故障可参照如图 3-24 所示的流程来进行。

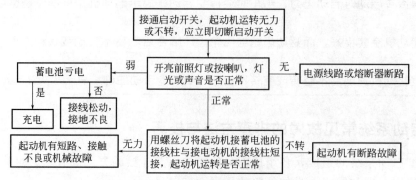

图 3-24　确认起动机是否有故障的基本流程

启动系统常见故障及其处理方法见表 3-10。

表 3-10　启动系统常见故障及其处理方法

故障现象	故障原因	故障处理方法
起动机不转	点火开关损坏	更换点火开关
	插接器脱落	重新插紧插接器
	电磁开关故障	维修电磁开关
	蓄电池严重亏电或损坏	充电或更换蓄电池
	起动机内部故障	维修起动机
起动机运转无力	蓄电池亏电	充电
	蓄电池极柱或起动机接线柱接触不良	清除氧化物并紧固
	电磁开关内触点、接触盘烧蚀	修复或更换电磁开关
	电动机故障	维修电动机
起动机空转	单向离合器打滑或驱动齿轮磨损过度	更换单向离合器
	拨叉或弹簧损坏	更换拨叉或弹簧
	电磁开关拉钩与拨叉未钩住或损坏	重新安装或更换
	起动机的齿圈轮齿损坏	更换齿圈
	驱动齿轮端面与挡套间隙过大	调整
起动机不停	拨叉复位弹簧折断	更换拨叉复位弹簧
	电磁开关触点烧蚀粘住	修复或更换电磁开关
	单向离合器运动发卡	维修并润滑
起动机异响	轴承损坏	更换轴承
	电磁开关线路断路	维修或更换电磁开关
	驱动齿轮轮齿损坏	更换驱动齿轮

3. 启动电路的常见故障及其排除方法

启动电路常见的故障、故障原因及排除方法见表 3-11。

表 3-11 启动电路常见的故障、故障原因及排除方法

故障现象	故障分析		排除方法
	故障部位	故障原因	
起动机不转	蓄电池	①蓄电池严重亏电 ②蓄电池内部短路或硫化	①检查充电系统,排除不充电或充电电流过小的故障,并充电 ②修理或更换
	线路	①蓄电池至起动机间连接导线不良、连接松动 ②接线柱氧化或积污 ③蓄电池搭铁不良	①检查导线,必要时更换 ②清洁接线柱及接点,并紧固 ③检查并紧固
	启动开关	点火开关起动挡损坏	更换
	启动继电器	继电器触点氧化、线圈短路或开路	清洁触点、修理或更换
	起动机	电磁开关损坏,接触盘触点氧化,电刷磨损或弹簧损坏,换向器氧化与电刷接触不良,电枢或磁场开路	检查并找出故障部位,修复,必要时更换
起动机运转无力,发动机不能起动	蓄电池	①充电不足 ②蓄电池故障	①检查充电系统并充电 ②修理或更换
	线路	蓄电池至起动机间接线处松动或接触不良	紧固并清理接点
	起动机	①电磁开关接触盘触点氧化,电刷磨损,弹簧不良 ②换向器氧化与电刷接触不良 ③电枢或磁场绕组短路或接触不良	①清洁触点,检查弹簧张力和电刷长度,必要时更换 ②用细砂纸打磨换向器 ③检查电枢或磁场绕组,必要时更换
驱动齿轮移出与飞轮啮合但起动机不转	起动机	①电磁开关接触盘、触点氧化 ②电刷磨损、弹簧损坏 ③换向器氧化与电刷接触不良 ④电枢、磁场绕组短路、开路	①清洁接触盘和触点 ②更换电刷或弹簧 ③清洁换向器 ④检查磁场和电枢,修理或更换
起动机运转但驱动齿轮不与飞轮啮合	起动机	扭簧损坏	更换
起动机空转,发动机不能起动	起动机	单向离合器打滑	更换
发动机起动后,切断起动开关,起动机仍运转	起动机	①电磁开关接触盘与触点烧结 ②弹簧损坏	①修理接触盘及触点 ②更换弹簧
	启动继电器	触点烧结	修理或更换继电器
	起动开关	失效	更换起动开关

4. 汽车减速起动机系统常见故障与排除

汽车减速起动机系统常见故障与排除见表 3-12。

表 3-12　汽车减速起动机系统常见故障与排除

故障现象	故障原因	检测与判断方法	维修方法
减速起动机不转或运转无力	蓄电池电源耗尽或亏电	①采用蓄电池检测仪或万用表对蓄电池进行检测 ②按压电喇叭听声音是否响	更换新的、同规格的蓄电池或对亏电的蓄电池进行充电
	蓄电池连接线松动或断线		对蓄电池的连接线重新进行紧固（包括搭铁线），更换或修理断线处
	蓄电池接线柱或接线卡表面严重氧化而接触不良		对蓄电池接线柱或接线卡子表面的氧化物进行彻底的清除
	蓄电池容量不够	按压电喇叭听声音是否响，起动时照明灯是否变暗	更换新的、容量更大的蓄电池
	蓄电池电源正极线或搭铁线过细	按压电喇叭听声音是否响，起动时照明灯是否变暗	更换截面积大的蓄电池电源正极线或搭铁线
	起动继电器损坏	断开起动机上的主供电的蓄电池正极线，采用蓄电池正极线去接触起动机上的"电磁开关端脚"，如开关动作，则说明起动机控制系统电路出现了问题	修理或更换新的、同规格的继电器
	点火开关触点接触不良或损坏		对点火开关进行修理或更换新的、同规格的点火开关
	相关连接线有断裂或损坏处		对导线的断裂处进行修理或更换新的线束或导线
	起动机本身定子与转子之间相摩擦	在蓄电池电量充足、连接线接触良好的情况下无法起动发动机	更换起动机的轴承或衬套
起动机运转不停	单向器驱动齿轮与飞轮齿圈啮合后不能分开	检查单向器驱动齿轮与飞轮齿圈啮合或齿形情况	修理或更换单向器
	电磁开关或继电器、点火开关触点烧结	检查电磁开关或继电器、点火开关触点是否绕结	对电磁开关或继电器、点火开关进行修理或更换新的、同规格的配件
	单向器卡死	检查单向器是否卡死	修理或更换单向器
	电磁开关回位弹簧折断	检查电磁开关回位弹簧是否折断	修理或更换电磁开关
	拨叉断裂	检查拨叉是否断裂	修理或更换拨叉
起动机空转	单向器打滑	检查单向器是否打滑	修理或更换单向器
	电磁开关行程调整不当	检查电磁开关行程调整是否不当	对电磁开关行程重新进行调整使其满足要求
	拨叉安装不当	检查拨叉安装是否不当	对拨叉重新进行安装使其满足要求
起动机出现异常噪声	减速齿轮室内齿轮破损或变形	起动机工作时是否有异常噪声	修理或更换加速齿轮

> **小贴士**
>
> 采用减速起动机替代通用型起动机的基本原则
>
> 当采用减速起动机替代通用型（传统型）起动机时，通常主要从表 3-13 中所列的几个方面来考虑选择替代的减速起动机。

表 3-13 采用减速起动机替代通用型（传统型）起动机的基本原则

项目	具体说明
机械尺寸应相同	也就是选用的替代减速起动机的安装孔数及之间的尺寸、止口直径、齿轮齿数与模数和压力角应基本相同
电气参数应接近或相同	也就是选用的替代减速起动机的额定电压必须相同，功率应大于或等于通用型（传统型）起动机的功率，旋转方向应一致

五、智能进入和启动系统故障排查思路

1. 智能进入和启动系统的启动功能与常规点火钥匙功能的区别

① 主车身 ECU 可控制按钮启动功能。图 3-25 显示了与此功能相关的组件。

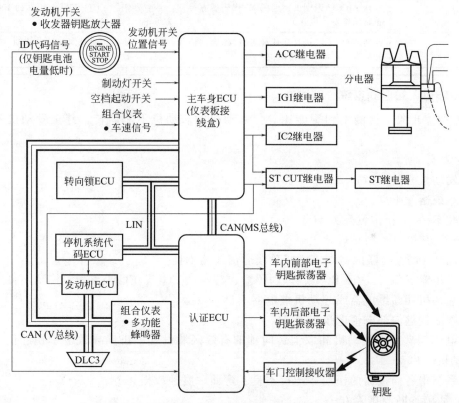

图 3-25　智能进入和启动系统的启动功能示意图

② 对于不带智能进入和启动系统的车型，将点火钥匙插入并转动，将点火开关从 OFF 位置切换至 ACC、ON 或 START 位置。

对于带智能进入和启动系统的车型，携带钥匙时仅按下按钮式发动机开关即可运行。每次按下发动机开关，主车身 ECU 将使 ACC、IG1、IG2 或 ST CUT 继电器断开和接通，且按 OFF、ON（ACC）、ON（IG）和 OFF 的顺序切换电源模式。

在自动变速器操纵手柄处于"P"或"N"位、踩下制动踏板且驾驶人携带钥匙的情况下，带智能进入和启动系统的车辆可以在按下按钮式发动机开关时启动发动机。此功能具有不同的电源控制模式，以适应不同的制动踏板状态和变速杆位置。

采用启动功能的同时,还可以使用发动机转动保持功能。

> **小贴士**
> 智能进入和启动系统的启动功能与常规点火钥匙功能的主要区别(见表3-14)

表3-14 智能进入和启动系统的启动功能与常规点火钥匙功能的主要区别

功能	启动(按下按钮)	常规点火钥匙
开关	发动机开关	点火开关
锁芯	无锁芯	点火锁芯
钥匙	智能进入和启动系统带内置发射器	发动机停机系统带内置发射应答芯片;遥控门锁控制系统带内置发射器
继电器	5个继电器(ACC、IG1、IG2、ST CUT 和 ST 继电器)	3个继电器(IG1、IG2 和 ST 继电器)
电源继电器控制	主车身ECU(仪表板接线盒)	接触型点火开关
安全	认证ECU识别出钥匙的ID代码后方可正常操作发动机开关	收发器钥匙ECU识别出钥匙的ID代码后方可正常启动发动机
	转向锁ECU接收到认证ECU的容许信号后方可正常解锁转向锁	转向锁止机构机械限制转向移动,使其与锁芯移动一致

2. 智能进入和启动系统故障排查

(1)故障现象 检测不到智能钥匙,发动机的启动机不能运转,甚至发动机开关无法开启。

(2)故障原因

① 发动机开关故障。

② 系统熔丝不良。

③ 驻车挡/空挡位置开关不良。

④ STOP熔丝、刹车灯开关不良。

⑤ LIN(局域互联网络)、CAN总线通信线路不良。

⑥ 主车身ECU、认证ECU、识别码盒、转向锁ECU、ECM等相关模块不良。

⑦ 起动机切断继电器或起动机继电器不良。

⑧ 智能钥匙内部电池电量不足。

⑨ 电子钥匙启动发动机和取消转向锁的有效区域设置不正确导致电子钥匙位于后座区域时发动机不启动。

⑩ 系统中各插接器的松动、连接不良、弯曲、腐蚀或损坏等。

(3)故障诊断与排除方法

① 验证故障现象。操作发动机开关,进行电源模式的切换,观察故障现象。

② 根据故障现象,初步缩小故障范围。

如果电源不能打开(ACC和IG均不可以),应先检查系统熔丝是否熔断、相关模块的电源供应,还应检查LIN等通信线路是否不良及发动机开关本身。

如果电源能打开但不能切换至启动状态,应先检查是否满足启动的条件,如变速器杆是否位于驻车挡/空挡位置等。如果电源能打开且在启动状态时听到起动机电磁开关动作声音,则应检查起动机本身。

检查制动灯是否工作正常,如不正常进一步检查STOP熔丝、制动灯开关不良等。对丰田车来说,可先进行发动机紧急启动控制,将发动机开关从OFF位置转至ON(ACC)

位置，按住发动机开关 15s，如果发动机启动，说明制动灯开关或 STOP 熔丝等有故障，应进一步检查。

③ 检查启动时电子钥匙是否处于车内，或钥匙电池电量过低。

对于丰田车来说，检查启动时电子钥匙是否处于车内，如持电子钥匙的人坐于后座，无法启动发动机和取消转向锁，应将电子钥匙拿到车内前部试一试，如电子钥匙位于车内前部，一切正常，则可能是有人更改了系统定制功能，即电子钥匙启动发动机和取消转向锁的有效区域由默认设置的"ALL"变为"FRONT"，可使用智能检测仪进入智能进入和启动系统进行功能定制，选择"Ignition Available Area（Engine Ignition Available Area）"，该功能用来选择电子钥匙启动发动机和取消转向锁的有效区域，将"FRONT"设置为默认的"ALL"。如怀疑钥匙电池电量低时，可以在踩下制动踏板的情况下，将钥匙靠近发动机开关，以运行按钮启动功能。如能启动，说明电子钥匙电池电量低。

④ 使用诊断仪检查 CAN 通信系统是否工作正常。

⑤ 使用诊断检查是否有 DTC 并记录所有输出的代码，清除 DTC，重新检查 DTC。按故障码提示进一步进行数据流的读取、分析，检查相关部位。

⑥ 使用诊断仪读取数据流，很多车型即使在发动机开关关闭状态下也能进行与诊断仪的通信，这可能需要进行专门的操作。如丰田车在发动机开关关闭时，使用智能检测仪以 1.5s 或更短的时间间隔重复打开和关闭任意门控灯开关，直到检测仪和车辆之间开始通信。

⑦ 当诊断仪无法与车辆通信时，则检查整个系统中各相关模块的各种通信线路，如 LIN、CAN 等通信总线。通常认证 ECU（智能钥匙 ECU 总成）和其他 ECU 通过 LIN 通信线路执行钥匙验证，故应检查 LIN 通信线路。

⑧ 如电源能打开且诊断仪能与车辆各模块进行通信，但起动机不能工作，可进行数据流的读取，重点读取起动机激活信号等，并进行起动机继电器等的主动测试，以检查起动机的激活信号和输出控制电路。

⑨ 按电路图依次检查怀疑的电路。

⑩ 电气系统内的很多故障是由线束和端子不良造成的，也可能是由其他电气系统的干涉、机械或化学损坏导致的，故应彻底检查插接器的松动、连接不良、弯曲、腐蚀、污染、变质或损坏情况。

六、启动系统故障维修的禁忌

① 起动机是按短时间工作的要求设计的，且工作电流很大（一般为 200～600A，有些柴油机的工作电流高达 1000A），因此每次接通起动机的时间不应超过 5s，重复启动时应停息 2min，连续第三次启动时，应在检查排除故障的基础上停歇 15min 后再使用。否则会严重影响蓄电池和起动机的使用寿命。

② 冬季和低温地区冷车启动时，应先预热发动机，然后再使用起动机。

③ 启动发动机，应踩下离合器踏板或将变速杆置于空挡，严禁挂挡启动来移动车辆。

④ 发动机启动后，应立即松开点火开关（或启动按钮），使起动机停止工作，以减少单向离合器不必要的磨损。

⑤ 发动机工作时，严禁将起动机投入工作。

⑥ 当发动机连续几次不能启动时，应对启动电路以及发动机有关系统进行检查，排除故障后再启动。

⑦ 发动机启动后，如起动机不能停转，应立即关闭电源总开关或拆除蓄电池搭铁线，查找故障。

第四章

汽车电控发动机故障的排查方法与技巧

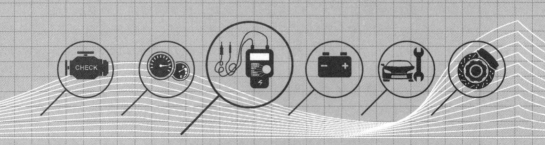

第一节　发动机燃油喷射系统故障排查方法与技巧

一、电控燃油喷射系统的检测方法与技巧

燃油喷射系统是最容易产生故障的系统，特别是电动燃油泵和喷油器，常因燃油中所含杂质和水分的影响而损坏，严重的会导致不供油或油压过低、喷油器堵塞等故障，经常需要维修。

1. 发动机燃油压力的检测技巧

检测发动机燃油系统的压力可以判断油路有无故障及工作状况。检测燃油压力时，要准备一个量程为 1MPa 左右的油压表和专用的油管接头，然后可按以下方法进行检测。

① 燃油系统按相关要求卸压，接着拆下蓄电池负极电缆连接线。

② 有冷启动喷油器的拆除油管接头螺栓，将油压表和油管一起安装在冷启动喷油器油管接头上。油压表也可以安装在燃油滤清器油管接头、分配油管进油接头，或用三通接头接在燃油管道上便于安装和观察的任何部位。

③ 重新按要求连接装好蓄电池负极电缆线。

④ 检测燃油系统的静态压力。

a. 用导线短接电动燃油泵的两检测插孔。接通点火开关，但不要启动发动机，使电动燃油泵运转。

b. 观察燃油压力表，其指示值应为 300kPa 左右。如油压过高，则说明油压调节器仍存有故障；如油压过低，则说明电动燃油泵、汽油滤清器或油压调节器仍存有故障。

c. 取下电动燃油泵检测插孔上的短接线，并断开点火开关。

⑤ 测量燃油系统的保持压力。测量燃油系统静态油压后，保持 5s 左右，查看燃油表的指示值，应在 147kPa 以上，如测得的油压指示值过低，则说明电动燃油泵、油压调节器或喷油器仍存有隐患，应进一步测量电动燃油泵、油压调节器的保持压力并检查喷油器是否泄漏。

⑥ 发动机运转时燃油压力的测量。启动发动机并使其怠速运转。用燃油压力表检测发动机怠速运转时燃油系统的压力。踏下油门踏板，慢慢加大油门，并使节气门处于接近全开位置。查看节气门接近全开时，油压表指示的压力值。卸下油压调节器上的真空软管，并用手指堵住。使发动机恢复怠速运转，并查看油压表指示的压力值，其值应与节气门全开时的燃油压力相一致。

如果检测到的油压指示值过高，应检查油压调节器及真空软管；如检测到的油压指示值过低，应检查汽油滤清器、电动燃油泵和燃油压力调节器。

由于车型不同，各种电控燃油喷射系统的燃油压力也不一样。

⑦ 电动燃油泵最大压力和保持压力的测量。将油压表接在燃油管路上，并将出油口堵住。用一根跨接线将电动燃油泵的两个检测插孔短接，接通点火开关，持续 10s 左右（不要启动发动机），使电动燃油泵工作，同时读出油压表的压力，该压力称为电动燃油泵的最大压力，它应当比发动机运转时的燃油压力高 200～300kPa，通常可达 490～640kPa。如不符合标准值，应更换电动燃油泵。断开点火开关 5min 后再观察油压表压力，此时的压力称为

电动燃油泵的保持压力,其值应大于340kPa;如不符合标准值,应更换电动燃油泵。

⑧ 油压调节器工作状况的检查。用油压表测量发动机运转时的燃油压力,然后拔下油压调节器上的真空软管,并检查燃油压力,此时的燃油压力应比发动机怠速运转时的燃油压力高50kPa左右,如果压力变化不符合要求,即说明油压调节器工作不良,应更换。

⑨ 油压调节器保持压力的测量。当燃油系统保持压力不符合标准值(低于14kPa)时,应做此项检查,以便找出故障原因。其检查方法是:将油压表接入燃油管路,用一根短导线将电动燃油泵的两个检测插孔短接,打开点火开关,让电动燃油泵运转10s,然后关闭点火开关,拔去检测插孔上的短接导线。用包上软布的钳子将油压调节器的回油管夹紧,使回路停止回油,5min后观察燃油压力,该压力称为油压调节器保持压力。如果该压力仍然低于燃油系统保持压力的标准值(147kPa),说明燃油系统保持压力过低的故障不在汽油压力调节器;相反若此时压力大于标准值,则说明油压调节器有泄漏,应更换。

⑩ 在测量燃油系统怠速运转时的燃油压力时,夹住油压调节器回油管,使回路停止回油,此时油压表的指示压力应比没有夹住回油管时高2~3倍,否则说明燃油泵泵油不足。

将各缸喷油器电线插头拔下,接通点火开关并连续启动15s,然后夹住油压调节器的回油管;若30s后油压不回落,则为油压调节器不泄漏。如果夹住油压调节器回油管时油压仍然下降,则夹住油压调节器的进油口,若此时油压不再回落,则为燃油泵单向止回阀不良,应更换燃油泵。

2. 发动机喷油器的检测技巧

(1) 喷油器线路试灯检视法　先检查喷油器外部线束的连接可靠性,接着用试灯检视。将12V的试灯接在喷油器插接器两个端子之间,然后启动发动机,观察试灯的闪亮变化情况,若试灯闪亮,则表明喷油器控制电路连接正常,否则说明线路或电脑(ECU)有故障。但试灯要视喷油器线圈电阻型号而选用。

(2) 动作声响监听法　可通过单独向喷油器供电的方法进行喷油器单体性能好坏检测。将12V电源接入喷油器接线座的一个端子上,另一端搭铁后再断开,如此重复,此时监听喷油器的动作响声。如果每次在搭铁时,都能听到喷油器发出的清脆"咔嗒"声,则表明喷油器性能良好,否则应判断喷油器有故障,需进行更换。

(3) 比较试验法　首先启动发动机怠速运转至冷却液温度达到85~95℃后,发动机继续在怠速工况状态,然后逐一拔下与喷油器接线座相连的插接器,观察每一气缸发动机转速和性能情况的变化。例如,当拔下某缸喷油器导线插接器时,发动机转速有明显下降的感觉,则判断该喷油器性能良好,若发动机转速和性能没有任何变化或变化极微弱,则表明该喷油器可能不良或出现故障。

(4) 喷油器电磁线圈阻值测量法　首先断开点火开关(OFF位置),拔下喷油器线束插头,用万用表测量喷油器两接线柱间的电阻。如正常,应能导通,并且在20℃时,对于高电阻喷油器,其阻值应为12~16Ω;对于低电阻喷油器,其阻值应为2~5Ω。否则,说明喷油器有故障,应予以更换。

(5) 逐缸断火测试法　逐缸断火测试法,是通过测量CO浓度的变化,判断哪一个喷油器漏油。因为某缸断火时,被压缩的混合气没有燃烧就排出来,应该是HC浓度增加,CO值基本不变化。而有漏油的喷油器是决定CO浓度的主要喷油器,如果断火的那一缸测出CO值下降较明显,则说明该缸的喷油器漏油。直接取下喷油器,在工作压力下不加喷射电压,每分钟滴油一滴为正常,否则需清洗或更换喷油器。

3. 电动燃油泵的检测

(1) 就车直观判断电动燃油泵

① 强制电动燃油泵工作。先用一根专用导线将检测插座内电动燃油泵的两个检测插孔短接，并接通点火开关，但不要启动发动机。

② 直观判断。

a. 卸下油箱盖，仔细静听有否电动燃油泵运转的响声。如听不清，可用手指捏住进油软管检查有无供油压力。

b. 如果既听不到电动燃油泵运转的响声，手在进油软管处也感觉不到有供油压力，则说明电动燃油泵未工作。应检查电动燃油泵电源熔丝是否熔断，继电器有否损坏，控制电路是否断路，如果没有发现上述故障，应检查或更换电动燃油泵。

（2）在车辆上测压判断电动燃油泵的好坏

① 连接油压表。释放燃油系统中的油压，拆下蓄电池负极"一"接线柱上的导线，将检测用油压表接在燃油管路上，并堵住出口。

② 强制电动燃油泵工作。装回蓄电池负极"一"接线柱上的导线，并用专用导线将故障检测插座内电动燃油泵的两个检测插孔短接。

③ 观察油压表的压力指示值。接通点火开关，但不要启动发动机，持续 10s 左右，使电动燃油泵工作，并查看油压表的指示值。该压力即为电动燃油泵的最大压力，其数值应比发动机运转时的燃油压力高出 200～300kPa，一般为 490～640kPa。压力值如与规定值不符，应检查或更换电动燃油泵。

④ 观察油压表的保持压力值。断开点火开关，过 5min 后查看燃油压力表指示值，该压力即为电动燃油泵的保持压力，其数值应大于 340kPa。压力值如与规定值不符，应维修或更换新的电动燃油泵。

（3）采用开路测阻法检测汽车电控燃油喷射系统中电动燃油泵的好坏　用万用表 $R\times 1\Omega$ 挡测量电动燃油泵两接线柱间的电阻，其电阻值应为 2～3Ω。如阻值过大，说明有断路或接触不良之处；如阻值过小，说明有短路或搭铁故障。

（4）采用加压观察法判断电动燃油泵的好坏　用导线将蓄电池两极与电动燃油泵两个接线柱连接起来，仔细观察和听电动燃油泵有无运转声。如听不到高速运转声，说明燃油泵未工作。

二、发动机故障诊断排除的基本原则

造成电控发动机不工作或工作不正常的原因可能是电控系统本身，也可能是电控系统以外的其他部分，故障检查的难易程度也不一样。电控发动机故障诊断排除的基本原则如下。

（1）先外后内　在发动机出现故障时，先对电子控制系统以外的可能故障部位予以检查。这样可避免本来是一个与电子控制系统无关的故障，却对系统的传感器、ECU、执行器及线路等进行不必要的检查，而故障可能较容易查找到却未能找到。

（2）先简后繁　能以简单方法检查的可能故障部位先予以检查。比如直观检查最为简单，可以用看（用眼睛观察线路是否有松脱、断裂，油路有否漏油，进气管路有无破损、漏气等）；摸（用手摸一摸可疑线路插接器连接有无松动；摸一摸火花塞的温度、喷油器的振动来判断火花塞、喷油器是否工作；摸一摸线路连接处有无不正常的高温以判断该处是否接触不良等）；听（用耳朵或借助于旋具、听诊器等听一听有无漏气声，发动机有无异响，喷油器有无规律的"喀喀"声等）等直观检查方法将一些较为明显的故障迅速地找出来。

直观检查未找出故障，需借助于仪器仪表或其他专用工具来进行检查时，也应对较容易检查的先予以检查，能随车检查的项目先进行检查。

（3）先熟后生　由于结构和使用环境等原因，发动机的某一故障现象常是某些总成或部件的故障,先对这些常见故障部位进行检查,若未找出故障,再对其他不常见的可能故障部位予以检查。这样做,往往可以迅速地找到故障位置,省时省力。

(4) 故障码优先 电子控制系统一般都有故障自诊断功能,当电子控制系统出现某种故障时,故障自诊断系统就会立刻监测到故障并通过"检测发动机"等警告灯向驾驶员示警,与此同时以故障码的方式储存该故障的信息。但是对于有些故障,故障自诊断系统只储存该故障码,并不报警。因此,在对发动机做系统检查前,应先按制造厂家提供的方法,读取故障码,并检查和排除故障码所指的故障部位。待故障码所指的故障消除后,如果发动机故障现象未消除,或者开始就无故障码输出,则还需再对发动机可能的故障部位进行检查。

(5) 先思后行 对发动机的故障现象先进行故障分析,在了解了可能的故障原因有哪些的基础上再进行故障检查。这样,可避免故障检查的盲目性,既不会对与故障现象无关的部位做无效的检查,又可避免对一些有关部位漏检而不能迅速排除故障。

(6) 先备后用 电子控制系统的一些部件性能好坏,电气线路正常与否,常以其电压或电阻等参数来判断。如果没有这些数据资料,系统的故障检查判断将会很困难,往往只能采取新件替换的方法,这些方法有时会造成维修费用猛增且工时长。所谓先备后用是指在维修该型车辆时,应准备好维修车型的有关维修数据资料。除了从维修手册、专业书刊上收集整理这些维修数据资料外,另一种有效的途径是利用无故障车辆对其系统的有关参数进行测量,并记录下来,作为日后维修同类型车辆的检测比较参数。如果平时注意做好这项工作,会给系统的故障检查带来方便。

三、电控发动机故障排查方法与技巧

1. 电控发动机故障的诊断

(1) 确定发动机是否存在故障 电控发动机工作是否正常的一般判断方法如下。

① 发动机不能启动,或启动后无法正常运转,或者发动机运转时伴有排气管放炮、进气管回火、有明显的敲击声等异常现象时,可以肯定发动机有故障。

② 发动机电控系统的发动机故障指示灯(CHECK ENGINE)是否点亮,如果此灯点亮,说明发动机电控系统存在故障。

③ 如果发动机性能在短时间内发生较大变化,则可以确定发动机存在某种故障,例如发动机动力明显下降,燃油消耗量明显增加等现象。

④ 发动机性能变化不太明显时,可采用如下方法进行试验:让发动机在各种模拟工况下运行,仔细倾听发动机运转过程中,排气管、进气管有无异常响声;感觉发动机的振动情况,有无明显的抖动和金属敲击声,以及发动机转速变化等情况。

缓慢踩下加速踏板,使发动机转速由低向高逐渐提高,并注意此过程中是否有上述现象出现。如果有,则说明发动机可能存在故障,需要反复进行试验,为正确判断故障提供依据。突然踩下加速踏板,观察是否有以上所述现象,以及发动机转速提高的快慢是否理想;若有异常情况发生或发动机转速提升速度过于缓慢,说明发动机存在故障。如果在以上两种情况下,发动机未发现任何异常现象,则松开加速踏板,观察发动机怠速运转情况,观察怠速转速是否过高、不稳,发动机抖动是否严重。

通过以上操作,均未发现任何异常,说明发动机工作基本正常。若想对发动机的动力性、经济性和排放情况进行仔细检查,则需进检测线或用专门的检测仪器进行故障检查与诊断。

(2) 确定发动机故障性质 当电控发动机存在故障时,首先观察发动机电控系统自诊断故障指示灯的状况。若此灯在发动机运转过程中点亮，则说明电控发动机存在故障自诊断系统能够监测到的故障，此类故障一般与电控系统有关，此时可通过一定方法调取发动机ECU内存储的故障码，根据故障码查找故障原因。

如果发动机确实存在故障，而仪表板上的发动机故障指示灯在发动机运转时未点亮，则说明发动机故障为电控单元自诊断系统不能辨别的故障，此时应按传统发动机检测方法，根据故障现象，做出初步诊断结果，并分析可能出现的故障原因，按照由外向内、由简到繁的原则进行深入诊断。切记此种情况下，不能随意对电控系统乱拆乱卸，只有确定故障在电控系统时，才首先检查电控系统，否则均应先查其他部分。

（3）区分故障所在的系统　为减少故障排除的工作量，当发动机出现异常反应后，应首先确认是油路还是电路部分有故障。发动机的故障绝大部分是由油路或者是电路部分出故障造成的。

① 判断是油路还是电路出现故障。因电路故障诊断简单易行，又比较直观，因此，应先从检查电路部分是否有故障入手。先将点火系统的中央高压线拔下，对缸体进行跳火试验，以确认高低压部分是否正常，如果发现无高压火花或火花过弱，便可确认是点火系统有故障。如果上述检查正常，再拔下火花塞上的分缸高压线，检查有无火花，如无火花，则为中央高压线至分缸火线间有故障。如经上述检查正常，且各缸均有火花，则电路部分正常，故障多由油路部分产生。

② 判断是个别气缸还是全部气缸工作不良。发动机工作不良，可能是个别气缸不工作或工作不良，也可能是所有气缸均工作不良。如属个别气缸不工作或工作不良，就应从分析和检查引起个别气缸工作不良的原因入手。如果发动机各缸均工作，但又存在异常，则应从引起发动机各缸均工作不良的原因入手，按以下步骤继续进行诊断。

将发动机启动，使其怠速运转，直至温度正常后，再逐缸进行断火试验，以观察发动机运转的情况。若某一单缸进行断火试验时，发动机运转情况正常，则为该缸工作不良，应集中分析检查引起单缸工作不良的原因。如进行各缸断火试验时，发动机运转情况均无明显变化，则说明各缸工作情况相同，应从造成发动机各缸工作均不正常的原因入手。

③ 汽车电控系统控制部件对发动机工作性能的影响见表4-1。

表 4-1　汽车电控系统控制部件对发动机工作性能的影响

序号	部件名称	故障现象
1	电控单元（ECU）	①发动机不能启动；②发动机工作失常
2	点火线圈	①发动机不能启动；②无高压火花跳火；③次级电压过低
3	燃油泵继电器	①发动机不能启动；②燃油泵不工作；③喷油器不喷油
4	继电器盒熔丝	发动机不能启动
5	曲轴与凸轮轴位置传感器	①发动机不能启动；②发动机工作不稳定；③怠速不稳；④中途熄火
6	空气流量与歧管压力传感器	①发动机启动困难；②发动机工作失常；③怠速不稳；④油耗增加
7	进气温度传感器	①发动机工作不良；②怠速不稳；③怠速熄火；④油耗与排放增加；⑤混合气过浓
8	节气门位置传感器	①发动机启动困难；②怠速不稳；③发动机工作不良；④容易熄火
9	爆燃传感器	①发动机工作不稳；②加速时爆燃；③点火正时不准
10	氧传感器	①发动机工作不良；②怠速不稳；③油耗与排放增加；④混合气过浓
11	冷却液温度传感器	①发动机启动困难；②发动机工作不良；③怠速不稳；④容易熄火

续表

序号	部件名称	故障现象
12	喷油器	①发动机不能启动或启动困难；②油耗增加；③急速不稳；④发动机工作不良
13	急速控制阀	①发动机启动困难；②急速不稳或急速过高；③容易熄火
14	曲轴箱通风阀(PVC阀)	①发动机不能启动或启动困难；②急速不稳或急速过高；③加速困难；④油耗增加
15	活性炭罐电磁阀	①发动机工作不良；②发动机急速不稳
16	空调(A/C)开关	①发动机不能启动；②发动机急速不稳；③急速熄火
17	电动燃油泵	①发动机不能启动或启动困难；②发动机工作不良；③急速不稳或急速熄火；④发动机回火

2. 电控汽油喷射系统易发生故障的部位及排查技巧

(1) 传感器故障　一般情况下，汽车传感器出现故障的频率还是比较高的。传感器一旦出现故障，将直接影响到 ECU 信息的准确性，对发动机的控制也不正常，甚至失控。传感器出现故障的原因主要有：弹性元器件失效；真空膜片破损；接触部位磨损、烧蚀和外围线路故障等。

(2) 插接器故障　插接器故障发生主要是因为环境恶劣造成的。其主要故障类型有：插接器老化失效，插头松动；插头接触不良。插接器出现故障时，发动机工作不稳定，时好时坏，一般可用故障征兆模拟试验法来诊断。

(3) 真空软管故障　真空软管（包括其他管道）主要由橡胶等材料制成，这些软管和管道会出现老化现象。其表现为漏气，使混合气过稀，发动机启动困难或急速不良、加速无力等故障现象。主要有：胶管老化，管口破裂；卡子未紧固，接口松动。

(4) 滤清器堵漏故障　汽车滤清器主要有空气滤清器、燃油滤清器和机油滤清器，俗称"三滤"。而"三滤"中的任何一个部件发生堵塞，都会造成发动机故障。因此，应定期进行维护和更换。

(5) 燃油压力调节器失调故障　燃油压力调节器出现故障时，发动机的供油量受压力影响，会出现比较明显的故障现象。主要是发动机供油不稳、启动困难、加速无力等。燃油压力调节器发生故障的主要原因有通道堵塞；压力调节器内的膜片损坏。

(6) 喷油器故障　喷油器（包括冷启动喷油器）属于易损件，易出现堵塞和卡死等现象。喷油器故障会造成发动机少数缸不工作或工作不良；另外，会导致各缸喷油器喷油量相差太大（15s超过8～10mL）；也会造成整个发动机工作不稳等故障。喷油器的故障主要表现在：电磁线圈工作不良；喷油器卡死；堵塞磨损；滴漏雾化状况不好及外围电路故障。正常情况下，对车辆的喷油器应视使用情况定期进行清洗，一般一年不得少于一次。

(7) 电磁阀故障　电磁阀故障是指用电磁线圈脉冲控制的阀门闭合故障。如电磁喷油阀、急速控制空气补充电磁阀、点火装置的电磁线圈以及频率计等的工作好坏，将直接影响汽车的喷油、点火、急速、启动等工作的正常完成。用闭合角可测试电磁阀的通电时间，看电磁阀是否在正常范围内工作，如果不在正常范围内，通常需要更换。

(8) 电动燃油泵工作异常　在无油或油质太差条件下工作时，电动燃油泵会磨损或烧坏。另外，电动燃油泵受空气流量传感器上的微动开关控制，若开关工作不良或动作迟缓，都会造成燃油泵供油不足，影响汽车启动性能和加速性能。另外，电动燃油泵继电器线圈的性能下降或出现短路或断路也将直接影响燃油供给而造成故障。

（9）电控单元（ECU）故障 电喷发动机电控单元（ECU）一旦出现故障，会造成发动机不能启动或难于启动、无高速、耗油量大等现象。ECU故障的主要原因有：焊点松脱；ECU固定脚螺栓松动；电容元件失效；集成块损坏；电子元器件损坏。

（10）导线连接故障 电控汽油喷射系统的连接器、插接器很多，经常有连线断路或搭铁短路、插接器插头松动以及接触不良等情况发生，使发动机工作失常或不工作；也会造成传感器、执行元件的控制信号传递不良，导致发动机不能正常工作。因此，在拆装电控系统的电子元器件时，注意不可弄坏连线，并插牢插接器。有故障码指示出某传感器信号不良时，注意检查该传感器的连接器、插接器是否插接良好。

四、发动机燃油喷射系统主要组成部分及配线异常时的故障

（1）发动机电子控制燃油喷射系统主要组成部分及配线故障的现象 见表4-2。

表4-2 发动机电子控制燃油喷射系统主要组成部分及配线故障的现象

序号	元器件名称	元器件异常可能出现的故障现象
1	电控单元(ECU)	①发动机不能启动；②发动机性能失常
2	点火线圈	①发动机不能启动；②无高压火花；③次级电压过低
3	点火控制器(电子开关)	①发动机不能启动；②无高压火花；③次级电压过低；④急速时闭合角乱变
4	空气流动量计(L型)	①发动机启动困难；②发动机性能失常；③急速不稳；④加速时回火、放炮；⑤油耗增大；⑥易产生爆燃
5	进气压力传感器(D型)	①发动机启动困难；②发动机性能失常；③急速不稳；④油耗增大
6	大气压力传感器	①发动机性能不佳；②急速不稳
7	节气门	①发动机不能启动或启动困难；②急速不稳；③发动机性能不佳
8	节气门位置传感器	①发动机启动困难；②急速不稳；③发动机性能不佳；④容易熄火
9	进气温度传感器	①发动机性能不佳；②急速不稳；③容易熄火；④油耗量增大；⑤混合气过浓
10	冷却水温度传感器	①发动机启动困难；②发动机性能不佳；③急速不稳；④容易熄火
11	急速控制电机	①发动机启动困难；②急速不稳；③容易熄火；④发动机失速
12	急速电机位置传感器	①发动机急速不稳；②容易熄火；③加速困难
13	P/N、P/S、A/C开关	①发动机不能启动；②急速不稳；③发动机急速时无法补偿；④急速时易熄火
14	氧传感器	①发动机性能不佳；②急速不稳；③发动机油耗增大；④排气污染增大；⑤空燃比不正确
15	曲轴箱通风阀(PCV)	①发动机不能启动或启动困难；②急速不稳或无急速；③加速困难；④油耗增大
16	EGR阀	①发动机温度过高；②发动机不能启动或启动困难；③发动机无力；④减速熄火；⑤产生易燃；⑥油耗增大
17	EGR阀位置传感器	①发动机性能不佳；②急速不稳；③容易熄火；④排气污染增大
18	炭罐电磁阀	①发动机性能不佳；②急速不稳；③空燃比不正确
19	爆震传感器	①发动机工作不稳；②加速时产生爆燃；③点火正时不准
20	磁电式点火信号发生器，霍尔式点火信号发生器	①发动机无法启动；②发动机工作不稳；③急速不稳；④间歇性熄火
21	光电式点火信号发生器	①发动机无法启动；②发动机工作不稳；③急速不稳；④容易熄火

续表

序号	元器件名称	元器件异常可能出现的故障现象
22	曲轴位置传感器	①发动机无法启动；②加速不良；③急速不稳；④间歇性熄火
23	车速传感器	①ABS防抱死装置不工作；②巡行控制工作
24	变速器电磁阀	①车辆无法行驶；②变速器换挡困难；③行驶时变速器将锁定在某一挡位（如宝马车种锁定在3挡）
25	防抱死装置油压电磁阀（ABS电磁阀）	ABS装置不工作
26	可变凸轮轴电磁阀	①发动机抖动；②产生爆震；③急速不稳；④三元催化转化器损坏；⑤发动机动力性能下降
27	燃油泵	①发动机不能启动；②运转中熄火
28	燃油滤清器	①发动机不能启动；②发动机运转不稳；③喷油器堵塞
29	燃油压力调节器	①发动机启动困难；②发动机性能变坏；③急速不稳容易熄火
30	喷油器	①发动机启动困难；②发动机工作不稳；③容易熄火；④急速不稳
31	启动喷油器定时开关	①发动机冷启动困难；②混合气过浓；③急速不稳
32	冷启动喷油器	①急速不良；②间歇熄火；③油耗增大；④排气污染增大；⑤启动困难；⑥混合气过浓

（2）与电控系统无关的典型故障及其原因　见表4-3。

表4-3　与电控系统无关的典型故障及其原因

故障现象	故障原因
发动机急速运转不平稳，甚至熄火	急速转速过低、真空管路泄漏，使急速空燃比不当；点火系统异常；曲轴箱通风阀或通风管路堵塞；火花塞或高压导线有缺陷；废气再循环卡滞，或关闭不严
发动机行驶加速时缺火	火花塞高压线有缺陷；分电器盖开裂或损坏而漏电；分火头不良；点火线圈有短路故障或有裂痕；点火线圈或点火控制电路导线松动；燃油滤清器堵塞、燃油泵泵油压力不足或燃油管有裂缝
油耗率过高	点火过迟；排气受阻；空气滤清器受阻；废气再循环处于常开状态
加速时发生爆炸	点火时间过早；燃油等级过低，抗爆性差；进气管路中有漏气处；废气再循环阀不能正常工作

五、发动机排放控制系统故障排查技巧

电喷发动机排放控制系统的故障一般不能被ECU自诊断系统所识别，因此，必须定期进行检测与维修。

1. 燃油蒸发控制系统的检测

若在正常行车中，车厢内有燃油气味（夏季尤甚）或发动机急速不稳，而ECU自诊断系统显示正常时，应进行燃油蒸发控制系统的检查，具体方法如下。

启动发动机至正常工作温度，并使之急速运转。拔下蒸气回收罐上的真空软管，用手检查有无真空吸力。当系统工作正常时，发动机急速运转，电磁阀应不通，无真空吸力。若此时有吸力，应检查电磁阀线束插头内的电源电压。若有电压，则为ECU故障；若无电压，则为电磁阀故障。使发动机转速保持在2000r/min，再次检查有无真空吸力。若有吸力，说明正常；若无吸力时，应检查电磁阀线束插头内的电源电压。若电压正常（通常为12V），

则说明电磁阀有故障；若电压不正常或无电压，则说明故障在 ECU 或控制线路。

单独检查电磁阀时，可拔下电磁阀线束插头，向电磁阀内吹气，应不通气；将电源加在电磁阀两接线柱上，再向电磁阀内吹气，若通气，表明电磁阀良好，否则应更换电磁阀。

2. 废气再循环系统的检测方法

废气再循环系统由 ECU、三通电磁阀、废气再循环阀、废气调整阀、废气管道和真空管道组成。当发动机怠速不稳或尾气排放超标时，应进行维修。

EGR 电磁阀的检测方法如下。

（1）通过感官判断 EGR 电磁阀的工作性能　在正常情况下，EGR 电磁阀工作时会发出"咔哒"的响声。若发动机的噪声较大，掩盖了这种"咔哒"声，可以用"手感法"检查 EGR 电磁阀的工作情况。若用手触摸 EGR 电磁阀时有振动感，说明 EGR 电磁阀工作正常。

（2）检测 EGR 电磁阀的状况　拆下 EGR 电磁阀，连接手动真空泵，从 EGR 电磁阀的真空口施加 67kPa 的真空，检查真空是否可以保持住。在施加真空的同时，从 EGR 电磁阀通道的一侧吹入空气，检查空气在阀内的流通情况。当施加的真空小于 5.3kPa 时，空气通道应当不通；当施加的真空大于 26kPa 时，空气应当能够流过通道。如果 EGR 电磁阀确实积炭卡滞，可以用除锈松动液喷向 EGR 电磁阀，促使其松动，并用溶剂清洁 EGR 电磁阀阀座，再加以润滑，使之活动自如。

（3）不能忽视对三元催化转化器的检查　检查 EGR 系统故障是否由三元催化转化器堵塞所引起。如果三元催化转化器内部破裂和堵塞，使排气系统的背压剧增，严重时废气可能直接顶开 EGR 电磁阀，进入进气管。不合时宜的、从 EGR 电磁阀漏入的废气进一步恶化了进气管内混合气的浓度，使得发动机的加速性能变差，最终可能导致发动机熄火和不能启动。

> **注意**　EGR 系统在以下工况下不工作。
> ① 发动机启动时。
> ② 节气门位置传感器的怠速触点接通时。
> ③ 发动机冷却液温低时。
> ④ 发动机转速低于 900r/min。
> ⑤ 发动机转速高于 3200r/min。

3. 三元催化转化器堵塞的检测方法

可以根据具体情况，采取下面几种方法判断三元催化转化器是否堵塞。

（1）通过感官检查

① 每天首次启动发动机后，快速暖机，然后观察排气管的管口，若有水珠排出，说明三元催化转化器能够将废气中的 CO、HC 转化为 CO_2 和水蒸气，即三元催化转化器没有损坏，情况正常。

② 如果启动后不久，看到排气歧管至三元催化转化器之间有明显的烧红现象，凉车后，发现三元催化转化器前部"泛蓝"或者起铁屑，说明三元催化转化器已经损坏。

另外，如果感觉驻车制动手柄或变速杆下面烫手，说明排气系统的温度异常偏高，预示着三元催化转化器即将损坏。

③ 将汽车升举，用橡胶锤（或拳头）敲击三元催化转化器（也可以用手晃动），如果听诊到三元催化转化器内部有物体移动的响声，说明其蜂窝载体已经破损。

④ 启动发动机，稍微踩下加速踏板，如果听到三元催化转化器内有"咕噜咕噜"的响

声,说明三元催化转化器可能损坏,应当对三元催化转化器做进一步检查。

⑤ 如果缺乏内窥镜,可以拆下三元催化转化器,用手电筒进行透光试验,即从一端沿轴向照射三元催化转化器的内部,由维修人员在另一端观察其内部有无结胶、熔化或破碎等现象。如有,应当更换三元催化转化器。

(2) 拆卸氧传感器检查 对于非增压型发动机,可以从排气管上拆下氧传感器(如果为双氧传感器,应拆下三元催化转化器前方的氧传感器),露出一个小孔,使废气不经过三元催化转化器,直接从氧传感器的安装孔排入大气,再启动发动机。或者拆下前排气管,不使用三元催化转化器,如果此时发动机能够顺利启动,而且加速有力,加速到3000r/min时看到排烟泛黄色,即可确定三元催化转化器堵塞。

(3) 采用示波器检测前氧传感器和后氧传感器的波形 可以采用示波器检测前氧传感器和后氧传感器的信号波形,在不同状态下氧传感器的信号波形是不同的。

(4) 检测和分析尾气成分 在正常情况下,尾气在通过三元催化转化器之前,其中CO_2的体积分数是13.2%~14.2%,通过三元催化转化器之后,CO_2的体积分数可能达到15%。急速时,尾气中CO的体积分数应当小于1%,HC的体积分数应当小于$200×10^{-6}$,NO_x的体积分数应当小于$100×10^{-6}$。如果CO、HC和NO_x的体积分数都很高,说明三元催化转化器已经失效。

必要时可以在排气管上打洞,并安装一个有内螺纹的空心铆钉(检测结束后,拧一个小螺钉将该孔封住),然后将尾气分析仪的探头插入,在发动机处于正常工作温度和急速条件下,分别测量三元催化转化器前后(即发生化学反应前后)的尾气成分。通过这种方法就可以定量地推断三元催化转化器处理尾气的实际能力。

(5) 采用红外测温仪测量三元催化转化器前后的温度差

① 如果三元催化转化器出口的温度高于进口温度20~100℃,说明三元催化转化器工作正常。

② 如果三元催化转化器出口的温度等于或低于进口温度,说明三元催化转化器已经失效。

③ 如果急速时三元催化转化器出口的温度比进口处的温度高约10%,而在正常工作温度状态下进口和出口处的温度没有差别,也说明三元催化转化器失效。

④ 如果三元催化转化器出口的温度大大高于进口的温度(超过120℃),说明进入三元催化转化器的废气中含有异常多的HC和CO。产生这一现象的原因往往是发动机的燃烧过程不良或者控制系统出现问题,需要对发动机做进一步检查,查明故障的真正原因。

(6) 检测进气歧管的真空度 其方法是:在进气歧管上连接真空表,启动发动机,然后缓慢加速。正常时,进气歧管的真空度是57.6~71.1kPa。当三元催化转化器堵塞时,进气歧管的真空度低于标准值,而且波动很大,急加速时真空度下降更为明显(表4-4)。

表4-4 三元催化转化器堵塞后进气管真空度的变化

项目	三元催化转化器堵塞的发动机	正常发动机
急速	45kPa,有时可达55kPa,随后又很快跌落到0	稳定在57.6~71.1kPa之间
急加速	由45kPa急速下降到15kPa以下,同时真空表指针随着节气门的急剧变化而大幅波动	迅速关闭节气门时,真空表指针在6.7~84.6kPa之间灵敏摆动

(7) 拆卸空气滤清器检查 拆开空气滤清器盖,取下滤芯,然后猛踩加速踏板,如果发现空气滤清器处有白烟(废气)返流,排气门处又没有金属敲击声,则说明三元催化转化器已经堵塞,不是排气门损坏。

> **小贴士**
>
> 电喷发动机自动熄火故障的排查及处理方法
>
> ① 无规律熄火。如果汽车出现无规律熄火,熄火后需要等待 10min 左右才可以再次启动,则说明相关电气的热稳定性能变差,不是电动燃油泵有故障,就是燃油泵继电器有故障。
>
> ② 车辆转弯时自动熄火。车辆转弯时发动机自动熄火,一般是电动燃油泵出现问题。
>
> ③ 挂挡或制动时发动机熄火。如果排除了发动机方面的原因,车辆挂挡或制动时发动机熄火,可能是液力变矩器内锁止离合器分离不开,即挂挡或制动时,自动变速器不能正确解除锁止离合器的锁止状态。其产生原因是控制阀体有问题,应重点检查锁止电磁阀后面的机械锁芯,如果有卡滞,将引起踩制动踏板时熄火。
>
> ④ 电子防盗系统锁死的主要特征是发动机能够启动,但是 2~10s 后就自动熄火,并且一直无法再启动。
>
> 判断电子防盗系统是否锁死的方法,一是看仪表板上的防盗指示灯是否点亮,如果该指示灯点亮,说明防盗系统已经锁死;如果该指示灯不亮,说明电子防盗系统没有锁死。二是看发动机是否一会儿容易启动,一会儿又不能启动。如果是这样,说明不是防盗系统锁死。三是检测组合仪表控制单元,如果有相关的故障码存储,说明电子防盗系统已经锁死,这是最可靠办法。简言之,如果仪表板上的防盗指示灯不闪烁,发动机控制系统没有故障码,并且有油有火,就不是由电子防盗系统触发引起的故障。
>
> 电子防盗系统锁死后,一般需要连接故障诊断仪,并输入特定的密码才能解锁。
>
> ⑤ 对于柴油发动机,自动熄火的常见原因是油路堵塞。柴油中的胶质比汽油多,如果保养不善,吸油滤网→输油管→柴油滤清器→油水分离器→输油泵→高压油泵→喷油器,这些油路都可能发生堵塞。
>
> 另外,燃油箱通气孔堵塞、回油阀的回油压力过低、燃油不清洁等,都会造成发动机加速无力。再加上柴油发动机的供油系统管路接头多,燃油泵工作时对进油管路产生真空吸力,所以接头处容易进入空气。所有这些情况,都容易导致柴油机自动熄火。
>
> ⑥ 使油路惯性开关重新接通。高档轿车出现发动机自动熄火的故障,应当检查燃油切断惯性开关是否已经弹起。如果油路惯性开关已经弹起,应当按下(即复位)。

六、电控燃油喷射系统维修的禁忌

1. 燃油系统

① 在进行燃油系统油压测试或拆开任何油路部分时,严禁不释放油压就进行测试,以防燃油喷出,引起火灾或人身损伤。维修油路系统时,严禁吸烟,并要远离明火。

② 喷油器上的 O 形圈是一次性零件,不能重复使用。使用新的 O 形圈应使用同一品牌的,以保证其密封性。

③ 在检查喷油器喷油性通时,一定要清楚喷油器是高电阻型的还是低电阻型的。高电阻型的电阻一般有 12~14Ω,可以直接用蓄电池电压来进行喷油器喷油性能试验;而低电阻型的喷油器其电磁线圈的电阻一般只有 2~3Ω,直接与蓄电池两端相连会因电流过大而烧坏喷油器,必须采用专用插接器与蓄电池连接,若用普通导线,则需串联 1 个 8~100Ω 的电阻才可进行试验。

④ 安装燃油压力表时应先拆下蓄电池负极搭铁线。

⑤ 燃油滤清器是一次性使用部件，不可清洁后使用，应按厂家规定，定期更换。

2. 电控发动机故障诊断禁忌

① 当需要将装有电控发动机的汽车与其他任何车辆进行电源跨接启动时，必须首先关闭电控发动机汽车上的点火开关，方可进行跨接线的拆装。

② 在对装有电控系统的汽车进行电弧焊时，应断开 ECU 供电电源线，避免电弧焊接时的电压超过 ECU 可承受电压，造成 ECU 的损坏。

③ 在靠近 ECU 或传感器的地方进行车身修理作业时，应特别小心，以免碰坏这些电子元件。

④ 在拆卸电控系统各导线接头时，首先要关闭点火开关并拆下蓄电池负极搭铁线。如果仅检查电子控制系统，那么仅关闭点火开关（转到 OFF 位置）即可。

⑤ 拆下蓄电池负极搭铁线后，ECU 内储存器的所有故障信息（代码）都会被清除，因此，如有必要，应在拆下蓄电池负极搭铁线前，读取、备份 ECU 内的故障信息。

⑥ 在对蓄电池进行拆卸与安装时，务必使点火开关和其他用电设备开关均置于关断位置（OFF）。

⑦ 切记电控发动机汽车上所采用的供电系统均为负极搭铁，安装蓄电池时，要特别注意正、负极不可接反。

⑧ 车上不宜安装功率超过 5W 的无线电台，如必须安装时，天线应尽量远离 ECU，否则会损坏 ECU 中的电路和部件。

⑨ 在装上或取下 PROM 时，操作人员应先使自己搭铁（接触车身），否则，身体上的静电会损坏 ECU 电路。

⑩ 当人员进出车厢时，人体的静电放电可能产生很高的电压，因此，对 ECU 操作和数字式仪表进行维修作业或靠近这种仪表时，一定要带上搭铁金属带，将其一头缠在手腕上，另一头夹在车身上。

⑪ 不可用试验灯对电控系统的传感器部分和 ECU 进行检查（包括对其接线端子的检查）。

⑫ 在装有电子控制系统的汽车上，坚决禁止用搭铁试火或拆线刮火的方法对电路进行检查。

⑬ 切记不可用水冲洗发动机电控单元和其他电子装置，并注意电控系统的保护，避免其因受潮而引起 ECU 电路板、电子元器件、集成电路和传感器的工作失常。

⑭ 在一般情况下，不要打开 ECU 盖板，因为电控发动机上的故障大部分是外部设备故障，ECU 故障一般比较少，即使是 ECU 有故障，在没有检测手段（检测 ECU 工作的示波器、信号发生器等设备）的情况下，打开 ECU 盖板也不可能解决任何问题；相反，很可能因为操作不当而导致新的故障。在确认是 ECU 故障时，应由专业人员对其进行测试和维修。

⑮ 在对发动机进行清洗或雨天维修时，应防止将水溅到 ECU 及其线路上。

⑯ 在拆下导线插接器时，要注意松开锁紧弹簧（卡环）或按下锁卡；在安装导线插接器时，应注意一定要插到底并锁好锁止器（锁卡）。

⑰ 不可在缺油的状态下强行运转发动机，因为电动燃油泵是依靠流过燃油泵的燃油进行冷却的，缺油运转会使电动燃油泵因过热而烧毁，因此在对燃油泵（单体）进行通电试验时，时间也不宜过长。

⑱ 汽油泵不能干试。当拆下汽油泵后，由于泵壳内剩余有汽油，因此在通电试验时，一旦电刷与换向器接触不良，就会产生火花，引泵壳内汽油而引起爆炸，其后果不堪设想。

新汽油泵也不能干试。由于汽油泵电机密封在泵壳内，干试时通电产生的热量无法散发，电枢过热就会烧坏电机，因此必须将汽油泵浸泡于汽油中进行试验。

3. 怠速控制系统与 EGR 系统维修的禁忌

① 不要用手推或拉控制阀，以免损坏丝杠上的螺纹。

② 不要将控制阀浸泡在任何清洗液中，以免造成步进电机损坏。

③ 安装时，检查密封圈不应有任何损伤，并在密封圈上涂少量机油。

④ 维修 EGR 系统时，禁止用起子等尖锐工具顶起 EGR 系统的恒压阀，以防其内部膜片破裂，控制失败。

4. 高压共轨柴油发动机维修的禁忌

① 拆卸喷油器时应当标记缸号，使喷油器与气缸一一对应。对于博世公司的高压共轨系统，其喷油器的外表面印有喷油器油量修正代码（IQA 码），用于对单个喷油器依据实际工况修正喷油量。每个喷油器的 IQA 码都不相同，并且已经存储在 ECU 中。喷油器油量修正代码与各气缸是一一对应的。因此，在拆装中不能将喷油器与原来对应的气缸混淆。

② 高压油泵、喷油器及高压燃油轨道（带油轨压力传感器）等只能整体更换，不可拆卸和更换其中的单个部件。因为目前的维修工艺和维修设备达不到更换个别零件的要求。另外，喷油器垫圈和高压油管为一次性零件，拆卸后应当更换。

③ 只能采用数字式示波器（DSO）检测高压共轨喷油器的电器，不可用试灯或万用表，因为高压共轨喷油器的工作电流最大可达 80A。

第二节　发动机点火系统故障排查方法与技巧

一、电子点火系统的故障排查方法与技巧

1. 电子点火系统的故障维修注意事项

现代汽车电子点火系统的故障检查，与传统触点式点火系统有许多相同之处。除了对点火线圈、火花塞、高压线、点火正时等进行检查外，还应检查点火电子组件、信号发生器（点火感应器）以及连接导线等。电子点火系统属于汽车电控系统，在使用维护和检测诊断的过程中，还要注意以下几点，以免对电子控制系统造成人为损坏。

① 不能在发动机运转时或接通点火开关的情况下，拆掉蓄电池的连线，也不允许发动机工作时不接蓄电池，否则易产生瞬间过电压而损坏电子元器件。而蓄电池与负载和发动机并联，因此它可吸收电感性负载通、断电瞬间产生的浪涌电压，保护汽车上连接的 ECU 等电子元器件。只有在切断点火开关的前提下才可拆下蓄电池的连线。另外，在拆下蓄电池的连线或拔下 ECU 的插头之前，应先调出故障码，否则在拆下蓄电池的连线后，ECU 中储存的故障码将会消失，这将增加故障诊断的难度。

② 在对电子点火系统进行维修时，只要点火开关接通，绝不可断开任何一个电控系统设备和连接导线、插拔集成电路芯片。在跨接启动其他车辆或用其他车辆跨接时，必须先断开点火开关，才能拆装跨接线。

③ 在对电子控制系统测试时，应使用高阻抗的检测仪表，不能用高电压、低阻抗的欧姆表测量 ECU 和传感器。如果用低阻抗的仪表会使 ECU 供入该仪表的电流太大，从而使

ECU 损坏；若检测仪表中的电源电压高于 ECU 工作电压时，也不能直接用仪表对其进行测试。

④ 尽量不用试灯去测试与 ECU 相连的任何电器元件，以免因过流而损坏 ECU 和有关传感器，应使用高阻抗测试仪表（除非试灯的电阻比元件的阻值大得多），禁止用搭铁试火或拆线试火的方法对电路进行检查。

⑤ 检测 ECU 或更换芯片时，操作人员一定要将身体接地（铁），即带上搭铁金属带，将金属带一头缠在手腕上，另一头夹到汽车上，以防止人体静电对 ECU 的损伤。

⑥ 在电控发动机上进行电弧焊接时，应切断电子控制系统的电源。

2.电子点火系统故障诊断与维修的基本方法

电子点火系统故障诊断与维修的基本方法有：替换判断法、经验判断法、点火示波器判断法三种。

（1）替换判断法 当怀疑某点火元件有故障时，就以备件替换，然后看其有无好转，从而判定故障所在。

（2）经验判断法 由于通常不可能备有各种备件，因此常常依靠经验进行判断。在检查排除时必须注意以下几点。

① 搭铁可靠，电源供电充足，连接良好。

② 当使用其他电源作为辅助启动电源时，电源电压不得超过 16V，且使用时间不得过长。

③ 更换点火元件，严禁混用，一定要更换同型号点火元件。

④ 谨慎操作，防止人为损坏传感器和集成电路。

（3）点火示波器判断法 它是一种专门用来检测点火系统状况的仪器，它能对点火系统的点火电压、火花持续时间及二次最大输出电压等进行绘图，然后与标准的曲线比较，迅速查出故障。

（4）利用自诊断系统进行故障维修 一般电子点火系统具有故障自诊断功能，当利用自诊断系统进行故障诊断之前，应首先排除与点火系统有关的电路故障、机械故障和其他故障，如连接导线是否破损、连接点是否牢固、接触是否良好、节气门开关有无卡滞、空气和真空管道有无漏气等。

① 接通点火开关，启动发动机，使发动机预热到冷却液温度达到 50℃ 以上，发动机转速达到 3000r/min 以上，增压值达到 0.1MPa 以上。若发动机不能启动，应接通启动开关，用起动机转动发动机约 5s。

② 用手将节气门全负荷开关接通约 3s。

③ 当速度表指示 7000r/min 时，开始调出故障码（故障灯处于接通状态）。

踩下制动踏板，记录速度表的读数和故障灯的状态，然后与表上进行对照，以此来确定故障的部位；再踩下制动踏板，根据速度表的读数和制动灯的状态，确定下一个故障的部位。如此反复进行，直到速度表指示 7000r/min、故障灯熄灭，表明存储的故障码已全部调出，自诊断过程结束。

④ 按诊断结果排除故障，经路试证明故障全部排除后，关断点火开关，清除故障码，自诊断结束。

a. 若在路试时故障灯又点亮，应重复上述过程再查找故障码，并排除故障。

b. 若故障灯不再点亮，但发动机仍不能正常运行，则说明该车仍存在自诊断功能之外的故障。对于自诊断功能之外的故障可利用普通点火系统故障的诊断方法进行。

二、点火系统主要部件故障的排查方法

1. 点火信号发生器故障的检测

（1）磁感应式点火信号发生器故障的检测　磁感应式点火信号发生器发生故障时，会使输出的信号弱或无信号而不能触发电子点火器工作，造成整个点火系统不起作用。

磁感应式点火信号发生器的故障检测主要是气隙检查和测量传感线圈的电阻值。

① 检查、调整信号转子凸齿与线圈铁芯的间隙。可用塑料厚薄规进行测量，该间隙的标准值为 0.2～0.4mm。若不符合要求，可按如图 4-1 所示松开螺钉 A、B，并以螺钉 A 为支点，移动螺钉 B 加以调整，当间隙符合规定的标准值后，再将螺钉 A、B 拧紧。

② 检测传感线圈的电阻值。方法是先将分电器与线束之间的插接器拆开，然后用万用表欧姆挡测量与分电器相连接的两根导线之间的电阻值。若测得的电阻值为无穷大，则表明线圈断路；若测得的电阻值与标准值相比显得过小，则表明线圈匝间短路。出现故障时应予以排除或更换传感线圈。

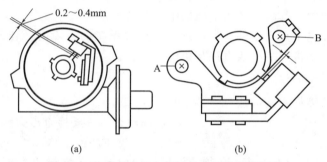

图 4-1　磁感应式点火信号发生器的间隙调整

（2）霍尔效应式点火信号发生器故障的检测　霍尔效应式点火信号发生器的常见故障有内部集成块烧坏、线路断脱或接触不良等，造成点火信号发生器信号过弱或无信号输出，故障维修方法如下。

先关断点火开关，打开分电器盖，拔出分电器盖上的中央高压线并搭铁，将直流电压表的两触针接在插接器信号输出线"0"和接地线"一"接线柱上，如图 4-2 所示。然后按发动机转动方向转动发动机，同时观察电压表上的读数。当触发叶轮的叶片位于霍尔传感器的空气隙中时，其电压值为 9V 左右；当触发叶轮的叶片不在空气隙中时，其电压值为 0.4V 左右。在电源电压正常的情况下，如电压表读数与上述不符，则说明霍尔信号发生器出现了故障，应予以更换。

（3）光电式点火信号发生器故障的检测　光电式点火信号发生器的常见故障是发光元件或光敏元件脏污或损坏、内部电路断路或接触不良，这些故障使点火信号发生器信号过弱或无信号产生，其故障维修方法如下。

① 外观检查。打开分电器盖，检查发光元件、光敏元件表面是否脏污，线路连接是否良好。

② 检查信号电压。在分电器线路插接器的电源端子之间加 12V 的电压，然后慢慢转动分电器轴，用万用表的直流电压挡测插接器的信号输出端子电压。如果电压在 0～1V 之间摆动（不同的车型，电压摆动幅度可能不同），说明信号发生器良好；否则，需更换分电器。

（4）电子点火系统故障的维修

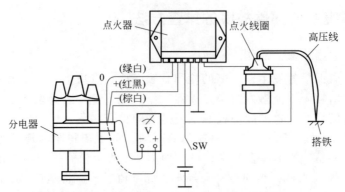

图 4-2 霍尔效应式点火信号发生器输出电压检查

① 首先应检查点火系统的各连接导线有无松动、脱落等。

② 然后拔下高压线，连接备用火花塞，检查高压电是否正常。若在火花塞外有很强的蓝白色火花，则表明低压电路正常，故障在高压电路，否则表明低压电路有故障。

在电子点火系统中，其高、低压电路的组成与普通的点火系相比，差别仅在于低压电路增加了信号发生器和电子点火组件。在检查电子点火系统的故障时，若进行高压跳火检查，则要接备用火花塞，不得用高压线直接与机体间跳火。

2. 点火线圈的检测方法

（1）点火线圈故障检查的方法

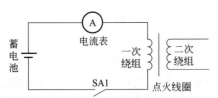

图 4-3 用电流表检查点火线圈示意图

① 直观检查。主要检查点火线圈的绝缘盖有无脏污、破裂，接线柱是否松动、锈蚀；若有脏污、锈蚀，须清洁后再做检查。若绝缘盖有破损，则应更换点火线圈。

② 用电流表检查。将蓄电池的两极与点火线圈两接线柱相接（电流表串接在蓄电池正极与一次绕组之间，如图 4-3 所示），正常时约有 6A 的电流通过线圈。若测得的电流很大，说明线圈匝间短路；若电流很小或无电流，说明线圈有断路或接触不良现象。

③ 用交流试灯检查。将交流试灯的两触针分别接点火线圈的正、负两接线柱（图 4-4），试灯应亮；如灯不亮，则为一次线圈开路。将交流试灯的一个触针插入高压线插孔内；另一个触针接低压接线柱。如试灯发出明亮的光，表明点火线圈已短路。

（2）点火线圈电阻值的测试　点火线圈电阻值的高低直接关系到点火性能的好坏，如出现无火或火花弱，则应重点检查初级绕组、次级绕组的电阻值，用万用表电阻挡进行测量。如电阻值在生产厂商规定范围内，则说明正常；如电阻值过低，则说明内部短路；如电阻值过高，则说明内部断路；如测量值和厂家规定不符，则必须更换。

（3）点火线圈绝缘性能的检查　检查点火线圈绝缘性能的方法有绝缘电阻表检查法、万用表检查法和交流试灯检查法三种。

① 绝缘电阻表检查法。将点火线圈放在温度为 120℃ 电热烘箱

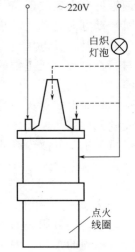

图 4-4 用交流试灯检查点火线圈

中加温 2h 后，用 500V 绝缘电阻表测量点火线圈低压接线柱与外壳之间的绝缘电阻，如测得的电阻值大于 200MΩ，则确认点火线圈可正常工作一年以上；点火线圈的线圈接线柱（任何一个）与外壳之间的电阻，其值不小于 50MΩ。如测得电阻值小于 50MΩ，说明该点火线圈在使用中会出现断火现象；如测得的电阻值小于 5MΩ，则应更换新件。

② 万用表检查法。其方法是将万用表置于"$R \times 10k\Omega$"挡，两表笔分别接点火线圈一次线圈接线柱和外壳，正常情况下其绝缘电阻应为∞，否则应更换新件。

③ 交流试灯检测法。将试灯的一端直接接触点火线圈外壳，另一端通过 220V 交流电源接其一次线圈接线柱。若试灯发亮，表明一次线圈与外壳连通（搭铁），绝缘性能不良，应更换新件。

（4）点火线圈跳火性能的测试　点火线圈跳火性能测试的方法与分电器跳火性能测试相似，但需装上标准分电器，接上被测点火线圈。把三针放电器间隙调整为 7mm，提高分电器转速，如果在 1800r/min 以下出现跳火不连续现象，则说明点火线圈性能不良。

3. 火花塞的检测与维修方法

（1）快速判断火花塞故障的方法

① 短路法。在发动机怠速或低速运转时，用螺丝刀将火花塞短路，也就是将火花塞上部的接线螺母直接与气缸体连通，如果发动机的声音和抖动等无变化，则说明被短路的火花塞有故障。

② 用温度感觉的方法。让发动机运转 10min 左右，立即熄火后用手逐一摸火花塞的瓷芯，感觉温度较低的火花塞有故障。

③ 试火法。也称为吊火法，当怀疑某一缸火花塞工作不正常时，可将缸火花塞接线柱上的高压线拆下来，让高压线的尾端与接线柱保持 4mm 左右的间隙；使高压电同时击穿高压线尾端与接线柱间隙和火花塞电极的间隙；若发动机工作状况有所好转，则说明该缸的火花塞有故障。

④ 使用周期法。进口汽车一般行驶（1.6～2.0）万千米为火花塞的使用周期，达到使用寿命后应更换。根据使用周期可判断火花塞是否应更换。

⑤ 直观检查法。直接观察火花塞有无裂纹、破损、电极严重变形等，若有则说明火花塞性能变差，应更换。

（2）火花塞的维修。若火花塞的电极呈现灰白色，而且没有积炭，则表明该火花塞工作正常、燃烧良好；如果有电极严重烧蚀或积炭很多等异常现象，则表明该缸工作不良或火花塞故障。应清洁火花塞，去除火花塞瓷体污迹，去除电极上的积炭。去除积炭时，最好使用火花塞清洁器（也可用钢锯条刮除），不能用火焰烧烤。

① 电极熔化且绝缘体呈白色，表明燃烧室内温度过高。这可能是燃烧室内积炭过多，或火花塞未按规定力矩拧紧等造成的。

② 电极变圆且绝缘体有疤痕，可能是点火时间过早或者汽油辛烷值低，火花塞热值过高等造成的。

③ 绝缘体顶端碎裂。爆震是绝缘体破裂的主要原因。而点火时间过早、汽油辛烷值低、燃烧室内温度过高，都可能导致发动机爆震。

④ 绝缘体顶端有灰黑色条纹，表明火花塞已经漏气，应更换。

⑤ 油性沉积物。火花塞上有油性沉积物，表明润滑油进入燃烧室内。如果只是个别火花塞，则可能是气门杆油封损坏。如果各缸火花塞都粘有这种沉积物，表明气缸窜油，应检查空气滤清器和通风装置是否堵塞。

⑥ 黑色沉积物。火花塞电极和内部有黑色沉积物，表明混合气过浓，可以增高发动机

运转速度，并持续几分钟，即可烧掉留在电极上一层黑色的煤烟层。

> **注意** 火花塞旁电极脱落的应急处理
> 　　火花塞旁电极脱落后，将使火花塞无法跳火，致使发动机个别缸不工作，如果暂时没有火花塞更换，可将中心电极弯曲至边缘，并保持合适的间隙，即可应急使用，但必须尽快更换。

（3）火花塞常见故障诊断及排除

① 火花塞绝缘部分呈浅棕色，这种情况说明发动机工作正常。

② 火花塞电极处沉积黑色烟灰状物较多，这种情况表示发动机点火时机过早或可燃混合气稀、汽油辛烷值低、气缸过热等。

③ 火花塞电极附近有积炭和机油沉淀物，这种情况可能是由气缸、活塞过度磨损，气门、气门导管磨损，气门油封失效等造成的。若汽车需要继续行驶，当火花塞电极上有油状物沉积时，可临时改用较热型火花塞。要及时查明原因，如气缸压力符合要求，需检查空气滤清器、曲轴箱通风装置是否堵塞，混合气是否过浓，发动机润滑油是否过多等。

④ 火花塞电极有少许积炭但无机油沉积物。这种情况产生的原因可能是火花塞使用时间较长或电极间隙调整不当（一般的火花塞使用期为 1.6 万千米左右）、发动机长时间怠速或低负荷运转、发动机润滑不符合要求等。

⑤ 火花塞电极变圆且绝缘体有损伤疤痕、裂纹。这种情况说明发动机有爆震，可能点火时机过早，气缸体过热，汽油辛烷值过低，气缸盖、火花塞等处松动漏气等。

⑥ 火花塞电极绝缘部分呈白色且有褐色斑点。这种现象可能是由发动机早燃引起的，也可能是混合气过稀、进气道漏气，造成火花塞受热不均匀等。

⑦ 火花塞电极绝缘烧熔。其原因可能是长时间点火过早或燃烧室内积炭过多，气门间隙不足、冷却系统工作不良等。

⑧ 火花塞的火花弱。将火花塞间隙适当调小，如电火花略有好转，说明点火线圈有故障或点火系统器件性能差。也可能是火花塞质量差或装配不当，清洁火花塞方法不当，造成火花塞电极的绝缘材料损坏等。

> **小贴士**
> 火花塞"跳火"试验有讲究
> ① 检查汽油发动机点火能量的传统方法：拔下中央高压线，将它置于距离机体 5~8mm 的位置，然后转动发动机，观察高压线线头的跳火情况。如果火花粗长，呈现蓝色，而且跳火有力，能够听到"噼啪"的跳火声音，就可断定点火能量正常；如果火花细短，呈现暗黄色，同时跳火无力，则说明点火能量不足。
> ② 就车检查火花塞性能。将火花塞放置在缸体上，使火花塞能与缸体连通，用从点火线圈出来的中央高压线触到火花塞的接线柱上（不要有间隙），打开点火开关使高压电跳火，让高压电通过火花塞。如果从火花塞间隙处跳火，说明火花塞良好，否则须更换该火花塞。如果火花塞瓷体有损坏、破裂，则应更换。
> ③ 火花塞的电火花在大气中的电离程度与在燃烧室内跳火存在很大差别。在大气中做跳火试验时跳火良好，并不能保证在气缸内高温、高压和潮湿等恶劣环境下也能跳火良好。

（4）火花塞的更换　在更换新火花塞时，应注意将新、旧火花塞外部螺纹的长度比较一下。若新火花塞的螺纹太短，会使火花塞间隙位于缸盖凹陷处，电弧将难于甚至不能点燃混合气；若过长，过多暴露的火花塞底部会过热，造成早燃，而凸进燃烧室的螺纹会积炭，火花塞末端甚至可能碰撞活塞顶。某些型号的火花塞有密封圈，有的则没有。如果拧下的旧火花塞有密封圈，那么新更换上的火花塞也应装密封圈。

确定火花塞螺纹的长度后，还需检查其内部瓷芯的长度是否适当。瓷芯长的为热型火花塞；瓷芯短的为冷型火花塞。如果使用中发现火花塞经常积炭、断火，则表示过冷，应换用热型火花塞；若发现有炽热点火现象，则表示过热，应换用冷型火花塞。

三、点火系统常见故障及其排除方法

一般情况下，发动机在运转中突然熄火，并发动不着的原因多为点火系统故障。点火系统故障表现为无火、缺火、火花弱和点火不正等。

（1）发动机不能启动　接通点火开关，发动机不能启动，可能是电源供电不正常、点火正时不对或火花塞不良，其维修方法如下。

先按喇叭或开前照灯，若喇叭不响或前照灯黑暗，说明电源供电不正常。确知电源供电正常后，再判断故障是发生在高压电路还是发生在低压电路。打开发动机罩，拔出分电器中央高压线，使其距气缸体4～6mm，接通点火开关，短时间接通起动机电路，察看火花情况。

① 火花强，表示低压电路和点火线圈良好，故障出在分电器和火花塞高压电路中。再从火花塞上端拆下高压线头，摇转曲轴或启动起动机对机体试火，如无火花，则可能是分火头、分电器及高压线漏电，应检查分火头、分电器及高压线是否漏电；如有火花，则可能是点火正时和火花塞不良，需检查点火正时和火花塞的工作情况。

② 火花弱或无火花，表明低压电路和短路、断路、点火电子组件故障或点火线圈、中央高压线有故障。可开、闭触点，观察电流指针读数。若电流表指针不摆动，指示为零，表示低压电路有断路；若电流表指针指在3～5A不摆动或指示大电流，表示低压电路有搭铁故障；若电流表指针指在3～5A之间间歇摆动，则说明低压电路良好，故障发生在高压电路。

（2）发动机能启动　发动机能启动，但工作不正常，排气管冒黑烟，并伴有抖动现象。

发动机如有一缸或几缸缺火就会运转不匀，排气管中排出黑烟并放炮。产生的原因多为高压分线漏电或脱落、分电器盖漏电、凸轮磨损不均、火花塞工作不良或不工作、高压分线插错等。检查时应先找出缺火的气缸，再排除缺火的原因。方法是启动发动机，用螺钉旋具将火花塞螺母逐个搭铁，并观察发动机的运转情况。若搭铁后，发动机转速无变化，则表明该缸不工作；若搭铁后，发动机转速明显降低，则表明该缸工作正常，然后根据情况进一步检查。

① 一个缸不工作，应取下该气缸的火花塞上的高压分线，使线端距火花塞接线柱3～4mm，在发动机工作时，该间隙中如有连续的火花且发动机运转随之均匀，表明火花塞积炭；如无火花，表明高压分线或配电器盖有故障，应维修或更换。

② 两个缸不工作时，应检查点火顺序是否正确。

③ 如有几个气缸同时不工作，应拔下配电器盖中央高压线做跳火试验，如跳火正常，则表示高压电供应正常，故障在配电器盖、高压分线或火花塞上，应维修或更换；如跳火时断时续，表明断电器凸轮、电容器或点火线圈有故障，可先清洁断电齿轮，再检查电容器和点火线圈。

（3）发动机不能高速运转　发动机低、中速时工作良好，但在高速时运转不稳定，消声

器发出无节奏的"突突"声。其故障原因有：断电触点间隙过大；触点臂弹簧弹力过弱；火花塞间隙过大；电容器不良；点火线圈漏电等。

维修方法：先检查断电器的触点、触点弹簧和电容器；如果有问题，应进行修理或更换。若更换后，故障仍不能排除，则可能是点火线圈漏电，可将接线柱螺栓拆下，并加以清洁，用橡胶垫压入螺栓并装上，即可排除漏电故障。

(4) 点火时间不正时　点火时间不正时表现：蓄电池足电量工作，但发动机不易启动、行驶无力、加速发闷、排气管放炮且发动机过热。应检查点火是否过迟、分电器是否松动；摇转曲轴启动时反转，加速时爆震，应检查点火是否过早。若点火时间过迟，应调整点火正时。若点火正时正常，则可能是触点间隙过小，将其调整适当即可。若故障仍不能排除，则可能是分电器壳松动，拧紧即可。

四、微机控制点火系统的常见故障的诊断与排除

1. 微机控制点火系统故障的诊断方法

目前，汽车上采用的微机控制点火系统主要有：有分电器式、无分电器式和直接点火式三大类。由于微机控制点火系统的许多部件，如点火线圈、点火控制器和火花塞，其结构原理与无触点电子点火系统的部件基本相同，因此，其检测方法也大致相同。但是，由于微机控制点火系统还配装有电脑和各种传感器，因此，故障维修也就稍许复杂一些。其故障维修方法如下。

(1) 利用系统自诊断功能诊断　在使用中，微机控制点火系统一旦出现故障，微机便会自动记录发生的故障，并以故障码的形式储存在存储器中。与此同时，仪表板上的发动机故障警告灯闪亮，提醒驾驶员注意。

(2) 利用专用仪器诊断　厂家都为微机控制点火系统提供专门的检测仪器。如点火控制测试仪、ECU系统测试仪等，这些仪器可检测出系统内各部位的电阻和电压。根据所读取的故障码，利用这些专用仪器查找故障原因和可能发生故障的部位，故障即可排除。

(3) 利用常规方法进行诊断。先将中央高压线拔出进行试火，看有无火花来确定点火系统是否正常。检查时为防止喷油器喷出燃油过多，每次测试时间不得超过2s。

① 如火花正常，应重点检查点火器与发动机电子控制单元（ECU）间的IGF信号是否正常。

② 如火花不正常，应重点对点火系统中的各元件进行检查。

2. 微机控制点火系统故障诊断的一般流程与诊断步骤

(1) 微机控制点火系统故障诊断的一般流程　微机控制点火系统故障诊断的一般流程如图4-5所示。

(2) 微机控制点火系统故障诊断步骤

① 划分故障区域。首先确定故障发生在高压电路部分还是发生在电子控制部分。其方法是从分电器盖上拔下中央高压线，并使其端部距缸体5～7mm，然后启动发动机，观察是否跳火，如果火花强烈，则可断定故障在高压电路部分；若无火花或火花很弱，则说明包括点火线圈、点火器在内的电子控制系统存在故障。

② 关于点火线圈次级不能产生高压的检查。点火线圈次级不能产生高压，则应在点火器的点火信号输入端，检查微机提供的点火脉冲信号（IGT信号）是否正常。检查时可用万用表或示波器在发动机启动运转时，看是否有5～10V的点火触发信号，如果信号正常，

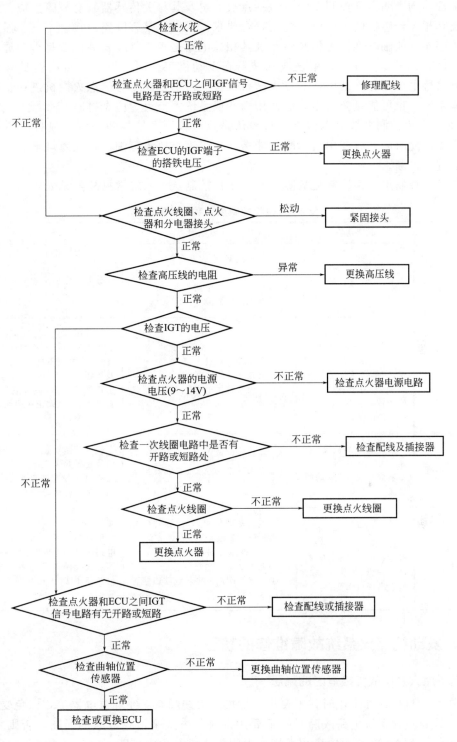

图 4-5　微机控制点火系统故障诊断的一般流程

则说明包括点火微机及其相关传感器所组成的点火控制系统是正常的，问题可能在点火器、点火线圈及其电路部分。

③ 关于微机提供的点火脉冲信号故障的检查。如果微机提供的点火脉冲信号（IGT 信

号)不正常,则表明点火控制系统(包括点火微机及其相关传感器)有故障。应首先检查点火微机及其相关传感器的工作电压是否符合要求,搭铁线是否断路或接触不良。然后检查点火基准传感器(曲轴基准位置传感器)及其相关电路是否正常,安装位置是否合适,连接导线和插接件有无不良。可用万用表或示波器在发动机工作时,检查能否产生足够的信号电压。如果信号电压足够,则可认为点火微机不良。可更换同型号的点火微机进一步确认。如果有防盗系统,也可能是防盗系统起作用而造成系统不点火,应予排除。

④ 关于点火控制系统故障检查。若确认是点火控制系统故障,则一般自诊断系统的故障灯会点亮,此时应充分利用自诊断功能来进一步缩小故障范围。若故障灯未点亮,则再从其他方面进行诊断。

(3) 微机控制点火系统常见故障诊断　微机控制点火系统常见故障见表4-5。

表 4-5　微机控制点火系统常见故障

故障名称	故障现象	故障原因	检测与诊断
发动机不点火	发动机不能启动且无着车迹象,查无高压火	①点火线圈、点火器损坏 ②点火基准传感器、曲轴转角与转速传感器及其电路不良 ③点火微机故障	诊断程序如图4-5所示。
火花弱	经跳火试验高压火花弱,发动机启动困难,怠速不稳,排气冒黑烟,加速性及中、高速性较差	①点火器、点火线圈不良 ②高压线电阻过大 ③火花塞积炭或漏电 ④点火系统供电电压不足或搭铁不良	该故障与点火控制系统关系小,应重点检查点火器和点火线圈是否良好,供电电压是否正常,各插接件及导线连接是否牢固,检查点火器搭铁是否可靠,检查高压线电阻是否过大,消除火花塞积炭,更换漏电的火花塞
点火正时不准	发动机不易启动,怠速不稳,动力不足,冷却液温度偏高,发动机爆震	①初始点火提前角调整不当 ②点火基准传感器、曲轴转角与转速传感器不良或安装位置不正确	检查调整初始点火提前角。检查信号转子是否变形、歪斜,信号采集与输出部分安装有无不当,装置的间隙是否合适等
点火性能随工况发生变化	如低速正常,高速时失速;温度低时正常,温度高时不正常;刚启动时正常,工作一段时间后出现故障等	①点火基准传感器、曲轴转角与转速传感器安装松动 ②电路插接器件接触不良 ③点火器稳定性差 ④点火线圈局部损坏或软击穿及高压线电阻过大等	检查各有关部件安装有无松动;电路连接是否牢固、可靠;检查点火器点火线圈温度是否异常;检查或更换高压线、火花塞等

五、发动机点火系统故障维修的禁忌

1. 电子点火系统故障检查时的禁忌

① 在发动机启动和工作时,不要用手触摸点火线圈高压线和分电器等,以免受电击。

② 在检查点火系统电路故障时,不要用刮火的方式来检查电路的通断,否则容易损坏电子元器件。电路通断与否应该用万用表电阻挡来进行检查判断。

③ 进行高压试火时,应用绝缘的橡胶夹子夹住高压线来进行试验,直接用手接触高压线容易造成电击;也可将高压导线插入一个备用火花塞,然后将火花塞外壳搭铁,从火花塞电极间观察是否跳火。注意避免由于过电压而损坏电子点火控制器。

④ 在点火开关接通的情况下,不要进行连接或切断线路的操作。

⑤ 在拆卸蓄电池时，必须确认点火开关和其他所有的用电设备都已关闭，才能进行拆卸。

⑥ 安装蓄电池时，一定要辨清正负极，千万不能接错，蓄电池极性与线夹的连接一定要牢固，否则容易损坏电子设备。

⑦ 在用干电池模拟点火信号检查电子点火控制时，测量动作要快，干电池连接的持续时间一般不要超过5s，否则可能损伤电子元器件。

⑧ 当使用外接电源供维修使用时，应严格限制其电压不大于16V。当电压达到16V时，接通时间不允许超过60s。

⑨ 霍尔效应式电子点火系统的车辆被拖动时，应首先切断点火系统电源。

⑩ 点火线圈的负极接线柱不允许与电容器相连接。

⑪ 在任何条件下，只允许使用阻值为1kΩ的分火头（导电板），防止电磁干扰的1kΩ阻尼电阻线缆不得使用其他代用品替代，火花塞插头电阻值应为1～5kΩ。

⑫ 拔下火花塞高压分线接头时，用力方向与火花塞轴线平行，不可用力摇晃火花塞绝缘体，否则会破坏火花塞密封性。

⑬ 在发动机冷却后方可拆卸火花塞，当旋松要拆卸的火花塞时，用一根细软管吹净火花塞周围的污物，以防火花塞旋出后污物落入燃烧室内。

⑭ 火花塞孔周围、火花塞电极和密封必须保持清洁、干燥、无油污，否则会漏电、漏气。

⑮ 安装火花塞时，先对准螺孔用手轻轻拧入，拧到约螺纹全长的1/2后，再用加力杠杆紧固。若拧动不畅，应退出火花塞，查明原因后再装，不可盲目加力紧固，否则会损伤缸盖螺孔，对于铝合金缸盖更要小心。

⑯ 按要求力矩拧紧火花塞，过松会造成漏气，过紧会使密封垫失去弹性，同样会造成漏气。锥座形火花塞由于不用密封垫，因此更须按照规定力矩紧固。

⑰ 选用的火花塞应与车型要求相符，否则会造成点火不良等。

2. 电子点火系统故障维修的禁忌

① 读取点火系统故障码时，应在点火开关关闭时，才能将故障诊断连接在车身故障诊断插头上，严禁点火开关处于打开状态时直接连接。

② 排除点火系统故障后，应及时清除故障码。

③ 检测点火系统各元件电压、电阻时，应采用变阻抗万用表，严禁使用指针式万用表。

④ 当需摇转发动机而又不需要发动机启动时，应从分电器盖上拆下中央高压线，并将其搭铁，绝不允许点火线圈在开路状态下工作，否则极易损坏点火线圈和点火电子组件中的功率开关三极管。

⑤ 当需要拆、接电子点火装置连接导线时，或安装和拆卸检测仪器时，应先断开点火开关或断开蓄电池的搭铁线。

⑥ 安装火花塞时，应在螺纹处涂抹防锈剂（或安装螺纹上预涂嵌覆层的火花塞），以便在下次更换火花塞时，只需用力旋松一圈便可轻松拆下。

3. 爆震控制系统的维修禁忌

① 严禁用铁锤敲击发动机缸体来模拟爆震信号。

② 当爆震控制有故障时，爆震控制停止，发动机点火控制处于开环控制，发动机产生的爆震不能被控制，因此，不能长期使爆震控制处于开环状态。

第三节 发动机电控系统故障排查方法与技巧

当汽车电子控制系统产生故障时，通过自诊断测试，指明某传感器有故障或怀疑某传感器有故障时，只是提供了故障的性质和范围，最终确定是传感器还是执行器，还是相应的配线的故障，需要进一步检查配线、插头、ECU 和相关部件，才能准确找到故障原因。

一、传感器故障的排查方法与技巧

1. 汽车传感器分类

汽车发动机、底盘、车身系统应用着多种传感器，按被测量、能量关系、功能、输出信号、信号转换关系、工作原理的不同，把传感器进行了分类，如图 4-6 所示。

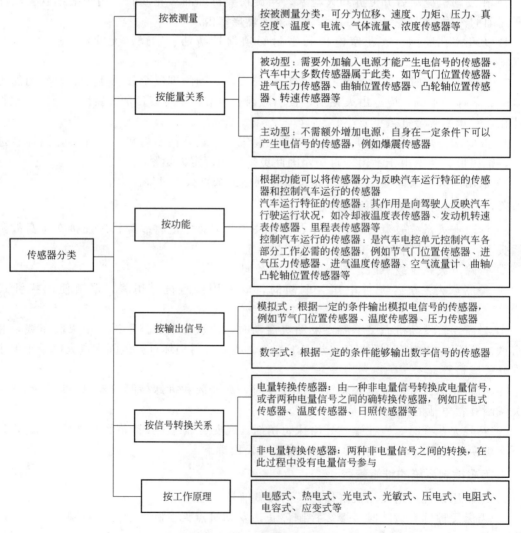

图 4-6 汽车传感器的分类

2. 传感器检测方法

（1）外部检查　为防止不是因为传感器本身故障而导致的传感器误判，要首先对怀疑的传感器部位进行外部检查，查看传感器的导线和连接的管路是否脱开、传感器是否有脏污、水泡、腐蚀、氧化、接触不良、传感器变形等情况。

（2）检测单导线型传感器方法

① 断开传感器导线插接器，打开点火开关，测量导线与搭铁之间的电压是否为参考电压。如果测量结果不正确，则应检查导线和 ECU。

② 测量传感器搭铁端子与搭铁之间的电阻值是否为零。

③ 接好传感器导线插器，启动发动机，测量传感器信号端子电压是否随发动机工况的变化而变化。

（3）检测双导线型传感器方法　双导线型传感器有根导线，一根为信号线，另一根为搭铁线，其检测步骤如下。

① 关闭点火开关，断开传感器导线插接器，用万用表欧姆挡测量插接器上各接线与搭铁之间的电阻，找出搭铁线。

② 打开点火开关，用万用表电压挡测量另一根导线与搭铁之间的电压是否为参考电压。若不正常，则检查导线和 ECU。

③ 接好传感器导线插接器，启动发动机，测量传感器信号端子的电压是否随发动机工况的变化而变化。

（4）检测三导线型传感器方法　三导线型传感器有三根导线，一根为 ECU 电源线，一根为信号线，另一根为搭铁线，其检测步骤如下。

① 将点火开关旋到 OFF 位置，断开传感器导线插接器，用万用表欧姆挡测量插接器上各接线与搭铁之间的电阻，确定搭铁线。

② 将点火开关置于 ON 位置，用万用表电压挡测量其他两根导线与搭铁之间的电压，电压为参考电压的为电源线，剩下的一根导线即为信号线。

③ 接好传感器导线插接器，启动发动机，测量传感器信号端子和搭铁端子间的电压是否随发动机工况的变化而变化。

（5）维修与更换　对传感器进行以上检测后，可以基本确定其好坏。更换传感器时，要严格按照操作规程操作。操作时不关闭（OFF）点火开关，且不可带电操作，否则容易损坏其他电子部件。安装时要轻拿轻放。

（6）检验　维修与更换传感器后，要切记用故障诊断仪消除故障码并重新试车，模拟故障出现状况，如果在试车过程中故障现象没有重复出现，检查故障码也没有重新出现，说明判断准确，安装正确，传感器维修操作完成。

3. 发动机用传感器常见的故障及原因

（1）空气流量计信号电压过高或过低　若空气流量计或其电路发生故障，如信号电压过高或过低、信号电压在测量范围内不正确，如果 ECU 并没有判断出来有故障，将会引起发动机失速。但是如果 ECU 将其与凸轮轴位置传感器信号和节气门位置传感器信号计算出的值相比较相差较大时，ECU 将判定其有故障，失效保护系统使 ECU 根据启动信号和节气门位置传感器信号按固定的喷射时间控制发动机工作。此时发动机的性能大大下降，电控单元在控制点火提前角时会忽略空气流量信号。

（2）进气歧管绝对压力传感器无信号或信号不正确　会使喷油控制失常，将造成发动机不能启动、启动困难、怠速运转不柔和、加速时发抖、发动机失速、燃油消耗过大等故障。

进气歧管绝对压力传感器常见的故障原因有：连接进气歧管绝对压力传感器的真空管路接头处或传感器内部有泄漏，使信号电压不正常或无信号输出；进气歧管绝对压力传感器插接器端子或其内部电路接触不良或断路，使传感器信号不正常或无信号输出；进气歧管绝对压力传感器压敏元件或相关部件失常而使信号电压不正常。

（3）曲轴和凸轮轴位置传感器的常见故障及原因　发动机转速与曲轴位置传感器有故障时，会造成发动机不能工作或发动机启动后立即熄火。发动机转速与曲轴位置传感器的常见故障有：传感器插接器或内部线路接触不良或断路而使传感器信号弱或无信号输出；传感器感应线圈有短路或搭铁而使传感器信号弱或无信号输出；传感器安装松动或间隙不当而使传感器信号弱或无信号输出。

（4）节气门位置传感器的常见故障及原因　节气门位置传感器故障是信号不正确或无信号输出，可能会造成发动机无怠速或怠速不稳、加速困难或不能加速、发动机油耗和排气污染增加等故障。

节气门位置传感器的常见故障如下。

① 传感器滑片与电阻接触不良而使信号中断或时有时无。

② 传感器电阻或内部电路有断路或短路，使其无信号电压输出或信号电压不正确。

③ 传感器滑片和电阻及相关零件松动和变形，使信号电压不准确。

当节气门位置传感器或其电路发生故障时，ECU 将始终接受节气门处于全开或全关状态信号，无法对喷油量进行精确控制。此时，失效保护系统中，通常按节气门开度为 0°或 25°设定标准的节气门位置传感器。

（5）冷却液温度传感器的常见故障及原因　启动困难，性能失常，怠速不稳，油耗增大，加速时回火、爆燃等。

主要的故障原因：发动机冷却液温度传感器故障（阻值不符合标准）；发动机冷却液温度传感器插接器接触不良，传感器断路或短路；冷却液温度传感器表面有水垢。

（6）进气温度传感器的常见故障及原因　当进气温度出现故障时，发动机 ECU 能够检测到故障信息，并能使发动机进入故障应急状态运行。此时发动机可能会出现热车难启动、排放超标等故障。

主要故障的原因：进气温度传感器感受温度部分脏污，使传感器热敏元件感受进气温度变化的灵敏度下降，从而导致其电阻值不能反映实际的进气温度；进气温度传感器内部线路接触不良而使传感器无信号或信号不正常；进气温度传感器热敏元件性能不良而使信号不正常；进气温度传感器线束插头接触不良，断路或短路。

（7）氧传感器的常见故障及原因　氧传感器一旦出现故障，将使电子燃油喷射系统的电脑不能得到排气管中氧浓度的信息，因而不能对空燃比进行反馈控制，会使发动机油耗和排气污染增加，发动机出现怠速不稳、缺火、喘振等故障现象。因此，必须及时地排除故障或更换氧传感器。故障的原因主要有下列几种。

① 中毒。氧传感器铅中毒是由于使用了含铅汽油，在高温下，铅附着在氧传感器的表面，使之不能产生正常的信号。

② 积炭。氧传感器铂片表面积炭后，不能产生正常的电压信号。

产生积炭，主要表现为油耗上升，排放浓度明显增加。此时，若将沉积物清除，就会恢复正常工作。

③ 氧传感器内部线路接触不良或断路而无信号电压输出。

④ 氧传感器陶瓷元件破损而不能产生正常的电压信号。氧传感器的陶瓷硬而脆，用硬物敲击或用强烈气流吹洗，都可能使其碎裂而失效。因此，处理时要特别小心，发现问题及

时更换。

⑤ 氧传感器加热器电阻丝烧断或其电路断路，使氧传感器不能迅速达到正常工作温度。

（8）爆震传感器的常见故障及原因　引起的主要故障现象：加速时产生爆震，为防止爆震的发生，ECU将点火提前角推迟，发动机功率有所下降；油耗升高；发动机运转不稳；不能达到最高车速；点火正时不准。

常见的故障原因：线束、插接件（此传感器电路断路或短路）或爆震传感器失效。

二、执行器故障排查的方法及技巧

1. 执行器的功用与分类

（1）执行器的功用　执行器又称为执行元件，是电子控制系统的执行机构。执行器的功用是根据电控单元（ECU）的指令完成具体的操作动作。

（2）执行器的分类　执行器可分为动作类和非动作类两种，动作类执行器主要有各种电动机和电磁阀等，非动作类执行器主要有灯泡、点火线圈和加热电阻等。电动机分为普通直流电动机和步进电动机两种，电磁阀分为直动式和旋转式两大类。

汽车执行器种类较多，根据执行器在车上的部位进行分类，如图4-7所示。

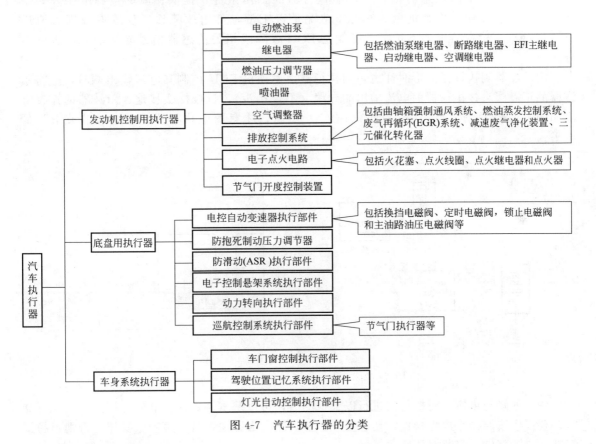

图4-7　汽车执行器的分类

2. 执行器的检测方法

当汽车电子控制系统产生故障时，通过自诊断测试，指明某执行器有故障或怀疑某执行器有故障时，也可以利用万用表来判定，检测方法同传感器，即采用测量执行器线束插接器相关端子间的电压、电阻和工作状态的方法来进行检查。检测执行器的程序如下。

（1）自诊断测试　利用故障诊断仪确认被怀疑的执行器是否有故障码，并在数据流中加以强化判断。

（2）外部检查　为防止不是因为执行器本身故障而导致误判，首先要对怀疑的执行器部位进行外部检查，查看执行器的导线和连接的管路是否脱开以及执行器是否有脏污、水泡、腐蚀、氧化、接触不良、变形等情况。

（3）线束检测　检测执行器与ECU之间的线束有无短路、断路和搭铁故障。

（4）电源电压的检测　为防止执行器由于没有供给电源而导致不能正常工作，应对外部电源进行检查。

（5）本体检查　主要是外观检查和电阻检查，不能连接外部电路。针对能够进行电阻测量的执行器，如电动机、电磁阀等执行器，可以用万用表的电阻挡直接测量，从而判断执行器是否正常。

（6）控制信号检测　控制信号的检测可以使用万用表的电压挡或电流挡进行，但使用汽车专用万用表对输出信号只是做简单的判断，更精确地判断输出信号可以使用示波器来进行。

（7）执行器工作状态的检查　按照执行器的工作条件，提供相应的电源电压，如果该执行器能够工作，检查执行器的工作情况是否正常，可用故障诊断仪读取数据流或进行波形分析。检查结果如不正常，可能是ECU故障或相关传感器信号异常，应作进一步分析。

用示波器测执行器波形时注意：当执行器由发动机ECU控制其电流输出端时，应将示波器的正极探头接执行器的电流输出端导线（不拔接头），负极探头接地。示波器的连接方法如图4-8(a)所示，其中波形如图4-8(b)所示，注意图中执行器在通电时的波形为低电平。

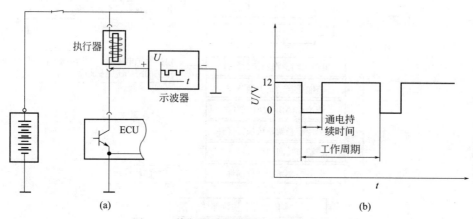

图4-8　执行器波形检测方法及基本波形

（8）维修与更换　对执行器进行以上检测后，可以基本确定执行器的好坏。更换执行器时，要严格按照操作规程操作，切忌蛮干。要关闭点火开关，且不可带电操作，否则容易损坏其他电子部件。安装时要轻拿轻放。

（9）检验　维修与更换执行器后，要切记用故障诊断仪消除故障码并重新试车，模拟故障出现状况，如果在试车过程中故障现象没有重复出现，检查故障码也没有重新出现，说明判断准确，安装正确，执行器维修操作完成。

三、发动机电控单元自诊断的功能与故障识别

1. 发动机控制单元自诊断功能

（1）发现故障　输入微处理器的电平信号，在正常状态下有一定的范围，如果这个参考范围以外的信号被输入时，ECU就会诊断出该信号系统处于异常状态。例如，发动机冷却液温度信号系统规定在正常状态时，传感器的电压为 0.08~4.8V（-50~139℃），超出这一范围即被诊断为异常。

（2）故障分类　当ECU工作正常时，通过诊断，用程序检测输入信号的异常情况，再根据检测结果故障按重要性分类。

（3）故障报警　一般通过仪表板上报警灯的闪亮来向车主报警。

（4）故障存储　当检测故障时，在存储器中存储故障部位的故障码。

（5）故障处理　在汽车运行过程中如果发生故障，为了不妨碍正常行驶，由ECU进行调控，利用预编程序中的代用值进行计算以保持基本的行驶性能，待停车后再进行相应的维修。

2. 发动机控制单元识别传感器故障

（1）电压型故障的识别　传感器的输出一般为电压信号，通常将传感器输出的电压信号作为故障诊断参数。当传感器内部发生短路或断路，或传感器与ECU之间的线路发生搭铁或断路时，其输入ECU的信号电压超出正常范围。

如果ECU接收传感器异常电压信号持续超限一定时间后，则将其判断为故障。

（2）时间型故障的识别　由于传感器信号电压一般都保持在某一时间范围内，当时间超过一定时限将被ECU辨认为故障的情况。ECU根据传感器信号变化的快慢、保持高于或低于某一值的时间是否超过某一时限，判定传感器是否存在故障。

3. 发动机控制单元识别执行器故障

对执行器故障的识别，一般是在ECU驱动电路中增设专用检测回路，监测执行器的工作情况。例如，在正常情况下，ECU每输出一个点火信号，电子点火器内的点火监测回路就及时收到一个点火正常反馈信号IGF。当电子点火器回路中的功率晶体管由于某种原因不能发出正常的点火电压信号时，ECU也就得不到点火正常反馈信号IGF，一般ECU在连接6次得不到IGF的情况下，就会判定点火系统出现故障。

4. 识别发动机控制单元本身的故障

在发动机控制单元（ECU）内，设有相应的监控回路，目的是为了实现对自身的监测，当ECU检测到系统有故障时，将以故障指示灯提醒驾驶人。

ECU正常运行时，其运行程序会对监视器内的计数器定时进行清零处理。这样，监视器中计数器的数值永远不会出现因计数满而溢出的现象。但当ECU出现故障时，ECU便不能对这个计数器进行定时清零，致使此监视计数器出现溢出，在其输出端输出一个高电平，据此可判定ECU故障。

四、发动机电控单元故障的类型与主要原因

依据电控单元（ECU）故障发生的部位可分为：ECU外围电路故障和ECU内部故障。

1. ECU外围电路故障

ECU外围电路包括电源电路、传感器信号电路和执行器驱动电路。ECU外围电路故障

主要是指 ECU 电源电路故障，一旦电源电路不正常，ECU 便无法正常工作。

2. ECU 内部故障

ECU 内部故障又可分为电源电路故障、输出动力模块故障、存储器故障等。

（1）电源电路故障　由于浪涌电压的存在，许多元器件易出故障，最常见的是出现贴片电容、贴片电阻、贴片二极管甚至某些重要芯片的周边外围保护电路连同印制板上的铜布线一起烧坏，此种情况是最常见的 ECU 故障。

（2）输出动力模块故障　由于输出动力模块上较大的驱动电流，极易导致功率板发热，这是 ECU 中最易发生故障的部分；某些汽车喷油器不喷油，突然熄火，其终极原因往往是功率驱动电路发生击穿。

（3）存储器故障　由于在运行过程中浪涌电压的冲击，程序存储器中出现某些字节丢失的现象，导致汽车发动机或其他被控制对象出现运转失常；或者由于事故发生后，EEPROM 中的内容被改写为异常状态，导致系统暂时故障。

如可编程存储器（EPROM 或 EEPROM）出现问题时，可进行更换。更换时，利用写入器（又称为烧灵器），先从带有程序的良好芯片中读出程序，然后写入一个同型号的空白芯片，最后将复制芯片装入 ECU。注意有的汽车厂家规定了芯片的复制次数（3～7 次），超过规定的次数便不能使用，也有的厂家通过加密手段使芯片无法复制。

五、发动机电控单元损坏的主要原因及检测方法

1. 发动机电控单元（ECU）损坏的主要原因

发动机 ECU 损坏主要是环境因素、电压超载和不规范的操作等因素造成的，主要有以下几种。

① 供电电压超出正常范围（大于 16V）或蓄电池接反并启动车辆。

② 输出电压过大（短路）或电磁感应电压过高。

③ 输入信号电压过高（一般应低于 5V）。

④ ECU 进水、潮湿，造成线路短路或腐蚀。

⑤ 外部线路短路，导致线路电流过载（一般搭铁线烧断）。

⑥ 受高压静电冲击（电焊或错误拆装）。

⑦ 强烈的外力冲击造成 ECU 外壳损伤、变形及线路板破裂。

⑧ ECU 内部元件老化（电阻或电容）或程序设计缺陷。

2. 发动机 ECU 损坏的检测技术

（1）ECU 内部检查　在经过静态检测和动态检测能确认 ECU 基本工作正常后，接下来应进行各项参数的信号分析。如果参数相差甚远或输入信号和输出电路正常而 ECU 工作不正常时，应检查或更换 ECU。

（2）运用 ECU 端子电压诊断发动机 ECU 故障　用数字式万用表电压挡检测蓄电池的电压，电压值应大于或等于 11V，否则应将蓄电池充电后再进行测量。

将 ECU 从车上拆下，但保持其导线插接器与 ECU 处于连接状态。将点火开关转至 ON 位置，将数字式万用表置于电压挡。依次将数字式万用表红表笔从导线插接器的导线一侧插入，测量 ECU 各端子与搭铁之间电压。

记录各 ECU 端子与搭铁之间的电压值，应与车型的标准值进行比较。如果所测的电压值与标准值不符合，说明 ECU 或其控制线路有故障，则维修发动机控制线路或更换 ECU。

测量结果应与标准值比较,若测得的电压与标准值基本相符,表明电控单元工作正常;若某一端子或几个端子数值偏差较大,相对误差大于 20%,则应怀疑 ECU 是否损坏。

若电压有误差但差别不是太大,此时不妨再配合测电阻或电流来作进一步判定。若与标准值差别很大,说明 ECU 或控制线路有故障。

(3) 运用 ECU 端子电阻诊断发动机 ECU 故障　从汽车上拆下 ECU;断开 ECU 导线插接器;将数字式万用表置于欧姆挡,测量发动机导线插接器各端子之间的电阻。

记录所测得的电阻值,并将其与车型标准值进行比较,如果所测数值与标准值相符合,但是车辆依然有故障,则更换 ECU。

六、发动机电控单元的故障维修技巧

1. 确认发动机电控单元(ECU)是否损坏

ECU 不便于直接检测,常用排除法判定 ECU 是否有故障,即先检查 ECU 的外电路(传感器、导线)是否正常,如出现以下情况,可以认定 ECU 工作异常:

① 相关传感器送给 ECU 的信号正确,但 ECU 不能有效控制执行器工作;

② 供电型传感器与 ECU 间的导线连接正常,但不能对传感器提供 5V 的参考电压。

当判定 ECU 存在故障时,若非专业维修人员,一般不予修理而直接更换 ECU 总成。注意:有些 ECU 在更换后应使用故障诊断仪的"控制单元编码"功能,对控制单元进行编码。

2. 按照电路图寻找发动机 ECU 损坏元件

根据电路图或实际线路图的走向找到与喷油器连接的相应 ECU 端子,然后使用数字式万用表的电阻挡,从确定的 ECU 端子开始,沿着 ECU 的印制电路查找某个晶体管是否出现异常情况。

3. 电控单元(ECU)检测

发动机 ECU 出现故障的概率较小,若出现问题,则会造成发动机不能启动、发动机性能失常等故障。

(1) 电控单元直观检查法　维修人员靠视觉去观察电路、元器件等的工作状态,直观检查法适用于各种故障的基本检查,尤其是对于一些硬性故障,如 ECU 内部引线腐蚀、元件冒烟等故障立竿见影。

(2) 电控单元触摸检查法　触摸检测法应用具有一定的局限性,因其检测过程中,要求 ECU 必须在工作的状态下进行,可以通过触摸去寻找故障点。在对可疑元件触摸的过程中,感知其温度,再与正常情况下进行比较,以判定其工作是否正常。这其中也包含嗅觉,比如克莱斯勒的 ECU,因元件表面覆盖的保护胶质材料,可能直接闻不到,但是一般打开 ECU 盖板时就可以闻到那种烧蚀的焦煳味。

触摸检查法主要适用于发热元件(指一些负载电流较大的器件),如电磁喷油器、各种电磁阀和电动机的驱动元件、点火器等。

(3) 检测 ECU 工作电压　对照 ECU 插接件图及 ECU 各接线点正常电压数据及测量条件,利用高输入阻抗的万用表测量 ECU 一侧插座上各端子的电路参数(如电压等),分析并比较各参数值,可判断 ECU 及其控制线路有无故障。

(4) 用改变输入信号的方法检查 ECU　ECU 是根据输入信号来控制供油量和混合气浓度的,因此改变输入信号时,喷油器的喷油时间和发动机的转速应发生变化。根据这一原理可以检查 ECU 是否有故障。

例如，启动发动机后，拔下发动机冷却液温度传感器线束侧接线器，按顺序将代表发动机冷却液温度传感器在冷却液低、中、高温时电阻值的3个电阻（分别为15kΩ、3.3kΩ、270Ω）接到发动机冷却液温度传感器线束侧接线器上，在线束无故障时，发动机转速应有明显的变化，否则表明ECU存在故障。

4. 电路故障检测

电控系统电路常见故障是断路或短路，诊断时应使用高阻抗数字式万用表的电阻挡或电压挡进行检测诊断。

（1）选择测点　需要把线束插接器端子作为测点时，则应拆开线束插接器。如果必须在线束插接器处于插接状态时测量参数（如传感器输出信号电压），则应先将线束插接器上的橡胶防水套向后取出。将万用表测量表笔从后端以适当角度插入并触及端子进行检查，不可对端子用力过大。

（2）断路故障检测　检查线路断路故障时，应先脱开ECU和相应传感器的插接器，然后测量插接器相应端子间的电阻，以确定是否有断路或接触不良故障。如图4-9所示为断路故障检查示意，打开三个线束插接器A、B、C中的任意两个，分别测量端子1-1和2-2之间的电阻。若电阻值为0Ω，说明两测点间无断路；若电阻值为∞，说明两测点之间断路。

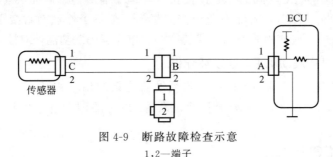

图4-9　断路故障检查示意
1,2—端子

（3）短路故障检测　检查线路搭铁短路故障时，应拆开线路两端的插接器，然后测量插接器被测端子与车身或搭铁线之间的电阻。如果电阻为0Ω，说明有短路故障；如果电阻值较大（电阻值＞1MΩ）表明无故障。

5. 发动机ECU晶体管的故障维修

（1）发动机ECU晶体管的更换

① 将发动机ECU多孔导线插接器插上，启动发动机，使用万用表电压挡连接到要确认的印制线，显示5V则为基准电压。

② 用万用表测试晶体管，如果发现集电极c与基极b的正反向电阻无穷大，则说明晶体管已经断路；如果发现集电极c与发射极e之间的电阻为零，则说明晶体管已经被击穿。此外还需要测量晶体管附近相连的其他晶体管和二极管。

（2）准确替换发动机ECU的晶体管

① 型号。查看晶体管上的信号，通过晶体管对应表确定与之相配的晶体管。

② 电阻。晶体管的基极一般都串有电阻，基极电阻值要与原晶体管的电阻相近。

> **小贴士**
>
> 晶体管的基极是靠电流的大小控制的，ECU电压值固定，因此需要利用电阻来控制电流。如果电流过大会烧坏晶体管；电流过小则不能将其触发。

③ 测量。利用万用表的二极管测量挡测量晶体管的属性。根据晶体管特性，应该只有一个管脚相对于另外两个管脚单向导通，具备这个属性则可确定是晶体管，只有一对管脚单向导通的是场效应管，相对另外两个管脚导通的管脚是晶体管的基极。

> **小贴士**
> ① 将替换的晶体管焊接到电路板上，焊接时要注意焊锡应尽可能少，避免过热，焊接完后用万用表测量各管脚，应不能相互导通。
> ② 替换完后，在 ECU 板裸露的情况下将其连接到车辆线束插头中，启动发动机，检查相应功能是否正常，同时用手触摸晶体管，如果有些热为正常，如果烫手说明存在故障。同时观察发动机故障指示灯是否点亮，并进行路试验证 ECU 工作情况。

6. 发动机 ECU 故障的排除

从原则上讲，电控单元（ECU）只能更换，不能修理，对于芯片及程序故障，最好更换同型号 ECU。但有些 ECU 的故障是可以通过更换元器件的方法进行修复的，这类故障主要包括以下几种情况。

（1）电源故障 ECU 电源故障有两种情况：一是主电源故障；二是基准电压故障（5V）。

① 主电源故障。造成这种故障的原因有：保护二极管短路，这种故障通常去掉或用同一规格的二极管代替进行解决；电源主搭铁线断路，这种故障可用焊接及导线连接的方法解决。

② 基准电压故障 $[(5.0±0.1)V]$。

a. 如果基准电压过低，应切断外界相关线路，观察电压能恢复到 $(5.0±0.1)V$，说明外电路传感器负荷过大，此时要逐一查找进行排除。

b. 如果基准电压不能恢复到 $(5.0±0.1)V$，则应更换电压调整模块。

c. 如果基准电压过高（大于 8V），则应检查电源模块搭铁线及线路板搭铁线，找到具体故障点，应修复搭铁线或更换模块。

（2）输出动力模块故障 可找到相对应动力模块，检测其输入及输出信号电压，确认模块损坏后，可更换相同或基本参数相同的模块，如点火模块、空调电控单元、喷油电控单元及风扇电控单元等。

（3）电容和电阻损坏 有些电容采用的是电解电容，当 ECU 使用过久后，很容易造成电容器失效，此时可用相同容量耐压 16~25V 的电容进行更换。

（4）ECU 进水和受潮故障 ECU 在进水或受潮后可进行干燥处理。干燥方法是首先用酒精进行冲洗，然后再将 ECU 装入一个大密封袋内用真空机进行抽真空，保持 24h 干燥后装车试用。

7. 电控单元电阻检查法

电阻检测法是利用万用表的欧姆挡，通过检测线路的通与断、阻值的大与小，以及通过对元器件的检测，来判别故障原因和故障部位。此种方法主要用于元器件和铜布线路的检测。

（1）检测元器件 除了常规的电阻、二极管、晶体管等外，一些集成电路也可以采用测其电阻的方法进行检测。对于集成电路来讲，如引脚功能结构相同、外电路结构相似，那么正常情况下，其对搭铁电阻是十分接近的，因此可以使用数字式万用表对其进行正、反向（调换表笔方向）测量，然后将测量值进行比较，找出故障点。这种测试方法对于一些找不到芯片资料，而元件外部连线结构形式相同的集成电路来说是一种很好的测量方式。

(2) 检测铜布线路　铜布线路很长，弯弯曲曲，为了证实它的两端焊点是相连的，可用万用表 $R\times 1$ 挡对其两端点进行电阻值的测量，零欧姆说明铜布线路良好；无穷大说明铜布线路发生断路故障。

铜布线路开裂、因腐蚀而造成的断路是经常发生的故障。开裂的原因可能是因为受外力的影响而造成的，而 ECU 进水是造成铜布线路腐蚀断路的主要原因。很多车辆的 ECU 安装于驾驶室的地板下或侧面踢脚板的旁边，在一些特殊情况下，ECU 内很容易进水，如不及时处理，铜布线路在水汽的作用下会逐渐腐蚀，直至故障完全表现出来。

8. 电控单元波形检查法

波形检查法是采用汽车专用或通用示波器，对 ECU 的相关引脚或 ECU 内的关键点的波形进行测量，确认其是否正常运行。例如，对于 89C51 来说，石英晶体振荡器输入端正常状态为标准正弦波，其 ALE 端为 1/6 时钟频率的脉冲波。其他微处理器也有类似功能引线。

9. 电控单元信号注入波形检查法

信号注入法是采用函数发生器（信号发生器）给电路输入信号，在输出端观察执行器的动作情况，或在输出端连接示波器或万用表，根据示波器指示的波形和万用表显示的信号电平大小来判断故障范围。采用该方法一般应对电路的结构有了比较深层次的了解，对相应的功能电路的输入输出信号的正常波形要有所了解，这样在车辆不工作的状态下，人为地模拟相关的信号，才能对车辆相关电路进行故障判断。另外，该方法需要有专门的仪器设备，引线较多，操作麻烦，但对于解决一些疑难问题来说，是一种很好的方法。

七、发动机电控系统常见故障的一般诊断方法

发动机电控系统常见故障的一般诊断方法见表 4-6。

表 4-6　发动机电控系统常见故障的一般诊断方法

故障现象	检查元件顺序	故障现象	检查元件顺序
发动机不启动	①发动机/电源电路的连接 ②熔断器/油泵/发动机控制继电器 ③燃油/滤清器状况 ④进气/真空系统泄漏 ⑤发动机管理系统连线 ⑥油压/供油量/油压调节器 ⑦喷油器 ⑧空气流量传感器 ⑨ECM 及其接线	冷车启动困难	⑪节气门装置 ⑫发动机管理系统连线 ⑬发动机转速传感器/凸轮轴位置传感器 ⑭ECM 及其连线
冷车启动困难	①发动机/电源电路的连接 ②熔断器/油泵/发动机控制继电器 ③燃油/滤清器状况 ④进气/真空系统泄漏 ⑤冷却液温度传感器 ⑥急速控制装置 ⑦空气滤清器 ⑧空气流量传感器 ⑨油压/供油量/油压调节器 ⑩喷油器	暖车启动困难	①发动机/电源电路的连接 ②熔断器/油泵/发动机控制继电器 ③燃油/滤清器状况 ④进气/真空系统泄漏 ⑤发动机管理系统连线 ⑥空气流量传感器 ⑦冷却液温度传感器 ⑧发动机转速传感器/凸轮轴位置传感器 ⑨油压/供油量/油压调节器 ⑩喷油器 ⑪空气滤清器 ⑫ECM 及其连线 ⑬爆燃控制

续表

故障现象	检查元件顺序	故障现象	检查元件顺序
超速时喘抖	①发动机/电源电路的连接 ②发动机管理系统连线 ③冷却液温度传感器 ④油压/供油量/油压调节器 ⑤节气门位置传感器 ⑥喷油器 ⑦空气流量传感器 ⑧爆燃传感器 ⑨ECM及其接线	怠速不正确	⑨节气门装置 ⑩喷油器 ⑪ECU及其连线
		怠速时断火	①进气/真空系统泄漏 ②冷却液温度传感器 ③空气滤清器 ④空气流量传感器 ⑤发动机/电源线路的连接 ⑥发动机管理系统连线 ⑦喷油器 ⑧ECU及其接线
加速中爆震	①爆震控制 ②发动机管理系统连线 ③空气流量传感器 ④ECM及其接线		
恒速时断火	进气/真空系统泄漏	CO含量过高	①空气滤清器 ②氧传感器 ③燃油蒸气净化罐/废气循环阀 ④节气门阀/连接软管/连接装置卡住 ⑤节气门位置传感器 ⑥冷却液温度传感器 ⑦发动机/电源电路的连接 ⑧发动机管理系统连线 ⑨油压/供油量/油压调节器 ⑩喷油器 ⑪空气流量传感器 ⑫ECM及其接线
怠速不稳定	①怠速控制装置 ②进气/真空系统泄漏 ③发动机/电源线路的连接 ④发动机管理系统连线 ⑤节气门装置 ⑥节气门位置传感器 ⑦冷却液温度传感器 ⑧进气温度传感器 ⑨空气滤清器 ⑩空气流量传感器 ⑪油压/供油量/油压调节器 ⑫喷油器 ⑬ECM及其接线		
怠速不正确	①进气/真空系统泄漏 ②发动机/电源线路的连接 ③发动机管理系统连线 ④怠速控制装置 ⑤节气门位置传感器 ⑥空气滤清器 ⑦空气流量传感器 ⑧冷却液温度传感器	CO含量过低	①进气/真空系统泄漏 ②氧传感器 ③燃油蒸气净化罐/废气再循环阀 ④空气滤清器 ⑤节气门位置传感器 ⑥冷却液温度传感器 ⑦汽油滤清器/油泵 ⑧油压/供油量/油压调节器 ⑨喷油器 ⑩空气流量传感器 ⑪ECU及其连线 ⑫发动机管理系统连线

八、发动机电控系统故障维修的禁忌

1. 维修汽车电控单元（ECU）的禁忌

① 防潮湿。在进行发动机清洗或雨天维修时，应特别注意不要让水进入ECU和及其他电子元件上，避免集成电路受潮。在湿润季节应注意防止潮气进入ECU，以免受潮湿而损伤或损坏其中的印制电路板及元件，而产生不良影响。

② 防断电。不能随意切断ECU电源，若在读取故障码前拆开蓄电池电缆线或拆下主熔丝，就会切断ECU的电源，存储在ECU随机存储器中的故障码便会自动消除。而当重新接通ECU的电源后，如果不进行ECU与控制元件的匹配，ECU将失去对执行元件的控制，

使汽车不能正常运行。在维修电控发动机时,若需要拆开蓄电池电缆线,必须先按规定的程序读取故障码。

③ 防静电。在干燥的晴天拆卸 ECU 时,由于 ECU 上的电子元件对静电十分敏感,当人体所带的静电达到一定程度时很容易使其烧坏。因此,在对 ECU 进行维护修理作业时,为防止人体静电,必须在手腕上系一根金属线,另一端与车身或车架相连搭铁(搭铁),可使人体产生的静电导出,避免对 ECU 造成损伤。

④ 防强振。强烈振动很容易使电控单元中的线路及电子元件产生故障或损坏,因此,在拆卸或安装 ECU 的过程中,禁止敲击或粗暴作业,ECU 在移动或运输中要轻拿轻放,防止甩落现象发生。

⑤ 防丢失。在判明故障之前,不能将蓄电池搭铁线拆去,否则,ECU 的记忆诊断数据会自行消失。所以,务必在拆线前先研究和处理完诊断数据,然后才可拆线进行其他检查,以防止数据信息丢失。

⑥ 不要出现过压或蓄电池极性接反。在进行车辆维修时,不允许蓄电池以外的其他电源(如专供启动用的启动电源)直接启动发动机,在装复蓄电池时注意其正、负极性不能接反;否则,供电电压过高、反向通电均会使 ECU 或其他电控元件损坏。

⑦ 防接触不良。电控单元的常见故障往往是由于插线接触不良引起的,所以要经常进行检查,确保各导线插头、接线柱、插接器的清洁和接触可靠性。

⑧ ECU 的工作温度环境一般设计为 $-22 \sim 65^\circ C$,因此汽车维修时,若有烤漆、焊接等项工作,应预先拆下 ECU,同时应严格控制温度,尤其是在距 ECU 和传感器较近的部位作业时,更要采取防止受到高温的措施。

2. 注意事项

ECU 及其他电子元件是精密部件,拿取时应小心谨慎,防止跌落撞击。

① 在检测之前,应先检查汽车电控系统及其有关电气系统的熔断器、线束插头是否良好。在点火开关处于接通位置时,蓄电池电压应不低于 11V,过低的蓄电池电压会影响测量结果。

② 必须使用高阻抗的万用表(阻抗应大于 $10M\Omega/V$),低阻抗的万用表会损坏 ECU。最好使用汽车专用万用表进行检测。

③ 不可在未拔下 ECU 的线束插接器的状态下,直接测量 ECU 的各端子电阻,否则会损坏 ECU。若要拔下 ECU 的线束插接器测量各控制线路,则应先拆下蓄电池负极搭铁线。不可在蓄电池连接完好的状态下拔下 ECU 的线束插接器,否则可能损坏 ECU。

④ 在检测时,应先将 ECU 连同线束一同拆下,在线束插接器处于连接的状态下,分别在点火开关关闭、接通及发动机运转状态下测量 ECU 各端子与搭铁端子之间的电压。也可以拔下 ECU 线束插接器,测量各控制线路的电阻,从而确定控制线路是否正常。

⑤ 如图 4-10 所示,连接 ECU 线束插头时,将拨杆推到底,以便可靠地锁紧;从 ECU 上连接或断开针状端子时,小心不要损坏针状端子。要确认 ECU 上的针状端子没有弯曲或断裂。使用电路测仪测量 ECU 信号时,绝对不要使测试笔搭接,表笔的意外搭接将会导致短路,损坏 ECU 内功率晶体管。

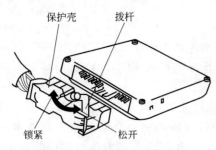

图 4-10　连接 ECU 线束插头

3. 维修氧传感器

① 氧传感器一般使用氧化锆(ZrO_2,一种陶瓷材

料）作为敏感元件，因为陶瓷硬而脆，甚至强烈的吹洗都会使它碎裂，所以在拆装时，不要用扳手或撬杠敲打，以免损坏。

② 不要在氧传感器内部喷涂防锈层或使用溶剂，以防阻碍或堵塞外部空气进入传感器内部而改变其性能，甚至完全失效。

③ 在维修发动机时，应按规定使用密封垫或密封胶。在有润滑油流动的部位，不要使用含有乙酸的硅密封胶或硅橡胶密封垫。除有厂商规定外，不要在氧传感器的螺纹处使用防粘剂或溶剂。

第四节　电控柴油机故障的排查方法与技巧

一、电控柴油机维修注意事项

采用万用表检测柴油汽车电控燃油喷射系统时的注意事项与汽油机基本相同。所不同且非常重要的一点是：柴油机供油系统的燃油压力比汽油机高几十倍甚至上百倍。因此在检测燃油系统时需要注意，一定要按照维修手册的步骤进行泄压。

① 柴油机的蓄电池电容量不足时，不能用快速启动电源来进行启动，但可以采用蓄电池辅助启动。

② 在进行柴油机的故障检查过程中，不能随便拔插电器接头及元件，而应在点火开关关闭后进行，并注意不要直接用万用表表笔在插接头前端进行相应的测量，而应采用专用接头或按技术手册要求进行测量。此外，还应注意接头及元件的保洁，不要让水、燃油或灰尘进入。

③ 不能直接对装备电控柴油机的车辆进行电焊工作，需将控制单元拆除后才能进行这些方面的作业，冬天还应注意人体静电对电气元件的损害。

④ 如需要对燃油系统进行拆卸时，一定要在柴油机停机一段时间后才能进行管路和器件的拆卸，具体时间因车型、柴油机型号和电控系统的不同而不同。在组装时，要注意保持接头的清洁及紧固后的密封性，根据拆卸情况进行排空。对于部分柴油机要逐段进行排空，首先是油箱到滤清器，然后是滤清器到油泵，即将泵体上的排气塞或排气口旋开，用手动真空泵将泵体内的气体排空。

⑤ 不能用传统的方法对新型电控柴油机进行故障诊断，应由通过系统专业知识培训的技师，应用合适的诊断设备、专用工具进行电控柴油系统的故障诊断。同时在故障诊断前需要详细阅读柴油机制造厂的操作指南和技术说明。

⑥ 电控柴油机系统故障诊断多采用逆源诊断法，先使用诊断设备找出故障的可能原因，然后从外围设备到控制单元逐步寻找故障所在的部位，最后加以解决。

⑦ 不能随意切断 ECU 电源：在发动机运行过程中，电控系统出现故障时，自诊断系统会存储相应的故障码，以便维修人员在维修时，利用诊断仪器或随车自诊断系统读取故障码，进而根据故障提示信息查找故障原因和部位。若在读取故障码前拆开蓄电池电缆线或拆下主熔丝，就会切断 ECU 的电源，存储在 ECU 随机存储器中的故障码便会自动消除。若想获得故障码，对能够启动且故障经常出现的发动机而言，只要接通电源重新启动发动机，还可以重新获取故障码，但也浪费时间；而对于故障间歇性出现或根本无法启动的发动机，切断 ECU 电源后将导致难以再获取甚至无法获得故障码，这也就失去了一个很重要的故障

信息。因此，在维修电控发动机时，若需要拆开蓄电池电缆线，必须先按规定的程序读取故障码。

⑧ 不能随意断开与蓄电池电压相同的供电线路：当点火开关处于接通（ON）位置时，无论发动机是否正在运转，此时绝不可拆下蓄电池电缆线或熔丝。因为突然断电将会使电路中的线圈产生自感电动势而出现很高的瞬时电压（有时高达近万伏），从而使ECU及传感器等微电子器件严重受损。

⑨ 必要时必须切断电源：由于电控发动机的燃油系统多采用电动燃油泵，若在维修燃油系统时不切断电源，就有可能会在维修过程中无意接通电动燃油泵电路，使电动燃油泵工作，高压燃油会从拆开的燃油管路中以高压喷出，造成人身伤害或引发火灾。因此，在对电控发动机燃油系统进行维修作业之前，应先切断电源，其方法是：关闭点火开关，或拆开蓄电池电缆线，或拔下主熔丝。

⑩ 不可随意采用切断ECU电源的方法清除故障码：发动机维修完毕后，必须清除存储在ECU中的原故障码；否则，发动机故障虽已被清除，但故障码却仍储存在ECU中，驾驶室仪表板上的故障指示灯仍将点亮，驾驶员无法确定是有新的故障发生，还是旧故障码未清除所致，容易引起误解。

⑪ 不要出现过压或蓄电池极性接反：在进行车辆维修时，不允许蓄电池以外的其他电源（如专供启动用的启动电源）直接启动发动机，在装复蓄电池时注意其正、负极性不能接反，否则，供电电压过高、反向通电均会使ECU或其他电控元件损坏。

⑫ 在对电控系统进行测试时，除特殊指明外，只能使用高阻抗数字式（不能使用指针式）万用表进行ECU及传感器测试，严禁用试灯测试与ECU相连接的电气元件，禁止用搭铁试火的方法进行电路检测，以免损坏ECU或其他电控元件。

⑬ 不能盲目进行拆检：电控系统的工作可靠性高、使用中出现故障的概率小，多数故障是由于线束插接器接触不良造成的，这句话本身是正确的，但必须注意，"工作可靠性高"并不是说"绝对可靠"，"出现故障的概率小"，并不是说"绝对不出现故障"，"多数故障是由于插接器接触不良造成的，"并不是说"全部故障是因连接不良造成的"。有些维修人员，尤其是驾驶员，由于对上述"正确语言描述"的片面理解，当发动机故障指示灯点亮时，便根据自己的主观臆断，在点火开关打开甚至在发动机运转过程中，将一些电控元件的线束插接器拆开、插上进行试验，殊不知，这样每拆开一个传感器的线束插接器，ECU便会记录一个故障码，这会导致人为故障码与实际故障码混淆，给故障诊断带来不必要的混乱。尤其是缺乏电控发动机维修知识或经验的人员，由于盲目操作导致发动机无法启动，再由专业人员维修时，读取的故障码有几个甚至几十个，也只能按读取的故障码一个一个地排除，既费时又费力。因此，非专业维修人员不要进行盲目拆检。

⑭ 不能盲目采用换件法诊断故障：当怀疑某个电控元件有故障时，用新的元件（或无故障车的同一元件）取代旧件以验证该电控元件是否有故障，这是目前在维修电控系统中多数维修人员都采用过的方法。但必须注意，换件法是建立在已经获得初步诊断结论后所采用的验证方法，否则换了很多零件下来，即使故障修复了，也不知道准确的故障部位在哪里。

⑮ 必要时拆开喷油泵或喷油器线束插接器：在维修中，使发动机运转但又不想启动发动机（如检测气缸压力等）时，必须拆开喷油泵或喷油线束插接器，以免发动机误启动或喷油器误喷油造成事故。

⑯ 注意燃油系统清洁：在拆开燃油系统前，必须先清洁相关部件及相邻区域；拆下的燃油系统部件必须放置在清洁的平面上，并用不带绒毛的布等遮盖好；安装前，必须保证零

部件的清洁；维修中，如有柴油滴漏，应及时擦拭干净；燃油系统拆开后，尽量不使用压缩空气作业，尽量不移动汽车，以免污物进入燃油系统。

二、电控柴油机控制系统故障的主要表现

1. 电控共轨柴油机的自保护功能

电控共轨柴油机一般都有自保护功能，以朝柴电控共轨柴油机为例，其自保护功能如下。

① 冷却液温度高时的保护。当冷却液温度高于95℃时，诊断系统将限制柴油机负荷不超过80%。

② 冷却液温度过高的保护。当冷却液温度高于110℃时，诊断系统将使柴油机停止运行，在运行停止前故障指示灯的红灯点亮，柴油机在约1min之后停机。

③ 冷却液温度低时的保护。当冷却液温度低于60℃时，诊断系统禁止柴油机全负荷工作，允许最大负荷为80%。为防止冷却液在60℃左右出现负荷的突变（80%突变为100%），只有驾驶人松一下加速踏板，诊断系统才允许柴油机全负荷。

④ 喷射通道故障时的保护。当仅有一缸喷射通道出现故障时，诊断系统禁止柴油机全负荷工作，允许最大负荷为20%。

⑤ 喷射通道严重故障时的保护。当有两缸及以上喷射通道出现故障时，诊断系统将使柴油机停止运行，在运行停止前故障指示灯的红灯点亮，柴油机在约1min之后停机。

⑥ 冷却液温度传感器冷启动默认值为-15℃，工作默认值为95℃。

2. 电控柴油机控制系统故障的主要表现

电控柴油机的故障，不一定都是电控系统的故障，很多故障都是多种因素造成的。对于电控柴油机而言，电控系统故障主要表现如下。

① 柴油机进入跛行状态或功率、转速下降状态（转速不上去，在转速达到2500~2800r/min后，迅速下降到1500~1600r/min）。

② 柴油机不能启动或启动困难。

③ 柴油机动力不足。

④ 故障指示灯常亮或闪亮。

三、电控柴油机控制系统故障的排除方法

1. 利用实际值（或数据流）排除故障

① 利用专用诊断仪读取故障码后，根据故障的描述，通过观察该故障的实际值，进一步确定故障的主要位置。因为，数据流是动态的，只有柴油机在运转工作的状态下，才有数据流。在柴油机运转过程中，随着其工作状态的变化，数据流也在不断变化，如果数据流没有变化，是一个固定值，可以直接确定该位置的某个传感器出现了问题。如果数据流有变化，但是变化的数值非常小，可以确定是相应的管路或线路出现了问题。然后，根据故障的方向，利用传统的机械式处理故障的方法，查找故障的确切部位。

② 在柴油机开始使用时，可利用专用诊断仪将柴油机当前的实际值（数据流共计31项）全部打印出来，作为该柴油机的原始数据流，并存储在该客户的档案或粘贴在该客户的服务手册内，在该柴油机出现问题后，将该柴油机当前的数据流打印出来，并且与该柴油机的原始数据流进行比较，有变化的数据流，就是该柴油机问题的根本所在。这样，可以及

时、准确地诊断问题。

 注意 打印数据流时，一定要在同一状态下进行，这样两次的数据流才能进行比较，否则对比的数据流是不准确的。同一状态是指柴油机的转速和冷却液温度均一致的情况下。

2. 通过专用诊断仪读取故障描述并排除故障

① 连接专用的故障检测仪（KTS510F 或 X-431 等）。例如，朝柴专用诊断仪连接线口目前有两种：一种是长方形的，16 针接线（国际标准）；另一种是圆形的。其中，圆形的诊断接口是各汽车厂家普遍采用的，通常有 3 条连接线：1 是正极，2 是负极，K8 是诊断通信线，并且与 ECU 的 K25 是对应引脚线。如果连接专用诊断仪后，不能建立诊断通信，要仔细检查诊断接口 K8 引脚线的通信状态，如果 K8 不能建立诊断通信，说明 K8 引脚线出现断路、短路的现象，可以直接从 ECU 的 K25 引出连线，并且从整车的主继电器引出正极和负极，并与专用诊断仪的 K8、1、2 相连，即可诊断故障。

② 在进入读取故障码的存储模块以后，首先要删除一下 ECU 的故障码。因为 ECU 的故障码有时是虚拟的，只要删除一下，原来虚拟的故障码就不存在了，剩下的故障码就是当前存在的真实故障码。

③ 通过随车故障指示灯（故障码）排除故障

ECU 具有故障自诊断功能，但没有自清除历史记录的功能，一旦检测出电控系统存在故障，ECU 就会：

① 这产生相应的故障码并存入内存；
② 依照故障的严重等级，自动进入不同的失效保护策略；
③ 出现故障码后，可根据故障码与对应的故障描述进行故障的排除；
④ 故障指示灯对应整车的 K55 引脚线，如果与 ECU 相连，故障指示灯出现常亮。

3. 运用故障检查表排除故障

① 博世 VP44 电控分配泵故障检查表见表 4-7。

表 4-7 博世 VP44 电控分配泵故障检查表

故障可能原因或部位	故障现象									
	发动机启动困难	发动机怠速运转有问题	汽车行驶时发动机熄火	发动机功率不足	燃油耗过高	发动机熄火	发动机运转转速不变	发动机全负荷时冒白烟	发动机不能停机	发动机故障指示灯亮
电控系统自诊断存储的故障码	●	●	●	●	●	●	●	●	●	●
废气再循环			●	●	●					
进气系统										
制动开关/制动安全开关		●	●				●			
转速传感器	●				●					
发动机压力损失					●					
喷油器			●							
分配泵电控单元	●	●	●			●			●	

续表

故障可能原因或部位	故障现象									
	发动机启动困难	发动机怠速运转有问题	汽车行驶时发动机熄火	发动机功率不足	燃油耗过高	发动机熄火	发动机运转转速不变	发动机全负荷时冒白烟	发动机不能停机	发动机故障指示灯亮
转速传感器		●	●							
预热时间控制	●									
主继电器	●									
海拔高度传感器					●					
回油管路空心螺钉								●		
空调装置		●								
发动机压缩状况	●				●					
燃油滤清器								●		
离合器开关		●	●							
增压压力调节				●	●					
燃油系统有空气								●		
油量调节	●	●			●	●			●	
发动机机油温度传感器				●						
发动机控制					●					
针阀运动传感器	●	●					●			
加速踏板位置传感器		●	●				●			
喷油提前角调节				●						
电控单元		●	●				●			
燃油箱空,燃油箱通风			●							
燃油箱通风								●		
进气空气温度传感器				●						
燃油温度传感器				●						
发动机冷却液温度传感器		●		●						
废气涡轮增压器				●	●					
防盗锁	●									

注:"●"表示可能有关故障原因,下同。

② 德尔福 EPIC 电控分配泵在无故障码时的故障检查表见表 4-8。

表 4-8 德尔福 EPIC 电控分配泵在无故障码时的故障检查表

故障可能原因或部位	故障现象								
	发动机启动困难	发动机运转不均匀	发动机怠速运转不均匀	发动机不启动	发动机运转时有异常声响	发动机排气冒烟	发动机功率不足	汽车加速滞缓	燃油耗太高
废气再循环系统故障			●						
吸入机油油雾								●	
制动信号灯开关故障								●	
蓄电池电量不足/发电机故障	●								
电热塞故障	●		●		●	●	●		
起动机故障	●								
喷油器故障	●	●	●	●	●	●	●	●	●
喷油泵故障	●		●	●		●	●	●	
燃油滤清器积水过多								●	
驾驶方式不良									●
发动机机油规格不对	●								
空调设备和风窗玻璃加热器		●	●						
燃油箱无油	●			●					
发动机机械磨损，压缩不良	●		●	●		●	●		
发动机状况					●				
燃油管路密封不良（进入空气）	●		●	●		●	●		
燃油品质不合格（可能是汽油）		●	●				●	●	
燃油滤清器太脏或堵塞	●	●	●	●			●	●	●
空气滤清器（进气系统）太脏或堵塞	●	●	●			●	●	●	
废气装置堵塞	●					●	●		
气缸盖中的预燃室松动					●				
防盗锁故障	●								
喷油泵在发动机上的装配相位不对	●	●			●	●	●		

③ 博世电控泵喷嘴系统故障检查表见表 4-9。

表 4-9 博世电控泵喷嘴系统故障检查表

故障可能原因或部位	故障现象									
	发动机启动困难	发动机怠速运转有问题	汽车行驶时发动机熄火	发动机功率不足	油耗过高	发动机熄火	发动机高转速时排放不合格	发动机全负荷时冒白烟	发动机过热	发动机故障指示灯亮
电控系统自诊断存储的故障码	●	●	●	●	●	●	●	●	●	●
废气再循环			●		●					
蓄电池电压	●									
制动开关/制动安全开关			●	●			●			
转速传感器	●		●			●				
车速传感器			●	●						
用错燃油		●			●					
凸轮轴位置传感器信号轮	●									
预热塞主继电器	●									
电缆束/熔丝/电插头					●					
燃油箱无油/漏油	●		●		●					
燃油滤清器堵塞	●		●					●		
燃油系统有空气	●	●						●		
冷却液温度传感器	●	●		●	●			●	●	
离合器开关		●	●							
增压压力调节器				●	●					
进气系统				●	●					
空气滤清器堵塞		●		●						
进气空气质量流量传感器				●						
发动机压气状况	●									
凸轮轴位置传感器	●									
加速踏板位置传感器		●	●	●			●			
泵喷嘴单元	●		●	●		●		●		
进气管节气门转换阀	●									
进气管节气门控制阀				●		●				
电控单元	●	●	●	●		●				

续表

故障可能原因或部位	故障现象									
	发动机启动困难	发动机怠速运转有问题	汽车行驶时发动机熄火	发动机功率不足	油耗过高	发动机熄火	发动机高转速时排放不合格	发动机全负荷时冒白烟	发动机过热	发动机故障指示灯亮
串联泵(系统压力)	●	●		●	●	●			●	
燃油箱燃油有空气	●		●			●		●		
燃油温度传感器				●	●					
进气空气温度传感器				●						
废气涡轮增压器				●	●					
电源电压	●									
点火开关	●									

④ 博世共轨喷油系统故障检查表见表4-10。

表4-10 博世共轨喷油系统故障检查表

故障可能原因或部位	故障现象															
	起动机不启动	发动机熄火后不能再启动	发动机熄火后能再启动	发动机没有怠速	怠速太高，排放不合格	发动机断火，敲缸	发动机剧烈抖动	发动机运转不稳	发动机功率不足	发动机燃油耗高	发动机冒白烟或蓝烟	发动机冒黑烟	发动机过热	发动机无法停机	自行持续供气	发动机转速太高
电控系统自诊断存储的故障码	●	●	●	●	●	●	●	●	●	●	●	●	●	●	●	●
电控系统电压供应	●	●	●			●	●									
主继电器	●	●	●													
接线柱15	●	●	●											●		
熔丝/接插件/电线束	●	●	●			●	●							●		
进气系统	●			●					●			●				
燃油品质/燃油不足	●											●				
燃油滤清器	●		●		●											
燃油预热											●					
凸轮轴/曲轴同步信号	●															
燃油低压系统	●	●							●			●				
燃油高压系统	●							●	●		●				●	
废气再循环调节回路	●				●				●			●				
冷却液温度传感	●					●							●	●		

故障可能原因或部位	故障现象													
	起动机不启动	发动机熄火后不能再启动	发动机熄火后能再启动	发动机没有急速	急速太高，排放不合格	发动机断火、敲缸	发动机剧烈抖动	发动机运转不稳	发动机功率不足	发动机燃油耗高	发动机冒白烟或蓝烟	发动机冒黑烟	发动机过热	自行持续供气	发动机转速太高
燃油系统中有空气	●	●		●		●					●				
预热塞主继电器	●														
压力调节阀	●	●	●	●		●		●							
喷油器	●	●	●	●		●	●	●	●	●		●			
共轨压力传感器	●	●		●		●									
发动机机械结构	●								●			●		●	
防盗锁	●														
发动机电控单元	●				●								●	●	●
进气空气质量流量传感器				●				●			●				
加速踏板位置传感器					●			●						●	
低压系统不密封						●									
离合器踏板开关							●								
制动踏板开关							●								
速度信号							●								
涡轮增压器									●			●			
机油油面											●			●	●
散热器风扇控制													●		
冷却回路循环													●		
点火启动开关														●	

⑤ 德尔福电控共轨喷油系统故障检查表见表 4-11。

表 4-11 德尔福电控共轨喷油系统故障检查表

故障可能原因或部位	故障现象													
	发动机不能启动	发动机启动困难，启动后熄火	发动机热启动困难	发动机急速不稳	急速转速太高或太低	发动机冒黑烟	发动机爆震或燃烧噪声大	发动机提升转速时有噪声	发动机功率太大	发动机加速不起来	发动机熄火	发动机游车	发动机功率不足	发动机燃油耗太高	换挡时发动机转速太高	有燃油气味	发动机停机困难
高压系统密封性检查	●	●						●					●			●	
自诊断	●	●	●	●	●	●	●	●	●	●	●	●	●	●	●		●

续表

故障可能原因或部位	故障现象																
	发动机不能启动	发动机启动困难，启动后熄火	发动机热启动困难	发动机急速不稳	怠速转速太高或太低	发动机冒黑烟	发动机爆震或燃烧噪声大	发动机提升转速时有噪声	发动机功率太大	发动机加速不起来	发动机熄火	发动机游车	发动机功率不足	发动机燃油耗太高	换挡时发动机转速太高	有燃油气味	发动机停机困难
燃油箱储油状况		●									●	●					
机油是否进入燃烧室						●		●						●			●
检查预热塞	●	●		●		●	●				●						
检查高压燃油泵	●			●							●	●					
检查高压传感器	●																
燃油计量阀堵塞，卡住不动	●	●	●		●			●		●							
检查喷油器	●	●	●	●		●	●			●	●	●	●	●	●	●	
检查电缆束	●	●	●	●				●			●	●			●		
检查催化转化器(畅通情况)		●				●					●		●	●			
燃油温度传感器不密封														●		●	
检查离合器调整状况					●										●		
燃油计量阀泄漏状况														●		●	
检查空气供应状况	●	●	●	●	●	●			●	●	●			●			
检查发动机机油状况		●				●								●			
发动机压缩不良	●	●	●	●						●			●				
检查发动机电控单元	●	●	●		●			●		●	●		●	●	●		●
检查电流供应状况	●	●			●						●						
检查废气涡轮增压器								●					●	●			
低压油路	●	●	●	●		●	●				●					●	
气门间隙									●	●							

四、电控柴油机故障的诊断与排除方法

1. 非共轨型柴油机无故障码故障的诊断与排除（表 4-12）

表 4-12 非共轨型柴油机无故障码故障的诊断与排除

故障现象	可能故障部位	故障排除
发动机不能转动	(1)起动机 (2)启动继电器 (3)空挡启动开关	(1)起动机 (2)启动继电器 (3)空挡启动开关及其电路
低温启动困难	(1)预热系统 (2)STA 信号电路 (3)燃油系统 (4)发动机 ECU	(1)预热塞及其电路 (2)STA 信号电路 (3)喷油泵、喷油器和燃油滤清器 (4)发动机 ECU
热启动困难	(1)STA 信号 (2)燃油系统 (3)压缩压力 (4)发动机 ECU	(1)STA 信号电路 (2)喷油泵、喷油器和燃油滤清器 (3)压缩压力 (4)发动机 ECU
发动机启动后经常熄火	(1)ECU 电源电路 (2)燃油系统 (3)发动机 ECU	(1)ECU 电源电路 (2)燃油滤清器和喷油泵 (3)发动机 ECU
发动机失速	(1)ECU 电源电路 (2)喷油量控制阀继电器电路 (3)发动机 ECU (4)喷油泵	(1)ECU 电源电路 (2)喷油量控制阀继电器电路 (3)发动机 ECU (4)喷油泵
急速过高	(1)A/C 信号 (2)STA 信号 (3)喷油泵 (4)发动机 ECU	(1)A/C 信号电路 (2)STA 信号电路 (3)喷油泵 (4)发动机 ECU
急速过低	(1)A/C 信号 (2)气门间隙 (3)压缩压力 (4)燃油管路(混有空气) (5)燃油系统 (6)EGR 系统 (7)发动机 ECU	(1)A/C 信号电路 (2)气门间隙 (3)压缩压力 (4)燃油系统排气 (5)喷油器和喷油泵 (6)EGR 系统 (7)发动机 ECU
急速不稳	(1)燃油管路(混有空气) (2)气门间隙 (3)压缩压力 (4)预热系统 (5)燃油系统 (6)EGR 系统 (7)发动机 ECU	(1)燃油系统排气 (2)气门间隙 (3)压缩压力 (4)预热系统 (5)喷油器和喷油泵 (6)EGR 系统 (7)发动机 ECU
加速不良	(1)压缩压力 (2)燃油系统 (3)EGR 系统 (4)发动机 ECU	(1)压缩压力 (2)喷油泵、喷油器和燃油滤清器 (3)EGR 系统 (4)发动机 ECU

续表

故障现象	可能故障部位	故障排除
工作粗暴	(1)燃油系统 (2)EGR 系统 (3)发动机 ECU	(1)喷油器 (2)EGR 系统 (3)发动机 ECU
冒黑烟	(1)燃油系统 (2)EGR 系统 (3)发动机 ECU	(1)喷油器 (2)EGR 系统 (3)发动机 ECU
冒白烟	(1)燃油系统 (2)预热系统 (3)EGR 系统 (4)发动机 ECU	(1)喷油泵、喷油器和燃油滤清器 (2)预热系统 (3)EGR 系统 (4)发动机 ECU
喘振(转速波动)	(1)燃油系统 (2)发动机 ECU	(1)喷油器和喷油泵 (2)发动机 ECU
发动机不能转动	(1)起动机 (2)启动继电器 (3)空挡启动开关	(1)起动机 (2)启动继电器 (3)空挡启动开关及其电路
低温启动困难	(1)预热系统 (2)STA 信号电路 (3)燃油系统 (4)燃油压力传感器 (5)进气节流控制系统 (6)发动机 ECU	(1)预热塞及其电路 (2)STA 信号电路 (3)输油泵、喷油器和燃油滤清器 (4)燃油压力传感器 (5)进气节流控制系统 (6)发动机 ECU
热启动困难	(1)压缩压力 (2)STA 信号电路 (3)燃油系统 (4)燃油压力传感器 (5)进气节流控制系统 (6)发动机 ECU	(1)压缩压力 (2)STA 信号电路 (3)输油泵、喷油器和燃油滤清器 (4)燃油压力传感器 (5)进气节流控制系统 (6)发动机 ECU
发动机启动后经常熄火	(1)ECU 电源电路 (2)燃油系统 (3)进气节流控制系统 (4)燃油压力传感器 (5)发动机 ECU	(1)ECU 电源电路 (2)燃油滤清器和输油泵 (3)进气节流控制系统 (4)燃油压力传感器 (5)发动机 ECU
急速过高	(1)A/C 信号 (2)STA 信号 (3)输油泵 (4)燃油压力传感器 (5)发动机 ECU	(1)A/C 信号电路 (2)STA 信号电路 (3)输油泵 (4)燃油压力传感器 (5)发动机 ECU
急速过低	(1)A/C 信号 (2)气门间隙 (3)压缩压力 (4)燃油管路有空气 (5)燃油系统 (6)EGR 系统 (7)燃油压力传感器 (8)进气节流控制系统 (9)发动机 ECU	(1)A/C 信号电路 (2)气门间隙 (3)压缩压力 (4)燃油系统排气 (5)喷油器和输油泵 (6)EGR 系统 (7)燃油压力传感器 (8)进气节流控制系统 (9)发动机 ECU

续表

故障现象	可能故障部位	故障排除
怠速不稳	(1)燃油管路有空气 (2)气门间隙 (3)压缩压力 (4)燃油系统 (5)EGR系统 (6)燃油压力传感器 (7)进气节流控制系统 (8)发动机ECU	(1)燃油系统排气 (2)气门间隙 (3)压缩压力 (4)喷油器和输油泵 (5)EGR系统 (6)燃油压力传感器 (7)进气节流控制系统 (8)发动机ECU
加速不良	(1)压缩压力 (2)燃油系统 (3)EGR系统 (4)燃油压力传感器 (5)进气节流控制系统 (6)发动机ECU	(1)压缩压力 (2)输油泵、喷油器和燃油滤清器 (3)EGR系统 (4)燃油压力传感器 (5)进气节流控制系统 (6)发动机ECU
工作粗暴	(1)燃油系统 (2)EGR系统 (3)燃油压力传感器	(1)喷油器和输油泵 (2)EGR系统 (3)燃油压力传感器
冒黑烟	(1)燃油系统 (2)EGR系统 (3)燃油压力传感器 (4)进气节流控制系统 (5)发动机ECU	(1)喷油器和输油泵 (2)EGR系统 (3)燃油压力传感器 (4)进气节流控制系统 (5)发动机ECU
冒白烟	(1)燃油系统 (2)预热系统 (3)EGR系统 (4)燃油压力传感器 (5)进气节流控制系统 (6)发动机ECU	(1)输油泵和燃油滤清器 (2)预热系统 (3)EGR系统 (4)燃油压力传感器 (5)进气节流控制系统 (6)发动机ECU
喘振(转速波动)	(1)燃油系统 (2)燃油压力传感器 (3)发动机ECU	(1)喷油器和输油泵 (2)燃油压力传感器 (3)发动机ECU

2. 共轨型电控柴油机故障的诊断与排除

现以丰田电控柴油车为例,介绍共轨型电控柴油机故障的诊断与排除方法,见表4-13。

表 4-13　共轨型电控柴油机故障诊断与排除表

故障现象	可能故障部位	故障排除
起动机不转动	(1)起动机 (2)起动机继电器 (3)空挡启动开关电路(A/T)	(1)检查启动机 (2)检查启动机继电器 (3)维修空挡启动开关电路(A/T)及空挡启动开关
冷态时发动机难以启动	(1)STA信号电路 (2)喷油器 (3)燃料滤清器 (4)发动机ECU (5)供油泵 (6)燃油压力传感器 (7)柴油机节气门	(1)检查STA信号电路 (2)检查喷油器 (3)检查燃料滤清器 (4)检查发动机ECU (5)检查供油泵 (6)检查燃油压力传感器 (7)检查柴油机节气门

续表

故障现象	可能故障部位	故障排除
热态时发动机难以启动	(1)STA 信号电路 (2)喷油器 (3)燃油滤清器 (4)压缩压力 (5)发动机 ECU (6)供油泵 (7)检查燃油压力传感器 (8)柴油机节气门	(1)检查 STA 信号电路 (2)检查喷油器 (3)检查燃油滤清器 (4)检查压缩压力 (5)检查发动机 ECU (6)检查供油泵 (7)检查燃油压力传感器 (8)检查柴油机节气门
发动机启动后不久熄火	(1)燃油滤清器 (2)喷油器 (3)ECU 电源电路 (4)发动机 ECU (5)供油泵 (6)燃油压力传感器 (7)柴油机节气门	(1)检查燃油滤清器 (2)检查喷油器 (3)检查 ECU 电源电路 (4)检查发动机 ECU (5)检查供油泵 (6)检查燃油压力传感器 (7)检查柴油机节气门
最初怠速不正确 （怠速不良）	(1)燃料滤清器 (2)喷油器 (3)发动机 ECU (4)供油泵 (5)燃油压力传感器	(1)检查燃料滤清器 (2)检查喷油器 (3)检查发动机 ECU (4)检查供油泵 (5)检查燃油压力传感器
发动机怠速过高 （怠速不良）	(1)A/C 信号电路 (2)喷油器 (3)STA 信号电路 (4)发动机 ECU (5)供油泵 (6)燃油压力传感器	(1)检查 A/C 信号电路 (2)检查喷油器 (3)检查 STA 信号电路 (4)检查发动机 ECU (5)检查供油泵 (6)检查燃油压力传感器
发动机怠速过低 （怠速不良）	(1)A/C 信号电路 (2)喷油器 (3)EGR 控制电路 (4)压缩压力 (5)气门间隙 (6)燃油管路(混有空气) (7)发动机 ECU (8)供油泵 (9)燃油压力传感器 (10)柴油机节气门	(1)检查 A/C 信号电路 (2)检查喷油器 (3)检查 EGR 控制电路 (4)检查压缩压力 (5)检查气门间隙 (6)检查燃油管路(混有空气) (7)检查发动机 ECU (8)检查供油泵 (9)检查燃油压力传感器 (10)检查柴油机节气门
怠速抖动 （怠速运转不良）	(1)喷油器 (2)燃油管路(混有空气) (3)EGR 控制电路 (4)压缩压力 (5)气门间隙 (6)发动机 ECU (7)供油泵 (8)燃油压力传感器 (9)柴油机节气门	(1)检查喷油器 (2)检查燃油管路(混有空气) (3)检查 EGR 控制电路 (4)检查压缩压力 (5)检查气门间隙 (6)检查发动机 ECU (7)检查供油泵 (8)检查燃油压力传感器 (9)检查柴油机节气门
热态发动机喘振 （怠速运转不良）	(1)喷油器 (2)ECU 电源电路 (3)压缩压力 (4)燃油管路(混有空气) (5)气门间隙	(1)检查喷油器 (2)检查 ECU 电源电路 (3)检查压缩压力 (4)检查燃油管路(混有空气) (5)检查气门间隙

续表

故障现象	可能故障部位	故障排除
热态发动机喘振 (怠速运转不良)	(6)发动机 ECU (7)供油泵 (8)燃油压力传感器 (9)柴油机节气门	(6)检查发动机 ECU (7)检查供油泵 (8)检查燃油压力传感器 (9)检查柴油机节气门
冷态发动机喘振 (怠速运转不良)	(1)喷油器 (2)ECU 电源电路 (3)压缩压力 (4)燃油管路(混有空气) (5)气门间隙 (6)发动机 ECU (7)供油泵 (8)燃油压力传感器 (9)柴油机节气门	(1)检查喷油器 (2)检查 ECU 电源电路 (3)检查压缩压力 (4)检查燃油管路(混有空气) (5)检查气门间隙 (6)检查发动机 ECU (7)检查供油泵 (8)检查燃油压力传感器 (9)检查柴油机节气门
加速迟缓/加速不良 (驾驶性能不良)	(1)喷油器 (2)燃油滤清器 (3)EGR 控制电路 (4)压缩压力 (5)发动机 ECU (6)供油泵 (7)燃油压力传感器 (8)柴油机节气门	(1)检查喷油器 (2)检查燃油滤清器 (3)检查 EGR 控制电路 (4)检查压缩压力 (5)检查发动机 ECU (6)检查供油泵 (7)检查燃油压力传感器 (8)检查柴油机节气门
爆燃(驾驶性能不良)	(1)喷油器 (2)EGR 控制电路 (3)供油泵 (4)燃油压力传感器	(1)检查喷油器 (2)检查 EGR 控制电路 (3)检查供油泵 (4)检查燃油压力传感器
排气冒黑烟 (驾驶性能不良)	(1)喷油器 (2)EGR 控制电路 (3)供油泵 (4)燃油压力传感器 (5)柴油机节气门	(1)检查喷油器 (2)检查 EGR 控制电路 (3)检查供油泵 (4)检查燃油压力传感器 (5)检查柴油机节气门
无烟(驾驶性能不良)	(1)EGR 控制电路 (2)燃油滤清器 (3)发动机 ECU (4)供油泵 (5)燃油压力传感器 (6)柴油机节气门	(1)检查 EGR 控制电路 (2)检查燃油滤清器 (3)检查发动机 ECU (4)检查供油泵 (5)检查燃油压力传感器 (6)检查柴油机节气门
喘振/转速波动 (驾驶性能不良)	(1)喷油器 (2)发动机 ECU (3)供油泵 (4)燃油压力传感器	(1)检查喷油器 (2)检查发动机 ECU (3)检查供油泵 (4)检查燃油压力传感器

五、电控柴油机故障维修的禁忌

1. 电控柴油机

① 柴油机的蓄电池电容量不足时，不能用快速启动电源来进行启动，但可以采用蓄电池辅助启动。

② 如需要对燃油系统进行拆卸时，一定要在柴油机停机一段时间后才能进行管路和器

件的拆卸，具体时间因车型、柴油机型号和电控系统的不同而不同。在组装时，要注意保持接头的清洁及紧固后的密封性，根据拆卸情况进行排空。对于部分柴油机要逐段进行排空，首先是油箱到滤清器，然后是滤清器到油泵，即将泵体上的排气塞或排气口旋开，用手动真空泵将泵体内的气体排空。

③ 在进行柴油机的故障检查过程中，不能随便拔插电气接头及元件，而应在点火开关关闭后进行，并注意不要直接用万用表表笔在插接头前端进行相应的测量，而应采用专用接头或按技术手册要求进行测量。此外，还应注意接头及元件的保洁，不要让水、燃油或灰尘进入。

④ 不能直接对装备电控柴油机的车辆进行电焊工作，需将控制单元拆除后才能进行这些方面的作业，冬天还应注意人体静电对电器元件的损害。

⑤ 所有的接插器都是塑料材料，安装或拔出时禁止野蛮操作，一定要确保锁紧定位装置插到位，插口中无异物。

⑥ 注意维护整车电路，发现有线束老化、接触不良或外层剥落时要及时维修更换，但对于传感器本身出现损坏时，一定要由专业的维修人员进行整体更换，不能自行在车上简单对接或维修。

⑦ 定期用清洁的软布擦拭柴油机线束上积聚的油污与灰尘，保持线束及其与传感器或者执行器的连接部分的干燥清洁；当对国三柴油机维修后，例如更换高压油管或排净空气后，应立即将溅到油泵接插器上的油用软布吸干。

⑧ 严禁用水直接冲洗柴油机电控部分的零部件，当电气部分意外进水后，例如控制单元（ECU）或线束被水淋湿或浸泡，应首先切断电源总开关，并立即通知维修人员处理，不要自行启动运转柴油机。

2. 电喷共轨柴油机日常维护的禁忌

① 插拔线束及其传感器或执行器连接的插接器之前，切记应首先关掉点火开关、电源总开关，然后才可以进行柴油机电器气分的日常维护操作。

② 关闭电源总开关之前，应首先关闭点火开关。因为电子控制单元（ECU）在点火开关断开后，需要一段时间存储柴油机的运行状态参数，建议在关闭点火开关 10s 后再断开电源总开关；接通电源总开关和点火开关时，应先接通电源总开关，然后再接通点火开关。

③ 电控燃油喷射系统的正常工作电压范围是 $18\sim34V$，但蓄电池电压应尽量保持在 $22\sim26V$ 之间。

3. 高压共轨柴油发动机喷油器的维修的禁忌

① 拆卸喷油器时应当标记缸号，使喷油器与气缸一一对应。对于博世公司的高压共轨系统，其喷油器的外表面印有喷油器油量修正代码（IQA 码），用于对单个喷油器依据实际工况修正喷油量。每个喷油器的 IQA 码都不相同，并且已经存储在 ECU 中。喷油器油量修正代码与各气缸是一一对应的。因此，在拆装中不能将喷油器与原来对应的气缸混淆。

② 高压油泵、喷油器及高压燃油轨道（带油轨压力传感器）等只能整体更换，不可拆卸和更换其中的单个部件。因为目前的维修工艺和维修设备达不到更换个别零件的要求。另外，喷油器垫圈和高压油管为一次性零件，拆卸后应当更换。

③ 只能采用数字式示波器（DSO）检测高压共轨喷油器的电气，不可用试灯或万用表，因为高压共轨喷油器的工作电流最大可达 80A。

第五章

底盘故障的排查方法与技巧

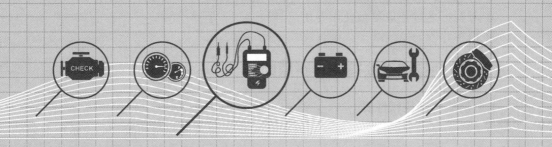

第一节　自动变速器故障排查方法与技巧

一、自动变速器维修的注意事项

① 自动变速器发生故障与发动机、电控系统和自动变速器有关,因此应确认故障在自动变速器内部具体部件后,方可对其进行拆卸维修。

② 举升或支撑车辆,若只需顶起汽车前端或后端,必须用三角木塞住车轮。

③ 拆检电气元件,应先拆下蓄电池负极搭铁线。拆下蓄电池负极搭铁线后,可能导致音响系统、防盗系统等锁死,并可引起某些系统设定参数的消失,因而在断电前必须做好有关记录。

④ 更换熔丝时,新熔丝必须具有相当的电流强度,不能用超过或低于规定电流值的熔丝;检查电气元件应使用量程合适的数字万用表,以免损坏零件。

⑤ 分解自动变速器之前应对其外部进行彻底的清洗,以防脏物污染内部零件。因为即使是细小的杂物,也会引起自动变速器液压系统的故障。

⑥ 拆卸自动变速器时,所有零件都应按顺序放好,以利装复。特别是分解阀体总成时,其阀门应与弹簧放在一起。

⑦ 对分解后的自动变速器各零件进行彻底清洗,各油道、油孔用压缩空气吹通,确保不被堵塞。建议用自动变速器油或煤油清洗零件。清洗后用风干的方式使其干燥。

⑧ 总成装配前,仔细检查各零件与总成,发现损坏零件应更换。若总成损坏应分解维修。

⑨ 一次性零件不可重复使用,如开口销、密封元件等。

⑩ 衬套因磨损需更换时,配套零件必须一同更换。

⑪ 滚针轴承和座圈滚道磨损或损坏应予更换。

⑫ 更换新的离合器、制动器摩擦片时,在装配前必须将其放入自动变速器油中浸泡至少15min。

⑬ 所有密封圈、旋转件和滑动表面,在装配前都要涂抹自动变速器油。

⑭ 可利用润滑脂(黄油)将小零件粘在相应的位置上,以便组装。

⑮ 所有滚针轴承与座圈滚道都应有正确的位置和安装方向。

⑯ 在密封垫或类似零件上不能用密封胶。

⑰ 各零件、总成按拆卸的相反顺序进行装配;螺钉应按规定力矩拧紧。

⑱ 所有拆装过程应尽量使用专用工具。

⑲ 检查软管与电线端子,确保连接正确可靠。

二、自动变速器故障的诊断原则

1. 分清故障部位和性质

分清故障是由发动机电控系统还是由自动变速器液压控制系统、电控系统引起的,或是由机械系统(液力变矩器或行星齿轮机构)引起的,只有分清了故障部位和性质,才能有针对性地去查故障根源,进行排除。

2. 先简后难、逐步深入的原则

按故障的难易程度，先从最简单、最容易检查的部位入手，如开关、拉杆、自动变速器油状况等，从那些最易于接近的部位、易被忽视的部位和影响较大的因素开始，最后再深入到实质性的故障。

3. 充分利用自动变速器各检验项目

充分利用自动变速器各检验项目（基本检查、失速试验、油压试验、换挡延迟试验、道路试验和手动换挡试验等）为查找故障提供思路和线索。通过这些检验项目的检测，一般可以发现自动变速器的故障所在。

4. 拆检故障应是故障诊断的最后程序

不要轻易分解液力自动变速器，因为在原因不明的情况下盲目解体，不但不能确诊故障原因和部位，还可能在分解过程中出现新的故障。

5. 充分利用电控自动变速器的故障自诊断功能

自动变速器的电控单元（ECU）内部有一个故障自诊断电路，它能在汽车行驶过程中不断地监测自动变速器控制系统各部分的工作情况，并能检测出控制系统中的大部分故障，将故障以代码的形式记录在ECU中。

维修人员可以按照特定的方法将故障码从ECU中读出，为自动变速器控制系统的维修和故障诊断提供依据。

6. 在进行检测与诊断前，应查阅相关资料

在进行检测与诊断前，应先阅读有关故障检测指南、使用说明书和维修手册，掌握必要的结构原理图、油路图、电控系统电路图等有关技术资料。

三、自动变速器故障排查方法

1. 确定汽车电子控制自动变速器故障的大概部位

对自动变速器故障的维修，首先应确定是电路故障还是机械故障，一般可按如图 5-1 所示的维修顺序来检查。其中，用 DRB Ⅱ 测试仪能分辨出电路控制系统的故障。

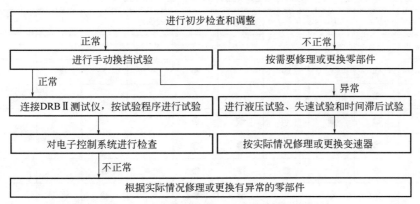

图 5-1　确定是电路故障还是机械故障流程

2. 维修汽车自动变速器故障时确定故障部位是否在发动机

确定故障是否出在发动机可通过失速试验来进行判断。启动发动机使其达到正常工作速

度，在宽阔良好的路面上踩紧急制动踏板并拉紧手制动，分别挂 D 或 R 位置，加速踏板踩到底，迅速读出发动机的最高失速转速。正常的失速转速应在 2400～2500r/min 之间。

（1）发动机转速低于规定值　如果发动机转速低于规定值，则故障可能是发动机输出功率不足或液力变矩器导致的单向离合器打滑。

（2）发动机输出功率不足　若发动机输出功率不足，则测汽车在任何车速时加速性能都差，应修理发动机。若单向离合器打滑，则汽车在低速行驶时加速性能差，但高速行驶时正常。

3. 确定故障是在电控单元系统还是在变速器内部

确定故障是在电控单元系统还是在变速器内部，可以通过人工换挡试验来进行。可断开变速器的电磁阀接线插头，支起后轮或行车路试，可参考下述方法进行。

① 关闭发动机，断开 ECT 或 ECT 熔丝。

② 把变速器换入每一个挡位，变速器操作应符合以下要求：在驻车挡锁止；在倒挡向后行驶；在空挡不移动；当变速杆在 1～2 位时换入 1 挡；当变速杆在 3 位时换入 3 挡；当变速杆在 D 位时换入超速挡。

进行上述操作的目的，就是检查换挡位置及挡位是否与表 5-1 所列相同，若变速器挡位与表 5-1 中所列不同，或在某挡位时变速器打滑，则故障出在变速器内部，否则，故障可能在 ECU 系统内部。

表 5-1　人工变速杆位置及相应挡位

变速杆位置	D	2	L	R	P
挡位	O/D 挡	3 挡	1 挡	倒挡	停车锁

4. 判断车辆自动变速器内部故障部位

在进行失速试验时，若在 D 位置的失速转速高于正常值，而在 R 位置正常，这时该车前进起步时会打滑或无力。因倒挡正常，故与倒挡有关的操纵元件都正常（表 5-2），故障应出在前进离合器 C_1 或 2 号导向离合器 F_2。

表 5-2　操作元件工作情况诊断判断

位置	挡位	C_0	B_0	F_0	C_1	C_2	B_1	B_2	B_3	F_1	F_2
P	倒车										
R	倒挡	●				●			●		
N	空挡	●									
D	1	●	●		●						●
D	2	●	●		●			●			
D	3	●	●		●	●				●	
D	4		●		●	●		●			
2	1	●	●		●						●
2	2	●	●	●	●		●				●
2	3	●	●	●	●			●			

续表

位置	挡位	C_0	B_0	F_0	C_1	C_2	B_1	B_2	B_3	F_1	F_2
L	1	●		●	●				●		●
L	2	●		●	●			●	●		

注：●符号表示不工作；C_0 表示超速离合器；C_1 表示前进离合器；C_2 表示直接离合器；B_0 表示超速制动器；B_2 表示 2 挡制动器；B_3 表示 1 挡和倒挡制动器；F_0 表示单向离合器 0；F_1 表示单向离合器 1；F_2 表示单向离合器；B_1 表示带式制动器。

5. 若 D 位置的失速正常而在 R 位置失速转速偏高

若 D 位置的失速正常而在 R 位置失速转速偏高，则该车的倒挡将会无力，这时故障应出在直接离合器 C_2 或 1 挡和倒挡制动器 B_3。若再进行路试，该车的前进挡都正常，则故障出在倒挡制动器。

6. 若在 D 位置和 R 位置失速转速都偏高

若在 D 位置和 R 位置失速转速都偏高，则可能是由于液压系统油路压力太低或超速单向离合器 F_0 工作不良。在这种情况下，汽车行驶性能很差或不能行驶，因无法进行路试做进一步分析判断，所以通常需要做油压检测。即发动机达到正常工作温度后，分别在 D 位置及 R 位置进行怠速和失速时的油压测试，正常油压值见表 5-3 中所列（该表也列出了其他几种自动变速器的油压数据，供参考）。

7. 油路压力值

若测得的油压值不在表 5-3 所列值范围内，应重新检查调整油门拉线并再做油压测试。

表 5-3　丰田汽车几种变速器规定油路压力值　　　　　单位：kPa

型号	挡位			
	D 挡		R 挡	
	怠速	失速	怠速	失速
A340E	363～422	902～1147	500～598	1236～1589
A540E	353～412	892～1040	637～745	1608～1873
A541E	382～441	1026～1363	579～657	1638～1863

（1）如果油压值低于规定值　可能是油泵不良，调压阀失效，超速离合器油封损坏而漏油，节气门阀失效等。

（2）如果油压值高于规定值　可能是节气门阀失效或损坏所致，汽车在行驶中换挡时振动也较大。

8. 采用对号入座检查法判断汽车自动变速器故障

对号入座检查法是根据观察到的故障现象，到故障维修一览表中找出相应的故障元件，并用好的元件替换来维修故障的一种方法。由于这种方法简便、可行，故尤其适用于初学者。具体使用时应根据故障现象，利用"座位表"（表 5-4），去找到相应的"座位"。

由此可见的，掌握"座位表"即故障维修一览表是十分重要的，而且维修一览表分得越细，维修的实效就越好（表 5-4 作为举例，仅列出了部分故障）。有人把这种维修方法称为开"标准药方"。掌握的"标准药方"越多，维修的技能越高。对于初学者来说，既要积累自己的维修经验，又要注意搜集、汇编出越来越细致的故障维修一览表，这样就能提高维修实效。

表 5-4 汽车自动变速器的故障现象、故障原因及快速维修方法

故障现象	故障可能的原因	维修方法
减挡时感觉动作粗暴	(1)节气门拉索失调 (2)节气门拉索和凸轮损坏 (3)储能活塞损坏 (4)阀体损坏 (5)变速器损坏	(1)调整拉索 (2)更换拉索和凸轮 (3)修理活塞 (4)修理阀体 (5)解体和修理变速器
滑行时不能减挡	(1)阀体损坏 (2)电磁阀损坏 (3)电控系统故障	(1)修理阀体 (2)更换电磁阀 (3)用 DRBⅡ测试仪确定故障部位
在滑行时降挡过慢或过快	(1)节气门拉索损坏 (2)阀体损坏 (3)变速器损坏 (4)电磁阀损坏 (5)电控系统故障	(1)更换拉索 (2)修理阀体 (3)解体和修理变速器 (4)更换电磁阀 (5)用 DRBⅡ测试仪确定故障部位
在 O/D-3、3-2 或 2-1 挡时无强制低挡	(1)电磁阀损坏 (2)电控系统故障 (3)阀体失效	(1)更换电磁阀 (2)用 DRBⅡ测试仪确定故障部位 (3)修理阀体
在 1-2 挡没有发动机制动	(1)电磁阀损坏 (2)电控系统损坏 (3)阀体损坏 (4)变速器损坏	(1)更换电磁阀 (2)用 DRBⅡ测试仪确定故障部位 (3)修理阀体 (4)解体和修理变速器
在驻车挡车辆不能停止	(1)手动拉杆失调 (2)驻车锁止棘轮爪和弹簧损坏	(1)调整连杆 (2)更换棘轮和弹簧
油变色或有烧焦味	(1)油含杂质 (2)液力变矩器损坏 (3)变速器损坏	(1)更换油液 (2)更换液力变矩器 (3)解体和处理变速器
在前进挡任何范围或倒车不能行驶	(1)手动拉杆失调 (2)阀体或主调压阀损坏 (3)液力变矩器损坏 (4)停车锁止棘爪损坏 (5)液力变矩器驱动盘破坏 (6)油泵吸油滤网堵塞 (7)变速器损坏	(1)调整连杆 (2)检查或修理阀体 (3)更换液力变矩器 (4)修理停车锁止棘爪 (5)更换驱动盘 (6)清洗滤网 (7)解体和修理变速器
变挡杆位置不对	(1)手动拉杆失调 (2)手控制阀和阀拨动板失效	(1)调整连杆 (2)修理阀体
换挡接合粗暴(在所有挡位)	(1)节气门拉索失调 (2)阀体或主调压阀失效 (3)储能器活塞损坏 (4)变速器损坏	(1)调整节气门阀拉索 (2)修理阀体 (3)修理活塞 (4)解体和修理变速器
在 1-2、2-3 或 3-O/D 挡升挡时阻滞或卡滞	(1)手动拉杆没有调整 (2)节气门阀拉索没有调整 (3)阀体损坏 (4)变速器损坏	(1)调整连杆 (2)调整拉索 (3)修理阀体 (4)解体和修理变速器
在 2、3 挡或超速挡没有锁止	(1)电控系统故障 (2)阀体损坏 (3)电磁阀损坏 (4)变速器损坏	(1)用 DRBⅡ测试仪确定故障部位 (2)修理阀体 (3)更换电磁阀 (4)解体和修理变速器

续表

故障现象	故障可能的原因	维修方法
由 1-2、2-3 或 3-OD 挡升挡延迟，或由 4-3 或 3-2 挡再回到 4 或 3 挡延迟	(1)电控部分故障 (2)阀体损坏 (3)电磁阀损坏	(1)用 DRBⅡ测试仪确定故障部位 (2)修理阀体 (3)修理电磁阀
在 1-2、2 或 3-OD 挡升挡时打滑，脱开时打滑或抖动	(1)阀体损坏 (2)电磁阀损坏 (3)变速器损坏	(1)修理阀体 (2)更换电磁阀 (3)解体和修理变速器

9. 采用整车比较测量法判断汽车自动变速器故障

整车比较测量法是通过比较故障车速系统与同类型正常车来判断故障的一种方法。这种方法对于维修无图样和资料的汽车最为有效。具体方法如下。

(1) 数据比较　将故障车自动变速系统上有怀疑部分所测得的波形、电压、电阻和电流等数据与正常车相应的数据进行比较，差别较大的部位就是故障所在部位。

(2) 现象、响声和操作比较　对于一些难以判断的故障现象，也可使用比较法检查。具体方法是将故障车自动变速器工作时的现象、响声和操作中出现的情况与正常车进行比较，就能很容易发现故障车的差异或缺陷，从而确定故障现象。

(3) 对换比较

① 对于一些较难确认故障部位的汽车，也可以将估计有故障的变速系统的部件取下与正常车对换。若正常车依旧能正常工作，说明判断错误；若汽车不能正常工作，则证明判断正常。当然，也可以把能正常工作的汽车上的部件对换或连接到被检测的汽车上，若后者开始正常工作，由此就可证明故障出自被更换（或替换下的）下来的部件。

② 有时会遇到这样的情况，即把有故障的汽车中变速部位各部件一一对换或连接到正常的汽车上却都表现正常；反过来把正常的汽车上的各部件一一改接或对换到有故障的汽车上也都表现正常，但把原来属于被检测车的各部件重新装复后却又出现故障。这种情况一般都是因所修故障车的电路设计不完善，允许元器件参数变动的范围过窄引起的。

对比检查法在维修新型汽车自动变速器时经常采用，它可克服无资料、无图样的困难。还可用于对一些杂牌、不常见汽车电控自动变速器的修理。

四、无级变速器维修注意事项

无级变速器的故障维修与自动变速器的故障维修在电子控制方面有诸多的共同特征，但对于机械液压系统的故障维修是大不相同的。

在 CVT 维护保养时，不同厂家生产的 CVT 保养维护周期也是有区别的，变速器油的使用也有所区别，有的使用专用变速器油；同时，当其发生故障需要牵引时，不同厂家牵引要求也是不一样的，详见维修手册。

维修无级变速器时应注意的事项如下。

① 发动机处于运转状态，对轿车进行维修保养作业前务必将变速器杆挂入 P 位，并拉紧驻车制动器，谨防发生事故。

② 车辆静止挂入 D 位后，切勿因一时疏忽打开节气门（例如在发动机舱内作业时不慎用手碰开节气门）。若发生此种情况，轿车将立即起步行驶，即使拉紧驻车制动器也无法阻止轿车移动。

③ 不允许用超声波清洗装置来清洗液压控制单元和 CVT 控制单元。

④ 当挡盖已取下或未加注变速器油时,绝不可启动发动机或拖动车辆。

⑤ 无级变速器机械系统维修注意事项如下。

a. 拆卸前应将无级变速器的外部清洗干净,防止灰尘和泥土进入油道或阀体等部位。

b. 拆下的零件要按顺序摆放好。

c. 若拆卸后停放时间较长,则应将摩擦片等浸放在无级变速器油中。

d. 安装新离合器摩擦片前应将新离合器摩擦片完全浸泡在无级变速器油中至少 30min。

e. 检测离合器摩擦片、钢片和压盘是否磨损、损坏或变色。如果摩擦片和钢片磨损、损坏或变色,则应更换;如果压盘磨损、损坏或变色,则应检测离合器压盘与钢片之间的间隙,然后成套更换。

五、无级变速器电控系统的常见故障及原因

1. 无级变速器和自动变速器电控故障的异同。

尽管无级变速器和自动变速器结构不同,但在电控故障诊断方面有相同之处。

传感器和空挡开关易发生故障部位几乎是一样的,无级变速器内的传感器,大都和控制单元装在一起,成为控制单元的组成部分,有了故障必然和控制单元一起更换。

自动变速器最常见的故障是离合器和制动器打滑、烧蚀及换挡冲击。而无级变速器只有起步离合器、前进挡离合器和倒挡制动器,且工作容积都较大,行驶中改变车速靠的是控制链条与链轮或钢带与钢带之间的接触压力,所以,除了起步挂挡冲击外,不会有其他换挡冲击,链条和链轮的寿命较长,不用维修。大部分传感器和控制单元是一体的,有故障只能更换控制单元总成。

2. 空挡开关受潮后引发的故障

汽车涉水或用高压水枪洗车时使无级变速器的空挡开关受潮,会造成启动正常,但启动后须等 10~20s 后方可正常行驶。用吹风机热风烘干后,故障即可排除。如果不及时用吹风机热风烘干,还会发生其他故障导致空挡开关报废。

3. 油温传感器短路引发的故障

无级变速器油温传感器自身或连接线路短路,会造成传感器输出信号过高。往往是变速器的油温正常,用诊断仪读数据流却反映变速器油温过高,而控制单元的自诊断系统却无法发现。无论是离合器或制动器打滑造成的变速器油温过高,还是油温传感器或连接线路短路造成的传感器输出信号过高,发动机都会通过推迟点火提前角和减小节气门开度来降低发动机输出功率,无级变速器控制单元会通过控制换挡压力调节电磁阀的电流,进而减少传动比,使车速上升变得缓慢。

在用诊断仪读取变速器油温数据流的同时,用红外线测温仪直接检测变速器冷却器进油管的温度(此处为变速器的实际油温),如果数据流显示的变速器的油温过高,应重点检查变速器的油温传感器和连接线路是否发生短路。

4. 电磁阀的检测

(1) 密封性检测 用 400kPa 的压缩空气代替液压油对电磁阀进行密封性检测,如果密封不良,表明电磁阀柱塞磨损,则应更换。如果压力调节电磁阀柱塞磨损,将造成离合器和制动器工作油压过低,若不及时更换,离合器和制动器会因在工作时始终处于滑磨状态,而发生早期磨损。

(2) 电阻值检测 只要有电磁阀的故障码,就必须对电磁阀进行电阻值检测。通过对电

磁阀进行电阻值检测,可确定其是否发生短路或断路。

(3) 电磁阀是否卡滞的检测　通过带有 100～1000Ω 电阻的导线与蓄电池正负极相连,如果每次相连时能听到"咔"声,说明电磁阀工作正常,没有发生卡滞现象。

六、自动变速器故障维修的禁忌

① 自动变速器发生故障与发动机、电控系统和自动变速器有关,因此应确认故障在自动变速器内部具体部件后,方可对其进行拆卸维修。

② 举升或支撑车辆,若只需顶起汽车前端或后端,必须用三角木塞住车轮。

③ 拆检电气元件,应先拆下蓄电池负极搭铁线。拆下蓄电池负极搭铁线后,可能导致音响系统、防盗系统等锁死,并可引起某些系统设定参数的消失,因而在断电前必须做好有关记录。

④ 更换熔丝时,新熔丝必须具有相当的电流强度,不能用超过或低于规定电流值的熔丝;检查电气元件时应使用量程合适的数字式万用表,以免损坏零件。

⑤ 分解自动变速器之前应对其外部进行彻底清洗,以防脏物污染内部零件。因为即使是细小的杂物,也会引起自动变速器液压系统的故障。

⑥ 拆卸自动变速器时,所有零件应按顺序放好,以利装复。特别是分解阀体总成时,其阀门应与弹簧放在一起。

⑦ 对分解后的自动变速器各零件进行彻底清洗,各油道、油孔用压缩空气吹通,确保不被堵塞。建议用自动变速器油或煤油清洗零件。清洗后用风干的方式使其干燥。

⑧ 一次性零件不可重复使用,如开口销、密封元件等。

⑨ 衬套因磨损需更换时,配套零件必须一同更换。

⑩ 滚针轴承和座圈滚道磨损或损坏应予更换。

⑪ 更换新的离合器、制动器摩擦片时,在装配前必须将其放入自动变速器油中浸泡至少 15min。

⑫ 所有密封圈、旋转件和滑动表面,在装配前都要涂抹自动变速器油。

⑬ 所有滚针轴承与座圈滚道都应有正确的位置和安装方向。

⑭ 在密封垫或类似零件上不能用密封胶。

⑮ 各零件、总成按拆卸的相反顺序进行装配;螺钉应按规定力矩拧紧。

第二节　电控动力转向系统故障排查方法与技巧

一、转向助力系统的结构与维修注意事项

1. 液压转向助力系统的结构及性能特点

① 在正常情况下,液压转向助力系统的性能特点是:车速低、转向角度大时,油泵泵油量大,油压高,助力强,转向比较省力;车速高、转向角度小时,油泵泵油量小,油压低,转向手感费力,不发飘,安全性好;在相同的转角下,向左、向右转向时所需的操纵力是一致的。

对于装备液压助力转向系统的汽车，当发动机运转时，不要使方向盘打满舵的时间超过5s，因为此时液压油泵被强制持续工作，会引起液压油过热，损坏转向助力系统。在车辆静止时，也不要使方向盘打满舵，这样同样会加大液压油泵的负荷，产生"嗞嗞"的噪声，并且降低发动机的怠速转速，甚至造成发动机熄火。

② 真空助力转向系统。对于装配真空转向助力系统的车辆，在发动机停止运转后，由于进气歧管内不产生负压，转向助力系统失去了"动力源"，因而不起助力作用。此时虽然可以转向，但是必须加大转动方向盘的力度。因此，汽车下陡坡不可熄火滑行，故障车被牵引时也应当注意这个问题。

③ 电动转向助力系统（EPS）。EPS的控制策略是在汽车低速行驶并转向时，EPS输出较大电流，使助力作用增大，此时转向轻便；在汽车调整行驶并转向时，EPS输出较小的电流，减小助力作用，目的是使转向稳定。

电动转向助力系统的助力电动机由蓄电池供电，基本不受发动机转速的影响。而且助力电动机只在转向时才工作，不转向时该电动机会停止运转。

> **小贴士**
>
> 对于电动转向助力系统的汽车，在发动机运转而且停驶条件下，不要经常地来回转动方向盘，否则，由于EPS电控单元向助力电动机输出的电流很大，助力电动机的线圈容易因发热而烧毁。

2. 电动转向助力维修注意事项

① 避免撞击电动助力转向器总成，特别是传感器、EPS电子控制单元、EPS电动机和减速机构。如果电动助力转向器总成跌落或遭受严重冲击，需要更换一个新的总成。

② 移动电动助力转向器总成时，请勿拉拽线束。

③ 在从转向器上断开转向管柱或者中间轴之前，车轮应该保持在正前方向，车辆处于断电状态，否则，会导致转向管柱上的时钟弹簧偏离中心位置，从而损坏时钟弹簧。

④ 断开转向管柱或者中间轴之前，车辆处于断电状态。断开上述部件后，不要移动车轮。不遵循这些程序会使某些部件在安装过程中定位不准。

⑤ 方向盘打到极限位置的持续时间不要超过5s，否则可能会损坏助力电动机。

二、电控汽车转向系统常见故障与排除方法

1. 辅助电动机故障

电动机失效退出后在低速转向时方向盘会变得非常沉重，出现此类情况的原因主要有以下几点。

① 电动机与控制单元间的接线出现断路或短路。

② 电动机电刷与换向器接触不良。

③ 电动机电枢与定子磁极卡死，转子转不动。

④ 电动机电枢绕组开路。

⑤ 因为高压洗车或车辆涉水而使电枢绕组受潮发热，而且散热不好，导致电枢绕组有部分线圈元件短路。

⑥ 电动机长时间过载运行，引起电动机壳体发热以至于烧坏，特别是方向盘转到止端后停留时间过长，使电动机控制电流过大。

2. 电磁离合器的检测

在不转向时,只需要对电磁离合器提供 0.3A 的电流,就可以保证离合器正常地结合;传递最大助力转矩时,需要对电磁离合器提供 0.82A 的电流。在电路出现短路或断路时,离合器电路电流将远远超过 0.82A 或接近 0A,因此可以通过实时监测离合器的电流来判断其是否正常。

3. EPS 系统常见故障(表 5-5)

表 5-5　EPS 系统常见故障

故障现象	可能的原因	修理方法
转向沉重	接插件未插好	插好插头
	线束接触不良或破损	更换线束
	方向盘安装不正确(扭曲)	正确安装方向盘
	转矩传感器性能不良	更换转向器
	转向器故障	更换转向器
	车速传感器性能不良	更换车速传感器
	主熔丝和线路熔丝烧坏	更换熔丝
	EPS 控制器故障	更换控制器
在直行时车总是偏向一侧	转矩传感器性能不良	更换转向器
转向力不平顺	转矩传感器性能不良	更换转向器

4. 电动助力转向系统的重新设定

在下列情况下需要进行电动转向助力系统的设定(又称为功能校准):对车桥进行过修理或调整;拆卸并修理过转向柱;更换转向电控单元并进行过编程;更换动态稳定控制模块并进行过编程;调校过方向盘转角传感器;更换过转向器;进行过四轮定位;为了清除有关方向盘转角传感器的故障码;在使用过程中断开过蓄电池电缆或蓄电池供电电压过低。

下面以大众途安汽车电动转向助力系统为例,说明设定的具体操作方法。

(1) 转向零位(即转向中间位置)的设定

① 使汽车前轮保持直线行驶状态,连接故障诊断仪 VAS5051,输入地址码 "44"。

② 将方向盘向左转动 4°~5°(不超过 10°),然后回正方向盘,并且双手离开方向盘,其目的是使方向盘静止不动,以便控制单元对零位进行确认。

③ 将方向盘向右转 4°~5°(不超过 10°),然后回正方向盘,双手离开方向盘。

④ 输入 "31875",然后按 "返回" 键。

⑤ 进入设定功能 "04-60",然后按 "激活" 键。

⑥ 退出 VAS5051,进入 "44-02" 查询转向系,若没有故障码,设定工作全部结束。

注意　在进行转向零位设定的过程中,不能运转发动机。

(2) 转向助力量的设定　如果驾驶员为女性,由于自身力量较小,所以希望转向系统有较大的助力作用;如果驾驶员是长期驾驶商用车的男性,可能希望方向盘重一些,手感好一些。为达到以上目的,需要对转向助力量进行设定。可以连接 VAS5051,进入 "44-10-01",然后在 VAS5051 屏幕的条形块上选择一个合适的助力量(有 1~16 个档次,由中间向左或向右最大的旋转角度为 90°),按 "保存" 键,再按 "接收" 键,此时屏幕会显示新设定的助力大小,最后按"返回"键。

(3) 转向极限位置的设定

① 使汽车前轮保持直线行驶状态,启动发动机。

② 将方向盘向左转动10°左右,停顿1~2s后回正。

③ 将方向盘向右转动10°左右,停顿1~2s后回正。

④ 双手离开方向盘,停顿1~2s。

⑤ 将方向盘向左转动到极限位置,停顿1~2s。

⑥ 将方向盘向右转动到极限位置,停顿1~2s。

⑦ 将方向盘回正,断开点火开关6s,设定完成。

⑧ 连接VAS5051,进入"44-02"查询转向系统,若没有故障码,设定工作全部结束。

三、电动助力转向系统故障维修的禁忌

使用电动助力转向系统的驾驶人,应注意避免打满转向。需要打满时,在止端停留时间要尽力控制在5s以内,否则会使电流过大引起元器件损坏。

① 保持蓄电池电量充足。蓄电池亏电会使转向变得沉重,也会使整车中其他电控系统正常工作受影响。

② 系统的所有端子必须接触良好。插接器避免潮湿、高温,要保证其导电的良好性。控制器不能放置于潮湿、高温的地方。涉水时不仅要考虑排气管的高度,还要注意所有电气件必须高于水面。如传感器进水短路,就会造成电动转向熔丝断路,转向立即变得异常沉重。必须同时更换传感器和熔丝才能排除故障。

③ 转向器转到止端时,助力电流达到最大值,此时电动机和控制器容易发热。

第三节 防抱死制动系统故障排查方法与技巧

一、维修防抱死制动系统注意的事项

防抱死制动系统(ABS)与普通制动系统是不可分割的,普通制动系统一旦出现问题,ABS就不能正常工作。因此,无论是使用、维护与保养都要将两者视一个整体,不能只把注意力集中于ABS的传感器、ECU和液压调节器上。

① 注意保持清洁。保持电控单元及线束插接器清洁,做好防污、防潮,否则导线端子会锈蚀,使系统不能正常工作。注意维修场地的整洁,拆卸的零件要清洁,压力调节器和制动管路以及制动液中做好防污染、防水汽。注意车轮转速传感器头及齿圈的清洁,防止异物特别是铁磁性物质黏附。

② 注意指示灯的工况。使用与维护ABS时,要特别注意红色制动灯和琥珀(黄)色指示灯的点亮情况。正常情况下,一旦接通点火开关,红色制动灯应先亮,紧接着琥珀(黄)色ABS灯再亮,几秒钟后,发动机正常运转,两个灯都应熄灭。在这一段时间内,ECU对整个系统进行自检,如果一切正常就将灯熄灭。灯如果不灭,则说明系统有故障。如指示灯红灯亮,表明故障在常规方面;黄灯亮表明故障在防抱死功能方面。如指示灯也出现故障,应该拔下ABS继电器,检测常规制动功能。

③ 维护车速传感器要小心。保养与维护车轮速度传感器时一定要十分小心。拆卸时，注意防止碰伤传感器齿圈轮齿和传感器头，不可将传感器齿圈当作撬面，以免损坏。安装时，应先涂覆防锈油，安装过程中不可敲击或用蛮力。一般情况下，传感器间隙是可调的（也有不可调的），调整时应使用非磁性塞尺，如塑料或铜塞尺，当然也可使用纸片。各轮速传感器不能互换、装错，装卸时要涂防锈油。

④ 防止静电损坏 ECU 芯片。ABS ECU 对过电压、静电非常敏感，如有不慎就会损坏 ECU 芯片，造成整个 ABS 系统瘫痪。在点火开关未断开前，不可拆装系统中的导线插头或电器元件，不要带电操作。由于电控单元对高温环境和静电特别敏感，在对汽车进行烤漆及电焊作业时，一定要先断开电控单元。蓄电池应经常保持充足电状态，若蓄电池充电（电压过低），ABS 将不能正常工作。当用外电源对车上蓄电池进行充电时，要先断开蓄电池正负极接柱上与汽车连接的导线以后再充电。

⑤ 维护 ABS 系统时先要泄压。ABS 制动管路中的压力很高，在对制动管路及与这相关的部件进行维护时，要首先释放 ABS 中蓄压器的压力，以防高压制动液喷射伤。泄压的方法不难，只需关闭点火开关，反复踩制动踏板直至感觉不到助力为止，有的车型可能要踩 30 多次。

⑥ 检测仪表的选择。检测 ABS 中的 ECU 控制器用的万用表，其内阻应大于 $10k\Omega$，最好使用数字式万用表。

⑦ 蓄电池电压与轮胎方面。

a. 蓄电池电压低时，系统将不能进入工作状态，所以要注意对蓄电池的电压进行检查。

b. 更换零部件要符合原厂的要求。为了不影响 ABS 的工作效率，应选用与原车型轮胎相同或用该车型生产厂家推荐的轮胎。由于 ABS 的制动管路要承受较大的制动压力，当制动管路有凹陷、扭曲、破裂或接头损坏时，必须换用与原厂型号相同的制动管件，橡胶件也应按规定用耐高压、耐腐蚀的，以免管路破损引起制动失灵。

⑧ 注意制动液的更换。ABS 所使用的制动液，至少要每隔两年更换一次，一般应选 DOT3 或 DOT4 的制动液，不能用普通制动液替代。这是因为 DOT3 和 DOT4 为乙二醇型制动液，吸湿性强，含水分的制动液不仅会使制动系统内部产生腐蚀，而且会使制动效果明显下降，影响 ABS 的正常工作。

更换和存储的制动液以及器皿要干净，不要让污物、灰尘进入液压控制装置，制动液不要沾到 ABS ECU 和导线上。最后要按规定的方式进行放气（与普通制动系统的放气有所不同）。

⑨ 维护保养时，因为 ABS 可靠性高、电控单元故障率很低（一般不允许拆解电控单元），当 ABS 警告灯发亮告知系统故障时，应首先检查系统各导线插接器是否插牢、接触是否良好，不可盲目地乱拆乱卸。

⑩ 维护时要首先检查常规制动部件，如车轮轮毂轴承是否松旷、制动蹄片与制动毂间隙是否正常、制动盘磨损是否超过极限等。然后检查系统中的电子控制器、轮速传感器、压力调节器等部件。

二、防抱死制动系统主要零部件的检测方法

1. ABS 液压泵电动机故障的检测

（1）如果检测时电动机运转　如果液压泵电动机直接被通电后可以正常运转，则应用万用表对相关熔丝和 ABS 的 ECU 插接件进行检测，看是否有熔断和接触不良等现象。

（2）如果检测时电动机不能运转　如果液压泵电动机直接被通电后不能正常运转，则应

用万用表对电动机的电阻值进行检查或更换新的、同规格的电动机。

2. 回油泵电动机继电器的检测

（1）回油泵电动机继电器工作条件　汽车ABS制动压力调节器回油泵电动机继电器为触点常开式继电器，只有当ABS工作时，电动机继电器触点才接通，ABS泵的电动机才开始运转。它有四个接线柱，两个是电磁线圈接线柱，另两个是触点接线柱。

（2）检测诊断方法　用万用表电阻挡测量接线柱间的导通情况，导通的两个接线柱为电磁线圈接线柱，另两个不通的接线柱就是触点接线柱。如果在电磁线圈接线柱上加12V电压，则两触点接线柱应导通，否则应更换电动机继电器。

3. 制动压力调节器主继电器的检测

（1）检测方法

① 汽车ABS制动压力调节器主继电器的结构和检测方法与回油泵电动机继电器相同。

② 主继电器控制电磁阀、电动机及电控单元的电源，可通过打开点火开关来检查主继电器是否工作。当打开点火开关时，应能听到主继电器有动作声响，测量其两触点接线柱应导通；断开点火开关，其两触点接线柱应不通。

（2）判断与处理方法　如检测的结果与上述规律相符，则说明主继电器工作正常；反之，则应更换主继电器。

三、防抱死制动系统故障的维修方法

（1）ABS工作状态判断方法

① 行驶或紧急制动时的特征　如果汽车正常行驶时ABS警告灯点亮，或紧急制动时ABS系统不起作用，则说明ABS有故障。

② 点火开关旋至ON位置的特征　如果在启动发动机之前，将点火开关旋至ON位置，ABS警告灯不亮，或者将点火开关旋至ON位置，ABS警告灯点亮3s后不熄灭，也表明ABS有故障。

> **小贴士**
>
> ABS系统工作时出现以下现象是正常的，并不是故障
>
> （1）制动踏板的典型特征　ABS工作受制动踏板的控制，并且ABS投入工作时，在制动踏板上会产生一种液压脉动效应，而使踏板连续跳动，同时还能听到ABS执行器电磁阀动作时产生的"咔嗒、咔嗒"声。
>
> （2）车速方面的特征　ABS的工作还与车速有关。当汽车加速且车速达到10km/h左右时，ABS投入工作；当汽车减速且车速降至5km/h以下时，ABS停止工作。
>
> （3）急转弯或冰滑路面上的特征　汽车在高速行驶中急转弯或在冰滑路面上行驶时，有时会出现ABS报警灯亮起，过后又熄灭的现象，这是由于急转弯或冰滑路面上出现了车轮打滑现象，ABS产生保护性动作而引起的，并非是ABS出现了故障。
>
> （4）拖滑的印痕特征　制动的后期车轮被抱死，地面留下了淡淡的拖滑的印痕，这主要是由于车速低于ABS起作用的转速时，制动力完全由制动踏板力控制，从而使车轮发生了抱死现象，这也属于正常现象。
>
> （5）制动时的特征　在汽车行驶进行制动时，有时会感到制动踏板有轻微的下沉现象。这主要是由于道路路面附着系数发生变化以后，ABS正常反应所引起的，并非是ABS出现了故障。在汽车以40km/h左右的速度行驶时实施制动，如果车轮不滑移并感到制动踏板在连续跳动，说明ABS工作正常。

(2) ABS 系统故障的维修方法

① 首先应对 ABS 的外观进行检查，如导线的插头和插接器有无松脱、制动油路和泵及阀有无漏损、蓄电池是否亏电等。对这些容易出现的故障且检查方法简单的部位先行检查，确定无异常时，再做系统检查，这样对迅速排除故障有利。

② 遇制动不良故障时，应先区分是 ABS 机械部分（制动器、制动总泵、制动管路等）不良还是 ABS 电子控制系统的故障。方法是：拆下 ABS 继电器线束插接器或 ABS 制动压力调节电磁阀线束插接器，使 ABS 制动压力调节器电磁阀不能通电工作，让汽车以普通制动器工作方式制动，如果制动不良故障消失，则说明是 ABS 电子控制系统有故障，否则，为 ABS 机械部分的故障。

③ ABS 电子控制系统故障多出现于线束插接器或导线头松脱、车速传感器不良等。应先对这些部件和部位进行检查，而制动压力调节器等故障相对较少，ABS 的控制器（ECU）故障更少，所以一般情况下，不要轻易去拆检 ABS ECU 和制动压力调节器。此外，在检查线路故障时，不要漏检熔断器。

④ 在需拆检 ABS 液压控制器件时，应先进行泄压，以避免高压油喷出伤人，尤其是有蓄压器的 ABS。比如，一些制动压力调节器与制动总泵一体的整体式 ABS，蓄压器中的压力高达 180MPa。

卸压的方法是：关闭点火开关，然后反复踩制动踏板 20 次以上，直到感觉踩制动踏板力明显增加（无液压助力）时为止。

⑤ 通常在维修如下部件时需进行泄压：制动压力调节器的各部件、制动分泵、蓄压器、后轮分配比例阀、电动油泵、制动液管路、压力警告和控制开关。

四、新能源汽车电动制动系统常见故障与排除方法

新能源汽车制动系统与传统燃油汽车制动系统的区别不大，主要不同的地方是在传统汽车液压制动系统基础上增加了电动真空助力系统，以及采用制动能量回收模式。传统燃油汽车真空助力装置的真空源来自于发动机进气歧管，而电动汽车没有发动机或发动机不是在任何工况下都工作，即没有了真空源，于是电动汽车便单独设计了一个电动真空泵为真空助力器提供真空，其主要由电动真空泵和真空储存罐组成，如图 5-2 所示。

电动真空泵的常见故障有真空泵不工作、真空泵常转等。

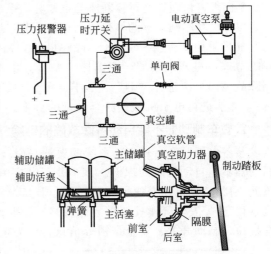

图 5-2 电动真空助力制动系统的基本构成

1. 真空泵不工作

① 汽车是否有电，12V 蓄电池是否正常。
② 真空泵保险是否烧毁，视情修理或更换。
③ 从真空泵电源端检查电源输入，若如无电源输入，则应检查压力传感器信号。

2. 接通电源后真空度抽至上限设定值时电动机不停转

① 压力开关插头污损、锈蚀，接触不良，清洁插头或更换压力开关。
② 连接线折断或插头连接处脱焊，应更换连接线。

③ 管路密封性不好，检查管路密封性，必要时更换。

3. 设备的机壳带电

① 电源线接错，壳体与电源的正极连接，应纠正错误的连接。
② 电源插座的地线未与地连接，应把电源插座中的地线连接好。

> **小贴士**
>
> 检查制动系统的密封性
>
> 对于采用气制动系统的电动汽车，气密性的检查十分重要，否则是很危险的。长时没有使用的车辆，在开车之前必须进行检查。
>
> （1）气路系统的密封性　启动压缩机，储气压力达到 0.81MPa。关闭压缩机，观察双针压力表，在 10min 内压力降低不得超过 0.01MPa；若超过，则说明密封性不好，应进行检查维护。
>
> （2）制动系统的密封性　关闭电动机，踩下制动踏板保持 3min，气压表的白针指示压力保持不变，表示密封性可靠。

五、电控驻车制动系统故障的排查方法与技巧

新一代奥迪 A6L 轿车装备了电控驻车系统（EPB），主要部件包括控制单元、液压单元及驻车制动电动机。它用按键取代传统的驻车制动手柄，常规的更换制动摩擦片的方法已经不适用，甚至不能拆下制动摩擦片，必须借助故障诊断仪才行。

1. 使用具有 CAN 功能的诊断仪进行维修

如果采用手工的方式更换电控驻车系统的摩擦块，有可能损坏制动钳内的机械装置。维修 EPB 的制动摩擦块时必须使用安装有特殊软件的原厂诊断仪，将诊断仪连接到汽车仪表台下方的诊断座上，诊断仪通过诊断座与电控驻车系统的电控单元进行数据交换。按压诊断仪上的按键，以操纵驻车制动器的执行器动作，并通过执行器来调整摩擦块的间隙并使其定位。

如果采用金奔腾 CS-528 故障诊断仪，需要具备 CAN/OBD 16 适配器。用它维修奥迪 A6L 轿车的驻车制动器，应选择"A6L"菜单和功能"53"（驻车制动器），然后查询-记录-删除故障码，再选择"04"（基本设定）功能，输入通道号"007"（拆卸）或"006"（安装），才能进行电子机械式驻车系统的拆装。

2. 驻车制动器不能自动解除故障的排除

装备电控驻车（EPB）系统的奥迪 A6L 轿车，在挂挡并加油起步时，有时会出现驻车制动器不能自动解除的现象。该车驻车电控单元（J540）通过 CAN 数据总线与发动机控制单元（J220）、自动变速器控制单元（J217）、舒适系统控制单元（J393）、仪表系统控制单元（J285）、安全气囊控制单元（J234）等联网，从中获得发动机转速、加速踏板位置、所挂挡位、制动开关、安全带锁等信息，作为执行该功能的依据。

> **小贴士**
>
> 自动解除电控驻车制动器的前提条件
>
> 系好安全带，踩住制动踏板，挂入前进 D 位或 R 位，然后踩加速踏板起步。如果这些条件未满足，J540 将不执行驻车制动器的自动解除功能。在实践中，常见的是乘员没有系好安全带引起这种故障现象。

3. 激活 AUTO HOLD（自动驻车）功能的方法

为了提高驻车的安全性和舒适性，大众迈腾舒适型轿车在原有电控驻车系统的基础上，增加了 AUTO HOLD 功能，使汽车在等待绿灯或在坡道上停车时能自动启用四轮制动，并让自动变速器处在 D 位或 N 位，无须一直脚踩制动踏板或使用驻车制动器来保证汽车处于静止状态。当需要改变静止状态时，只需轻踩加速踏板，即可解除制动。这一配置对于常年在城市里行驶的车主非常实用，可消除斜坡起步时经常发生"溜车"危险。

大众迈腾轿车电控驻车系统由 ABS 控制单元（J104）、驻车系统电控单元（J540）、离合器位置传感器（G476）、驻车制动开关（E538）、自动驻车开关（E540）、后轮制动钳以及一些指示灯组成。

激活大众迈腾轿车 AUTO HOLD 功能的方法：按位于副仪表台中央控制面板上的开关，开关内的指示灯点亮（有 AUTO HOLD 字样）后，便会启动自动驻车功能。不过激活这一功能必须满足下列条件：驾驶员侧车门关闭、系好安全带以及发动机处于运转状态。其中，要求驾驶员侧车门关闭以及系好安全带，是为了保障驾驶员始终控制 AUTO HOLD 功能，而不偶尔按此开关而启动了该功能；要求发动机运转，则是为了保证电子控制系统有足够的动力，这样能够保证驻车系统电控单元（J540）在上述状态下提供安全驻车。如果发动机熄火，会自动转换到电子驻车制动，即转换到通过位于两后轮的驻车电动机运转来实施制动。

> **小贴士**
>
> 电子驻车制动器的工作特性
>
> 大众电子驻车制动器只在低速区起作用，所以在正常情况下，电子驻车装置只能用于低速制动以及作为驻车制动器。用作紧急制动，也只在液压制动系统出现故障时才会介入（并非所有的电子驻车系统都带有这种工作逻辑）。
>
> 在高速行驶中，如果液压制动系统突然失灵，驾驶人使用电子驻车制动器进行紧急制动，有可能导致汽车甩尾甚至掉头，非常危险（除非如奔驰等高档汽车的电子驻车模块中带有防止驱动轮滑移的控制程序）。因此在实际运用中，应该先降挡，利用发动机的牵阻作用，待车速降低（低于 20km/h）以后，再尝试利用电子驻车制动器帮助紧急制动。
>
> 电子驻车制动器的作用范围比较窄，常见的电子驻车制动器只有"松"和"紧"两种状态，无法精确控制后轮的制动力，因此不建议在高速行驶时使用电子驻车制动器进行紧急制动。

六、驱动防滑系统故障排查方法与技巧

1. 驱动防滑系统（ASR）的维修应注意事项

① 在点火开关处于打开位置时，不要拆装有关的电器组件和线束插头。

② ABS/ASR 系统的电控单元对过电压和静电非常敏感，使用中要保证蓄电池电压正常，并注意防止静电。

③ 维修蓄压器时，要先泄压，以免高压制动液喷出伤人。另外，在未维修完之前，不要接通点火开关，以免电动油泵运转，使系统压力升高。

④ 经常保持车轮速度传感器的清洁，维修过程中不要硬撬或敲击车轮速度传感器。

⑤ 大多数 ABS/ASR 系统中的车轮速度传感器、电控单元和液压调节装置是不可修复

的,如有损坏,应整体更换。

⑥ 按规定加注和更换制动液,并按照规定的方法和顺序排除装置中的空气。

2. ASR 维修内容

如果确定 ASR 存在故障,必须进行调整和修理,维修内容包括以下几方面。

① 泄去 ASR 中的压力。

② 对故障部位进行调整、拆卸、修理,必要时更换新件。此外必须按照相应的规定进行。

③ 按照规定步骤进气排气。

④ 对于电子控制部件,若发现故障,一般不给予维修,应整体更换。

3. ASR 初步检查的内容

① 检查蓄电池的电压是否在规定范围以及蓄电池正、负极电缆连接是否牢固可靠。

② 检查驻车制动是否完全释放。

③ 检查制动主缸液面高度是否符合规定。

④ 检查 ABS/ASR ECU 的插脚与插座是否有松动或接触不良现象。

⑤ 检查液压调节器上的电磁阀以及主控制阀插接器、压力警告开关和压力控制开关的插接器、制动液面高度指示开关的插接器、所有车轮速度传感器的插接器、电动油泵插接器等连接和接触是否良好。

⑥ 检查所有熔丝和继电器是否正常,插接是否牢固。

⑦ 检查 ABS/ASR ECU、液压控制装置的搭铁端是否良好。

⑧ 检查汽车轮胎花纹深度是否符合规定。

4. ASR 指示灯常亮故障

① 检查 CAN 通信系统是否正常。

② 检查 ASR ECU 插接器是否牢固连接,应将插接器正确地连接到 ASR ECU 上。

③ 检查蓄电池电压,应在 11~14V 之间,否则应更换或补充充电。

④ 使用诊断仪主动测试组合仪表 ASR 指示灯打开或关闭是否正常,若不正常应更换组合仪表。

⑤ 若以上检查均正常,确保其他传感器良好的情况下,必要时更换 ABS/ASR ECU 和液压控制器总成。

5. ESP 系统的维修方法

ESP 系统的维修方法见表 5-6。

表 5-6　ESP 系统的维修方法

方法	具体内容
目视检查	(1)检查管路有无损坏 (2)检查制动器有无拖滞现象 (3)检查所有继电器、熔丝是否完好,插接是否牢固 (4)检查 ABS/ASR/ESP ECU 和液压调节器总成有无损坏 (5)检查传感器及线路有无损坏
自诊断	ABS/ASR/ESP ECU 出现故障后,控制单元可记忆相应的故障码。如大众车系可以使用故障诊断仪 VAS5051 读取、清除故障码,还可以阅读数据流并进行液压控制单元电磁阀测试、电子稳定控制系统液压回路测试、系统排气测试等

七、防抱死制动系统与安全气囊故障维修的禁忌

1. 维修防抱死制动系统（ABS）的禁忌

① 维修 ABS 液压控制装置时，切记要首先进行泄压，然后按规定进行修理。ABS 泄压切忌泄压不彻底，泄压时应反复踩踏制动踏板 20 次以上，有的车甚至需 40 次以上，直到感觉踩制动踏板的力明显增加为止。

例如，制动主缸和液压调节器设计在一起的整体 ABS，其蓄压器存储了高达 18MPa 的压力，修理前一定要彻底泄去压力，以免高压油喷出伤人。

② ABS ECU 对过电压和静电非常敏感，如有不慎就会损坏 ECU 中的芯片，造成整个 ABS 瘫痪。因此，点火开关接通时不要插或拔 ECU 上的插接器；在车上进行电焊之前，要戴好防静电器（也可用导线一头缠在手腕上，一头缠在车体上），拔下 ECU 上的插接器后再进行电焊；给蓄电池进行专门充电时，要将电池从车上拆卸下来或摘下蓄电池电缆后再进行充电。

③ 维修车轮速度传感器时一定要十分小心。拆卸时注意不要碰伤传感器测头，不要用传感器齿圈当作撬面，以免损坏齿圈。安装时应先涂覆防锈油，安装过程中不可敲击或用蛮力。一般情况下，传感器气隙是可调的（也有不可调的），调整时应使用非磁性塞卡，如塑料或铜塞卡，当然也可使用纸片。

④ ABS 所选用的制动液必须具有恰当的黏度。应使用制造厂规定牌号的制动液（通常为 DOT3，但有时为 DOT4），不推荐在 ABS 中使用硅制动液 DOT5。

⑤ 在 ABS 中有更多的橡胶密封件和橡胶软管，这就要求所选用的制动液不能对橡胶件产生较强的膨润作用。

⑥ 在 ABS 中有更多、更为精密的金属零件，因此，要求所选用的制动液对金属的腐蚀性较弱。

⑦ 在更换 ABS 零部件时，一定要选用本车型高质量的正宗配件，确保 ABS 维修后能正常的工作。

2. ABS 空气排除时的禁忌

① 在进行 ABS 空气排除以前，应先排除 ABS 中存在的故障，并检查 ABS 中的管路及接头，如发现管路破裂或接头松动，应进行修理。另外，在进行 ABS 空气排除以前，还应检查储液室中的液位情况。如果发现液位过低，应先向储液室补充制动液。

② 对整体式 ABS 装置，其储压器储存着供加力器和制动器调节用的压力，在修理制动器之前，常需彻底泄放储压器中的压力；而在进行制动器放气时，不一定要泄去系统的压力，实际上往往能用储压器中的压力来代替压力放气器推动管道中的制动液。但由于储压器中压力高达 18.6 MPa，故必须戴上护目镜，并在打开的放气螺钉上接一根软管，否则，千万不要踩制动踏板。

③ 大部分装有 ABS 的汽车在定期维护时，常可使用助力放气器、真空放气器或按手动放气法放气。若在制动压力调节器内部或更换了制动压力调节器总成，则需按特殊规程放气。

④ 若 ABS 故障指示灯亮，则应在 ABS 放气前，先诊断和排除故障，否则在排除故障中若更换液压部件或打开某一管道，就不得不进行二次放气。

⑤ 有些 ABS 在放气时，需用扫描工具轮流接通 ABS 制动压力调节器中的电磁阀。这

并不是说,没有合适的工具就不能进行放气操作,不过,此时很难将制动压力调节器的空气放尽。

3. 安全气囊维修的禁忌

① 绝对不能检测点火器电阻,否则有可能导致气囊引爆。检测其他部件电阻和 SRS 系统故障时,应用数字式万用表,因指针式万用表阻抗较低,表内电源的电压加到气囊系统上就有可能引爆气囊。

② 汽车已发生过碰撞、气囊一旦引爆膨开后,SRS 微机就不能继续使用。

③ 需用电弧焊修理汽车车身时,应在进行电焊作业之前将气囊组件与螺旋线束之间的连接器拨开。

第六章

汽车车身辅助系统与车载网络系统故障排查方法与技巧

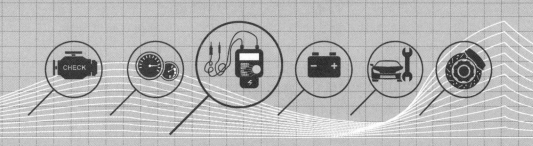

第一节　汽车照明、灯光信号及电喇叭系统

一、照明系统故障的排查方法与技巧

1. 前照灯光常见故障的排查方法

（1）前照灯电路故障的典型特征

① 前照灯应安装牢固，配光镜应保持整洁，反射镜和灯泡应保持完好，灯泡与线路灯座的连接应正确可靠，若接点松动，在使用前照灯时会因电路的时通时断而烧坏灯丝。若接点氧化锈蚀，前照灯会因电路电压压降过大而使前照灯发光强度变暗甚至不亮。

② 前照灯无专用的搭铁回路而直接在前照灯附近搭铁时，若此处搭铁不良还会出现灯光混乱现象，此时应查出搭铁不实处并排除。

（2）照明与灯光电路熔断器故障的排查　汽车因熔断器熔断所造成的灯光故障所占比例不小。检查中不仅要查熔断器是否熔断，而且还应查出熔断的原因。若出现某熔断器熔断频繁或一开灯便熔断，原因多为该灯路有短路情况。

检查时，可用导线一端接熔断器盒，另一端接灯光线（应预先将原灯光线拆除）。若灯光亮度正常，无熔断熔断器的现象，说明熔断器盒至灯泡间导线有短路，应进一步检查。若熔断器正常，又有正常电压，则应进行下一步检查。

（3）检查汽车照明与灯光电路灯泡故障　灯泡灯丝熔断是造成灯光故障的常见原因。通常用目测的方法检查，若灯泡黑蒙蒙的或灯丝熔断，均应重换新灯泡。

若灯丝频繁熔断，多为交流发电机电压调节器损坏后导致交流发电机输出电压过高而引起的。可通过用万用表检测交流发电机输出的电压来确认。

（4）检查汽车照明与灯光电路搭铁故障　如果检查熔断器、灯泡均正常，灯泡火线（蓄电池正极电源，下同）又有正常电压时，应检查灯泡搭铁线是否搭铁不良或线路断路等。

可取一根导线，导线的一端接灯泡搭铁极，另一端与车架或蓄电池负极相连，若灯光亮度变为正常，即可确认为搭铁不良，应检查灯线搭铁部位。同时还应检查灯座电极的接触状况，有的灯座因锈蚀、氧化造成接触不良，而导致灯泡不亮或昏暗的现象较为常见，应引起注意。

（5）检查汽车照明与灯光电路线路故障　新型汽车的灯光线路中大多设置了一些控制电气，例如前照灯受灯光继电器及变光开关的控制，转向灯受闪光器的控制。若前照灯远、近光均不亮，应检查变光开关，灯光继电器是否能控制线路等。

如采用直观检查的方法不能找出故障原因或部位，可用导线短路继电器（或变光器）试验的方法来查找故障原因。

① 若灯亮，则说明继电器（变光器）损坏，应重换新件。

② 若灯仍不亮，则说明线路有断路之处，应仔细对线路进行检查。

（6）查找出汽车照明与灯光电路中短路搭铁故障　当接通照明灯开关时，熔断器立即烧断，说明灯光电路有短路故障，其短路搭铁部位在灯开关与灯泡之间。汽车灯光电路短路搭铁故障也可用试灯法进行检查。检查方法：首先断开灯的搭铁线及灯开关连接处的导线，然后将试灯一端与蓄电池正极相连，另一端与接灯的线头相连接，如图6-1所示。如试灯亮，

说明有搭铁部位存在，此时逐个拆开从灯开关到灯之间导线上的各个接点，如果试灯熄灭，则搭铁故障发生在灯灭时拆开点与上两个拆开点之间。

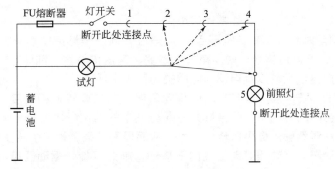

图 6-1　用试灯检查灯光电路短路示意
1～4—接点

2. 电控前照灯照程自动调节系统的基本设定方法

奥迪 A6、宝来和迈腾等中高档轿车设置了前照灯照程自动调节系统，无论车辆负荷发生怎样变化，它都可以根据整车轴荷的分配，自动调节前照灯的照程，使近光灯光束照射到需要的位置，因而有利于夜间行车安全。

电控前照灯具有会车时自动变光（远光变近光）、自然光强时灯光光强自动减弱、前照灯自动延时关闭及灯开关未关发出警报等多种功能。为了实现上述功能，前照灯控制系统设置了会车自动变光器、灯光自动减弱器及前照灯关闭自动延时器等部件。

当更换氙气灯总成或前照灯照程自动调节系统经过维修后，必须对其进行基本设定，才能恢复前照灯照程自动调节系统。下面以 2003 年款奥迪 A6 轿车氙气前照灯为例，说明自动调节系统基本设定方法。

① 连接 AVG1551 或 VAG1552，进入前照灯照程自动调节系统，选择"04"功能（系统基本调整）。

② 屏幕显示"输入显示组号"，按 00 和 1 键，并确认。此时显示屏出现"请等待"，然后显示运动调整位置，此过程持续约 20s，接着显示"调节前照灯"。

③ 进行前照灯调整：将灯光检测屏（不带 15°角调整线）放在车辆前方 10m 处，开启近光灯，检查水平的明暗截止线是否在垂直方向通过中心点；检查亮区是否在垂直线的右侧。如果不符合要求，则用十字槽螺钉旋具转动相应的滚花小轮，调整后按"确认"键。

④ 再次选择"04"功能（系统基本调整）。

⑤ 按 00 和 2 键，按"确认"键，屏幕显示"已学习调整位置"，按"确认"键。

⑥ 选择"02"（查询故障存储）功能，如果没有故障存储，说明基本设定完成，退出前照灯照程自动调节系统。

如果故障检测仪显示"无此设定功能"（即不能进行基本设定），可以采取以下措施。

① 检查左前车身水平传感器（G76）及左后车身水平传感器（G78）的安装是否正确。

② 进行人工自适应调整：使轿车以 90km/h 以上的车速行驶一段时间，让前照灯照程自动调节系统根据路面状况进行自适应调整，然后用故障检测仪进入前照灯照程自动调节系统，按上述方法进行基本设定。如果还是不能进入前照灯照程自动调节系统，可以将诊断座的端子 7（K 线）与端子 15（L 线）跨接，形成双 K 线诊断，但特别要提醒的是短接后不能

启动发动机。

> **小贴士**
>
> 主动转向前照灯（AFS）与红外夜视系统
>
> （1）主动转向前照灯（简称 AFS，又称自适应转向前照灯控制系统） AFS 控制系统由前照灯控制 ECU、高度传感器、转向角度传感器、速度传感器、前照灯水平驱动器、前照灯旋转驱动器、警报显示系统以及自调前照明关闭开关组成。
>
> AFS 工作过程：AFS 根据汽车方向盘转向角度、车辆偏转率和速度，不断对前照灯进行动态调节，适应当前的转向角，保持灯光方向与汽车的当前行驶方向一致，以确保对前方道路提供最佳照明并对驾驶人提供最佳可见度，从而显著增强了黑暗中驾驶的安全性。
>
> 前照灯水平驱动器可将前照灯向上或向下移动，前照灯旋转驱动器可将前照灯向左或向右移动。高度传感器通过前照灯控制 ECU 发送竖直位移信息至前照灯水平驱动器，转向角传感器与速度传感器通过 ECU 发送水平移动信号至前照灯旋转驱动器。主动转向前照灯应用于大众途观和全新一代帕萨特等车型中。
>
> （2）红外夜视系统 红外夜视系统利用红外线技术能将黑暗变得如同白昼，使驾驶人在黑夜里看得更远、更清楚，该系统应用于奥迪 A8L、奔驰 E 级、S 级、宝马 5 系、7 系等高级轿车中。
>
> 夜视系统主要由红外照射灯、红外线摄像机、视频处理系统及车载显示器组成。
>
> 红外夜视系统通过一个红外照射灯来探测前方物体热量，热能被集中到一个可以通过各种红外线波长的红外线摄像机，然后经视频处理系统变换为电信号，再将该信号数字化，通过车载显示器显示给驾驶人。目前，车载夜视系统有黑白显示屏和彩色显示屏两种显示方式。

二、照明灯光电路常见的故障及排除方法

汽车照明与信号系统常见故障不外乎灯泡烧坏不亮、灯光发红、线束不良等。究其原因，大多数是由灯丝烧断、电路断路或搭铁、灯座接触不良、开关损坏或失控所致。汽车照明灯光电路常见的故障及排除方法见表 6-1。

表 6-1 汽车照明灯光电路常见的故障及排除方法

故障现象	故障原因	故障排除方法
所有的车灯都不亮	(1) 车灯开关前电源线路断或搭铁 (2) 熔断器断开或熔断 (3) 灯开关触点接触不良或不闭合或灯开关损坏	找出故障处并排除
灯开关接通时熔断器立即跳闸，或熔断器的熔丝立即熔断	电路中有短路、搭铁之处	找出短路、搭铁处并加以绝缘
灯泡经常烧坏	电压调节器调整不当或失调，使发电机输出电压过低	重新调整电压调节器的输出电压
前照灯灯光暗淡	(1) 电源电压过低（蓄电池存电不足或发电机有故障） (2) 配光镜反光镜上积有尘埃 (3) 电线接头松动或锈蚀，使电阻增大	(1) 对蓄电池充电或维修发电机 (2) 拆开前照灯进行清洁 (3) 拧紧接头，清除锈蚀

续表

故障现象	故障原因	故障排除方法
前照灯变光时,远光灯或近光灯有一个不亮	(1)灯丝烧断 (2)接线板或插接器到灯泡的导线开路 (3)灯泡与灯座之间接触不良	(1)更换灯泡 (2)维修线路并接牢 (3)清除污垢、锈蚀,使其接触良好
接通前照灯远光或近光时,右侧前照灯正常明亮,而左侧前照灯明显发黑	(1)左前照灯搭铁不良 (2)左前照灯配光镜或反射镜上积有灰尘 (3)左前照灯灯泡玻璃表面发黑 (4)导线接头松动或锈蚀,使线路电阻增大	(1)维修左前照灯搭位部位 (2)拆开左前照灯进行清洗 (3)更换左前照灯灯泡 (4)拧紧导线接头,清除锈蚀
左、右小灯均不亮	(1)车灯开关到小灯间导线断路 (2)小灯丝烧断	(1)检查并接好导线 (2)更换小灯灯泡
小灯一个亮,另一个不亮	(1)小灯接线板或插接器到小灯间的导线断路 (2)小灯丝烧断 (3)小灯搭铁不良	(1)检查并重新接好导线 (2)更换不亮的小灯灯泡 (3)使小灯搭铁良好
后(尾)灯不亮	(1)线路中有开路处 (2)后(尾)灯丝烧断 (3)后(尾)灯搭铁不良	(1)检查并接好导线 (2)更换后(尾)灯灯泡 (3)使后(尾)灯搭铁良好
制动灯不亮	(1)线路中有开路处 (2)制动灯开关失灵或损坏 (3)制动灯丝烧断 (4)制动灯搭铁不良	(1)检查并重新接好导线 (2)修理或更换 (3)更换灯泡 (4)使制动灯搭铁良好

三、转向信号灯故障的排查方法与技巧

1. 闪光器引脚功能的识别

① 识别汽车电热式闪光器引脚功能和闪光频率的方法。

对于电热式闪光器,应将标有"L"(Light)或"信号灯"的接线柱与转向开关相连;标有"B"(Battery)或"电源"的接线柱与电源相连。

在维护中,调整电热丝的拉力(用钳子弯曲活动触点臂或支架)可以改变闪光器的工作频率。

② 识别汽车电容式闪光器引脚功能。

对于电容式闪光器,若汽车为负极搭铁,标有 L 的接线柱接转向开关,B 接线柱接电源。若汽车为正极搭铁,则 L 接线柱接电源,B 接线柱接转向开关,切勿接错。否则,将会使闪光器不能正常工作,并会烧坏电容器。

2. 汽车转向信号闪光器的检测

(1) 采用加压检测转向信号闪光器

① 电热式或电容式闪光器。对转向闪光器进行检测时,若是电热式或电容式闪光器,应将闪光器的 B(电源)接线柱接蓄电池(蓄电池电压要与闪光器相同)的正极,将闪光器的 L(开关)接线柱接一个 50~60W 的汽车灯泡的一端,闪光器的外壳与蓄电池的负极及灯泡的另一端相连。

② 晶体管式闪光器。若是晶体管式闪光器,在接线试验时,则把晶体管式闪光器的 E(搭铁)接线柱与蓄电池负极及灯泡的一端相连,而将闪光器的 B 接线柱接蓄电池的正极,

L 接线柱接灯泡的另一端。

③ 判断方法。电路接好后，接通电源，灯泡应闪亮，且闪光次数每分钟为 70～90 次。若灯泡不亮或灯泡长亮不闪，说明闪光器失效，应予以分解检查或更换。

(2) 采用检测电阻的方法　电子式闪光器多为三引出脚方式。因此，当怀疑其不良时，可通过开路测其各引脚之间的电阻来判断。若检测的电阻值不符合规定值，则说明闪光器损坏。

3. 汽车转向灯电路常见故障的排查

汽车转向灯电路常见故障原因及排除方法见表 6-2。

表 6-2　汽车转向灯电路常见故障原因及排除方法

故障现象	故障原因	故障排除方法
左右灯都不亮	(1) 转向灯灯丝断线 (2) 转向信号灯电路熔断器的熔丝熔断 (3) 蓄电池和开关之间有断线，接触不良 (4) 转弯信号灯开关不良或闪光器不良	(1) 更换灯泡 (2) 更换熔断器 (3) 更换断线，修理接触部分 (4) 更换开关或更换闪光器
左右灯一侧不亮	闪光器不良	更换
亮灭次数少	(1) 使用了比规定容量大的灯泡 (2) 电源电压过低 (3) 闪光灯装置不良	(1) 更换成标准功率灯泡 (2) 给蓄电池充电 (3) 更换闪光灯装置
亮灭次数多	(1) 使用了比规定容量小的灯泡 (2) 信号灯搭铁不良 (3) 闪光灯装置不良 (4) 某信号灯丝断线	(1) 更换成标准功率灯泡 (2) 修理灯座的搭铁处 (3) 更换闪光灯装置 (4) 更换灯泡
左、右转弯信号灯的亮灭次数不一样，或其中一个不工作（非闪光器的故障）	(1) 指示灯或信号灯断线 (2) 其中一个使用了非标准功率的灯泡 (3) 灯泡搭铁不良 (4) 转弯信号灯开关的和转弯信号灯之间有断线、接触不良	(1) 更换灯泡 (2) 更换成标准功率的灯泡 (3) 维修或更换 (4) 更换断线，修理接触部位
当刮水器和加热器等工作时，亮灭特别慢或不工作（非闪光器的故障）	(1) 蓄电池容量不足 (2) 蓄电池到闪光灯装置之间的电压值太大	(1) 给蓄电池充电 (2) 检查接触不良部位并修复
装置受到振动才工作	闪光灯电路的配线即将断线，闪光器不良	修理或更换配线，更换闪光器
转弯信号灯电路的熔断器的熔丝熔断，更换熔断器后再次熔断	(1) 闪光灯电路的配线和底盘短路 (2) 灯泡或灯座短路 (3) 转向信号灯开关短路，闪光器不良	(1) 修理短路处 (2) 修理或更换灯座灯泡 (3) 更换开关，更换闪光器
转向灯不闪	(1) 电源→闪光器→转向灯开关的电源线路开路 (2) 闪光器损坏或转向灯开关损坏 (3) 转向灯开关损坏	(1) 逐段检查并接好导线 (2) 修理或更换闪光器及转向灯开关 (3) 维修或更换
左转向时转向灯闪光正常；而右转向时闪光变快	(1) 右转向灯的功率小 (2) 所有右转向灯中可能有一个灯泡烧坏 (3) 线路中有接触不良处	(1) 更换同型号、同功率的灯泡 (2) 更换灯泡 (3) 使其搭铁良好

续表

故障现象	故障原因	故障排除方法
右转向时转向灯闪烁正常,但左转向时两个前小灯均有微弱灯光发出	左小灯搭铁不良(采用双丝灯泡时)	应使前小灯搭铁良好
接通转向灯开关时,闪光器立即烧坏	转向灯开关至某一转向灯间的电路中有短路、搭铁处	找出短路、搭铁处,使其绝缘良好

四、倒车灯、倒车雷达故障诊断排除

1. 倒车灯、倒车报警器电路故障排查

倒车灯常见故障有以下三种。

(1) 倒车灯不亮　先查看倒车灯保险是否烧断；若完好,可将倒车灯开关短接,短接后灯变亮,说明倒车灯开关失效；短接后灯仍不亮,可查倒车灯灯丝是否烧断,灯座是否接触不良；最好用试灯查线路是否断路。

(2) 倒挡挂不进　遇此故障,可旋出倒车灯开关再重挂,挂进了说明倒车灯开关钢球卡死、漏装垫圈或垫圈太薄；重挂挂不进,说明变速器有故障。

(3) 仅倒挡时倒车灯不亮,其余挡位倒车灯全亮　常开式与常闭式倒车灯开关装反了。

倒车报警电路故障的诊断方法同上。发现倒车报警器失效,一般做换件处理。在有电子配件来源的情况下,可拆开报警器外壳,检查各分立元件的性能并修复使用。

2. 倒车雷达故障排查

倒车雷达,又称泊车辅助系统,或倒车电脑警示系统,能以声音或更为直观的显示告知驾驶人周围障碍物的情况,解除了驾驶人泊车和启动车辆时前后左右探视所引起的困扰,并帮助驾驶人扫除了视野死角和视线模糊的缺陷,提高了驾驶的安全性。

通常的倒车雷达主要由三部分组成：感应器（探头）、主机、显示设备。感应器即发出和接收超声波信号的机构,先将得到的信号传输到主机里面的电脑进行分析,再通过显示设备显示出来。

> **小贴士**
>
> 倒车雷达的探测盲区
>
> 倒车雷达也有盲区,如在下列情况下,倒车雷达可能探测不到。
>
> ① 过于低矮的障碍物。
>
> ② 过细的障碍物。
>
> ③ 倒车雷达是用来探测障碍物的,若车后有沟坎,那么雷达很可能不会做出反应。

倒车雷达常见故障的现象、故障原因及排除方法见表 6-3。

表 6-3　倒车雷达常见故障的现象、故障原因及排除方法

故障现象	故障原因	故障诊断	排除方法
尚未进入倒车挡,即发生长鸣现象	电源线与非倒车挡电源并接	确认电源是否与倒车挡电源并接	将电源线与倒车挡电源并接

续表

故障现象	故障原因	故障诊断	排除方法
进入倒车挡时，无声音产生（倒车灯有亮灯）	(1)蜂鸣器插头未插或损坏 (2)控制主机损坏未接入电源 (3)控制主机损坏	(1)确认蜂鸣器插头是否有12V电压 (2)确认主机是否有12V电压 (3)确认主机是否损坏	(1)将蜂鸣器插头确实插入 (2)将插头确实插入控制主机中 (3)更换主机
进入倒车挡时，为两短音	(1)检测器未与车上线路连接 (2)有一组检测器损坏	(1)确认是否确实插入 (2)使用新检测器测试（用代替的方式）	(1)将检测器拔起重新插入 (2)先更换其中一个检测器，确认是仍为两短音；若是，则更换另一个
进入倒车挡时，虽车后有障碍物，但无声音发生	(1)检测器损坏 (2)超过检测范围 (3)控制主机损坏 (4)障碍物反射面积小	(1)确认检测器是否损坏 (2)确认障碍物是否在检测范围 (3)换一个新控制主机，确认是否正常 (4)反射面积是否大于25cm²	(1)更换新检测器 (2)使用卷尺测量待测物距离 (3)更换控制主机 (4)要有足够的反射面积
进入倒车挡时，虽车后无障碍物，但蜂鸣器长鸣	(1)检测器上沾有泥、水等异物 (2)检测器损坏	(1)确认检测器上是否有异物 (2)用另两组新的检测器，确定插入，确认是否正常	(1)将检测器擦拭干净，确定插入主机中，确认是否正常 (2)更换检测器
进入倒车挡时，虽车后无障碍物，但蜂鸣器间歇鸣叫	(1)检测器未安装在指定位置 (2)检测器检测到凹凸不平地面	(1)确认位置正确与否 (2)确认地面是否凹凸不平	(1)调整检测器角度及位置 (2)移动车辆至平整地面确认
在某些特定情况下系统总是工作不正常，其他情况正常	检测器受到其他声波的干扰	此情况下系统是否正常	清除干扰源

五、灯光系统故障的排查方法与技巧

汽车灯光设备的常见故障包括灯不亮、灯光暗淡、忽明忽暗及熔断器发响等。造成上述故障的原因通常是灯丝烧断、导线松脱、接地不良、断路或短路；充电电压调整过高以及各种开关失效等。一般采用试灯法、试火法和电源短接法检测。

汽车照明与信号系统常见故障的部位如图6-2所示，其常见故障及排除方法见表6-4。

表6-4 汽车照明与信号系统常见故障及排除方法

故障现象	故障原因	故障排除方法
危险报警闪光灯不闪	(1)熔丝或电路断电器烧断 (2)危险报警闪光器老化或损坏 (3)转向信号机构老化、损坏 (4)电路开路 (5)危险报警闪光器开关老化或损坏	(1)更换熔丝或电路断电器。如果熔丝或电路断电器再次熔断，则检查是否短路 (2)换用一个已知是好的闪光器 (3)修理转向信号系统 (4)按照要求修理 (5)修理或更换转向灯开关用导线总成，其中包括危险报警闪光器开关

续表

故障现象	故障原因	故障排除方法
一个倒车灯不起作用	(1)灯泡烧坏 (2)电路连接松脱 (3)电路开路	(1)更换灯泡 (2)在能触及到的地方卡紧连接 (3)按照要求修复
两个倒车灯都不起作用	(1)熔丝或电路断电器烧断 (2)倒车灯开关超出调整范围 (3)倒车灯开关老化或损坏 (4)电路连接松脱 (5)电路开路或搭铁不良 (6)灯泡烧坏	(1)更换熔丝或电路断电器,如熔丝或电路断电器再次熔断,则检查是否短路 (2)调整开关 (3)更换开关 (4)在能触及到的地方卡紧连接 (5)按照要求修复 (6)更换灯泡
仪表板灯不亮	(1)灯泡烧坏 (2)熔丝烧断 (3)变阻器电路开路或印制电路板开路	(1)更换灯泡 (2)更换熔丝 (3)检查电路有无开路,按照要求修复
打开车门时顶灯不亮	(1)插接器松脱 (2)熔丝烧断 (3)灯泡烧坏 (4)电路开路 (5)门控开关老化或损坏	(1)卡紧或更换 (2)更换熔丝。如果熔丝再次熔断,检查无有短路 (3)更换灯泡 (4)按照要求修复 (5)更换开关
顶灯总亮	(1)门控开关老化或损坏 (2)灯光主开关老化或损坏	(1)更换开关 (2)更换主开关
触发开关时阅读灯不亮	(1)灯泡烧坏 (2)灯丝熔断 (3)电路开路 (4)灯总成内的开关损坏或老化	(1)更换灯泡 (2)更换熔丝 (3)按照要求修复 (4)更换灯总成
阅读灯总亮,前小灯或顶部示廓灯不亮	(1)灯总成内开关损坏或老化 (2)灯泡烧坏 (3)开路或搭铁不良	(1)更换灯总成 (2)更换灯泡 (3)检查插片有无腐蚀和搭铁损坏,按照要求修复
转向信号灯不亮	(1)熔丝或电路断电器烧断 (2)转向信号闪光器老化或损坏 (3)导线连接松脱 (4)电路开路或搭铁不良 (5)转向灯开关损坏	(1)更换熔丝或电路断电器,如果熔丝和断电器再次熔断,则检查有无短路 (2)替换一个已知是好的闪光器。如果需要,则更换 (3)在能触及的地方卡紧连接处 (4)按照要求修复 (5)检查开关总成的连通性,按要求更换转向灯开关和线束总成
转向信号灯亮但不闪	(1)转向信号闪光器老化或损坏 (2)搭铁不良	(1)替换一个已知是好的闪光器。如果需要,则更换 (2)修复搭铁线
前转向信号灯不亮	电路插接器松脱或开路	按照要求修复电路
后转向信号灯不亮	电路插接器松脱或开路	按照要求修复电路
一个转向信号灯不亮	(1)灯泡损坏 (2)电路开路或搭铁不良	(1)更换灯泡 (2)按照要求修复

续表

故障现象	故障原因	故障排除方法
左右灯都不亮	(1)转向灯灯丝断线 (2)转向信号灯电路熔断器的熔丝熔断 (3)蓄电池和开关之间有断线，接触不良 (4)转向信号灯开关不良 (5)闪光器不良	(1)更换灯泡 (2)更换熔丝 (3)更换或修理配线，修理接触部分 (4)更换开关 (5)更换
左右灯一侧不亮	闪光器不良	更换
左、右转向信号灯的亮灭次数不一样，或其中一个不工作（非闪光器的故障）	(1)指示灯或信号灯断线 (2)其中一个使用了非标准功率的灯泡 (3)灯泡接地不良 (4)转向信号灯开关和转向信号灯之间有断线、接触不良	(1)更换灯泡 (2)更换成标准功率的灯泡 (3)维修或更换 (4)修理配线或更换，修理接触部位
当刮水器和加热器等工作时，亮灭特别慢或不工作（非闪光器的故障）	(1)蓄电池容量不足 (2)蓄电池到闪光灯装置之间的电压值太大	(1)给蓄电池充电 (2)配线即将断线，检查接触不良部位并修理
有时工作有时不工作，装置受到振动才工作	(1)闪光灯电路的配线即将断线 (2)闪光器不良	(1)修理或更换配线 (2)更换
转向信号灯电路的熔断器的熔丝熔断，更换熔丝后再次熔断	(1)闪光灯电路的配线和底盘短路 (2)灯泡或灯座短路 (3)转向信号灯开关短路 (4)闪光器不良	(1)修理短路处 (2)修理或更换灯座灯泡 (3)更换开关 (4)更换
转向灯不闪	(1)电源→闪光器→转向灯开关的电源线路开路 (2)闪光器损坏 (3)转向灯开关损坏	(1)逐段检查并接好导线 (2)修理或更换 (3)维修或更换
接通转向灯开关时，闪光器立即烧坏	转向灯开关至某一转向灯间的电路中有短路、搭铁处	找出短路、搭铁处，使其绝缘良好
前照灯不亮	(1)电路连接松脱 (2)电路开路 (3)灯光开关老化或损坏	(1)检查并卡紧仪表板插接器和前照灯开关处的连接 (2)检查灯光开关的供电和输出，按要求修复 (3)验证情况，如果需要，更换灯光开关
一个前照灯不工作	(1)电路连接处松脱 (2)封闭式灯泡损坏 (3)插座端子腐蚀	(1)可靠地连接好前照灯和搭铁 (2)更换灯泡 (3)按照要求修复或更换
全部前照灯都不亮，驻车灯和尾灯正常	(1)电路连接松脱 (2)变光开关老化或损坏 (3)灯光开关老化或损坏 (4)电路开路或搭铁不良	(1)检查并卡紧变光开关和灯光开关的连接处 (2)检查变光开关性能，验证插接器有无腐蚀。如需要，则更换 (3)验证情况，按要求更换灯光开关 (4)如果需要，则修理

续表

故障现象	故障原因	故障排除方法
两个近光或两个远光不工作	(1)电路连接松脱 (2)变光开关老化或损坏 (3)电路开路	(1)检查并卡紧变光开关和灯光开关的连接处 (2)检查变光开关性能,验证插接器有无腐蚀。如需要,则更换 (3)修复
一个尾灯不工作	(1)灯泡烧坏 (2)电路开路或搭铁不良 (3)灯泡插座腐蚀	(1)更换灯泡 (2)按要求修复 (3)修复或更换插座
全部尾灯和示廓灯都不工作	(1)电路连接松脱 (2)电路开路或搭铁不良 (3)熔丝烧断 (4)灯光开关损坏	(1)在能触及到的地方弄紧导线的连接 (2)检查前驻车灯和示廓灯的性能,按要求修复 (3)更换熔丝 (4)验证情况,如需要,更换灯光开关
制动灯不工作	(1)熔丝或电路断电器烧断 (2)转向信号电路老化或损坏 (3)电路连接松脱 (4)制动灯开关老化或损坏 (5)电路开路	(1)更换熔丝或电路断电器。如果熔丝和电路断电器再次熔断,则检查有无短路 (2)检查转向信号操作,根据需要修复 (3)卡紧制动灯开关的连接 (4)更换开关 (5)按要求修复
制动灯一直亮	(1)制动灯开关损坏 (2)开关失调 (3)电路中内部短路	(1)分开开关上的线束插接器。如果灯泡熄灭,则更换开关 (2)调整开关 (3)按照要求修复
一个驻车灯不亮	(1)灯泡烧坏 (2)电路开路或搭铁不良 (3)灯泡插座腐蚀	(1)更换灯泡 (2)按照要求修复 (3)修复或更换插座
全部驻车灯都不亮	(1)电路连接松脱 (2)电路开路或搭铁不良 (3)开关损坏	(1)弄紧电路的连接 (2)按照要求修复 (3)更换开关

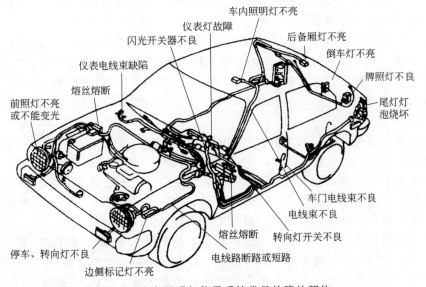

图 6-2 汽车照明与信号系统常见故障的部位

六、电喇叭系统故障的排查方法与技巧

1. 扬声器好坏的检测方法

（1）外观检查　性能良好的扬声器应具有磁性强、纸盆的外围软而薄、中央较硬而厚以及发音洪亮悦耳等特点。

可用手平衡地推动纸盆，应感觉纸质柔和而富有弹性。对于扬声器的磁性大小可用其对铁器的吸力大小来确定。

（2）检测方法　将指针式万用表置于 $R×1$ 挡，用两表笔去测扬声器的两接线端子，应能听到"咯啦、咯啦"的响声；同时可测出扬声器的直流电阻，应与正常值差不多。不同的扬声器阻抗采用万用表检测到的直流电阻值见表6-5所列，供参考。

表6-5　不同的扬声器阻抗采用万用表检测到的直流电阻值

扬声器阻抗/Ω	4	8	16	25
万用表检测到的直流电阻值/Ω	3.7	7.5	15	24

汽车电喇叭线圈故障多为线圈短路、断路、搭铁。这些故障都可以采用万用表电阻挡测量线圈电阻的方法来进行判断，如果测得的电阻值低于正常值，则说明线圈出现了短路故障，如测得的电阻值很大，则说明线圈有接触不良或开路故障。线圈搭铁故障的检查方法与检查短路故障基本相同。

2. 电喇叭故障的诊断与排除

（1）喇叭电路的故障常发生部位及判断

① 喇叭按钮部位。常见故障：按钮触点烧蚀、锈蚀，方向盘下滑片磨环，与滑片接触的片形弹簧或图形柱与滑片接触不良，按钮弹簧失去弹性等。遇到这种情况，应先将按钮线一端拆下搭铁，以确定是否为按钮故障，如喇叭不响则为线路及其他部位故障，如喇叭响，则可确认为按钮部位故障，确认后将按钮相关部位拆解进行打磨、更换。

② 喇叭部位。常见故障：喇叭声音嘶哑、声音过小、不发声等。不发声情况可用试灯代替喇叭进行试验，如试灯亮，则为喇叭故障。这种情况多是电喇叭的音量或音调不正常所造成的，应将喇叭拆下进行调整，具体方法如下。

a.音调（即衔铁与铁芯间气隙）的调整。电喇叭的音调高低与铁芯气隙有关，铁芯气隙小时，膜片的振动频率高（即音调高）；气隙大时，膜片的振动频率低（即音调低）。音调调整部位多为电喇叭的带有锁紧螺母的中心粗螺纹，调整时，应先松开锁紧螺母，然后转动衔铁，即可改变铁芯与衔铁气隙，一般每次调整 $1/10\sim1/5$ 圈，然后接线进行声响测试，不合格则继续调整。

b.音量（即触点预压力）的调整。电喇叭的音量大小与通过喇叭线圈的电流大小有关。当触点预压力增大时，流过喇叭线圈的电流增大，使喇叭产生的音量增大；反之音量减少。触点压力是否正常，可通过检查喇叭工作时的耗电量与额定电流是否相符来判断。如耗电量等于额定电流，则说明触点压力正常；如耗电量大于或小于定额电流，则说明触点压力过大或过小，应予以调整。调整螺纹位置：喇叭中心螺纹外侧带锁紧螺母的螺栓，一般用密封胶密封。调整时应先松开调整螺杆顶端的锁紧螺母，然后转动调整螺杆（逆时针方向转动时，触点压力增大）进行调整。调整时，不可过急，每次只需对调整螺母转动 $1/10$ 圈左右。

电喇叭音量和音质的调整并不是完全独立的，两者实际上是相互关联的，因此需反复调试才会获得最佳效果。

c. 熔丝部位。检查到熔丝熔断后，应及时进行更换，如短时间内又熔断，应找出短路搭铁部位后再进行喇叭故障的维修。

d. 继电器部位。继电器触点烧结，会造成喇叭长鸣；线圈断路，会造成喇叭不响。根据继电器的插脚位置及作用，用万用表测量其电磁线圈阻值，打开观察触点的烧蚀情况，必要时进行维修或更换。

（2）电喇叭常见故障的排查方法　汽车电喇叭的常见故障主要为喇叭不响、喇叭长鸣、喇叭变音等。

① 汽车电喇叭的常见故障的规律。

a. 喇叭不响。汽车电喇叭不响故障一般在喇叭本身或电路部分。可取下电喇叭，将其直接与蓄电池相接。如声音正常，则说明电路有问题；反之在喇叭本身。

b. 喇叭长鸣。汽车电喇叭长鸣，故障多在电喇叭按钮、继电器或电路部分。这种故障在很多情况下多是喇叭按钮开关触点或继电器触点粘连引起的。

c. 喇叭变音。汽车电喇叭可以正常发出声音，但发出的声音变哑或与正常时声音变调，这种故障即为变音，故障多在电喇叭本身。

② 汽车电喇叭常见故障及排除方法。

汽车电喇叭常见故障及排除方法见表 6-6。

表 6-6　汽车电喇叭常见故障及排除方法

故障现象	故障原因	排除方法
按下喇叭按钮，喇叭不响	按下喇叭按钮，继电器无任何反应，且火线触及喇叭接线柱时也无火花，说明喇叭电源火线的线路出现断路	找出断路处，重新接好
	过载或电路搭铁、短路，使熔丝盒（或熔丝）断开	找出短路处，排除故障后并接通熔丝
	喇叭线圈烧坏或有脱焊之处	修理
	喇叭触点烧蚀或触点不闭合	打磨触点，重新调整
	喇叭导线端头与转向机间的接线管脱开	插紧
	导线在转向机轴管内扭断	更换导线
	喇叭线到按钮上的焊头脱落或接触不良	重新焊好
	喇叭继电器线圈断路、触点间隙过大，使触点不能闭合	修理、调整
	按下喇叭按钮，继电器无任何反应，且火线触及喇叭接线柱时只有微小火花，说明喇叭搭铁不良或电路连接处接触不良	清洁、打磨接触不良之处
喇叭声音沙哑	蓄电池亏电	充电
	喇叭触点烧蚀接触不良	清洁、打磨触点
	膜片破裂	更换
	回位弹簧钢片折断	更换
	动铁和铁芯间的间隙不均，因歪斜发生碰撞	重新调整
	喇叭固定螺栓松动	紧固
	喇叭筒破裂	更换

续表

故障现象	故障原因	排除方法
按下按钮,喇叭不响,只发出"嗒"一声,但耗电量过大	调整不当,使喇叭触点不能打开	重新调整
	喇叭触点间短路	拆开触点固定螺栓,更换绝缘使其正常
	电容器或灭弧电阻短路	更换
触点容易烧蚀	调整不当,工作电流过大	重新调整
	线圈匝间短路,触电流大	修理
	消弧电阻或电容器损坏	更换
按下喇叭按钮,喇叭响,松开按钮后喇叭长鸣不止	喇叭按钮被卡住	用手拍击喇叭按钮,利用振动帮助按钮复位
	喇叭按钮弹簧折断,致使按钮接合电源后不能切断电源	拆开喇叭按钮,检查按钮弹簧是否完好
	喇叭继电器触点烧结,不能自行分开	可先将喇叭火线拆下,或将喇叭继电器的喇叭线拆下,然后采用砂纸将触点修磨平整
喇叭声音抖颤,音量忽大忽小	喇叭与支架固定螺栓松动造成搭铁不良	将接合面尘污清除干净后,紧固定螺栓使其接触良好
	喇叭线圈松动或振动膜片破裂	如果膜片破裂,则需要更换一个新的膜片
	喇叭继电器触点烧蚀或线头松动	可用砂纸打磨触点,将松动的线头固定牢固
喇叭音调异常	音调过低	减小喇叭衔铁与铁芯之间的间隙来提高喇叭的音调,正常间隙为0.5~1.5mm
	音调过高	增大喇叭衔铁与铁芯之间的间隙来降低喇叭的音调,正常间隙为0.5~1.5mm
音量异常	音量过低	通过调整喇叭触点间隙来改变触点的压力,从而可以改变喇叭音量的大小。将触点间隙调小,可以使喇叭音量增大
	音量过高	通过调整喇叭触点间隙来改变触点的压力,从而可以改变喇叭音量的大小。将触点间隙调大,可以使喇叭音量减小

七、汽车照明、灯光信号及电喇叭系统维修的禁忌

1. 安装灯泡应注意的问题

在安装汽车新灯泡时,切勿让灯泡玻璃表面沾染上润滑脂以及皮肤上的油脂或手上的汗渍等污物,否则,不仅会影响灯泡的亮度,而且会缩短灯泡的使用寿命(尤其是前照灯灯泡更应注意)。因此,不要用手指接触灯泡,只能用手拿灯泡的基座。

2. 注意插接件、灯座等是否接触不良

汽车灯泡的线束插接器引脚经长期使用以后被空气中的水汽等氧化、腐蚀,致使灯泡不亮或时亮时灭,是汽车灯光故障中较常见的现象。当用电压表、欧姆表或试灯检测电路时,首先就应从最容易出故障的部位入手,如灯泡插接件、灯座等;然后逐步深入地排除其他故障。

第二节　汽车仪表与报警系统故障的排查方法与技巧

一、电子式组合仪表的维修注意事项

① 汽车电子组合仪表与一般的仪表板不同，电子组合仪表的最大特点是由微机控制，它本身及专配的逻辑印制电路板都是易损器件，而且技术含量高，价格昂贵（如奔驰轿车的组合仪表价值 1 万多元）。因此，在维修电子组合仪表之前，应当仔细研读制造厂的技术资料，严格按照操作规程进行，防止因操作不当或用力过猛而损坏组合仪表或印制电路板。

② 电子组合仪表一般具有自诊断功能，只要给出一定的指令（例如同时按下行车 ECU 的两个键），电子仪表的电控单元就能对其主显示装置和语音合成器等进行全面的检测。使用测试设备对电子组合仪表进行检查，应该先完成组合仪表总成的自检过程。

③ 现代汽车电子化仪表显示板与母板（逻辑电路板）不仅较易损坏，而且价格较贵，因此在检查时应多加保护和特别谨慎，除了有特殊的说明和要求外，不得将蓄电池的全部电压（12V）加于电子仪表的任何输入端。在多数情况下，由于检测仪表（如指针式万用表）使用不当而造成 ECU 电路的严重损坏，所以在进行仪表检测时应特别注意这一点，应使用高阻抗表（数字表）检测电压、电阻等。

④ 在检查需要拆卸电子仪表板时，要按拆装顺序进行。拆装电子组合仪表之前，必须先关闭点火开关，切断蓄电池的电源。拆装时注意不要猛敲猛打，以防本来状况良好的元器件因被敲打而损坏。新的电子仪表元件应放置在镀镍的包装袋里，需要更换时再从袋中取出，取出时注意不要碰触各部接头，不要提前从袋中取出。在拆装作业中，只能用手拿仪表板的侧面，不能碰及显示窗和显示屏的表面等部分。

⑤ 在检查电子仪表板时，必须做好静电防护工作，如佩戴一端搭铁的手腕带。从仪表板上拆卸下来的电子部件应放在具有搭铁装置的导电垫板上，不能放在地毯或座椅上；检查维修人员不能穿合成纤维面料的衣服等。否则，均会因带静电而损坏电子元器件及电子组合仪表装置。

⑥ 检测电子组合仪表时，最好使用专用的插接器或适配器，因为不同车型的电子组合仪表要依靠一组对应的插接器与线束连接在一起。这些插接器一般采用不同的颜色，以便于快速辨认。在插接器上有闭锁凸舌，以保证可靠地连接。在测试中，将测试仪器与线束连接时，要注意防止插接器的插头和插座受损。

⑦ 诊断汽车电子组合仪表的故障，应当首先进行基本检查，确认各指示灯的工作情况。如果所有的指示灯都无法正常工作，可能是中央接线盒有问题；如果只是 1 组或 2 组无法工作，则可能是该仪表本身有故障。如果个别仪表发生故障，应该首先检查其传感器与仪表板之间的线束连接情况，如无问题，再采用适当的仪器检测。如果电子组合仪表显示屏上有一两个笔画或线段不发亮，说明逻辑电路板传输信号正确，此时只需要更换显示屏。

⑧ 在处理电子式车速/里程表的电路芯片时，必须使用原有的塑料盒，以免因静电放电而损坏。如不慎碰及电路芯片的接头时，则会使仪表的读数消除，此时应该将仪表送往专门修理单位进行重新编程后才能使用。

⑨ 电子仪表使用冷阴极管，应注意冷阴极管插接器上通电后存在高压交流电，因此通电后不得接触这些部位。

二、汽车仪表故障的检测方法

汽车电子组合仪表的检测与故障诊断,除了可以由车载 ECU 自诊断系统进行处理之外,还可以使用专门的检测设备对其进行检测及诊断。检测时,应首先关断点火开关,然后将传感器电路断开或拆下,用检测设备对它们逐个进行检查,具体方法如下。

1. 拆线法

当汽车仪表读数异常,通过分析、推断可能是传感器内部或传感器与指示仪表间的导线存在搭铁故障时,常采用拆线法进行检查,即通过拆除有关接线柱上的导线,来判断故障的原因及部位。

2. 搭铁法

当汽车仪表读数异常,通过分析、推断可能是传感器搭铁不良或损坏,以及传感器与指示仪表间的导线存在断路故障时,常采用搭铁法进行检查。通过导线将有关接线柱搭铁来判断故障的原因及部位。

3. 短接法

若其他电器仪表工作均正常,只有与稳压器相连的仪表(如燃油表、电磁式冷却液温度表等)不工作时,可利用短接法进行检查。用导线将稳压器的输入、输出端短接,这时与稳压器相连的仪表指针若立即偏转,则为稳压器内部存在故障。

4. 替换法

当电气仪表读灵敏不准时,可采用对照比较法进行校验检查。即在相同的工况条件下,将原来的仪表进行替换,从而可判断仪表的技术状况。

5. 专用仪器检测法

(1)快速检测器检测 快速检测器能发出模拟各种传感器的信号,用它能够迅速测出故障的部位。如果在使用检测器向仪表板输入信号时,仪表板能够正常显示,则说明传感器或其电路有故障。若显示器仍不能显示,再将检测器直接接在仪表板的有关输入插座上,此时若显示器能正常显示,说明线束和插接器有故障,否则表明仪表板有故障。

(2)电脑快速测试检测 电脑快速测试器能够模拟燃油的流量和车速传感器的信号,同样把测试器所发出的信号从不同部位输入,即可检验传感器、线束对应电脑和显示装置工作是否正常。

(3)液晶显示仪检测。当用液晶显示仪表检测器进行测试时,直接到仪表板上,能为仪表板和信息中心提供参照输入信号,这就可检测出信息中心的工作状态。这种测试的目的是,对仪表板有无故障做进一步的验证。

三、电子组合仪表故障的排查方法

目前,汽车大多采用发光二极管显示器(LED)、荧光显示器(VED)和液晶显示器(LCD)三种形式的仪表。汽车电子组合仪表是由 ECU 进行控制的,同时具有自检功能。只要给出指令,电子组合仪表的电控单元便会对其主显示装置进行系统的检查,若出现故障,便以不同的方式警告驾驶人,同时储存故障码,以便维修检测。

现代汽车电子仪表显示系统的故障一般都出现在传感器、针状插接器和导线、个别仪表及显示器上。

1. 利用自诊断功能检测电子组合仪表故障

(1) 先排除基本故障　在对汽车信息显示系统中数字仪表板系统进行诊断之前，应先对该系统进行必要的基本检查，以便排除一些明显的问题。例如检查各个指示灯或仪表的故障情况。

(2) 故障自诊断　汽车信息显示系统中数字式仪表板系统一般都具有故障自诊断功能，当给该系统输入一定的指令以后，仪表主控微处理器会对其主要显示装置等进行全面的检测（对于具有语言合成器的车辆，也对该系统进行全面的检测），也就是对系统进行自检。

因此，在对数字式仪表板系统故障进行维修时，应尽可能先利用车辆上的自诊断系统来确定故障的大概部位或原因，这样可以迅速确定故障部位，减少维修的盲目性、有的放矢，不致使维修走弯路。

2. 所有指示灯均无法正常工作

如果发现汽车信息显示系统中所有的指示灯均无法正常工作，则应先对仪表板系统的供电进行检查，应围绕中央接线盒来进行。

3. 只灰暗地显示几个指示灯，其余为黑屏

如果发现汽车信息显示系统中仪表板上只灰暗地显示几个指示灯，其余为黑屏，则应重点检查蓄电池本身电压是否足够。

4. 仪表板个别仪表无法工作或工作异常

发现汽车信息显示系统中仅是个别仪表无法工作或工作异常，就应先对该仪表的传感器工作情况以及该传感器与仪表板之间的线束连接情况进行检查，确定无问题后，再使用相应的检测仪器对该仪表进行检查。

5. 仪表板 LCD 显示屏有一两个笔画或线段不显示

如果发现汽车信息显示系统中 LCD 显示屏有一两个笔画或线段不显示，则问题可能出在 LCD 液晶显示驱动集成电路中与不显示有关的引脚上，应检查这些引脚是否出现了脱焊现象，确认无问题后，则可能是 LCD 显示屏本身出现了问题，可重换新的 LCD 显示屏。

6. CAN 总线汽车信息显示系统中数字式仪表板系统的故障特征

对于具有 CAN 总线汽车信息显示系统中数字式仪表板系统，如果仪表板上有多个报警灯点亮，说明有多个电子控制系统存在故障，但多处电子电路同时出现问题的可能性较小，问题出在这些电子控制系统的公共部分的可能性较大，很可能是 CAN 总线网络通信系统失效引起的，应重点先对这部分电路进行检查。

7. 汽车信息显示系统中仪表防盗控制单元的故障特征

(1) 汽车仪表防盗控制单元组成特点　对于汽车信息显示系统中数字式仪表控制单元与车辆防盗系统电子控制单元集成在一起的车辆（例如奥迪 A6 与 A6L 系列轿车、帕萨特 B5 系列轿车、宝来系列轿车、波罗系列轿车等），这种集成就形成了仪表防盗控制单元。由于这类车辆防盗钥匙手柄内的转发器与数字式仪表之间的通信是时刻存在的，一旦密码不对或通信信息中断，仪表防盗控制单元就会发出控制指令，使发动机被锁止，导致发动机无法启动。

(2) 仪表防盗控制单元故障特征　当汽车信息显示系统中仪表防盗控制单元中的数字式仪表控制单元部分出现异常后，有可能会导致发动机不能正常启动，这是这类车型的一种典型的特殊故障，必须要充分注意到。

8. 数字式电子元器件的更换

对于数字式仪表板系统中备用的数字式电子元器件（因为这些元器件许多都采用 CMOS 工艺制成），应将其保存在镀镍包装袋（或香烟盒内的锡箔纸等）内。当需要更换元器件时，不要早早就取出来，待需要更换时再取出，取出时手也不要触及元器件的引脚，以防静电损坏被触及的元器件。

9. 维护汽车信息显示系统中仪表板时更换数字式仪表板的方式

当需要更换新的汽车信息显示系统中数字式仪表板时，更换的数字式仪表板如不能正常工作，则必须重新进行编码，否则将无法使用，这一点应注意。如果虽可以工作，但指示值或显示值有偏差，还要对其进行修正。例如燃油表指示值不对，可采用故障诊断仪对其进行修正等。

电子组合仪表故障症状见表 6-7。

表 6-7 电子组合仪表故障症状

故障症状	故障原因
组合仪表不工作	(1) 保险有故障 (2) 配线有插接器有故障 (3) 组合仪表有故障
车速表故障	(1) 车速传感器有故障 (2) 配线和插接器有故障 (3) 组合仪表有故障
转速表故障	(1) 发动机或 ECM 有故障 (2) 配线和插接器有故障 (3) 组合仪表有故障
燃油表故障	(1) 燃油油位传感器有故障 (2) 配线和插接器有故障 (3) 组合仪表有故障
水温表故障	(1) 冷却液温度传感器有故障 (2) 配线和插接器有故障 (3) 组合仪表有故障
倒车雷达报警蜂鸣器工作异常	(1) 组合仪表有故障 (2) BCM 控制器有故障 (3) 倒车雷达探头有故障 (4) 倒车开关有故障 (5) 钥匙未锁警告开关有故障 (6) 配线和插接器有故障
安全带未系蜂鸣器工作异常	(1) 四车门门灯开关有故障 (2) 安全气囊 ECU 有故障 (3) 配线和插接器有故障 (4) 组合仪表有故障
车门未关蜂鸣器工作异常	(1) 四门门灯开关有故障 (2) 配线和插接器有故障 (3) 组合仪表有故障

四、电子组合仪表维修技巧

（1）拆卸仪表板总成 首先断开蓄电池接地线，将仪表板总成断电。然后取下转向柱上的电喇叭按钮和组合开关，松开仪表板固定螺钉，向前推出装饰板，拉出仪表板，断开各插口和插接器，取出仪表板。

（2）检查仪表板稳压器　断开连接仪表板的所有插头，连接蓄电池。检查电压，电压表读数应接近蓄电池电压值。

（3）维修仪表本身的故障　仪表板各指示器和警报器的故障，多数是由连接导线插接器接触不良或导线断线引起的，少数是由仪表本身或传感器损坏引起的。对于仪表本身的故障，应更换损坏的仪表；对于较严重的故障，可以更换仪表板总成。指示灯、报警灯和照明灯的故障，多是由灯泡损坏引起的，应检查灯泡、熔丝、相关电路元件和插接器的导线有无损坏；若有损坏，应更换灯泡、熔丝和修好电路。

（4）传感器的检测　首先将传感器的电路断开或拆下传感器，用仪器逐个进行检查。对各种电阻式传感器的检查，通常是采用测量其电阻的方法来判断它的好坏，即把所测得的电阻值与其规定的标准电阻值相比较，判断传感器有无故障。若所测的电阻值小于规定值，说明传感器内部短路；若其电阻值很大，则说明传感器内部断路或接触不良。传感器一般是不可拆、不可维修的元件，若有故障只能更换新件。

（5）针状插接器的检测　汽车电子组合仪表中有很多插接器，它们把电线束连到仪表板上。这些插接器一般都采用不同颜色，以便辨认它属于哪一部分的连接，用目测法进行检查。为保证其连接牢固、可靠，插接器上设有闭锁装置。在进行检测时，要注意防止插接器的闭锁装置、针状插头以及插座等受损、毁坏。

检查时可用眼看或手触摸的方法进行，插接器装置要齐全完好。特别是将测试设备与其导线连接时，最好使用备用的插接器插头，以防因插接器针状插头损坏、松动等而造成接触不良。仪表电路工作中用手触摸插接器，应没有明显的高温感觉，若温度过高，说明该插接器接触不良，应更换，必要时更换线束。

（6）个别仪表的故障检查。若汽车电子组合仪表上个别仪表发生故障，应检查与此仪表相关的各个部分。对于可分解的仪表，应分解检查仪表相关的各个部分是否损坏。

首先应检查导线的连接情况，包括各插接器接触情况，线束是否破损、搭铁、短路和断路等；然后用检测设备分别对该仪表及其传感器进行测试，查明故障原因，予以修复。必要时更换新的元件。

（7）显示器故障维修　一旦电子组合仪表上的显示屏部分笔画、线段出现故障，应将仪表板上的显示器调整至静态显示状态，仔细观察是否还有别的故障，可使用检测设备对与此相关的电路或装置进行认真检查。

如果仅有一两笔画或线段不发亮或不显示，则说明逻辑性电路板通过多路传输的脉冲信号正确，可能只是显示装置的部分线段工作不正常。属于接触不良的应加以紧固，确保其电路畅通；若是电子显示器件本身问题，通常只能更换显示器件或电路板。

> **小贴士**
>
> 更换电子组合仪表后需要进行匹配操作
> ① 要使用故障诊断仪对组合仪表进行编码，否则组合仪表无法使用。在不同的国家和地区，或者相同车型但是装备不同时，电子组合仪表的编码也可能不相同。
> ② 对燃油表进行标定，用故障诊断仪予以修正，修正量为120~136。
> ③ 调整里程表的读数，即把旧仪表上的里程表输入新仪表。
> ④ 调整维修周期的显示信息，包括更换机油、下次维护里程或维护时间等。
> ⑤ 对防盗器进行匹配，即让防盗系统与组合仪表一体化。

五、汽车报警系统常见故障的诊断与排除

1. 维修汽车仪表及报警灯故障应注意的问题

（1）注意区分传感器报警开关　区分清楚要检测的传感器报警开关，不要与其他用途的传感器相混淆。

（2）用替换法检查灯泡　报警灯的灯泡通过外观常通难以确定其灯丝的好坏。当怀疑灯泡有问题时，可先用一个好的灯泡换上，这样可以提高维修效率。

2. 汽车仪表板报警灯故障分析与排除

汽车仪表板报警灯用来对油压过低、冷却液温度过高、充电系统故障或制动器故障发出警告。它们不属于仪表用传感器，报警灯用的传感器大多为简单的开关，开关的类型既可以是常开式又可以是常闭式，取决于所监测电路的特点。

（1）所有的报警灯都不正常　所有报警灯同时失效是不可能的。如果所有的灯工作都不正常，应先检查熔断丝，再检查最末的公共接点处的电压。如果没有电压，则可沿该电路朝蓄电池方向查找；如果在公共点处有电压，按照同样的方法对各个灯的分支电路进行检查。

（2）一个报警灯失效　检测一个失效的报警灯时，把点火开关转拨至"RUN"挡，自检电路应点亮报警灯。如果在自检期间灯不亮，则拆开传感器（开关）引线，用跨接线把传感器报警开关引线搭铁。报警灯应随着点火开关转到"RUN"挡而点亮。如果报警灯点亮，则更换传感器报警开关；如果报警灯不亮，可能是灯泡烧坏或导线损坏。此时可用试灯验证传感器的插接器引线端是否有电压；如果有电压，则多为报警灯泡损坏。

（3）报警灯始终点亮　如果报警灯始终点亮，则断开到传感器报警开关的引线，点火开关在"RUN"挡时灯应熄灭。如果报警灯仍然点亮，则说明传感器报警灯开关到灯泡之间的导线有搭铁之处。如果报警灯可以熄灭，则可能是传感器报警开关损坏，应重新换新件。

六、仪表与报警系统故障维修的禁忌

① 带电测试燃油表系统时，不得将传感器取出靠近油箱，以防因其可变电阻滑动引起接触处产生火花而使油箱起火。

② 仪表电路中装有稳压器时，其外壳应可靠搭铁。当稳压器损坏时应及时更换，不可将电源直接供给仪表板，不仅会使指示失准，还可能损坏仪表。

③ 电流表正、负极性不可接反。若汽车为负极搭铁，则电流表"－"接线柱应接蓄电池火线（正极），"＋"接线柱接交流发电机火线。

④ 检测各灯系供电线路时，切忌线路短路或搭铁。

a. 电子仪表装置较精密，维修技术要求也较高，应按照使用维修手册的有关要求保养，不可随意拆卸，必要时要到专业维修站维修。

b. 电子仪表显示板和母板（逻辑电路板）不仅容易损坏，而且价格较贵，检查时应注意保护和谨慎拆装。

c. 不得随意对仪表板加电。应使用高阻表检测电压、电阻等。防止因检测仪表（如欧姆表）使用不当而造成电子电路的损坏。

d. 拆卸电子仪表板时，须按拆装顺序进行，不可用力敲打。拆卸仪表板总成前先切断电源，并注意静电对电路和元件的影响。

e. 新的电子仪表元件应放置在镀镍的包装袋里，需要时再从袋中取出，取出时注意不要

碰触各部接头。拆装时只能用手拿仪表板的侧边，不要碰及显示窗和显示屏的表面。

f. 在检查电子式车速/里程表的电路芯片时，必须用原有的塑料盒，以免因静电而损坏。如不慎碰及电路芯片接头，会使仪表的读数被清除，此时只有将仪表送往专业修理单位进行重新编程后才能使用。

g. 检查电子仪表板时，必须注意静电防护。从仪表板上拆卸下来的电子部件应放在具有搭铁装置的导电垫板上，维修人员不能穿着合成纤维面料的工作服等。

第三节 车身辅助电气系统故障的排查方法与技巧

一、汽车风窗刮水器故障的诊断方法

1. 汽车风窗刮水器是否工作正常的检查方法

① 将刮水器拉起来，用手指在清洁后的刮水器橡胶条上摸一摸，检查是否有损坏，及橡胶条的弹性状况是否良好。若有老化、硬化、出现裂纹，则此刮水器不合格，需要及时更换。

② 将刮水器开关置于各种速度位置处，检查不同速度下刮水器是否保持一定速度。特别是在间断工作状态下，还要留意刮水器在运动时是否保持一定速度。

③ 刮水器在刮水状态时，如果出现摆幅不顺、不正常跳动，有噪声；橡胶的接触面与玻璃面无法完全贴合，而产生擦拭残留；擦拭后玻璃面呈现水膜状态，玻璃上产生细小条纹、雾及线状残留，那么刮水器为不合格。

④ 通过听声音来辨别刮水器的好坏，当刮水器电动机"嗡嗡"作响而不能转动时，说明刮水器机械传动部分有锈死或卡住的地方，这时应立即关闭刮水器开关，以防烧毁电机，说明该刮水器为不合格。

2. 汽车风窗刮水器故障的诊断

在刮水系统中，较易发生故障的部位大多在刮水器电动机、刮水器开关、间歇刮水继电器、电压继电器的线路或熔丝上。

（1）汽车风窗刮水器常见故障及故障大概部位的判断　汽车风窗刮水器常见的故障有：刮水器不工作、间断性工作、刮水器不能复位、刮水器速度不够、刮水器的速度转换不正常等。

① 在对汽车风窗刮水器的故障进行维修之前，需要确定是电气故障还是机械故障。要确定这一点，最简单的方法就是从电动机上拆下连接刮水片的机械臂，接通刮水器系统，观察电动机的运行。如果电动机工作正常，则说明是机械问题，否则说明电气系统有故障。

② 大多数导致刮水器动作慢的电路故障是由于接触电阻大而引起的。如果故障表现为所有的速度挡都慢，应检查电源到刮水器开关之间的电路，主要是中间继电器、熔断器和刮水器开关连接线端子插接是否牢固可靠。

③ 如果刮水系统只是在间歇挡位工作不正常，首先应检查间歇继电器的搭铁是否良好。如果搭铁正常，利用欧姆表检查继电器到刮水器开关之间的电路；如果连接线路也是良好的，应更换间歇继电器。

④ 造成刮水器不能复位的故障可能是复位开关的原因，也可能是刮水器开关内接触片变化所致。

当刮水系统出现故障时，应先判断发生故障的大概部位，然后根据故障车型刮水线路的设计特点，逐步查找，便可找到故障部位。例如：刮水器不工作，在打开刮水器开关后，应首先通过看、听、摸等方法检查刮水器电动机是否转动。

（2）确定汽车刮水器故障是否为连杆不良引起的　可以先检查刮水器电动机的工作情况，如经检查刮水器电动机已经转动，而摆臂不摆，说明故障在连杆部分，原因可能是连杆固定螺钉松动或滑脱，应对其进行修理。

（3）确认故障是在刮水开关还是电动机

① 如果打开刮水器开关后，电动机不转，就从检查电动机入手对其部件进行检查。不管是何种车型，不管开关控制的是火线还是搭铁线，在刮水器开关打开后，电动机插头上都应至少有一根火线（正极线）和一根搭铁线，这是刮水器电动机转动的必备条件。

② 如果在打开刮水器开关后，测电动机插头无一根火线，说明在开关或线路上存在故障，下一步查找的重点就应是刮水器开关和电源线路。

（4）检查汽车刮水电动机的好坏　如通过检测，插头上的火线和搭铁线均正常，说明故障在刮水器电动机。为了准确判断，此时可再采取送电法对电动机单独进行检查，具体方法如下。

去掉电动机与导线连接插头，去掉连杆，取一根电源线连通刮水器电动机的正电刷，另取一根连线使另外两电刷分别搭铁。

① 如果刮水器电动机转动，说明电动机良好，故障在开关或线路上。

② 如果刮水器电动机不转，刮碰时无火花，说明电刷接触不良；如刮碰时有较大的火花，说明刮水器电动机线圈烧毁短路。

（5）检查汽车刮水器电动机械噪声故障　刮水系统的机械驱动系统松动或过紧都会产生噪声。拉杆系统的运动部件触及其他部件时，如洗涤器的金属管道等，也会产生噪声。如经过检查，不能确定噪声部位，应逐件进行细致检查。

（6）修理汽车刮水器电动机故障

① 电刷磨损的处理。电动机故障通常是不能启动和转速过低。电动机故障多是由于长期工作后电刷磨损、换向器积污引起的。当主电刷长度磨到小于5mm或第三电刷的台阶部分磨掉后，应更换电刷。

② 换向器积污的处理。对于电动机内换向器的积污，可用浸过煤油的软布擦拭，如表面已严重烧黑，可用玻璃砂纸条清洁。有的电动机有一个调整螺钉，可用来调整电枢轴向间隙，该间隙通常为0.2mm。

二、汽车刮水系统常见故障与排除

电动刮水系统出现故障时，既有机械原因，又有电气线路原因。电动刮水系统及电动机常见故障与排除方法见表6-8。

表6-8　电动刮水系统及电动机常见故障与排除方法

故障现象	故障原因			故障排除方法
刮水器不工作	电动机	电动机的转子断线	电流不能流过电动机	更换电动机或转子
		电动机的炭刷磨损		更换炭刷
		电动机轴烧坏	通电4～5min电动机过热	更换电动机

续表

故障现象	故障原因			故障排除方法
刮水器不工作	电动机	电动机内部短路或只暂时短路及烧损	刮水器电路的熔丝立刻熔断	更换电动机或修理短路处
	电源和电路接线	由于刮水器电路的其他元件损坏而熔丝熔断	检查其他元件的工作状况	更换损坏的元件
		接线连接处松动、脱出或断线	检查电动机附近的接线,检查接线柱的装配状态	修理
		错误接线	对照各连接软线的颜色	修理
		接地不良	检查地线	修理
	开关	开关接触不良	电动机不通电	更换开关
	连杆	连杆的其他元件和配线挂住,连杆脱落	检查连杆部分	修理
		摇臂烧坏、锈死	摇臂是否能向前、向后移动	加油或者更换
刮水器速度不够	电动机	电动机的转子局部短路	使摇臂立起来后电流增加(3~5A)	更换电动机或转子
		电动机的炭刷磨损	用手轻轻推摇臂,摇臂则停止	更换炭刷
		电动机有烧焦气味	使摇臂立起来后电流增加(3~5A)	更换电动机或给轴承加机油
	电源和电路接线	电源电压降低	测量电压或检查其他零件(灯光亮度等)	检查电源
	开关	开关接触不良	使开关工作4~5次,电压仍降低	更换开关
	连杆	有烧焦气味	电动机在摇臂工作周期内有响声并有气味	加润滑油或更换
	刮水片	刮水片粘在玻璃上	使摇臂立起来,在无负荷状态下工作正常	将刮水片、玻璃表面擦净或更换刮水片
刮水器的速度转换不正常	电动机		低速或高速的一方炭刷磨损	与规定的低、高速的速度比(1:1.4)远不相同,或速度相同,但在某一速度下电动机不工作	更换炭刷
	停在某处	电路接线和开关	开关的1段、2段间接触不良	拆开开关检查,OFF位置如果不在1位、2位间连接	更换开关
		电动机	自动停止装置继电器的触点污损或者有异物使触点接触不良	拆开自动停止装置盖,检查触点	清理触点,注意不要使继电器簧片变形
	不停止	电动机	自动停止装置动作不灵活(触点不能开闭)	拆开自动停止装置盖,检查工作状况	矫正继电器的簧片
间歇刮水不正常	间歇刮水继电器损坏或线路有故障			短路导线试验查线路	检查间歇继电器和线路

三、电子智能式间歇刮水器常见故障维修

电子智能式间歇刮水器电路采用雨量自感应方式,根据雨量的大小自动控制刮水器的运行速度。它是在传统刮水器与洗涤器的基础上,增加了雨量传感器及其控制电路后发展起来的,如果去除雨量传感器及其控制电路后,刮水器与洗涤器的工作情况与传统刮水器和洗涤器没有什么区别,故对传统刮水器与洗涤器的某些维修方法同样适用于电子智能式间歇刮水器的刮水与洗涤器部分。

电子智能式间歇刮水器的雨量控制失灵故障维修方法如下。

(1) 判断雨量控制是否确失灵 可以采用模拟雨量的方法对挡风玻璃洒水,看雨量控制是否进入高速刮水状态。如果水能,则初步判断雨量控制确已失灵。

(2) 判断故障是在刮水电动机模块还是在雨水传感器控制装置 仍然采用模拟雨量的方法对挡风玻璃洒水,也就是一个洒水,另一人用万用表检测雨水传感器控制装置①与②引脚是否同时等效接地,如果②引脚仍然处于高电位(12V),则问题出在雨水传感器控制装置;否则问题出在刮水电动机模块。

(3) 刮水电动机模块的检测 对刮水电动机模块进行检测时,可先检测其供电电压是否正常,搭铁端连接是否可靠。如果经检查没有发现问题,在断开供电的情况下,检测其内两个继电器线圈输出引脚(检测⑥与⑧、⑤与⑦引脚之间电阻)是否短路或断路,如经检查也无问题,则重换一块刮水电动机模块试试。

(4) 雨水传感器控制装置的检测 对雨水传感器控制装置进行检测时,可先检测其供电电压是否正常,搭铁端连接是否可靠。如果经检查没有发现问题,则重换一块雨水传感器控制装置试试。

(5) 雨水传感器的检测 雨水传感器属于红外光散射方式,其内部集成有红外发光二极管与光敏三极管,对其的检测类似于光电耦合器,也可直接更换一个新的雨水传感器试试。

四、电动洗涤器系统故障排查方法

检查电动洗涤器性能好坏时,可向储液罐中充入洗涤剂,之后合上开关,观察喷嘴喷出的液流是否有力,喷射方向是否适当,电动液泵的接线是否正常。如不正常,应对电动机、喷嘴、连接管、储液罐及密封装置进行检查和修理。其常见故障及修理方法如下。

1. 电动机不转

故障原因:电动机及泵不良,洗涤器开关失灵,熔断丝熔断,电源或线路不良。

修理方法:应修复线路或更换、修理损坏的元器件。

2. 喷嘴工作异常

故障原因:洗涤液导管压扁、弯折或接头泄漏,喷嘴阻塞,电动机及泵不良。

修理方法:应校正、平直或更换压扁、变形的洗涤液导管,紧固导管接头,使之无泄漏现象;对已阻塞的喷嘴应清除阻塞物;对不良的电动机及泵应修理或更换。

五、启动预热装置常见故障诊断与排除

安装于各缸的电热塞与电源并联相接。启动发动机之前首先接通电热塞的电路,电热丝通电后迅速将发热体钢套加热到红热状态,使气缸内的空气温度升高,从而可以提高压缩终了时混合气的温度。电热塞通电的时间一般不超过1min。发动机启动后,应立即将电热塞

断电。若启动失败，应停歇 1min，再将电热塞通电，进行第二次启动，否则将降低电热塞的使用寿命。

启动预热装置常见故障诊断与排除方法如下。

（1）按下预热开关时预热指示灯不亮　正常情况下，按下预热开关，指示灯应点亮。造成指示灯不亮的原因有：导线搭铁造成预热熔丝烧断；熔断器、控制器导线插头松脱或接触不良；预热开关指示灯损坏；预热控制器损坏或导线接错。

（2）预热时间超过 6 min 时指示灯不闪烁　预热时间超过 6min 时指示灯应当闪烁，蜂鸣器轰鸣。如果指示灯不闪烁，故障原因可能是预热控制器内部电路故障，此时应更换预热控制器。

（3）易熔线烧断　易熔线是为了防止预热器正极导线搭铁烧坏导线而设置的。造成易熔线烧断的原因有：正极导线擦伤破裂；预热继电器接线柱搭铁。排除方法：可采用分段法排除故障，当打开电源总开关时易熔线烧断，说明蓄电池至预热继电器接线柱的一段线路有搭铁故障；当打开预热器开关时易熔线烧断，说明预热继电器另一接线柱至预热器正极接线柱的一段线路中有搭铁故障。

（4）预热器不加热　主要原因有：易熔线烧断；预热控制器至预热继电器的导线插头脱落或导线断路；预热继电器触点不闭合；预热器损坏或预热器负极断路；蓄电池电量严重不足。若试灯不足，说明故障在预热控制电路上，应检查导线各插头是否插接正确、牢靠，导致是否断路，并视情况予以排除；若试灯亮，说明故障在预热电路，可用试灯分别检查预热继电器两接线柱，若试灯都不亮，说明易熔线烧断或正极导线断路，应排除搭铁故障，更换易熔线；若一个试灯亮，另一个不亮，说明预热继电器触点不吸合，应更换预热继电器。若预热导线接线柱上的试灯亮，说明预热器损坏。在确定预热器损坏时，应检查预热器负极导线是否漏装或断路。

六、电动车窗故障的排查方法

1. 电动车窗故障的检测技术

（1）电动车窗不动作故障的检测方法　汽车电动门窗系统故障多是门窗不动作。遇此类故障时，应先检查点火开关闭合后，电动门窗总开关引脚上的蓄电池电压是否正常。如不正常，应重点检查主电源继电器是否损坏，电源熔丝是否熔断，连接线是否良好。

（2）驱动电动机故障大概部位的检测方法　若采用万用表检测电动门窗总开关引脚上的蓄电池电压无问题，可再将电动门窗总开关置于上升或下降位置，检测电动门窗驱动电动机两端是否有蓄电池电压。

① 若蓄电池电压正常，但驱动电动机不运转，则为驱动电动机本身的问题。

② 若测量驱动电动机两端无蓄电池电压，则问题出在电动门窗总开关上，应对电动门窗总开关中的各触点进行检查，看其是否接触不良等。

（3）配合蓄电池判断汽车电动门窗驱动电动机故障的大概部位　可拔下电动门窗电动机插件，直接给驱动电动机施加蓄电池电压，看电动机能否启动运转。

① 如仍不转，则为电动机组件有故障，应采用万用表检测其内的断电器是否损坏。

② 如电动机可转，则为电动门窗总开关到电动机组件间的连接线路有问题，可采用万用表检测查找故障点。

（4）电动门窗开关检测方法　对电动门窗开关的检查，可根据其在电路中的原理，用万用表 $R×1\Omega$ 挡测其在不同工作状态时，各接线脚之间的通断情况，应通的触点间电阻应小于 5Ω，不通的触点间电阻应为无穷大，否则说明开关触点间的接触问题，应进行修理或重换新件。

2. 电动车窗常见故障的排查

电动车窗常见故障有所有车窗玻璃均不能升降、某车窗玻璃不能升降或只能一个方向运动等。在维修电动车窗故障前，应在不同方向轻轻摇动车窗玻璃，检查车窗玻璃是否移动阻力过大。如果各个方向都能稍微移动，则表明车窗玻璃没被卡住，能正常升降。

(1) 所有车窗玻璃均不能升降故障的排查

① 主要故障原因：熔断器断路；连接导线断路；有关继电器、开关损坏；电动机损坏；搭铁点锈蚀、松动。

② 诊断步骤：检查熔断器是否断路；若熔断器良好，则应将点火开关接通，检查有关继电器和开关火线接线柱上的电压是否正常，若电压为零，应检查电源线路；若电压正常，则应检查搭铁线是否良好。若搭铁不良，应清洁、紧固搭铁线；若搭铁良好，则应对继电器、开关和电动机进行检测。

(2) 某车窗玻璃不能升降或只有一个方向运动故障的排查

① 主要故障原因：该车窗按钮开关损坏；该车窗电动机损坏；连接导线断路或短路。

② 诊断步骤：如果车窗玻璃不能升降，首先检查安全开关是否工作，该车窗的按键开关工作是否正常，再通电检查该车窗的电动机正反转是否运转稳定。若有故障，应维修或更换新件；若正常，则应维修连接导线。如果车窗只能一个方向运动，一般是按键开关故障或部分线路断路或接错所致，可以先检查线路连接是否正常，再检查开关。

七、电动后视镜故障的排查方法

电动后视镜的常见故障有电动后视镜都不工作和电动后视镜部分功能不正常。故障主要原因有：保险装置及线路断路、开关及电动机有故障等。

① 当电动后视镜出现故障时，应先检查熔丝和断路器是否已熔断。

a. 如熔丝和断路器正常，则可试着更换一个相同的后视镜调节开关，看能否控制后视镜正常工作。如无此条件，也可采用万用表电阻挡测试开关总成。

b. 如开关完好，应用 12V 电源的跨接线检查电动机的工作情况，接线换向时，电动机也应反向转动。

c. 如电动机工作正常，而后视镜仍不能运动，则应检查连接后视镜控制开关和车门或仪表板金属件的搭铁情况。

② 如果电动后视镜都不工作，往往是由保险装置或电源线路、搭铁线路断路引起的，也可能是控制开关有故障。可以先检查保险装置是否正常；然后检查控制开关线头有无脱落、松动，电源线路或搭铁线路是否正常；最后维修控制开关。

③ 如果电动后视镜部分功能不正常，往往是由个别电动机及控制开关对应部分有故障，或对应线路断路、接触不良等引起的。可以先检查线路连接情况，再检查开关和电动机。

电动后视镜的伸缩是通过电动后视镜开关上的伸缩开关控制的，该开关控制继电器动作，使左右两镜伸缩电动机工作，来完成伸缩功能。

八、电动座椅故障的排查方法

1. 电动座椅故障的诊断

(1) 开关接触不良　电动座椅的开关接触不良，会造成电动座椅调整失效或不灵。检测时若发现导通状态不符合标准,则应修理或更换电动座椅的开关。

(2) 控制电路故障　可根据电路图仔细检查电动座椅的控制电路,若有断路或短路现象,均会使电流不能通过电动机,使电动座椅调整失效。修复线路,故障即可排除。

(3) 电动机故障　电动座椅的电动机失灵,如电刷磨损及转子定子断路、短路等,均会使电动机不能正常工作。若电动机有故障,则应修理或更换。

(4) 传动机构故障　电动座椅的传动机构一般由变速机构、联轴节及齿轮机构等组成。若机械部分有卡滞、磨损严重等问题,均会使电动座椅不能正常工作,应逐个检查并修理电动座椅的传动机构。

2. 电动座椅常见故障的排查

电动座椅的常见故障有:电动座椅完全不动作或某个方向不能工作。

(1) 电动座椅完全不动作　主要原因有:熔断器断路;线路断路;座椅开关有故障等。可以首先检查熔断器是否断路,若熔断器良好,则应检查线路是否正常,最后检查开关。对于有存储功能的电动座椅系统,还应检查控制单元(ECU)的电源电路和搭铁线是否正常,若开关、线路等都正常,应检查控制单元。

(2) 电动座椅某个方向不能工作　主要原因有:该方向对应的电动机损坏;开关、连接导线断路,可以先检查线路是否正常,再检查开关和电动机。

九、电动天窗故障的诊断与排查

1. 电动天窗故障的诊断

(1) 汽车电动天窗保险元件的检查　对汽车电动天窗保险元件进行检查,主要检查保险元件是否熔断。如保险元件已熔断,在更换新保险元件之前,还要检查电路中是否有短路之处。

(2) 汽车电动天窗电源继电器的检查　汽车电动天窗典型控制电路如图 6-3 所示,主要应检查其内线圈是否有断路现象。当线圈中有电流通过时,其常开触点是否能闭合接通。

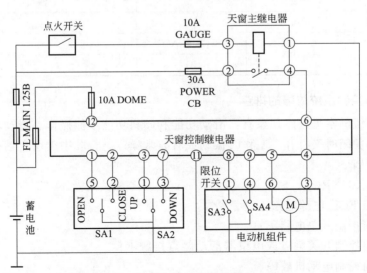

图 6-3　汽车电动天窗典型控制电路

(3) 汽车电动天窗控制开关和限位开关的检查　对汽车电动天窗控制开关和限位开关,主要是检查它们的通、断性能。当其接通时应能可靠地闭合;当其断开时触点间应能可靠地分离。

(4) 汽车电动天窗驱动电动机的检查　对汽车电动天窗驱动电动机,可将其从配线插接器上分离,直接对其施加正向或反向蓄电池电压,看其运转状态。如果直接通电后驱动电动机不转,或虽转但电动机发热严重,或驱动齿轮旋转方向与规定的方向不符,这都说明电动机有问题,应对其进行修理或更换新件。

(5) 汽车电动天窗控制继电器的检查　可先对天窗控制继电器周围相关配线及插接器进行检查,确认无误后,再根据正常情况下的导通情况,用万用表测量其相应端子与地间、相应端子间的导通情况,见表6-9。如果与正常情况下的状态不相符,则说明天窗控制继电器内部有问题,应更换新件。

表6-9　汽车电动天窗控制继电器相关引脚之间通断情况

测量的引脚	测量开关及其所处的位置		控制继电器引脚之间的导通情况
①与地	OPEN	开	⑥与⑤、④与⑪ 通
		中间	不通
②与地	CLOSE	开	⑥与④、⑤与⑪ 通
		中间	不通
③与地	UP	开	⑥与④、⑤与⑪ 通
		中间	不通
⑦与地	DOWN	开	⑥与⑤、④与⑪ 通
		中间	不通
⑧与地	1号限位开关(SA3)	闭合	通
		断开	不通
⑨与地	2号限位开关(SA4)	闭合	通
		断开	不通
④与⑤	常通		通
⑫与地	常通		蓄电池电压
⑥与地	点火开关	LOCK 或 ACC	无电压
		IG	蓄电池电压

2. 电动天窗控制系统故障的排查

天窗控制系统的常见故障现象有:滑动功能和倾斜功能不能操作、滑动功能或倾斜功能不能操作、自动关闭时又打开、工作时振动或有异常噪声、行驶中天窗自动打开等。

(1) 故障原因

① DOME、SUNROF、Sun Roof 或 Moon Roof 等相关熔丝不良。

② 滑动天窗 ECU 电源电路不良。

③ 滑动天窗控制开关电路不良。

④ 滑动天窗控制开关触点或电位器滑动触点接触不良。

⑤ 滑动天窗控制电动机故障。

⑥ 滑动天窗控制机械驱动部分故障或安装不良。

⑦ 断开蓄电池电源或更换滑动天电动机后未进行初始化。

⑧ 天窗滑动导向块、导槽脏污导致运动不畅。

⑨ 限位开关或位置传感器安装不正确或损坏。

（2）故障诊断与排除的一般步骤

① 如天窗所有功能均不正常，既不能滑动打开也不能倾斜打开，则首先应检查 DOME、SUNROF、Sun Roof 或 Moon Roof 等相关熔丝。如熔丝处供电正常，则在滑动天窗控制电动机插接器处检查电源供应情况，还要考虑插接器处端子是否接触良好。

② 如果天窗工作，但是不正常，开启和关闭位置不对或不具备防夹功能，则应先重新进行电动机初始化，或者电动机零位不正确，应按原厂要求重新安装电动机或更换电动机。

③ 如果天窗工作，自动关闭时又打开一部分开度，则可能轨道有异物，引起天窗防夹功能作用，所以天窗无法正常工作，这时应清理轨道上的异物。

④ 如果天窗运行时有异响，则应检查轨道中是否有异物、轨道是否缺乏润滑脂、天窗安装支架固定是否正常等。

⑤ 对能使用诊断仪读取故障码与数据流的车辆天窗系统来说，应先使用诊断仪读取故障码与数据流，按故障码与数据流提示进行故障诊断排除。如操作开关时，诊断仪上的开关状态数据没有发生变化，则应检查开关及开关电路。

⑥ 如果行驶中天窗自动打开，一般应检查滑动天窗控制开关触点或电位器滑动触点是否接触不良，在行驶振动过程中是否发生状态变化。

⑦ 如天窗不能动作但天窗电动机能转动，则应检查天窗电动机后的传动机构，如传动机构的滑动螺杆或传动带损坏等。

⑧ 带有天窗限位开关的电动天窗系统中，如果天窗运行到极限位置时，电动机不能停止工作而发出异响，或者天窗运行的停止位置不正确，则可能是天窗的限位开关位置错乱所致。如在拆检电动天窗后出现此类问题，一般为电动机或天窗与限位开关位置安装不同步所致，应按原厂要求重新装配。有时也会因天窗在导轨中运动不畅（如有异物），在开启或关闭天窗时，天窗与限位开关位置错乱，造成天窗控制失常。限位开关内部接触不良、集电环过度磨损造成限位开关输出的信息错误，从而造成天窗控制失常。

⑨ 如天窗控制系统带有自诊断功能，则可用诊断仪读取系统的故障码与数据流来缩小故障范围。

> **小贴士**
>
> 当下列情况发生时需要重新设定天窗
> ① 蓄电池电量耗尽或断开时，用手移动过天窗。
> ② 已换上新的天窗电动机。
> ③ 已更换或拆下并重新安装天窗的相关部件。
> 某些车型把初始化操作也称为编程。车型不同，初始化操作步骤不同，具体应参见维修手册。

十、中控门锁常见故障的诊断与排除

中控门锁故障的排查方法：先看是全部门锁不起作用，还是某一车门门锁不起作用。

① 若属全部门锁均不起作用，大多是控制电路的故障。

② 若属某个门锁不起作用，则应在接通门锁开关后，听门锁有无动作声响，以此作为分析判断的依据。在电动门锁电路中，最容易检查的就是控制系统中的熔丝、蓄电池连接线、蓄电池电压、插接件的连接情况以及配线的接触情况等，这在故障分析与检查的初期应

首先予以注意。

中控门锁常见故障有：所有门锁均不能锁止和开启、单个门锁不能锁止和开启。

① 所有门锁均不能锁止和开启。

主要原因：熔断器断开；继电器故障；门控开关触点烧蚀；搭铁点锈蚀或松动；连接线路断路；门锁控制器有故障等。可以首先检查熔断器是否断开；若熔断器良好，则应将门控开关接通，检查电动机接线柱上的电压是否正常，若电压为零，应检查继电器和电源线路；若电压正常，则应检查搭铁线是否良好。若搭铁不良，应清洁、紧固搭铁线；若搭铁良好，应对开关和电动机进行检测。

② 单个门锁不能锁止和开启。

主要原因：该门锁开关有故障；门锁电动机（或电磁铁）损坏或对应开关、连接导线断路或接线器松脱等。可以先检查线路是否正常，再检查开关和电动机。

③ 用车钥匙打开左侧驾驶员门锁时，其余车门全部不能自动打开。

主要原因：蓄电池亏电；熔断丝烧断；门锁控制器中的继电器线路故障。首先检查蓄电池的存电情况；在排除蓄电池无电的情况下，检查熔断器是否断路。若熔断器良好，则应检查门锁控制器中的继电器线路，必要时更换新件。

④ 用车钥匙打开左侧驾驶员门锁时，其余车门部分能自动打开，部分不能自动打开。

主要原因：线路断路；门锁控制器损坏；闭锁执行器故障。按照先查电路通断的方式进行排查，判断门锁控制器、闭锁执行器是否损坏，必要时把损坏的元器件拆下更换新件。

十一、遥控装置故障的诊断及排除

在正常情况下，无论长按还是点击遥控器的 LOCK 键或 UNLOCK 键，遥控器指示灯都会点亮一下后熄灭。若按键后指示灯随之亮一下，接着闪烁 2s 才熄灭，或者指示灯不亮，说明遥控装置有故障。此时首先需要判断是信号问题还是电子控制线路的问题。

1. 遥控器无法使用

按动遥控器按键时，指示灯不亮，无任何反应。其故障原因有：电池问题；遥控器损坏。其维修方法如下。

① 首先应检查遥控器电池的正、负极是否装反，电池与安装座是否接触不良。若均正常，则可能是电池电量不足，应更换新电池。

② 检查遥控器按键是否损坏。一般情况下，如果是某些按键有反应，而某些按键又没有反应，则很可能是按键损坏，应维修或更换遥控器。

③ 检查主机电源线是否有电，熔断器是否熔断，搭铁线是否断路。大多是因熔断器熔断或是熔断器座接线不良或主机内部有故障引起遥控器系统不能工作。

2. 遥控器失灵故障

① 检查遥控主钥匙是否出现摔落、损坏、浸湿的现象，如果有，则其功能可能失效，应更换。

② 有的车主因为遥控器发射窗的指示灯不亮，就用主钥匙去开车门，并按说明书上的一些"非授权"方法将警报电路解除后开车，造成主钥匙功能失效，防盗电路失去作用。为使遥控主钥匙恢复原来功能，应进行的操作方法如下。

a. 按压遥控器发射钮 1s 左右，红外发射窗内的指示灯应发亮，否则说明警报电路和启动电路未接收到解码器输出的脉冲，应换新电池。

b. 将发射窗对准车门把手或后备厢门接收器，短暂压按发射钮。

c. 再将遥控主钥匙插入点火开关中，并拧至 ON 位置约 30s，此时中央门锁电路、警报电路和启动电路完成"再恢复"，红外遥控系统又进入原设定的编解码工作状态。

利用 Kessy 无钥匙系统可以在不操作遥控钥匙的情况下，解锁或锁止汽车，同时只要轻轻按下启动按键即可实现车辆的启动或熄火。如有一把有效遥控钥匙在汽车的接近范围内，同时触摸车门拉手上的传感区或按压后备厢盖上的按钮，就能打开车门，不再需要钥匙。在启动方面，车主开门进入车内后，无须拿出钥匙，只要踩住刹车踏板，轻按一下一键启动按钮，发动机即被启动。

> **小贴士**
>
> Kessy 无钥匙系统
>
> ① Kessy 无钥匙系统是由发射器、接收器、遥控中央锁电控单元、无钥匙系统电控单元及相关线束组成的控制系统。其基本原理是，当有一把有效遥控钥匙在接近范围内时，则无钥匙系统 Kessy 会将访问权限授予该钥匙，紧接着就可以在不主动操作遥控钥匙的情况下执行以下功能。
>
> a. 无钥匙解锁：通过前门拉手或后备厢盖上的按钮将汽车解锁。
> b. 无钥匙启动：启动发动机并行驶，为此在车内必须有一把有效的遥控钥匙。
> c. 无钥匙闭锁：通过前门某一拉手，将汽车锁止。
>
> ② 诊断无钥匙系统故障。
>
> 任意一根天线出现故障时，无钥匙进入及无钥匙打开后备厢功能都将失效；除排挡杆下方天线故障外，其他天线故障并不影响车辆启动。
>
> 天线出现故障时，Kessy 各功能工作状态见表 6-10。
>
> 表 6-10 Kessy 各功能工作状态
>
> | 故障（如果） | 无钥匙进入 | 无钥匙启动 | 后备厢打开 |
> | --- | --- | --- | --- |
> | 车门把手天线 | 否 | 是 | 否 |
> | 排挡杆下方天线 | 否 | 否 | 否 |
> | 后座椅下方天线 | 否 | 是 | 否 |
> | 后备厢内天线 | 否 | 是 | 否 |
> | 后保险杠内天线 | 否 | 是 | 否 |
>
> a. 发动机控制单元、仪表、钥匙锁芯、ELV 都能单独更换，仪表和 ELV 可以一起更换，其他部件都只能全套一起更换。另外，Kessy 控制单元不是防盗部件。
>
> b. 对于带 Kessy 控制器的无钥匙系统，在完成钥匙的在线防盗匹配后，遥控匹配也自动完成，无须在车身控制器中单独匹配遥控。
>
> c. 当钥匙的防盗信息或者钥匙丢失时，车门将无法打开，此时，可以使用 VAS 诊断仪进入引导性功能，防盗器对钥匙进行在线防盗匹配，继而正常启动车辆。

十二、车身辅助电气系统故障维修的禁忌

① 定期检查刮水器片。当发现其严重磨损或有脏污时应更换或清洗，否则将降低刮水器的工作效能，影响驾驶人视线。

② 在检查刮水器工作情况时，风窗玻璃应该先用水润湿，否则会刮伤玻璃，同时由于刮片摩擦阻力大，还有可能损伤刮水器片或烧坏电动机。

③ 刮水器电动机一般不要拆下，若因故障必须拆下时，要防止电动机跌落损坏，因为刮水器电动机大多使用永磁直流电动机，其磁极多采用陶瓷材料。

④ 刮水器电动机大多做成封闭式，不可随意拆卸。

⑤ 在冬季使用刮水器时，若发现刮水器片被冻结或被雪团卡住时，应立即关闭开关，先清除冰块、积雪后方可继续使用，否则会因刮水器片受阻力过大而烧坏刮水器电动机。

第四节 空调系统故障排查方法与技巧

一、空调系统故障的诊断方法

1. 通过感官来判断空调系统的状态（即采取"一看、二听、三摸、四查"的步骤进行诊断）

（1）看

① 查看制冷系统部件外观。仔细观察管路有无破损、冷凝器及蒸发器的表面有无裂纹或油渍。如果冷凝器、蒸发器或其管路某处有油渍，则可能是此处有制冷剂渗漏。确认有无渗漏可用皂泡法，重点检查渗漏的部位如下：

a. 各管路的接头处和阀的连接处。

b. 软管及软管接头处。

c. 压缩机油封、前后盖板、密封垫、加油塞等处。

d. 冷凝器、蒸发器等表面有刮伤变形处。

② 观察检视窗。通过观察干燥罐的检视窗可检查干燥罐的温度和制冷剂的情况。

a. 观察检视窗。呈蓝色为正常；如果呈红色，则说明干燥剂的水分含量已达饱和状态，应缓慢排尽系统中的制冷剂，更换干燥罐后再加注制冷剂。

b. 观察干燥罐的检视窗。观察前先要启动发动机，打开空调系统，并使发动机以快怠速（1500~2000r/min）运行5min，然后通过检视窗 B 查看制冷剂的循环流动情况。

ⓐ 液体正常流动，偶尔出现一个气泡，视制冷剂正常。

ⓑ 清晰、无气泡，有制冷剂充满或无制冷剂两种可能。如果出风口冷，说明制冷剂正常；如果出风口不冷，则可能是制冷剂已漏光。

ⓒ 有较多的气泡，说明制冷剂不足。

c. 查看电气线路。仔细检查有关的线路连接有无断脱之处。

（2）听

① 听运转中的空调系统有无异常声音。如果有噪声，则可能是电磁线圈老化、吸力不足，通电后打滑造成的，也可能是离合器片磨损造成间隙过大，使离合器打滑。

② 听压缩机是否有液击声。如果有液击声，可能是制冷剂过多或膨胀阀开度过大，应释放制冷剂或调整膨胀阀。除此之外，就是压缩机内部损坏。

（3）摸

① 用手摸高、低压管路。高压管路比较热，如果某处特别热或进、出口有明显温差，说明该处堵塞。

② 用手触摸压缩机的进气管和排气管，正常情况下，应该有明显的温度差，而且进气管较凉，排气管较热，否则，说明空调系统工作不正常。

③ 用手感觉比较冷凝器进入管和排出管的温度，正常情况下，进气管应较热，排气管应较凉，冷凝器上部温度比下部温度要高。

④ 用手摸储液干燥过滤器，前后温度应一致。

⑤ 冷凝器输出管到膨胀阀输入管之间是制冷剂高压、高温区，温度应该均匀一致。低压管路比较凉，用手摸膨胀阀前后要有明显的温差，即前热后凉。膨胀阀出口到压缩机之间的软管应该凉而不结霜，正常情况应为结霜后立即融化，用肉眼看到的是霜融化后结成的水珠。如果高压管路、低压管路没有明显温差，说明制冷系统不工作或系统泄漏，制冷剂严重不足。

⑥ 用手感觉车内出风口应有凉的感觉，车内保持适应人体的正常温度。

> **小贴士**
>
> 通过看、听、摸这些检验方法，只能发现不正常的现象，要得出最后的结论，还要借助于相关仪器、仪表来进行测试，对各种现象做认真分析，找出故障所在，然后予以排除。
>
> （1）用检漏仪检漏　用检漏仪检查整个系统各接头处是否泄漏。
>
> （2）用万用表检查　用万用表可以检查出空调电路故障，判断出电路是断路还是短路。
>
> （3）用温度计检查　用温度计可以判断出冷凝器、蒸发器或储液器故障。
>
> ① 蒸发器正常工作时，蒸发器表面温度在不结霜的前提下越低越好。
>
> ② 冷凝器正常工作时，冷凝器入口管温度为 70℃，出口管温度为 50℃ 左右。
>
> ③ 储液器正常情况下为 50℃ 左右，若储液筒上下温度不一致，说明储液器有堵塞。
>
> （4）用压力表检查　将支管压力计的高、低压表分别接在压缩机的排气、吸气口的维修阀上。在空气温度为 30~35℃，发动机转速为 2000r/min 时检查。风机风速调至高挡，温度调至最冷挡，其正常状况是：高压端压力应为 1.421~1.470MPa，低压端压力应为 0.147~0.196MPa，若不在此范围，则说明系统有故障。

2. 用手感知制冷系统的工作状态是否正常

在正常情况下，空调高压管路呈现高温状态，部件表面温度为 50~65℃，用手依次触摸高压区（特别是金属件），应当从暖到热，直至烫手，手掌可以攥住零件 30s 左右，时间再长就坚持不住了。如果中间某处特别热，说明散热不良；如果这些部件发凉，说明制冷系统可能阻塞、无制冷剂或压缩机工作不良。用手触摸冷凝器出口至膨胀阀入口之间的管道，温度应该是一样的，如果哪里出现温差，那里就有堵塞现象。

正常时，空调低压管路（通常管径比较粗，而且表面覆盖有隔热材料）呈现低温状态，部件表面温度为 5~6℃，用手触摸低压区各部件，应该感觉到由凉到冷，连接部件有水露，但是没有霜冻现象。如果手感不凉或者某处出现了霜冻，都属于异常现象。

用手试探蒸发器冷气栅格处吹出的冷风的凉度和风量大小，蒸发器出风口的温度为 4~5℃。在不结霜的前提下，蒸发器表面的温度越低越好。

需要说明的是，汽车空调系统的高压回路与低压回路的分界线是压缩机和膨胀阀。高压回路是从压缩机出口→冷凝器→储液干燥器→膨胀阀的进口，低压回路是从膨胀阀的出口→蒸发器→压缩机的进口。

二、制冷系统主要部件的就车检查

应当在下列条件下进行空调系统部件的性能测试：启动发动机，转速保持在 1250~1500r/min，使压缩机运转 15min 左右，然后将歧管压力表接入制冷系统中；接通空调 A/C

开关，调节空调面板上各按键，使风扇处于最高转速、最大制冷、正面直吹、空气内循环等位置；支起发动机室盖（可以看到空调系统各管路），确认空调压缩机正在运转，冷凝器电子风扇也已经运转。

1. 压缩机的检查

① 用双手交替触摸压缩机的进气管和出气管，如果进气管手感冰凉，出气管烫手，两者之间有较明显的温度差，说明压缩机工作正常（压缩机正常运转时，会发出轻脆而均匀的阀片跳动声）。

② 如果压缩机高压侧与低压侧的温差不大，再看歧管压力表，若压力都过低，说明空调系统内的制冷剂太少；如果没有温差，说明制冷剂漏失过多，应当进行检漏，查明泄漏的部位和原因。

③ 用手触摸压缩机，如果压缩机外壳较热，再看歧管压力表，若显示低压侧的压力太高，高压侧的压力太低，说明压缩机内部密封不良，应当更换压缩机。

2. 储液干燥器的检查

在正常情况下，储液干燥器表面是热的，温度在50℃以上。用手触摸储液干燥器前、后管道的温度，若发现温度不一致，进口处很热，出口处是冷的，甚至表面出现水露，说明其内部堵塞。其原因是干燥剂破碎、制冷系统中有杂物和油污，造成制冷剂流动不畅，即发生了"脏堵"。这时需要马上排除堵塞，或者更换储液干燥器。如果储液干燥器内水分饱和，可以取出储液干燥器，烘干后重新装入。

3. 冷凝器的检查

用手触摸冷凝器的输入管和输出管，比较两者的温度。在正常情况下，输入管应当较热，温度为65℃左右；输出管较冷，温度为50℃左右。如果两者的温度相差不大，甚至是相同的，说明冷凝器未能将制冷剂冷却，主要原因可能是风扇不转动、冷凝器散热片被尘垢堵塞等。

4. 膨胀阀的检查

膨胀阀是一种节流装置，它是汽车空调系统中的高灵敏度部件，其手感温度比较特殊（与压缩机的情况相反）。在正常情况下，其进口处是高温区，手感较热，出口处是低温区，手感冰凉，有水露。

如果发现膨胀阀进口处有结霜现象，又听到断断续续的气流声，用小扳手轻敲膨胀阀体，气流声有所改变，同时膨胀阀节流孔前的霜层融化，可以判定膨胀阀进口滤网堵塞，此时应当拆下膨胀阀，清洗滤网，吹干后重新装上；若发现膨胀阀出口处有霜冻现象，说明膨胀阀的阀口已经堵塞，其原因可能是"脏堵"，也可能是"冰堵"。

若膨胀阀进口处和出口处几乎没有温差，空调器不制冷，出风口出热风，这种情况一般是由于膨胀阀上的感温包被磨破，造成制冷剂全部泄漏。此时应当更换感温包，然后检漏、抽真空，再充注制冷剂。

另外，如果膨胀阀的阀孔关闭，无法实现制冷剂循环，会产生异响。

5. 各接头的检查

用手轻轻旋转和摇动各接头，检查各个管路接头是否已经松动，电路插接器的连接是否不可靠。如果手感插接器表面的温度较高（发热），说明插接器接触不良，会对空调系统的工作产生不良影响。

6. 压缩机与风扇电动机带松紧度的检查

对汽车空调压缩机和风扇电动机，应经常检查其带的松紧度和带质量。传动皮带如有裂纹、过度磨损应更换。皮带张力应符合要求，否则，应进行调整。带松紧度的简易检查方法如下。

（1）压下带中点方法　用拇指全力压下带中点，如果能压下 10～20mm，则说明带松紧度适当，否则应对带进行调整。

（2）用手拨动翻动带方法　在带中间位置用手拨动翻动带，能转 90°为宜，若转动角度过多，则为带松弛，应加以张紧；若用手翻转不动，则说明带过紧，应稍微松一点。

若进行上述调整时带张紧无效，或发现带已经有裂纹老化等损伤，应及时重换一条新的同规格的带。

用手触摸和检查汽车空调系统的工作状态时，务必注意安全，防止被高温烫伤或者被风扇、V 带等高速运动件轧伤人体。

三、汽车空调制冷系统故障的查排方法

汽车空调制冷系统故障的检查方法主要有：制冷剂量的检查和制冷系统工作压力的检测等。

1. 制冷剂量的检查

首先启动发动机，将发动机转速稳定在 1500～2000r/min，把空调功能键置于最大制冷状态，风机（包括冷凝器风机和蒸发器风机）置于最高转速，启动空调系统 5min 后擦净视液镜，通过它来观察制冷剂的流动状态，从而判断系统内制冷剂量的多少。如图 6-4 所示为视液镜中制冷剂的流动状态。

观察流动液体的颜色：均匀透明的液体为正常。如果液体颜色发黄或发灰，说明空调系统管路内不清洁，应进行空调管路清洗，并更换储液干燥器。

① 图 6-4（a）表示几乎无制冷剂，高、低压侧温度基本相同，高压侧压力很低，可以观察到连续不断的气泡出现，当制冷剂全部漏完时，气泡会消失，而出现雾状的油沫流动。

② 图 6-4（b）表示制冷剂不足，高压侧较热而低压侧较凉，高、低压侧压力均偏低，从视液镜中可观察到每隔 1～2s 就会有气泡出现。

③ 图 6-4（c）表示制冷剂适量或制冷剂过量

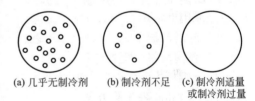

图 6-4　视液镜中制冷剂的流动状态

两种情况下都会出现的视液镜面。其一是制冷剂适量，高压侧热，低压侧凉，且高、低压力均正常，镜面中几乎是透明的，但发动机转速提高或降低时，可能会出现气泡；其二是制冷剂过量，此时高压侧过热，高低压力均过高，在视液镜中看不到气泡。可用交替开关空调的办法检查。若开、关空调的瞬间制冷剂起泡沫，接着就变澄清，说明制冷剂适量；若出风口不够冷，而且关闭压缩机后无气泡、无流动，说明制冷剂过多。

④ 有长串油纹，视液镜上有条纹状的油渍，说明冷冻机油量过多。应从系统内释放一些冷冻机油，再加入适量的制冷剂。若视液镜上留下的油渍是黑色的或有其他杂物，则说明系统内的冷冻机油变质、污浊，必须清洗制冷系统。

2. 制冷系统工作压力的检测

测量制冷系统工作时高压侧和低压侧的压力，可了解空调制冷系统工作循环进行的情

况。其检测方法如下。

① 将歧管压力计正确连接到制冷系统相应的维修阀上,如果是手动维修阀,应使阀处于"中位"。同时,连接好发动机转速表,并关闭歧管压力计上的两个手动截止阀。

② 用手拧松歧管压力计上高、低压注入软管的连接螺母,让系统内的制冷剂将高、低压注入软管内的空气排出,然后再将连接螺母拧紧。

③ 启动发动机并使发动机转速保持在 1000~1500r/min,然后接通空调开关和鼓风机开关,设置到空调最大制冷状态,鼓风机高速运转,温度调节为最冷。

④ 关闭车门、车窗和舱盖,发动机预热。把温度计插进中间出风口并观察空气温度,在外界温度为 27℃时,运行 5min 后出风温度应接近 7℃。

⑤ 观察高、低侧压力,蒸发器的吸气压力应为 0.207~24kPa。压缩机的排气压力应为 1103~1633kPa,应当注意,外界高温、高湿将形成高温、高压的条件。如果离合器工作,则在离合器分离之前记录下数值。

⑥ 如果制冷系统的压力异常,原因及维修方法如下。

a. 低压侧压力低,高压侧压力高。

故障原因和故障排除方法:

ⓐ 膨胀阀损坏,更换膨胀阀;

ⓑ 制冷剂软管堵塞,检查软管有无死弯,必要时更换;

ⓒ 储液干燥器堵塞,更换新件;

ⓓ 冷凝器堵塞,更换新件;

b. 高、低压侧压力正常,但制冷量不足。

故障原因和故障排除方法:

ⓐ 系统中有空气,抽空、检漏并充灌系统;

ⓑ 系统中冷冻油过量,排放并抽油,恢复正常油位,抽空、检漏并充灌系统;

c. 低压侧压力低,高压侧压力低。

故障原因和故障排除方法:

ⓐ 系统制冷剂不足,抽空、检漏并充灌系统;

ⓑ 膨胀阀堵塞,更换膨胀阀;

d. 低压侧压力高,高压侧压力低。

故障原因和故障排除方法:

ⓐ 压缩机内部磨损泄漏,拆下压缩机缸盖,检查压缩机,必要时更换阀板总成,如果压缩机堵塞或缸体磨损或损伤,则更换压缩机;

ⓑ 缸盖密封垫泄漏,更换缸盖衬垫;

ⓒ 压缩机传动带打滑,调整传动带张力;

e. 低压侧压力高,高压侧压力高。

故障原因和故障排除方法:

ⓐ 冷凝器叶片堵塞,清扫冷凝器叶片;

ⓑ 系统中有空气,抽空、检漏并充罐系统;

ⓒ 膨胀阀损坏,更换膨胀阀。

四、空调暖风系统故障排查方法

1. 不供暖或暖气不足故障及排除方法

① 通常为鼓风机或其控制电路故障。用万用表检查鼓风机电动机电阻,如鼓风机电动

机电阻过大或过小，则应更换。

② 风机继电器、调温器故障。用万用表测继电器线圈电阻和调温器电阻，如为零或无穷大，则应更换。

③ 热风管道堵塞故障。清除堵塞物。

④ 温度门真空驱动器故障。检查真空驱动管路是否漏气，检查相关真空部件是否正常。如都正常更换真空驱动器。

⑤ 加热器漏风故障，应更换加热器壳。

⑥ 加热器芯内部有空气，应排出其内部空气。

⑦ 加热器翅片变形造成通风不良故障，对翅片校正或更换。

⑧ 温度门加热器管道积垢堵塞故障，应除垢使管道疏通。

⑨ 冷却液流动不畅，应维修或更换。

⑩ 热水开关或真空驱动器失效故障，应维修或更换。

⑪ 发动机冷却液石蜡节温器失效故障，应更换节温器。

⑫ 冷却液不足，应首先补足冷却液，并检查散热器盖是否漏气。

2. 不送风故障及排除方法

① 风机电路或其控制电路熔丝熔断或开关接触不良，更换熔丝或开关。

② 风机电动机绕组短路或断路，维修或更换风机电动机。

③ 风机调速电阻断路、风机继电器故障、风机电路导线连接故障等，应维修或更换。

3. 管路泄漏故障及排除方法

① 管路老化故障，更换软管。

② 接头不牢、密封不严故障，维修紧固接头。

③ 热水开关不能闭合故障，修复热水开关。

4. 供暖过热故障及排除方法

① 调风门调节不当，应重新调整。

② 发动机节温器损坏，应更换节温器。

③ 风扇调速电阻损坏，应更换调速电阻。

5. 除霜热风不足故障及排除方法

① 除霜门调整不当，应重新调整。

② 出风口堵塞，应清堵。

6. 操作不灵敏故障及排除方法

① 操作机构卡死故障，应重新调定。

② 风门过紧，应修理。

③ 真空器失灵，应检查真空系统是否漏气，如真空系统正常则更换真空驱动器。

暖风系统的故障与排除方法见表 6-11。

表 6-11 暖风系统的故障与排除方法

故障现象	故障原因	故障排除方法
鼓风机不转	(1)熔丝烧断 (2)搭铁不良 (3)鼓风机开关有故障 (4)鼓风机调速模块有故障	(1)更换 (2)修复 (3)更换 (4)更换

续表

故障现象	故障原因	故障排除方法
鼓风机转但无风	(1)进风口堵塞 (2)鼓风机扇叶与轴脱开 (3)出风口打不开	(1)清洗 (2)固定 (3)修复
热交换器不热	(1)发动机冷却液温度低 (2)热交换器内部堵塞 (3)热交换器内有空气 (4)温度门开的位置不对	(1)检查节温器 (2)冲洗 (3)排出空气 (4)调整
除霜不好	(1)除霜风门开启不对 (2)风门执行电动机有故障 (3)除霜风道漏风	(1)调整 (2)更换 (3)修复

五、空调系统常见故障及排除方法

空调系统出现故障时，需先检查冷却系统、压缩机与发动机风扇传动带、风扇离合器、冷凝器散热片、冷凝器、空调真空管以及真空电动机等工作情况。冷却系统的工作状况，可使用歧管压力表测量其高、低压侧的压力进行检测。

汽车空调系统故障包括电气故障、功能部件的机械故障、制冷剂和冷冻机油引起的故障等，集中表现为系统不制冷、制冷不足、不制热、制热不足或异响等。

汽车空调常见故障的原因及排除方法见表6-12。

表6-12 汽车空调常见故障的原因及排除方法

故障现象	故障部位	故障原因	故障排除方法
完全不制冷	制冷系统故障	(1)制冷系统内无制冷剂(完全泄漏) (2)储液干燥器完全脏堵 (3)膨胀阀进口滤网完全脏堵 (4)膨胀阀阀门打不开 (5)压缩机进、排气阀片损坏,进、排气失效	(1)检查并找出泄漏处,修复并补充制冷剂 (2)更换储液干燥器 (3)清洁或更换进口滤网 (4)更换膨胀阀 (5)检查压缩机进排气阀片组件或更换相同规格压缩机
	电路及控制系统故障	(1)电磁离合器线圈搭铁不牢或脱焊断路 (2)电磁离合器接合不好 (3)电路熔断器烧断 (4)控制开关失效 (5)鼓风机不转 (6)电路导线脱落或断开	(1)旋紧搭铁端部,检查线圈电路是否短路 (2)更换或修理电磁离合器 (3)检查、更换更换同规格的熔断器 (4)更换控制开关 (5)维修鼓风机及其电路 (6)修理电路导线线束
	机械系故障	(1)压缩机传动带松弛或折断 (2)压缩机机件损坏卡死不能转动 (3)鼓风机机件损坏卡死不能转动	(1)调整传动带或更换新件 (2)检查、更换 (3)检查、更换
	风道及调控系统故障	(1)热水不能关闭 (2)空气混合门位置不对 (3)空调系统管道损坏	(1)检查、维修或更换热水阀控制器件 (2)调整空气混合门使其到制冷位置 (3)对损坏的管道进行修理

续表

故障现象	故障部位	故障原因	故障排除方法
制冷量不足	制冷系统故障	(1)制冷剂充注量不足或制冷剂泄漏，低压管路压力低于78kPa，高压管路压力低于883kPa (2)制冷剂过量，低压管路压力高于245kPa，高压管路压力高于1962kPa (3)冷凝器散热不良 (4)膨胀阀门开启量过大或过小 (5)膨胀阀进口滤网部分脏堵 (6)制冷系统内有水或空气 (7)制冷管路部分堵塞	(1)补充制冷剂或检漏修复并充注制冷剂 (2)从低压端缓慢放出多余的制冷剂 (3)检查散热风扇传动带及控制转速高压开关，改善散热效果 (4)检查调整或更换膨胀阀 (5)清洗或更换膨胀阀进口滤网 (6)放出制冷剂，抽真空重新加注制冷剂 (7)更换或疏通堵塞管路
	电路及控制系统故障	(1)鼓风机转速过低 (2)电磁离合器打滑 (3)温控器失调或温度调整过高 (4)冷凝器冷却风扇不转或转速过低	(1)检查鼓风机及控制电路 (2)维修或更换同规格新的压缩机离合器 (3)检查温控器并对其温度重新调整 (4)检查冷却风扇及有关控制电路
	械系统故障	(1)压缩机传动带过松、打滑 (2)冷凝器冷风不流畅，高压压力过高	(1)紧定驱动带或更换新品 (2)维修冷却风扇
	风道及调控系统故障	(1)蒸发器空气进口滤网脏堵 (2)风道连接处或风道外壳漏气 (3)热水阀开度过大 (4)出风通道堵塞 (5)蒸发器管道堵塞或散热片有污垢 (6)各种辅助开关发生故障	(1)清除滤网杂质 (2)紧定风道连接处，修复风道外壳破裂处 (3)检查调整热水阀开度 (4)清洗或更换空气滤清器 (5)清洗蒸发器管道及散热片 (6)调整或更换新的同规格的辅助开关
空调间断性制冷	制冷压缩机运转时	(1)制冷系统中有冰堵 (2)温控开关中的热敏电阻或感温包失灵 (3)鼓风机损坏或控制开关损坏	(1)放出制冷剂，抽真空后重新充注制冷剂 (2)检查、调整或更换温控开关 (3)检查修复或更换鼓风机及控制开关
	制冷压缩机有时转有时不转	(1)电磁离合器打滑 (2)电磁离合器线圈松脱或搭铁不良 (3)空调继电器失控 (4)压缩机传动带严重打滑	(1)检查、调整电磁离合器 (2)检查、紧定电磁离合器线圈 (3)检查、调整或更换空调继电器 (4)调整传动带张力或更换传动带
制冷系统噪声	制冷系统外部噪声	(1)压缩机传动带过松或过度磨损 (2)压缩机安装支架固定螺钉松动 (3)压缩机进、排气阀片破损或轴承损坏 (4)鼓风机风扇叶片振动或安装松动 (5)电磁离合器间隙调整不当 (6)电磁离合器轴承缺油或损坏	(1)紧定或更换传动皮带 (2)紧定压缩机支架固定螺钉 (3)拆修或更换压缩机 (4)维修、固定鼓风机 (5)调整电磁离合器间隙 (6)给轴承加油或更换轴承
	制冷系统内部噪声	(1)制冷系统制冷剂过多 (2)制冷系统制冷剂过少 (3)制冷系统有水使膨胀阀产生噪声 (4)制冷系统高压管路压力过高，引起压缩机振动	(1)放出多余的制冷剂 (2)充注制冷剂 (3)放出制冷剂，抽真空，重新充注制冷剂 (4)检查高压限压阀，视情况调整或更换

故障现象	故障部位	故障原因	故障排除方法
空调系统噪声大		(1)带松动或过度磨损 (2)压缩机零件磨损或安装支架松动 (3)离合器打滑 (4)鼓风机电动机松动 (5)压缩机润滑油不足,引起干摩擦 (6)制冷剂过量,工作负荷太久 (7)制冷剂不足,引起膨胀阀发响 (8)制冷系统中有水分,引起膨胀阀产生噪声 (9)高压保持开关故障,高压压力过高,引起压缩机振动	(1)调整压缩机带松紧度或更换新的同规格的带 (2)维修压缩机,紧固支架螺栓 (3)修理或更换电磁离合器 (4)重新安装鼓风机电动机 (5)按规定加注润滑油 (6)放出多余的制冷剂 (7)维修泄漏处,补加制冷剂 (8)清理制冷系统,更换接收干燥器,抽真空后重新加注制冷剂 (9)维修或更换新的同规格的高压保护开关
空调系统过冷		(1)空气分配不当 (2)热量控制不当 (3)环境温度太低	(1)重新调整控制钮,使空气比例适宜 (2)更换热控制部件 (3)暂停空调系统的运行

六、电动汽车空调故障的排查方法与技巧

1. 电动汽车空调系统结构

(1) 电动汽车空调制冷系统 除了使用电动压缩机外,原理和部件与传统车辆基本一致。主要由 HVAC 总成、空调风管总成、空调管路总成、电动压缩机、冷凝器、空调控制面板及其相关传感器、空调驱动器等组成,如图 6-5 所示。

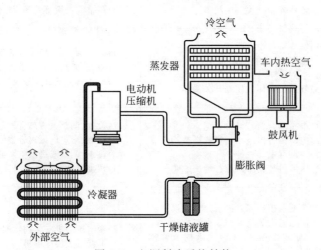

图 6-5 空调制冷系统结构

在结构上只是压缩机驱动动力源由发动机变为驱动电动机。将燃油发动机带动的压缩机替换成直流电机直接驱动的压缩机,控制上相应改变,来完成空调制冷的功能。由于没有燃油发动机产生的余热与制热功能,国内厂家目前主要采用 PTC 加热和电热管加热。

(2) 电动汽车加热系统 传统燃油车型制热方面,通过发动机冷却水温的热量来制热,其局限在发动机启动、暖机阶段制热效果不好。电动汽车暖风系统采用发动机及 PTC 加热器(最大功率 5000kW)作为供热原件。根据车辆的使用工况及用户需求,自动选择发动机或者 PTC 供暖。PTC 加热器通过发热元件将水加热,将电能转化为热能。

冷却液在 PTC 加热器中加热后，由暖风水管流入空调暖风水箱中，通过鼓风机使车厢内冷空气与暖风水箱进行热交换，之后热风从风道进入乘客舱，从而起到采暖、除霜、除雾的作用。PTC 系统有发动机和 PTC 两个循环回路，根据系统的需求进行切换，保证能够满足用户需求，同时考虑效率最佳。PTC 加热器工作原理图如图 6-6 所示。

PTC 水加热器、电动压缩机为新能源汽车的耗电部件，会消耗动力电池电能，长期开启时会影响纯电行驶里程。建议使用时适度开启，避免动力电池电量消耗过快。

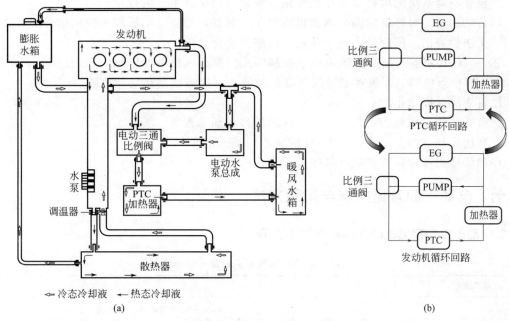

图 6-6　PTC 加热器工作原理

空调故障分制冷和制热两种故障，其常见故障现象及原因如图 6-7 所示。

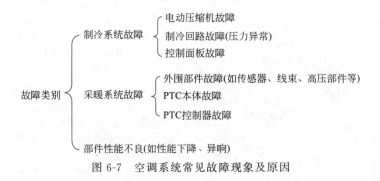

图 6-7　空调系统常见故障现象及原因

2. 电动空调不制冷排查思路

① 传统部件则按传统排查思路排查，先确认制冷介质压力是否正常，排查管路制冷介质是否泄漏，排查电子风扇是否有故障，排查相关继电器熔丝是否有故障等。

② 高压系统则排查电动压缩机供电是否正常（排查时需做好绝缘防护）。

3. 空调系统的维修

新能源汽车基本都采用了通过动力电池控制的电动空调压缩机、电加热系统，空调 ECU 具有自诊断功能，它以故障码的形式将故障存储在空调控制系统存储器中，可利用原厂诊断仪进行执行器检查，通过这个检查项目可以检测鼓风机电动机、各风门伺服电动机和空调压缩机是否正常工作，如果通过执行测试出异常，则检测执行部件线路或更换执行部件总成。

（1）压缩机故障

① 首先确认操作正常。

② 检查系统压力是否正常。

③ 检查空调系统的电路是否存在短路、断路，插接器不良的现象。

④ 若均正常，可怀疑空调控制面板或整车控制器，检查电动压缩机控制信号是否正常。

⑤ 无法检查出外围故障，则可认定为压缩机自身故障。

（2）PTC控制器故障　制热由功率控制单元控制暖风机内的PTC电加热供给，功率控制单元、PTC继电器、暖风控制按钮等部件故障均可能造成制热功能故障。

① 首先确认操作正常。

② 检查系统连接是否正常，是否存在插接件漏插等现象。

③ 高压熔丝（即高压电输入PTC控制器）是否正常。

④ 建议通过故障诊断仪进行故障提示。

七、电动空调常见故障与排除方法

1. 电动压缩机常见故障与排除方法（表6-13）。

表6-13　电动压缩机常见故障与排除方法

故障现象	故障原因	故障排除方法
压缩机无启动声音，电源电流无变化	(1)DC 12V控制电源未通入驱动控制器 (2)控制电源电压不足或超压 (3)插接件端子接触不良或松脱	(1)检查驱动控制器控制电源插头端子是否松脱 (2)检查控制电源到驱动控制器之间的导线是否断路 (3)测量控制电源电压是否达到要求(对DC 12V控制电源驱动控制器,控制电源至少大于DC 9V,不得高于DC 15V)
压缩机发出异常声音	(1)电动机缺相 (2)冷凝器风机未正常工作，系统压差过大，电动机负载过大	(1)检查驱动控制器与电动机连接的三相插头及相关导线，保证其接触良好及导通 (2)保证冷凝器风机正常工作，待系统压力平衡后再次启动
压缩机无启动声音，电源电流无变化，各端口电压正常	驱动控制器未接收到空调系统的A/C开关信号	(1)检查A/C开关是否有故障 (2)检查与A/C开关相连的导线是否断路 (3)A/C开关连接方式是否正确
压缩机无启动声音，电源电流无变化，高压端口电压不足或无供电	欠电压保护启动	(1)关闭整车主电源 (2)检查驱动控制器主电源输入接口处的插接件端子是否有松脱 (3)主电源到驱动控制器之间的导线是否断路 (4)控制主电源输入的继电器是否正常动作
压缩机启动时有轻微抖动，电源电流有变化随后降为0	(1)冷凝器风机未正常工作，系统压差过大，电动机负载过大导致的过电流保护启动 (2)电动机缺相导致的过电流保护启动	(1)保证冷凝器风机正常工作，待系统压力平衡后再次启动 (2)检查驱动控制器与电动机连接的三相插头与相关导线，保证其接触良好及导通
空调内部电压故障	内部电路故障,AD采集电压小于1.58V或大于1.71V	更换压缩机

续表

故障现象	故障原因	故障排除方法
空调内部功率管故障	部分或全部功率管出现短路，功率管故障时，控制器输出电流很大，会使硬件触发过流保护，硬件自动封锁输出	更换压缩机
空调过压故障	当软件检测到电源输入端电压大于420V时，输出该故障信号	可恢复
空调欠压故障	当软件检测到电源输入端电压小于220V时，输出该故障信号	可恢复 更换高压熔断器 插好高压接插件 更换高压线束
空调过流保护	输出电流大于硬件设定值时，硬件封锁输出并拉低相应输出信号	产生过电流后立即停机保护，30s后再次启动，连续5次过电流后，停机保护，重新上电后故障码清除，重新检测

2. PTC控制器加热器常见故障与排除方法（表6-14）

表6-14 PTC控制器加热器常见故障与排除方法

故障现象	故障原因	故障排除方法
启动功能设置后风仍为凉风，PTC不工作	(1)冷暖模式设置不正确 (2)PTC控制器本体断路 (3)PTC控制器控制回路断路 (4)内部短路烧毁高压熔丝	(1)检查冷暖设置是否选择较暖方向 (2)断开高压插件后测量高压正负电阻是否正常 (3)断开低压插件后测量两极间是否为导通 (4)更换PTC控制器及高压熔丝
出风温度异常升高或从空调出风口嗅到塑料焦糊气味，PTC过热	PTC控制器电控单元损坏粘连不断正常断开	关闭制热功能，断电检查PTC控制器加热器及PTC控制器电控单元

> **小贴士**
>
> 空调神经网络控制功能介绍
> 以前的自动空调系统中，空调放大器根据传感器信息，按一定的公式计算出要求的出风温度和鼓风机风量。然而，由于人的感觉相当复杂，人所处的环境不同，对同一给定温度的感觉就不同。例如，一定量的阳光辐射在寒冷气候中会感到相当暖和，但在炎热气候中却感到非常不舒服。因此，有些自动空调系统采用神经网络这种更高层次的控制技术。有了该技术，不同环境条件下收集的数据储存在空调放大器中。然后空调放大器进行控制，以提高空调舒适度。
> 神经网络控制由输入层、中间层和输出层的神经元组成。输入层的神经元处理车外温度的输入数据、日照量和基于开关和传感器输出的车内温度，并将它们输出到中间层的神经元。基于该数据，中间层神经元调节神经元中的关联强度。输出层神经元就可以计算总体结果，并将该结果以要求的出风口温度、光照修正量、目标空气流量和出风模式控制量的形式进行呈现。相应地，根据由神经网络控制所计算的控制量，空调放大器控制伺服电动机和鼓风机电动机。自动空调系统神经网络控制如图6-8所示。

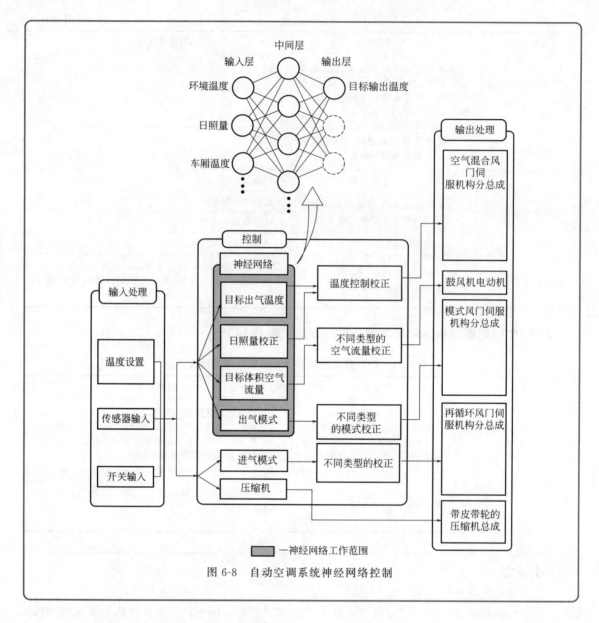

图 6-8 自动空调系统神经网络控制

八、空调系统故障维修的禁忌

1. 空调故障维修禁忌

① 如果在车上修理并拆卸制冷系统零部件时，操作时必须戴手套及防护眼镜，以免制冷剂冻伤人体暴露部位。

② 因制冷剂是无色无味的气体，且比空气密度大，会在通风条件差的场所造成窒息危险。因此，应将制冷剂排放到远离工作场所的地方，最好收集到密封的容器中。

③ 制冷剂排放前，切勿锡焊、气焊制冷系统零部件，避免制冷剂遇热分解成对人体健康不利的物质。正式装配前，系统各部件的密封塞不得拆除，以免水汽或异物进入而影响系统正常工作。

④ 若制冷剂接触到眼睛或皮肤时，要用大量冷水冲洗，给皮肤涂上清洁的凡士林，然

后速请医生治疗。

⑤ 更换空调零部件后安装新件时应更换接口 O 形圈密封圈。

⑥ 安装空调管路时应在 O 形圈和接口表面涂上足够的压缩机油。

⑦ 按要求使用压缩机润滑油，不良油品会造成压缩机的损坏。

⑧ 为了防止灰尘、异物等外部杂质进入内部，分散下来的管路和管接头部位应用柱塞密封好，注意要完全封住各软管，否则压缩机润滑油及储液干燥器将吸收水蒸气。

⑨ 若液体制冷剂接触眼睛和皮肤，则应用冷水冲洗，并注意不要揉眼睛或擦皮肤，在皮肤上涂凡士林软膏；严重的要立刻找医生或医院寻求专业治疗。

⑩ 避免制冷剂过量。若制冷剂过量，则会导致制冷量不良，使能效降低。

2. 泄漏测试的禁忌

① 使用荧光检漏染料检查制冷剂泄漏，切勿直视紫外线灯光源。

② 如果温度低于 16℃，空调制冷剂压力为 345 MPa 或以下，可能检测不到泄漏。

a. 当发现一处泄漏时，继续检查。务必继续沿着所有管道连接处和空调系统部件检查有无其他泄漏。

b. 检测到一处泄漏时，用压缩空气清洁泄漏区域并再次检查。

c. 检查制冷单元内部的泄漏时，务必清洁排放软管内部以防止探头表面暴露在水或灰尘中。

d. 务必从高压侧开始往低压侧检查泄漏。

e. 检查制冷单元内部的泄漏时，停止发动机工作并以最大风扇转速使鼓风机风扇电动机运行 15min 或以上，然后将电子检漏仪探头插入排放软管并保持 10min 或以上。

f. 断开连接在空调维修阀上的截止阀时，务必排空残余的制冷剂，以避免错误识别。

3. 电动汽车空调系统维修禁忌

① 高压系统存在生命危险。工作开始之前务必将高压系统切换至无电压。制冷循环回路处在高压下避免接触制冷剂和冷冻油。

② 拆解后及时密封各管路开口，防止水或湿空气进入系统。

③ 冷冻机油（压缩机润滑油）为 POE68，与传统车（PAG 冷冻机油）不同，不要混用。

④ 连接安装各管路接口时注意管口清洁，在 O 形圈上涂抹冷冻油。

⑤ 制冷剂喷出时注意个人防护，避免接触冻伤、吸入及误入眼睛。

第五节　车载网络系统故障的排查方法与技巧

一、典型车载网络的结构

① 传统汽车的典型车载网络结构采用多条不同速率的总线分别连接不同类型的节点，并使用网关服务器来实现整车的信息共享和网络管理，如图 6-9 所示。

a. 车身系统的控制单元多为低速电动机和开关量器件，对实时性要求低而数量众多。使用低速的总线连接这些电控单元，将这部分电控单元与汽车的驱动系统分开，有利于保证驱动系统通信的实时性。

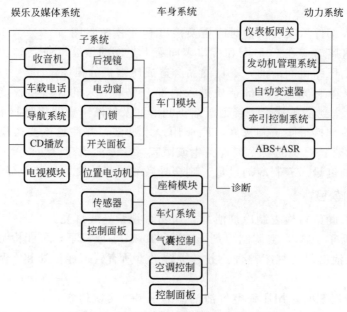

图 6-9 传统汽车的典型车载网络结构

b. 动力系统的受控对象直接关系到汽车的行驶状态，对通信实时性有较高的要求，因此使用高速的总线连接动力系统。传感器组的各种状态信息通过网络总线可以广播的形式在高速总线上发布，各节点可以在同一时刻根据自己的需要获取信息。这种方式最大限度地提高了通信的实时性。

c. 信息与车载媒体系统对于通信速率的要求更高，一般在 2Mbit/s 以上。采用新型的多媒体总线连接车载媒体，这些新型的多媒体总线往往是基于光纤通信的，从而可以充分保证带宽。

d. 网关是汽车内部通信的核心，通过它可以实现各条总线上信息的共享以及实现汽车内部的网络管理和故障诊断功能。

② 与传统汽车不同，新能源汽车一般在传统汽车网络系统上增加一套相对独立的新能源 CAN，如图 6-10 所示。其主要作用是用来控制电动机控制器、车载充电机、高压控制盒、非车载充电机等部件之间的通信，其信息传递采用高速传输，一般为 500kbit/s。

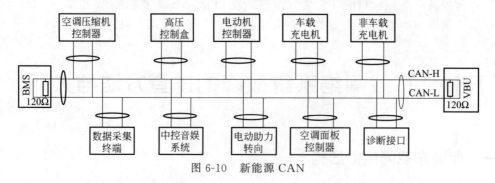

图 6-10 新能源 CAN

二、车载网络故障的排查方法与技巧

1. 车载网络系统故障维修注意事项

① 在检查电路之前确保点火开关关闭，断开蓄电池负极。禁止在点火开关接通时断开

或重新连接动力系统接口模块线束插接器。

② 使用测试器时,其开放端口电压应为 7V 或更低。不要在测量端口施加 7V 或更高的电压。

③ 切勿使用快速充电器启动车辆。

④ 确保蓄电池电缆端子坚固。

⑤ 在安装新的动力系统接口模块前,确保要安装的类型正确,务必参见最新的备件信息。

⑥ 如果需要焊接动力模块上的线束插接器,必须断开插接器。

⑦ 不要触摸动力系统接口模块插接器端子或动力系统接口模块电路板上的锡焊元器件,以防静电放电造成损坏。

⑧ 为了避免损坏线束插接器端子,在对动力系统接口模块线束插接器进行检测时,必须使用合适的线束测试引线。

⑨ 动力系统接口模块对电磁干扰极其敏感。在执行维修程序时,要确保动力系统接口模块线束布设正确,且安装牢固。

⑩ 发动机运行时,不得从车辆电气系统上断开蓄电池。

⑪ 在充电前,务必从车辆电气系统上断开蓄电池。

⑫ 确保蓄电池接线端连接牢固,并且不能使用快速充电器启动车辆。

⑬ 在安装新的动力系统接口模块前,确保安装类型的正确。

⑭ 当插接器需要更换时,只能更换认可的电气插接器,以保证正确的配合并防止线路中电阻过大。在更换新的控制单元后,必须对新的控制单元进行重新编码,控制单元的编码可以使用专用的诊断仪进行。

2. 车载网络故障维修方法

(1) 车载网络维修的一般方法

① 检查汽车电源系统是否存在故障,检查蓄电池电压、各接头连接情况、相关熔丝、发动机与车身的搭铁情况等;检查交流发电机的输出波形是否正常(若不正常将导致信号干扰故障)等。

② 检查汽车多路信息传输系统的键接是否存在故障。可采用替换法或采用跨接线法进行检测。

③ 检查是否为节点故障。通常采用替换的方法进行检测。

④ 利用 CAN 系统的故障自诊断功能进行检查。

(2) CAN 系统节点故障维修　节点故障是电控模块的故障,它包括软件故障和硬件故障。其中硬件故障一般是指芯片和集成电路的故障,造成汽车信息传输系统不能正常运行。软件故障主要是指汽车信息传输系统通信出现故障,造成控制系统失灵。

对于节点的故障,一般只有采用替换控制单元的方法进行检测,然后读取故障码来排除。

(3) CAN 系统链路故障判断　汽车 CAN 总线的链路故障也就是通信线路的故障。当汽车信号传输系统出现通信线路故障时,会导致通信线路短路,通信信号失真,还可能会引起电控系统错误动作。

判断链路是否出现故障,一般采用示波器或汽车专用检测仪来检查通信数据信号是否与标准数据相符,如果出现异常说明链路出现故障。

(4) CAN 系统电源系统故障检测　CAN 系统的核心部分是含有通信 IC 芯片的控制单元,它的正常工作电压为 $10.5\sim15V$。如果汽车电源系统提供的工作电压低于该值,将造成

CAN系统暂时无法通信的故障。

检查时应首先检查蓄电池的电压、各插头连接情况、相关的熔丝、发动机与车身的搭铁是否良好以及相应控制单元的电源供给等情况,然后检查发电机的输出电压是否正常等。

3. 网络故障的症状

一旦网络出现故障,相应的症状就可能会出现。每种症状(单根导线断路除外)都可能引起用户提出问题,这些症状如下。

① 数据总线的两根导线短路。若两根导线之间短路,将导致整个网络失效。

② 导线对地短路。若两根导线中的某一根接地短路,则接上解码器诊断时无模块响应。

③ 导线对电源短路。若两根导线中的某一根对电源短路,将导致整个网络失效。

④ 一根导线断路。若一根导线断路,则仍可进入"DAYA LINK DIAGNOSTIC"(数据链接诊断)菜单并进行测试。

⑤ 两根导线都断路。若两根导线在靠近数据链接接头(诊断接头)处发生断路,解码器和网络之间将无法通信。不过在网络的一个分支上两根导线都断路时,只有断点后面的模块无法与解码器通信。

⑥ 两根导线均对地短路。若两根导线都对地短路,将导致整个网络失效,各控制单元将按"故障模式"工作。汽车可以启动或行驶,但模块将只能使用与其直接连接的传感器。

⑦ 控制单元内部故障。若网关彻底损坏,将导致整个网络失效。

当初步判断为某两个控制单元之间的数据总线出现故障时,可以用万用表对这两个模块之间的数据总线进行检查,并注意检查线束插接器端口和接头是否损坏、弯曲和松脱(接头侧和线束侧)。

实际检查时,还可充分利用两个数据传递终端电阻进行数据线路故障范围的确定。在系统完全正常的情况下,断开电源,拔下整个网络数据传输系统中除作为数据传输系统终端的两块控制单元外的任一模块,在拔下的模块上找到数据总线,用万用表测量线束的两数据总线之间的电阻都应约为两个数据传递终端电阻并联后的电阻值(高速数据传输系统通常为60Ω左右),否则说明通信线路或作为数据传输系统终端的两块控制单元产生故障。此时再检查作为网络数据传输系统终端的两块控制单元的数据传递终端电阻,如正常,则为总线通信线路故障。

4. CAN总线检测系统检测方法与技巧

(1) 电阻测量 为了避免信号反射,在两个CAN总线上连接着电阻值各为120Ω的终端电阻,两个终端电阻并联形成一个60Ω的等效电阻,在电源电压关闭时可以测量该等效电阻,此外,单个电阻可以各自分开测量。测量60Ω等效电阻的窍门是:将一个容易触及的控制单元从总线上拆下,然后测量CAN-L和CAN-H间的电阻。

> **小贴士**
>
> 测量电阻应注意事项
>
> 先断开车辆蓄电池的接线,大约等待3min,直到系统中所有的电容器放完电后再测量。因为控制单元内部电路的电阻是变化的;在K-CAN总线上可以进行未定义的电阻测量。

(2) 电压测量 检测的前提是蓄电池已连接且点火开关接通。为了确定CAN-L或CAN-H导线是否损坏,可测量CAN-L(或CAN-H)的对地电压。PC-CAN的对地电压大约为2.4V,CAN-H对地电压大约为2.6V;K-CAN的CAN-L对地电压大约为4.8V,CAN-H对地电压大约为0.2V。这些接近的值根据总线负载可能有大约100mV的偏差。

(3) 波形测量 检测的前提是蓄电池已连接且点火开关接通。

检测 PT-CAN 时示波器的设置：横坐标（时间）设置为 0.05ms/div，纵坐标（电压测量范围）设置为 5V。如果用示波器测量 CAN-L 和搭铁导线的电压，然后在电压极限（最小）为 1.5V 和电压极限（最大）为 2.5V 时得到一个近似矩形的信号；用示波器测量 CAN-H 和搭铁导线间的电压，然后在电压极限（最小）为 2.5V 和电压极限（最大）为 3.5V 时得到一个近似矩形的信号，这说明 PT-CAN 总线无故障。

检测 K-CAN 时示波器的设置：横坐标（时间）设置为 0.1ms/div，纵坐标（电压测量范围）设置为 10V。如果用示波器测量 CAN-L 和搭铁线的电压，然后在电压极限（最小）为 1V 和电压极限（最大）为 5V 时得到一个矩形的信号；用示波器测量 CAN-H 和搭铁导线间的电压，然后在电压极限（最小）为 0V 和电压极限（最大）为 4V 时得到一个矩形的信号，这说明 K-CAN 总线无故障。

(4) CAN 总线的失效与诊断

① 总线的失效。K-CAN 或 PT-CAN 总线的失效原因可能是 CAN-L 或 CAN-H 导线短路或某个控制单元损坏。为了查找故障原因，应进行下列工作步骤。

a. CAN 总线用户一个一个依次拔出，直到找到故障原因（控制单元 X）。

b. 检查控制单元 X 的导线是否短路。

c. 如有必要，检测或更换控制单元 X。如果某个控制单元至 CAN 总线的分支线短路，仅执行该工作步骤即可。

d. 如果 CAN 总线导线自身短路，则必须检查 CAN 总线线束。

② 诊断。

a. 断路（单线模式）。在各控制单元中有一个自己的总线接收器，一旦断路，电平可能在整个的 K-CAN 网络上保持，从而导致发送控制单元不能识别此类故障，并继续在双线模式下工作。但如果一个控制单元越过中断位传送一条信息，则接收控制单元仅在未损坏的总线导线上确定活性。为此接收的控制单元识别单线控制模式并存储故障"CAN 线路故障"。如果不同的控制单元越过中断位连接的信息，则在单线模式下可能多个控制单元会在故障码存储器中记录。为了查找中断位，应进行下列工作步骤。

对于输入故障"CAN 线路故障"的控制单元，检查分支线（从控制单元到 CAN 总线的导线）是否断路。

如果分支线都正常，则 CAN 总线中存在着断路。中断位一定在输入故障"CAN 线路故障"的控制单元之间。

b. 短路。如果在系统中存在短路，则所有控制单元必定记录"CAN 总线故障"。为了查找短路，应进行电压和示波器测量，或根据"CAN 总线失效"工作步骤进行检查。

(5) CAN 双线总线系统的检测方法 CAN 数据总线指用于传递和分配数据的系统。CAN 双线式数据总线系统是一个有两条线的总线系统，通过这两条数据总线，数据便可按顺序传到与系统相连的控制单元。这些控制单元就是通过 CAN 总线彼此相通的（即通过 CAN 总线传递数据）。CAN 双线式数据总线系统目前已经广泛应用在电控汽车上。

在检查数据总线系统前，须保证所有与数据总线相连的控制单元无功能故障。功能故障指不会直接影响数据总线系统，但会影响某一系统的功能流程的故障。例如：传感器损坏，其结果就是传感器信号不能通过数据总线传递。这种功能故障对数据总线系统有间接影响。这会影响需要该传感器信号的控制单元的通信。如存在功能故障，先排除该故障。记下该故障并消除所有控制单元的故障码。

排除所有功能故障后，如果控制单元间数据传递仍不正常，则检查数据总线系统。检查数据总线系统故障时，须区分两种可能的情况。

① 两个控制单元组成的双线式数据总线系统的检测。检测时，关闭点火开关，断开两个控制单元（图 6-11）。检查数据总线是否断路、短路或对正极/地短路。如果数据总线无故障，则更换较易拆下（或较便宜）的一个控制单元试一下。如果数据总线系统仍不能正常工作，则更换另一个控制单元。

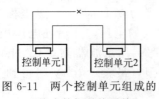
图 6-11 两个控制单元组成的双线式数据总线系统

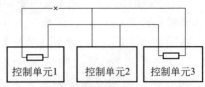
图 6-12 三个控制单元组成的双线式数据总线系统

② 三个或更多控制单元组成的双线式数据总线系统的检测。检测时，先读出控制单元内的故障码。如图 6-12 所示，如果控制单元 1 与控制单元 2 和控制单元 3 之间无通信，则关闭点火开关，断开与总线相连的控制单元，检查数据总线是否断路。如果总线无故障，更换控制单元 1。如果所有控制单元均不能发送和接收信号（故障存储器存储"硬件故障"），则关闭点火开关，断开与数据总线相连的控制单元，检测数据总线是否短路，是否对正极/地短路。

如果数据总线上查不出引起硬件损坏的原因，检查是否某一控制单元引起该故障。断开所有通过 CAN 数据总线传递数据的控制单元，关闭点火开关，接上其中一个控制单元，连接 VAG1551 或 VAG1552，打开点火开关，消除刚接上的控制单元的故障码。用功能 06 来结束输出，关闭并再打开点火开关，打开点火开关 10s 后用故障阅读仪读出刚接上的控制单元故障存储器内的内容。如显示"硬件损坏"，则更换刚接上的控制单元；如未显示"硬件损坏"，则接上下一个控制单元，重复上述过程。

连接蓄电池接线端子后，输入收音机防盗密码，进行玻璃升降器单触功能的基本设定及时钟的调整，对于汽油发动机的汽车，还应进行节气门控制单元的自适应。

三、电动汽车整车 CAN 总线网关及网络化管理

电动汽车各种电气设备的工作由整车车载网络系统协调控制，如图 6-13 所示为电动汽车的典型车载网络结构。

1. 整车 CAN 总线

电动汽车 CAN 总线系统由整车控制器、电池管理系统、电动机控制系统、制动控制系统、仪表控制系统组成。各个控制器之间通过 CAN 总线进行通信，以实现传感器测量数据的共享、控制指令的发送和接收等，并使各自的控制性能都有所提高，从而提高系统的控制性能。它们之间的通信与信息类型为信息类和命令类。信息类主要是发送一些信息，如传感器信号、诊断信息、系统的状态。命令类则主要是发送其他执行器的命令。

CAN 总线作为一种有效支持分布式控制或实时控制的串行通信网络完全能够满足这些要求，其模型结构只有三层，即物理层、数据链路层和应用层。传输介质为双绞线，通信速率最高可达 1Mbit/s（40m），直接传输距离最远可达 10km（5kbit/s），可挂接设备数最多可达 110 个。CAN 通信协议规定了四种不同的帧格式，即数据帧、远程帧、错误帧和超载帧。基于下列五条基本规则进行通信协调：总线访问；仲裁；编码/解码；出错标注；超载标注。

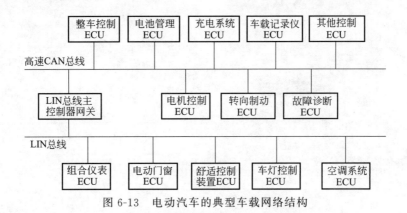

图 6-13 电动汽车的典型车载网络结构

2. 整车 CAN 总线网关及网络化管理

在整车的网络管理中,整车控制器是信息控制的中心,负责信息的组织与传输,网络状态的监控,网络节点的管理,信息优先权的动态分配,以及网络故障的诊断与处理等功能。通过 CAN(EVBUS)线协调电池管理系统、电动机控制器、空调系统等模块相互通信。

四、车载网络系统故障维修的禁忌

① 总线电压不要用交流挡检测,应使用直流挡检测 CAN 电压。
② 不要拉伸 CAN 总线线束。
③ 不要将 CAN 总线线束拆开超过 4cm。
④ 不要将 CAN 总线线束与其他导线连接。
⑤ 使用厂家推荐的故障诊断仪进行诊断。

现在采用车载网络的车辆越来越多,在实际维修中如果遇到网络线路 CAN 线或 LIN 线出现故障,有的维修人员会想到使用万用表电压挡测量相应线路的电压,其实这样测量是不准确的,因为总线的信号是波形信号,用万用表测量的其实是波形的峰值电压,不能反映测量的真实性。最准确的方法是用示波器测量相应总线的波形,波形的周期和峰值调节合适就会很明显地看出是短路、断路,甚至虚接等故障。

第七章

电动汽车故障排查方法与技巧

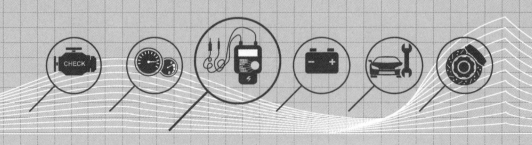

第一节　动力电池与管理系统故障排查方法

一、高压动力电池系统的组成与维修注意事项

1. 高压动力电池系统的组成与安装位置

电动汽车高压电池模组放置在一个密封并且屏蔽的高压电池箱里面,高压电池系统使用可靠的高低压接插件与整车进行连接。高压电池系统内的 BMS 实时采集各电芯的电压值、各温度传感器的温度值、电池系统的总电压值和总电流值、电池系统的绝缘电阻值等数据,并根据 BMS 中设定的阈值判定电池系统工作是否正常,并对故障实时监控。高压电池系统通过 BMS 使用 CAN 与 VCU 或充电机之间进行通信,对高压电池系统进行充放电等综合管理。

高压电池系统也接收和储存由车载充电机、发电机、制动能量回收装置和外置充电装置提供的高压直流电,并且为驱动电动机控制器、DC/DC、电动空调、PTC 等高压元件提供高压直流电。

电动汽车高压电池系统,主要由高压电池模组、电池管理系统、高压电池箱及辅助元器件四部分组成。动力电池总成安装在底盘上,主要由动力电池、高压惯性开关、快充接口、慢充接口及慢充充电器和手动维修开关组成,如图 7-1 所示。

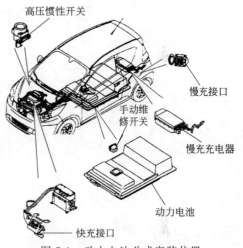

图 7-1　动力电池总成安装位置

2. 动力电池拆装注意事项

动力电池属于高压危险产品,拆装时应注意如下事项。

① 拆卸时一定要保证整车退至 OFF 挡且维修开关处于断开状态。维修开关拔出和恢复时一定要佩戴绝缘手套。

② 动力电池橙色线连接部分或贴有高压标识的零部件在拆卸时应严格注意安全操作规范。

③ 动力电池卸下前应断开手动维修开关,且对开关插座进行覆盖绝缘保护。

④ 动力电池输出口插座必须进行绝缘覆盖保护,避免异物落入造成触电。

⑤ 拆卸动力电池包前后部串联线及取出模组时一定要佩戴绝缘手套。

⑥ 拆卸动力电池包前后串联线时一定不要两人同时操作,只能由一人单独完成!恢复过程也只能由一人单独完成。

⑦ 必须先将故障模组拆除,显示连接好之后才能用诊断仪请求进入维修模式。在 ON 挡电请求完进入维修模式后直接插枪充电,若退电了,则管理器复位,还要重新请求。

⑧ 维修模式下只能进行车载充电,若进行其他操作可能会有风险。

⑨ 拆除模组的采集器必须串联在线束上(即连接通信接插件)。

⑩ 拆卸过程中，注意采样线不得用力拉拔、过度弯曲，以防采样线受损。
⑪ 安装过程中，螺钉紧固力矩必须按照设计要求并使用专业工具紧固。
⑫ 动力电池铜排连接片与模组连接位置装配前应进行除尘、去污处理。
⑬ 动力电池拆卸过程中注意零部件标识，以免遗漏或装错。
⑭ 安装完成后必须对紧固件进行扭力标识标记。

3. 混合动力车辆蓄电池维修注意事项

（1）高压电路切断　出现以下任一情况时，动力管理控制 ECU（HV CPU）会自动断开系统主继电器（SMR），主继电器电路原理如图 7-2 所示。

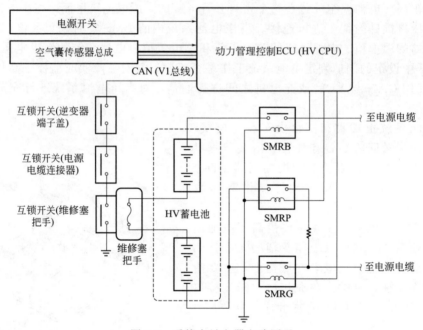

图 7-2　系统主继电器电路原理

① 电源开关置于 OFF 位置。
② 任意气囊展开。
③ 拆下逆变器端子盖（互锁电路断路）。
④ 断开电源电缆插接器（互锁电路断路）。
⑤ 解锁维修塞把手（互锁电路断路）。
⑥ 出现特定的故障。

在执行任何检查或维修前拆下维修塞把手，如图 7-3 所示，使高压电路在 HV 蓄电池的中部断开，从而确保维修期间的安全。

切断高压电路后，带转换器的逆变器总成内的高压电容器仍然存在电荷。维修混合动力车辆时，拆下维修塞把手后，在开始工作前至少等待 10min，以使电容器放电。

> **注意**　系统处于 READY-ON 状态时，切勿拆下维修塞把手。拆下维修塞把手后，将电源开关切换至 ON（READY）位置可能会导致故障。除非维修必须，否则请勿将电源开关切换至 ON（READY）位置。

（2）处理 HV 蓄电池的注意事项　HV 蓄电池电解液是强碱性氢氧化钾溶液（无味、透

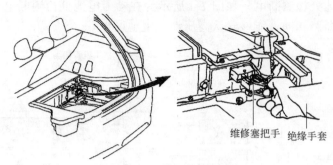

图 7-3 拔出维修塞把手

明、无色),随意处理 HV 蓄电池是非常危险的,应根据以下程序正确处理 HV 蓄电池。

① 当 HV 蓄电池所在区域出现液体泄漏时;用硼酸和水的饱和混合液进行中和,并用石蕊试纸判定混合液为中性后,再用抹布或废布将其擦除。

② 当蓄电池电解液接触到皮肤、眼睛等时,用硼酸和水的稀释溶液或大量的清水进行冲洗,并立即脱下沾有电解液的衣服。如果电解液进入眼睛,则大声呼救,不要揉眼睛,用大量清水冲洗眼睛并立即就医。

③ 当报废车辆时,从车辆上拆下 HV 蓄电池,并通过规定的途径进行回收。

④ 当存放 HV 蓄电池时,切勿将 HV 蓄电池置于潮湿的地方。

⑤ 当长时间存放车辆时,防止 HV 蓄电池放电或损坏,并断开辅助蓄电池负极端子。存放期间,应每隔 2 个月对 HV 蓄电池进行 1 次充电。

使用以下程序,通过车辆为 HV 蓄电池充电。

a. 连接辅助蓄电池负极端子。

b. 将电源开关切换至 ON(IG)位置 3min,不要施加任何电气负载[动力管理控制 ECU(HV CPU)检测到正确的 SOC 需要此操作]。

c. 进入 READY-ON 状态。发动机启动后,使其运转 30min 以对 HV 蓄电池充电。如果发动机不启动或在 30min 内间歇性地停止,则立即停止操作(无须对 HV 蓄电池充电)。

二、动力电池系统故障排查基本思路

1. 动力电池故障排查方法

① 通过故障诊断仪读取电池组数据,并配合接线板进行实测,通过最终数据进行判断是动力电池故障,还是电源管理控制器或其他组件故障。

② 单节电池电压值异常,单节电压过高会导致无法充电,过低会导致断电保护。充电过程中,单节最高电压应低于 3.8V,行车过程中,单节电压低于 2.2V 会断电保护,低于 2.4V 系统报警。

③ 单节电池温度异常,温度过高会导致无法充电(高于 65℃充电保护)。

④ 电池包损坏、漏液、漏电检测。

电动汽车的动力电池均不可维修,一旦出现电池内部短路、断路、漏电、各种机械损伤等,必须更换整个电池总成,并不支持单独的电池单元维修或更换,因为不同电池的特性不一致,电池性能不一致,装配在一起会影响电池的寿命和使用。

2. 通过断电检查判断故障方法

下面以大众车型为例,说明电动汽车在断电后检查断电的情况。

(1) 在动力电池处检测断电 如图7-4所示为在动力电池处检测断电示意。图中电压表的读数应与电压表断路相同,能够确认高压动力电池断电。

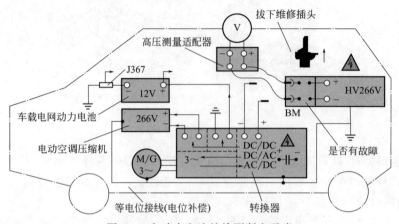

图7-4 在动力电池处检测断电示意
J367—动力电池监控控制单元;M/G3—电动机

(2) 动力电池负极和搭铁端之间检测断电 如图7-5所示为在动力电池负极和搭铁端之间检测断电示意。图中电压表的读数应为0。如果在测量中电压出现更高的值,表明在动力电池正极和搭铁之间存在搭铁故障或者短路。

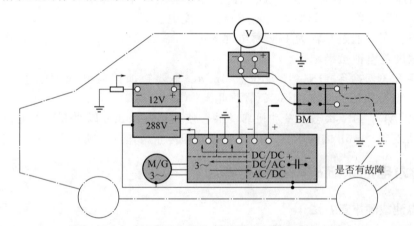

图7-5 在动力电池负极和搭铁端之间检测断电示意

在动力电池正极和搭铁端之间检测断电与动力电池负极和搭铁端之间检测断电的情况类似。

(3) 在转换器的蓄电池连接处检测断电 如图7-6所示为在转换器的蓄电池连接处检测断电示意。打开点火开关,关闭点火开关,重新测量,点火开关的转换会导致中间电路电容的放电。再次观察测量值是否低于7V。如果在测量中电压出现更高的值,则表明中间电路电容放电没有完成或者转换器有故障。

3. 动力电池绝缘阻值检测

某车型电动汽车电池管理系统部分电路如图7-7所示。

(1) 检测EP41端子1与2之间的电压

① 操作启动开关使电源模式至OFF状态。

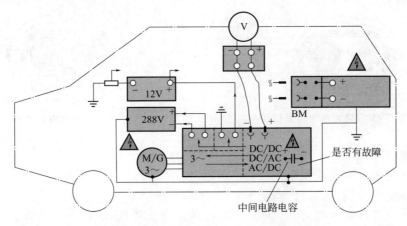

图 7-6 在转换器的蓄电池连接处检测断电示意

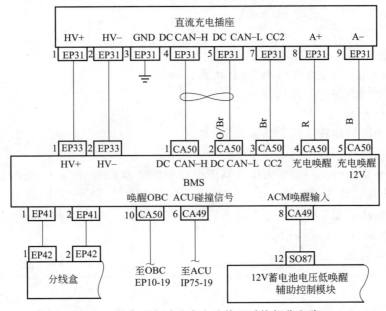

图 7-7 某车型电动汽车电池管理系统部分电路

② 断开蓄电池负极电缆插接器,如图 7-8 所示。
③ 拆卸维修开关。
④ 断开动力电池高压线线束插接器 EP41。
⑤ 等待 5min。
⑥ 用万用表检测 EP41 端子 1 与端子 2 之间的电压。标准电压:小于或等于 5V。

注意 端子 1 与端子 2 距离较近,严禁万用表针头短接和触碰任何非目标测量金属部件,并佩戴绝缘手套。

(2) 检测动力电池供电绝缘阻值
① 操作启动开关使电源模式至 OFF 状态。
② 断开蓄电池负极电缆插接器,如图 7-9 所示。

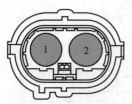

图 7-8　EP41 接动力电池线束插接器

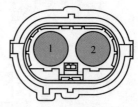

图 7-9　EP33 动力电池线束插接器（直流充电）

③ 拆卸维修开关。

④ 拆卸动力电池高压线线束插接器 EP41。

⑤ 将高压绝缘检测仪的挡位调至 100V。

⑥ 用高压绝缘检测仪测量动力电池高压线线束插接器 EP41 的 1 号端子与车身接地之间的电阻。标准电阻：大于或等于 20MΩ。

⑦ 用高压绝缘检测仪测量动力电池高压线线束插接器 EP41 的 2 号端子与车身接地之间的电阻。标准电阻：大于或等于 20MΩ。

⑧ 确认测量值是否符合标准。

（3）检测动力电池充电线路绝缘阻值

① 操作启动开关使电源模式至 OFF 状态。

② 断开蓄电池负极电缆插接器。

③ 拆卸维修开关。

④ 拆卸动力电池高压线线束插接器 EP33。

⑤ 将高压绝缘检测仪的挡位调至 1000V。

⑥ 用高压绝缘检测仪测量动力电池高压线线束插接器 EP33 的 1 号端子与车身接地之间的电阻。标准电阻：大于或等于 20MΩ。

⑦ 用高压绝缘检测仪测量动力电池高压线线束插接器 EP33 的 2 号端子与车身接地之间的电阻。标准电阻：大于或等于 20MΩ。

⑧ 确认测量值是否符合标准。

> **小贴士**
>
> 动力电池有关绝缘阻值
>
> （1）各端子之间的绝缘阻值
>
> ① 用兆欧表 500V 挡测量各端子之间的绝缘阻值。要求当空气相对湿度小于等于 90% 时，绝缘电阻应大于等于 20MΩ；当空气相对湿度大于 90% 时，绝缘电阻应大于等于 2MΩ。
>
> ② 用兆欧表 500V 挡测量各端子与电池外壳之间的绝缘阻值。当空气相对湿度小于等于 90% 时，绝缘电阻应大于等于 20MΩ；当空气相对湿度大于 90% 时，绝缘电阻应大于等于 2MΩ。
>
> ③ 目测高压极柱插头、极柱插孔是否有磨损、烧蚀等现象，并注意保护套等部件是否齐全。
>
> （2）动力电池对外绝缘电阻要求
>
> ① 绝缘电阻值的要求。在动力电池的整个寿命内，根据标准计算方法计算得到绝缘电阻值，所得值大于 100Ω/V。

② 测试前要求。在整个测试过程中，动力电池的开路电压等于或高于其标称电压值，动力电池两极应与动力装置断开。
③ 测量工具。能够测量直流电压的伏特表，其内阻应大于 $10M\Omega$。
（3）注意事项
① 所有箱体内必须保持清洁，避免有任何杂物和污染，以防意外漏电。
② 检查滤网、冷却风扇等是否齐全、牢固。

4. 高压电池事故处理方法

（1）碰撞　新能源车辆发生碰撞，请根据实际情况按照以下方法对车辆进行操作。
① 在有绝缘防护的条件下，将车辆车门打开。
② 检查车辆是否在 OFF 挡。
③ 断开前舱 12V 蓄电池。
④ 断开维修开关。
⑤ 查看高压电池托盘边缘是否开裂，有无明显液体流出。
⑥ 若有漏电、漏液现象，及时拆下高压电池及断开各模组采样线、高压连接线。

（2）水淹　若新能源车辆浸入深水中（深度超过电池托盘），请根据实际情况按照以下方法对车辆进行操作。
① 在有绝缘防护的条件下，将车辆从水中移出并打开车门。
② 检查车辆是否在 OFF 挡。
③ 断开前舱 12V 蓄电池。
④ 断开维修开关。
⑤ 清除车辆内部水迹，检查车辆高压电池是否漏电。
⑥ 若漏电，及时拆下高压电池及断开各模组采样线、高压连接线。

（3）泄漏　如果高压电池发生泄漏（有明显液体流出），请按照以下方法对车辆进行操作。
① 请将车辆退电至 OFF 挡，断开前舱 12V 蓄电池。
② 断开维修开关。
③ 及时拆下高压电池及断开各模组采样线、高压连接线。
④ 发生少量泄漏时，请远离火源，使用吸液垫吸附后置于密闭容器中，或采用焚烧方式处理。操作前请佩戴防腐蚀手套。
⑤ 发生大量泄漏时，请统一收集，按照危险化学品处理，可加入葡萄糖酸钙溶液来处理有毒气体 HF。
⑥ 当人体不慎接触泄漏液体时，应立即用大量水冲洗 $10\sim15min$，如果有疼痛感，可用 2.5% 的葡萄糖酸钙软膏涂抹，或用 2%～2.5% 的葡萄糖酸钙溶液浸泡止痛。若无改善或出现不适症状，请立即就医。

（4）起火　如果车辆起火，请根据实际情况按照以下方法继续对车辆进行操作。
① 若条件允许，将车辆退电至 OFF 挡、断开前舱 12V 蓄电池、断开维修开关。
② 使用灭火器（请勿使用水基型灭火器）灭火，并立即拨打 119 电话救援。
③ 如果火势较大，发展较快，请立即远离车辆，并立即拨打 119 电话救援。

（5）溢出的动力电池电解液处理方法　溢出的动力电池电解液可以采用大量清水清洗，这是最简单有效的处理方法。如果有条件可以使用渗透硼酸处理方案，这个方案可以非常有效地中和所有的电解液,将危害降到最低。处理方法是通过溶解800g的硼酸于20L自来水中,倒在溢出的电解液上,中和所有溢出的动力电池电解液。如果要擦拭溢出的电解液,必须准备充足的吸水毛巾或布,事故中溢出的电解液必须清理干净,在使用这些布去吸收前,先要使用试纸去检查确认,确保所有溢出液已被中和(如果不考虑成本,这个方法也可以用于处理辅助电池的电解液)。

当面对溢出的电解液时,及时穿好或佩戴好合适的防护装置,并剥下一片红色石蕊试纸检查溢出液,如果试纸变为蓝色,说明溢出的液体需要使用硼酸液进行中和。中和完成后,使用试纸再去检查溢出液,确认试纸颜色不改变。中和完毕后,使用棉布对残余液进行清理。

(6) 发生动力电池电解液相关事故时的处理方法 如果在操作中不慎接触了动力电池的电解液,可按照下列措施处理。

① 如果皮肤接触动力电池的电解液,应立即用大量的清水进行冲洗。

② 如果眼睛接触到动力电池的电解液,应立即用大量的清水反复进行冲洗(至少10min)。

③ 如果动力电池的电解液不慎入口,应立即喝大量清水,并且避免呕吐。

④ 在做上述操作同时寻求医疗救助。

(7) 发生镍氢电池氢气相关事故时的急救措施 吸入氢气时(如操作人员进入电池正在充电的、不通风且狭小空间内)会产生中毒危险,应参考以下急救措施。

① 自身安全是第一位的!

② 必须马上呼吸大量新鲜空气,所有人员(包括救援者与受害者)必须马上被转移到通风处。

③ 如果事故受害者没有反应,应当采取与电气事故同样的急救措施!

三、电池管理系统故障排查方法

新能源汽车的电源管理系统主要指功率控制单元(变频器)总成及相关线路。若电池管理系统发生故障,则失去了对电池的监控,不能估计电池的SOC,容易造成电池的过充、过放、过载、过热以及不一致性问题的增加,影响电池的性能、使用寿命和行车安全。如果该系统出现故障,电控系统均会生产相应的故障码,在检测中主要通过故障码、不同工况下的电压和电阻变化判断该系统工作是否正常,一旦确定故障,必须更换总成。不同品牌车辆在维修中会有差别(如故障码内容、具体的电压和电阻值等),请以原厂维修步骤为最终标准。该装置目前无法解体维修,只能更换电源管理控制器总成。

1. 电源管理控制器故障

当电源管理控制器存在故障时,会导致高电压系统内接触器不能工作,使车辆失去动力。若电池管理器内部故障可能导致采集的动力电池的单节电压、总电压失真,使车辆无法正常使用

动力电池控制器的故障模式如下。

① 电压采样功能异常。

② 温度采样功能异常

③ 电池管理保险烧毁。

④ 和采集器、整车模块CAN失去通信。

⑤ 信号采集异常(漏电检测信号、碰撞信号、动力电池电流信号等)。

⑥ 其他故障（充电管理、放电管理、接触器控制、电池均衡、数据记录、SOC 计算功能、SOH 计算功能）。

2. 线路或连接件故障

线路或连接件故障的诊断对于确保行车安全和整车的可靠性同样重要。例如，因为车辆的振动，电池间的连接螺栓可能会出现松动，电池间接触电阻增大，发生电池间虚接故障，以致电池组内部能量损耗增加，造成车辆动力不足和续驶里程短，在极端情况下还能引起高温，产生电弧，熔化电池电极和连接片，甚至造成电池着火等极端电池安全事故。

在电动汽车运行过程中，单体电池之间可能发生相对跳动，造成两电池间的连接片折断。电池箱和电动汽车的电气连接也是故障的高发点，电插接器在经历长时间振动后容易产生虚接，出现易烧蚀、接触不良等故障。

四、动力电池系统常见故障与处理方法

动力电池系统常见故障与处理方法见表 7-1。

表 7-1 动力电池系统常见故障与处理方法

项目	故障现象	故障后果	处理方法
单体电池	单体电池 SOC 偏低	电池组容量降低，电动汽车续驶里程短	对单体电池单独充电
	单体电池 SOC 偏高		对单体电池单独放电
	单体电池容量不足	电池组充电不足、使用寿命减少，电动汽车续驶里程短	更换单体电池
	单体电池内阻偏大	电池组充电不足、使用寿命减少，电动汽车动力不足、续驶里程短	
	单体电池过充电	电池内部短路、电池热失控，严重时会起火、爆炸	检查电池管理系统
	单体电池过放电		
	单体电池内部短路	电池热失控，严重时会起火、爆炸	更换单体电池
	单体电池外部短路		排除短路故障、更换单体电池
	单体电池极性装反		更换单体电池
电池管理系统	CAN 通信故障	无法监控电动汽车	检查 CAN 网络
	电流测量故障	无法监控电池电流	检查电流测量模块
	电压采样功能异常	出现总电压采样过高或过低时，车辆动力会自动切断，仪表动力电池故障灯亮	①用 ED400 读取动力电池控制器数据流，采集电压大小 ②更换动力电池控制器、采样线等，看试车是否正常 ③更换动力电池控制器、采样线等后故障无法消除，进行动力电池维修
		出现单节电压采样过低时，车辆 SOC 进行修正（2.2V 时 SOC 修正为 0），车辆动力会自动切断，仪表动力电池故障灯亮	①用 ED400 读取动力电池控制器数据流，采集单节、最低电压大小 ②更换动力电池控制器、采样线等，看试车是否正常 ③更换动力电池控制器、采样线等后故障无法消除，进行动力电池维修

续表

项目	故障现象	故障后果	处理方法
电池管理系统	电压采样功能异常	出现单节电压采样过高时(3.8V)，车辆动力会自动切断，仪表动力电池故障灯亮	①用ED400读取动力电池控制器数据流，采集单节电池最高电压大小 ②更换动力电控控制器、采样线等，看试车是否正常 ③更换动力电控控制器、采样线等后故障无法消除，进行动力电池维修
	温度采样功能异常	出现温度采样严重异常时，车辆动力会自动切断，仪表动力电池过热故障灯亮	①用ED400读取动力电池控制器数据流，采集到单节电池温度大小 ②更换动力电控控制器，看试车是否正常 ③更换配件后故障无法消除，进行电池包过温维修
	信号采集异常（漏电检测信号、碰撞信号、动力电池电流信号等）	信号采集异常：由于电池管理器内部采集模块故障或外部自身交换的CAN数据异常，导致信息反馈到动力电池控制器进行处理时出现异常	①用ED400读取电池管理器数据流 ②更换动力电池控制器配件，看试车是否正常 ③更换配件后故障无法消除，拆检动力电池，检查采样线、漏电传感器等部件是否正常
电池管理系统	动力电池控制器保险烧毁	动力电池控制器保险（直流充为动力电池保险，交流充为双路保险）烧毁时：动力电池控制器没有工作电压，不能与车辆其他模块进行信息交换，导致车辆无法正常启动；交流充电继电器没有电，无法吸合，导致动力电池控制器无法正常交换信号充电	更换保险
	冷却系统故障	电池温度偏高	检查冷却风扇控制线路
线路或连接件	电池间虚接	电动汽车动力不足、续驶里程短	紧固电池连接
	电池间断路	电动汽车无法启动	检查电池连接
	快速熔断器断开		检查快速熔断器
	动力电插接器断开		检查动力电插接器
	动力电插接器虚接	插接器易烧蚀，电动汽车动力不足	
	信号电插接器故障	无法监控电动汽车	检查信号电插接器
	正极接触器故障	电动汽车无法启动	检查接触器
	负极接触器故障		
	电源线短路	电池热失控，严重时会起火、爆炸	检查电源线

五、动力电池系统故障维修的禁忌

① 禁止未参加该车型高压系统知识培训的维修人员拆卸高压系统,包括手动维修开关、高压电池包、驱动电动机、电力电子箱、高压配电单元、高压线束、空调压缩机、交流充电线束、快速充电口、电加热器、慢充电器。

② 在拆卸或装配高压配件时,必须断开12V电源和高压电池包上的手动维修开关。

③ 在进行高压相关操作前,维修人员必须穿戴好劳保用品,戴好绝缘手套,穿好高压绝缘鞋。在戴绝缘手套前,必须检查绝缘手套是否有破损的地方,确保手套无绝缘失效。

④ 在安装和拆卸过程中,应防止制动液、洗涤液等液体进入或飞溅到高压部件上。

⑤ 高压电池拆卸和安装过程禁止以下行为:暴力拆卸、跌落、碰撞、模组倾斜、重压模组、采样线过度拉扯、人为短路等非正常工作行为,禁止非工作人员拆卸。

⑥ 为避免造成人身伤害,在无佩戴相应防护用具的情况下,请不要接触或对高压电池进行操作。

⑦ 拆卸过程中,部分零部件具有锁紧功能,请不要用蛮力,请注意对高压电池进行防护。

第二节 驱动电动机与电动机控制器故障排查方法

一、驱动电动机系统故障排查基本思路

1. 驱动电动机系统

驱动电动机系统是纯电动汽车三大核心部件之一,是车辆行驶的主要执行机构。由驱动电动机、驱动电动机控制器构成,通过高低压线束、冷却管路与整车其他系统作电气和散热连接,如图7-10所示。

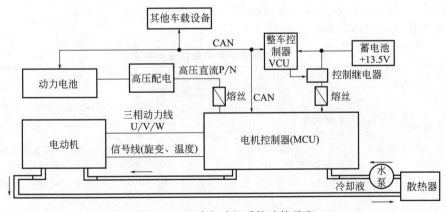

图7-10 驱动电动机系统连接示意

2. 驱动电动机系统故障排查思路

① 通过车辆使用情况或结合仪表指示的故障灯初步确定故障范围。

② 使用专业诊断仪进入系统读取故障码及数据流，进行数据的分析比对。

③ 查阅维修资料，掌握整车控制策略及驱动电动机系统的控制策略，掌握驱动电机系统的组成，特别是电动机控制器采集信号所用的温度传感器、电动机位置传感器等传感器，掌握正确的信号波形及数据范围。

④ 使用示波器或万用表对怀疑的部位进行在线的实时数据测量，判断波形及数据的正确性。

⑤ 高压安全断电、放电和验电操作。

⑥ 线路及插接器检查。初步检查线路及插接器是否连接牢固、位置是否正确、插接器内针脚是否有倒针或退针的现象。使用万用表测量相关线路电阻是否符合规定、有无短路或断路现象。

⑦ 如以上线路没有发现问题，尝试更换电动机控制器或驱动电机。

二、驱动电动机故障诊断与排除方法

驱动电动机发生故障时，通常仪表板会点亮动力系统的故障警告灯" "，应先利用故障诊断仪读取DTC（故障码），根据故障码的提示分析故障可能原因并进行线路和电气元件的检查。

驱动电动机常见的故障如下。

1. 电动机启动困难或不能启动

① 电源电压过低修理方法：调整电压到所需值。

② 电动机过载修理方法：减轻负载后再启动。

③ 机械卡住修理方法：检查后先停车，解除机械锁止，然后再启动电动机。

2. 电动机运行温度过高

① 负荷过大修理方法：减轻负载。

② 电动机扫膛修理方法：检查气隙及转轴、轴承是否正常。

③ 电动机绕组故障修理方法：检查绕组是否有搭铁、短路、断路等故障，若有应给予排除。

④ 电动机冷却不良修理方法：检查冷却系统故障，若有应给予排除。

驱动电动机常见故障及处理方法见表7-2。

表7-2 驱动电动机常见故障及处理方法

故障现象	故障原因	处理方法
电动机在空载时不能启动	①电源未接通 ②逆变器控制原因 ③定子绕组故障（断路、短路、接地和连接错误等） ④电源电压太低	①检查开关、接触器触点及电动机引出线头，查出后修复 ②检查逆变器 ③检查定子绕组，找出故障并修复 ④检查电源电压和每个连接处
通电后，电动机不启动，"嗡嗡"响	①定子、转子绕组断路 ②绕组引出线始末端接错或绕组内部接反 ③电动机负载过大或被卡住 ④电源未能全部接通	①查明断路点进行修复 ②定子绕组中通入直流电，检查绕组极性（用指南针）；判定绕组首末端是否正确 ③检查设备，排除故障 ④紧固接线柱松动的螺钉，用万用表检查电源线某断路线或假接故障，然后修复

续表

故障现象	故障原因	处理方法
定子过热	①输电线一相断线或定子绕组一相断路,造成走单相 ②过载 ③绕组匝数不对 ④通风不良	①检查开关、接触器触点及电动机引出线头,查出后修复 ②检查定子绕组,找出故障并修复 ③减少负载或增加容量 ④检查绕组电阻 ⑤检查风机是否正常
绝缘电阻低	①绕组受潮或被水淋湿 ②绕组绝缘粘满粉尘、油垢 ③引出线绝缘老化破裂 ④绕组绝缘老化	①进行加热烘干处理 ②清洗绕组油垢,并经干燥、浸漆处理 ③重包引线绝缘 ④经鉴定可以继续使用时,可经清洗干净,重新涂漆处理;若绝缘老化,不能安全运行时,需更换绝缘
电动机振动	①轴承磨损,间隙不合格 ②气隙不均匀 ③转子不平衡 ④笼型转子导条断条 ⑤定子绕组故障(短路、断路、接地和连接错误等) ⑥转轴弯曲 ⑦铁芯变形或松动	①检查轴承间隙,应符合设计要求 ②调整气隙 ③重新校对平衡 ④更换转子 ⑤查出绕组故障点并进行处理 ⑥校直转轴 ⑦校正铁芯,或重新叠装铁芯
电动机空载运行时空载电流不平衡,且相差很大	①绕组首端接错 ②电源电压不平衡 ③绕组有故障(匝间短路、某线圈组接反等)	①查明首末端,改正后再启动电动机试验 ②测量电源电压,找出原因并消除 ③拆开电动机检查绕组极性和故障,并改正和消除
电动机运行时有杂音,不正常	①轴承磨损,有故障 ②定子、转子铁芯松动 ③电压不平衡 ④绕组有故障(如短路、接错等) ⑤轴承缺少润滑脂 ⑥气隙不均匀,定子、转子相擦	①维修并更换轴承 ②检查振动原因,重新压装铁芯 ③测量电源电压,检查电压不平衡原因并处理 ④检查绕组故障并处理 ⑤清洗轴承,添加规定量的润滑脂 ⑥调整气隙,提高装配质量
轴承发热超过规定	①润滑脂过多或过少 ②脂质不好,含有杂质 ③轴承与轴配合过松或过紧 ④轴承与端盖配合过松或过紧 ⑤油封间隙配合太紧 ⑥轴承内盖偏心,与轴相擦 ⑦电动机两侧端盖或轴承盖未装平 ⑧轴承有故障,磨损、有杂物等 ⑨轴承间隙过大或过小	①拆开轴承盖,检查油量,按规定增减润滑脂量 ②检查油脂内有无杂质,更换洁净的滑润脂 ③采取措施,使轴承与轴配合符合要求 ④采取措施,使轴承与端盖配合符合要求 ⑤更换或修理油封 ⑥修理轴承内盖,使其与轴的间隙合适 ⑦按正确工艺将端盖或轴承盖装入止口内,然后均匀紧固螺钉 ⑧更换损坏的轴承,对含有杂质的轴承要彻底清洗、换油 ⑨更换新轴承
花键轴或花键套过早磨损	①电动机轴或套老化 ②电动机安装不当,造成电动机轴弯曲变形 ③长期过载运行	①更换 ②检测维修或更换 ③按正常运行
电动机发热冒烟或烧毁	①严重超载 ②冷却液不足 ③爬坡度或坡道长超过规定值 ④制动器调整不当,或使用不当,正常行驶中脚踩着制动踏板 ⑤控制器失效	①减至规定值 ②按规定添加 ③按规定值运行 ④调整制动器,正常行驶时不踩制动踏板 ⑤检测维修或更换

三、驱动电动机控制器维修注意事项

① 发生故障报警后，可按报警提示结合说明进行初步排查，若无明显的绝缘破损和线路故障，可重新上电测试一次，当故障不再报警时可继续运行，此时需要做好故障记录，以备将来维修时使用；若故障继续报警，则应进行维修。

> **注意** 不要自行打开机壳或箱体，以免发生不必要的损失！

② 即使电源已经切断，控制器直流回路的电容器上仍然带有危险电压。必须断电一段时间后（或采用专用放电工具放电），确保直流输入端子间的直流电压低于36V后才允许进行相关作业。

③ 电动机和控制器装车后，请不要触摸电动机和控制器的高压连接端。

④ 电动机及其控制器采取水冷方式，在工作过程中必须保证冷却回路中不能出现气泡、缺水、结冰等现象。推荐采用乙二醇型防冻液，要求其冰点低于当地最低温度5℃以上。

⑤ 电动车辆出现故障被拖车拖走维修时，必须保证该电动车辆变速器挡位处于物理空挡位置，实现电动机轴与变速器输入的物理连接脱离，避免电动机高压发电造成系统损坏以及安全事故。

⑥ 系统使用前要熟悉手册中所有的安全说明和有关安装、操作和维护的规定，正确进行搬运装卸、就位安装和操作维护是实现系统安全及合理使用的可靠保证。

⑦ 电动机和控制器的金属壳件及其散热器在使用后有可能维持较高温度，请勿停机后直接用手接触，否则会有烫伤危险。

⑧ 在处于运行状态的带电设备上进行测量或测试时，必须遵守安全操作法规，实际操作时，应该使用合格的电子仪器。

⑨ 在系统安装和调试之前，请务必仔细阅读安全规则和警告，以及系统上粘贴的所有警示标志，要及时更换已脱落或损坏的标志。

四、驱动电动机控制器故障的诊断与排除方法

驱动电动机控制器是驱动系统的核心执行模块。驱动电动机控制器接收电池管理器和整个控制单元的信息，控制三相驱动电动机的运转，并实现电动机转速、方向和转矩的改变。电机控制器通过接收电动机角度传感器（电机解角器传感器）信号作为控制命令的输出反馈，实现系统的闭环控制。

1. 驱动电动机控制器故障的诊断与排除

（1）故障现象

① 电动机控制系统存在故障时，会导致电动机不能正常运转，使车辆失去动力。

② 位于车辆仪表内"🚗"动力系统故障指示灯将点亮。

③ 如果仅指示灯"🔋"点亮，说明电动机的温度过高，系统将降低电动机的功率输出。

（2）故障可能原因

① 控制器模块本身的故障。

② 角度传感器故障。

③ 电源和搭铁不良。

(3) 诊断步骤　电动机控制器负责根据车辆的运行工况驱动电动机,系统框图如图 7-11 所示。

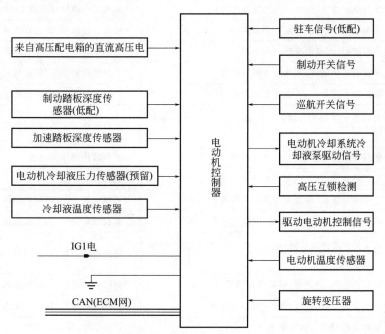

图 7-11　电动机控制器系统框图

使用诊断仪读取可能存在的故障码。将诊断仪连接 DLC3 诊断口,如果提示通信错误,则可能是车辆 DLC 诊断口问题,也可能是诊断仪问题。将诊断仪连接另一辆车的 DLC3 诊断口,如果可以显示,则表明原车 DLC3 诊断口有问题,需更换。若不可显示,则为诊断仪问题。

2. 电动机控制器与驱动电动机的匹配方法

因车辆不能行驶,需更换电动机控制器与驱动电动机的车辆,为了实现驱动电动机与电动机控制器电角度匹配,使整车运行平稳,减少异响、噪声及抖动,必须进行电动机控制器与驱动电动机的匹配。

下面以知豆电动汽车为例,介绍电动机控制器与驱动电动机的匹配方法。匹配方法如下。

① 点火开关钥匙旋转至"LOCK"位置,接通主电源(电源总开关在向上抬起的位置)。

② 在把加速踏板踩到最低位置、不松开油门踏板的情况下,再把钥匙旋转至"ON"挡位置。

③ 向前或向后同一个方向匀速将车推行 1m 左右后松开油门踏板,不要停车,继续向前推行 3~5m 后停车,看到组合仪表上 READY 指示灯亮,表明匹配成功。

④ 关闭电源(钥匙旋转至 LOCK 挡位)。

3. 驱动电动机与控制器冷却系统故障诊断方法

冷却系统的作用就是通过冷却液循环散热为驱动电动机、车载充电动机、电动机控制器、动力电池这四大部件进行散热。由于散热器风扇同时给冷凝器、散热器提供强制冷却风,散热器风扇运行策略受空调压力与整车热源温度双向控制,两者择高不择低。

(1) 电动机与控制器过热常见故障与排除方法(表 7-3)

表 7-3　电动机与控制器过热常见故障与排除方法

故障部位	故障原因	故障排除方法
冷却液缺少	冷却液缺少,未按维护手册添加冷却液	溢水罐处添加冷却液
冷却液泄漏	环箍破坏,水管接口处冷却液泄漏	更换全新环箍,留存故障件
	水管破损,水管本身冷却液泄漏	更换全新水管,留存故障件
	散热器芯体破坏,芯体处渗漏冷却液	更换散热器芯体,留存故障件
	散热器水室开裂,水室外侧泄漏冷却液	更换散热器芯体,留存故障件
	散热器水室与散热器芯体压装不良,接缝处渗漏冷却液	更换散热器芯体,留存故障件
	散热器防水堵塞丢失,放水孔渗漏冷却液	更换散热器放水堵塞
电动水泵	冷却液杂质,导致电动水泵堵转	更换系统冷却液
	电动水泵破损,泵盖/密封圈/泵轮破坏	更换电动水泵,留存故障件
	整车线束故障,虚接/短路/断路等故障	查找线束故障,依据线束维修手册处理
	水泵控制器熔丝熔断/继电器熔丝熔断/插接件针脚退针	更换电动水泵,留存故障件
散热器风扇	风扇控制器/继电器/插接件针脚退针	更换散热器风扇,留存故障件
	整车线束故障,虚接/短路/断路等故障	查找线束故障,依据线束维修手册处理
	扇叶破损/断裂,扇叶不工作	更换扇叶,留存故障件
	电动机/控制器温度传感器故障,风扇不工作	查找电动机/控制器故障,依据相应维修手册处理
散热器	芯体老化,芯管堵塞	更换散热器
	散热带倒伏,影响进风量	更换散热器
	水室堵塞,影响冷却液循环	更换散热器
前保险杠中网或下格栅	进风口堵塞	查找进风口故障,依据相应维修手册处理

(2) 冷却系统部件异响的常见故障与排除方法(表 7-4)

表 7-4　冷却系统部件异响的常见故障与排除方法

故障现象	故障部位	故障原因	解决方案
电动水泵异响（嗡嗡声）	电动水泵	冷却液杂质,导致电动水泵堵转	更换系统冷却液
		泵轮破坏,造成电动水泵异响	更换电动水泵,留存故障件
		泵轮破坏,电动水泵空转	补充冷却液
		冷却液排空不彻底,电动水泵气蚀	冷却液排空气处理
		电动水泵高速运行,控制器或线束故障	更换控制器或查找整车线束故障
散热器风扇异响	散热器风扇	扇叶破损/断裂,扇叶异响	更换扇叶,留存故障件
		护风圈与扇叶摩擦,扇叶异响	更换风扇总成,留存故障件
		护风圈进入杂质,扇叶异响	排除杂质,确认风扇无异常
		冷却液温度过高,风扇高速运行	根据电机过热,排除故障

五、驱动电动机与电动机控制器故障维修的禁忌

① 禁止未参加该车型高压系统知识培训的维修人员拆解高压系统（包括手动维修开关、高压电池包、驱动电动机、电力电子箱、高压配电单元、高压线束、电空调压缩机、交流充电口和交流充电线、快速充电口、电加热器、慢速充电器）。

② 当拆解或装配高压配件时，必须断开 12V 电源和高压电池包上的手动维修开关。

③ 在开始维修作业前，维修人员必须穿戴好劳保用品：戴好绝缘手套，穿好高压绝缘鞋。在戴绝缘手套前，必须要检查绝缘手套是否有破损的地方，要确保手套无绝缘失效。

④ 在高压系统的高压电池包、电驱动变速器、电力电子箱、高压线束、电空调压缩机、车载充电器、交流充电口和交流充电线全部安装（包括所有插接器的连接）完成之前，必须确保蓄电池的负极电缆始终处于断开状态，手动维修开关处于断开位置。

⑤ 更换驱动电动机后，必须使用售后诊断仪进行驱动电机初始角度自学习。

⑥ 只有在已安装状态下，才允许于驱动轴上使用 GE 油脂循环稍稍浸润密封环。

⑦ 转子轴的轮毂基座和变速箱输入轴务必完全无油脂。只允许使用 GE 清洁剂进行清洁。

⑧ 禁止超过最大 4g 的油脂量。必要时在润滑前将残留油脂完全去除。

第三节　高压配电系统故障排查方法

一、高压配电系统的组成构造

电动汽车的高压配电系统是将动力电池的高压电分配给电动机控制器、驱动电动机、电动空调压缩机、PTC 加热器、DC/DC 转换器等高压用电设备。同时将交流、直流充电接口高压充电电流分配给动力电池，以便为动力电池充电。

一般高压配电系统主要由分线盒（有些车型也称为高压配电箱、高压电器盒等）、直流充电接口、交流充电接口、高压配电线束、电动空调压缩机线束、PTC 加热器线束、电机三相线等组成，如图 7-12 所示。

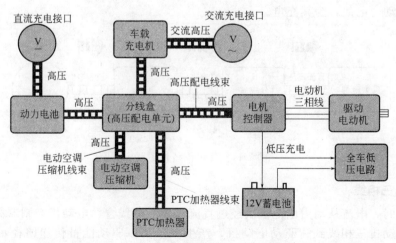

图 7-12　高压配电系统组成示意

1. 分线盒

分线盒又叫高压配电箱，其主要功能是通过对接触器的控制来实现整车高压配电系统电量的通断，将高压电池的高压直流电分配给电动机控制器、空调压缩机和 PTC 加热器，以及接收车载充电机（交流慢充时，充电电流也会经过分线盒流入动力电池为其充电）或非车载充电机的直流电来给高压电池充电，同时含有其他辅助检测功能，如电流检测、漏电检测等。在车辆上电和充电时，配电箱内各接触器有效按时序运行通断，保证整车高压配电系统的安全运行。

分线盒内对电动压缩机回路、PTC 加热器回路、交流慢充回路各设有一个的熔断器。当上述回路电流超过 90A 时，熔断器会在 15s 内熔断；当回路电流超过 150A 时，熔断器会在 1s 内熔断，保护相关回路。帝豪 EV 分线盒电气原理如图 7-13 所示。

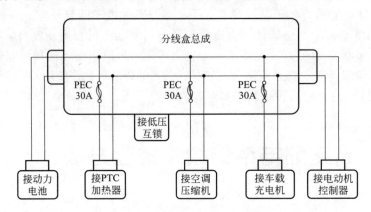

图 7-13 帝豪 EV 分线盒电器原理

2. 直流充电接口

直流充电接口能接收直流充电桩的电能，并通过高压线束将电能输送给动力电池总成，为其充电。

3. 交流充电接口（如配备）、直流母线

如图 7-14 所示，交流充电接口能接收交流充电桩的电能，并通过高压线束将电能输送给车载充电机，车载充电机将交流电转化成直流电再传递给分线盒，分线盒经过直流母线将直流电传递到动力电池，为其充电。

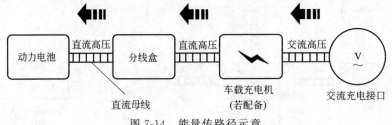

图 7-14 能量传路径示意

4. 电动机三相线

车辆行驶时，电流从动力电池依次经过直流母线、分线盒、电动机控制器高压线、电动机控制器、电动机三相线到达驱动电动机，产生驱动力，驱动能量传递路径示意如图 7-15 所示（能量回收时传递路径相反）。

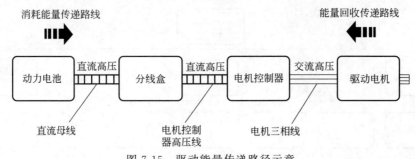

图 7-15 驱动能量传递路径示意

二、高压配电系统维修注意事项

1. 高压配电箱在拆装中应注意的事项

① 卸下高压配电箱前应断开电池维修开关，且对开关插座进行覆盖绝缘保护。

② 动力电池动力输出插座必须进行绝缘覆盖保护，避免异物落入造成触电。

③ 拆卸过程中，不得用力拉拔、过度弯曲采样信号线，以防线束受损。

④ 高压配电箱不可随意开盖，要避免异物、液体等进入配电箱内部；拆卸高压配电箱的过程中注意零部件标识，以免遗漏或装错。

⑤ 拆卸和安装高压配电箱的过程中禁止以下情况发生：暴力拆卸、跌落、碰撞、重压组件线路及过度拉扯等非正常工作行为；禁止非工作人员拆卸。

2. 新能源汽车高电压的主要位置

纯电动汽车与混合动力汽车设计有高电压，高压部件主要集中在以下几个位置。

（1）驱动系统　包括动力电池和三相电动机，以及电动机驱动控制器和逆变器。

（2）空调与加热系统　包括高压电驱动的压缩机，高压的 PTC 加热器。

（3）充电系统　包括为动力电池充电的车载充电器和充电接口。

（4）电源系统　主要是 DC/DC 转换器。

此外，用于连接高压部件之间的导线也属于高电压部件。

高电压车辆的高压部件安装位置具有以下特点。

① 高压部件主要集中在整体式车身的外部。除了少数的混合动力汽车动力电池安装在车辆后部位置外，大多数车辆动力电池、逆变器等都布置在乘客舱外部，而且高压导线也是沿着底盘外布置的。

② 高压部件都具有明显的橙色标识，或者部件的醒目位置粘贴有高压标识。

3. 新能源汽车高压存在时间

新能源汽车的高压系统集中在车辆的驱动系统、空调与暖风系统、12V 电源系统及带有插电功能的充电系统。根据高压存在的时间进行分类，新能源汽车高压系统的高压主要有以下三种存在形式（图 7-16）：持续存在、运行期间存在和充电期间存在。

（1）持续存在　新能源汽车的动力电池持续存在高电压，即使当车辆停止运行期间，由于动力电池始终存储有电能，因此当满足动力电池的放电条件后，该部件将继续对外放电。

（2）运行期间存在　运行期间存在高压的部件，是指当点火开关处于 ON、RUN 或其他运行状态时，部件存在高电压。逆变器、高压压缩机、PTC 加热器及 DC/DC 转换器部件只有在系统运行时，来自动力电池的高电压才会加载到这些部件上。

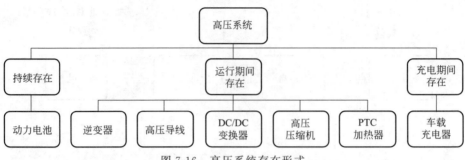

图 7-16　高压系统存在形式

运行期间存在高电压的系统或部件有以下两种类型。

① 只要点火开关处于 ON 或 RUN 状态下就会存在高电压，这类部件包括逆变器、DC/DC 转换器和连接的高压导线。

② 虽然点火开关处于 ON 位置，但是由于该系统所执行的功能没有被接通，此时相关的部件仍然不会接通有高电压。位于纯电动汽车中的高压压缩机和 PTC 加热器，该压缩机的特点是一半是涡卷压缩机，另一半是三相高压驱动的电动机。在驾驶人没有运行车辆的空调或暖风功能时，这些部件上是不会存在高电压的。

（3）充电期间存在　充电系统部件仅在车辆充电期间存在高电压，这包括来自外部电网的 220V 交流高压，以及车载充电器与动力电池之间的直流高压。

> **注意**　有些车辆的车载充电器和动力电池设计有独立的空调式冷却系统，在车辆充电期间，由于动力电池可能产生很高的热量，因此车载空调会运行以降低动力电池的温度，此时车辆的高压压缩机也会在充电期间运行，也存在有高电压。

4. 高电压的接通与关闭

在新能源汽车中，除动力电池外，其他部件都是由整车控制单元或混合动力控制单元通过接触器控制高电压的接通与关闭的。动力电池的电能提供形式与来自电网的供电一样，无论总闸打开与关闭，其总是有电的；而接触器所起的作用是总电源的总闸，新能源汽车的接触器是由电脑来控制的。

三、高压配电系统常见故障诊断与排除

1. 充电机回路故障

充电机回路故障主要表现为插上充电枪后，动力电池不充电、充电灯不亮、充电机保护等。常见故障点有分线盒熔断器熔断、充电回路断路、充电回路绝缘故障、充电回路短路故障和分线盒故障等。

2. 压缩机回路故障

压缩机回路故障主要表现为压缩机不工作、压缩机无电压供电。故障点主要有分线盒内熔断器熔断及高压供电回路断路、短路、绝缘故障等。

3. PTC 加热器回路故障

PTC 加热器回路故障主要表现为空调暖风系统不制暖。主要故障点为分线盒内 PTC 熔断器熔断及 PTC 回路出现断路、短路、绝缘故障等。

四、高压配电系统维修禁忌

① 禁止未参加该车型高压系统知识培训的维修人员拆卸高压系统,包括手动维修开关、高压电池包、驱动电动机、电力电子箱、高压配电单元、高压线束、空调压缩机、交流充电线束、快速充电口、电加热器、慢充电器。

② 拆卸或装配高压配件时,必须断开12V电源和高压电池包上的手动维修开关。

③ 在进行高压相关操作前,维修人员必须穿戴好劳保用品,戴好绝缘手套,穿好高压绝缘鞋。在戴绝缘手套前,必须检查绝缘手套是否有破损的地方,确保手套无绝缘失效。

④ 在安装和拆卸过程中,应防止制动液、洗涤液等液体进入或飞溅到高压部件上。

第四节 DC/DC 转换器与充电系统故障排查方法

一、DC/DC 转换器故障排查思路

电动汽车整车点火开关 ON 挡供电或充电唤醒供电,动力电池完成高压系统预充电流程,整车控制器发给 DC/DC 转换器 12V 使用信号,DC/DC 转换器开始工作。

DC/DC 转换器的高压输入是由动力电池经过高压控制盒中的熔丝送到 DC/DC 转换器的高压输入端;DC/DC 转换器的低压输出直接输出给低压蓄电池;整车控制器(VCU)通过使能控制信号线控制 DC/DC 转换器,DC/DC 转换器的故障信号线同时输给 VCU 和组合仪表。另外,VCU 和动力电池管理系统(BMS)之间通过新能源 CAN 总线进行通信。

1. DC/DC 转换器的工作条件

① 高压输入范围为直流 290~420V。

② 低压使能输入范围为直流 9~14V。

北汽 EV200 电动汽车的低压 12V 供电系统如图 7-17 所示。

由图 7-17 可知,DC/DC 转换器作为高低压系统的枢纽,负责将高压电池电压转换成低压电压供低压 12V 系统供电。低压 12V 系统的供电分为两类:12V 常供电、ON 挡 12V 供电。

2. 判断 DC/DC 转换器是否工作的方法

① 将点火开关置于 OFF 挡,断开所有用电器并拔出钥匙。

② 按压低压蓄电池锁压件,打开盖板并裸露出低压蓄电池正极。

③ 使用专用万用表电压挡位测量低压蓄电池的电压,并记录。

④ 将点火开关置于 ON 挡位置。

⑤ 使用专用万用表电压挡位测量低压蓄电池的电压,这时所测的这个电压值是 DC/DC 转换器输出的电压。如果数值为 13.8~14V(关闭车上的用电设备的情况下),表明 DC/DC 转换器工作。

⑥ 如果测量值低于规定值,可能存在以下原因。

a. 车上用电设备未关闭。

b. 专用工具万用表测量值有误差。

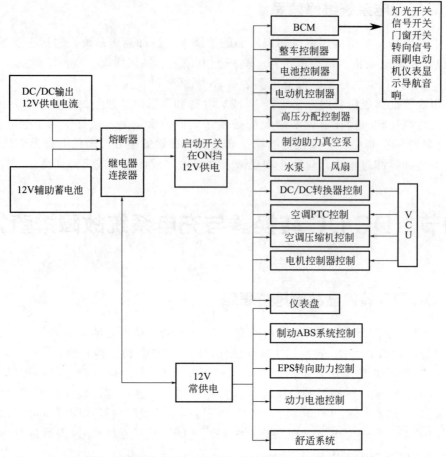

图 7-17 北汽 EV200 电动汽车的低压 12V 供电系统

c. DC/DC 转换器故障。

d. 蓄电池严重亏电。

3. DC/DC 转换器常规故障检测方法

① 把万用表调至检测 DC 直流挡位，测试整车铅酸蓄电池电压。

在测试蓄铅酸蓄电池有 13.8V DC 但仪表盘上还有红色铅酸蓄电池灯亮时，则拆控制器上盖（整车解除高压电，请注意安全），用万用表导通挡检测黄色 FB 信号线到控制器 23 针控制器第二排第 3 针脚是否导通，其针脚位置见图 7-18，检查 FB 信号线是否有退针现象。

a. FB 信号线有退针，如果是控制器端信号线退针，则更换控制器或把退针的脚位插回去；如果是 DC/DC 端信号线退针，则更换单体 DC/DC 转换器或把退针的脚位插回去。

b. FB 信号线连接正常，但铅酸蓄电池有 13.8V 且仪表盘上还有红色铅酸蓄电池灯亮，此故障为 DC/DC 的 FB 信号故障，更换 DC/DC 转换器即可。

在测试铅酸蓄电池无 13.8V DC 时，则进行下一步。

② 把万用表调至检测导通挡位，测试控制器熔丝是否良好（导通）（整车下电无高压，请注意安全）。

a. 熔丝熔断（不导通），则测试 DC/DC 转换器输入正负极是否短路（导通为短路）。DC/DC 转换器输入正负极短路（即 DC/DC 故障），则更换 DC/DC 转换器；DC/DC 转换器输入正负极未短路，则更换熔丝，查看是否故障还会发生。

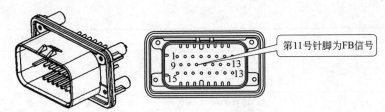

图 7-18 控制器 FB 信号线针脚

b. 熔丝良好，查看信号线束在控制器内部是否连接正常，连接正常的话，进入下一步。

③ 把万用表调于检测导通挡位，测试整车有无提供 VCC、使能、FB 信号等的电压。

a. 如果整车在 VCC、使能、FB 信号等的电压有一样未提供，但显示 DC/DC 故障现象的，那么 DC/DC 转换器良好，应检测整车低压用电系统是否有不良。

b. 整车在 VCC、使能、FB 信号等的电压均有提供的情况下，显示 DC/DC 转换器故障现象，那么应更换 DC/DC 转换器。

④ 更换 DC/DC 转换器备件来检测是否 DC/DC 转换器故障。

在以上测试均正常的情况下，还是未能解决故障，则更换 DC/DC 转换器备件，查看故障现象是否还在。若故障现象消失，则更换下的 DC/DC 有故障；若故障现象还在，则属于车辆低压用电系统故障导致。

⑤ DC/DC 转换器偶发性故障。DC/DC 转换器在整车上一会有输出，一会无输出（即仪表盘红色铅酸蓄电池灯一会亮一会不亮），除常规检测外，还应按以下测试方法进行电路检查。

a. 检测整车和控制器 23 针接插件是否松动，接插件内部是否有退针或针歪。若有松动或退针，则应修复。

b. 检测 DC/DC 转换器输出接插件是否连接固定，有无松动。若有松动，则重新固定。

c. 检测整车铅酸蓄电池正极是否连接固定，有无松动。若有松动，则重新固定。

d. 检测控制器外和控制器内部高压输入是否连接正常，有无连接异常、螺栓松动等现象。有异常或螺栓松动，则重整修复。

e. 在以上检测后，故障还存在。试摇晃检测 DC/DC 转换器输出端螺栓，是否有松动的感觉。若有松动，则更换 DC/DC 转换器单体。

f. 在以上检测都正常的情况下，把整车上电"READY"，且开启车辆上所有的低压系统（即车灯、收音机、雨刮等），并开车尝试多次转弯。查看是否在以上情况下故障现象不消失（一直存在），直到全部停下或关闭（整车低压用电系统）的情况下故障现象消失。那么此问题为 DC/DC 转换器故障——DC/DC 转换器负载能力故障，可更换 DC/DC 转换器单体；反之，DC/DC 转换器正常。

二、高压转低压系统常见故障与排除

首先测量有无电压输入，其次测量有无 12V 电压信号输入，再次测量有无电压输出。其常见故障及排除方法见表 7-5。

表 7-5 DC/DC 转换器系统常见故障及排除方法

常见故障	故障原因	故障排除方法
整车低压电气无电	DC/DC 转换器控制线	调整
	无 72V 输入电压	调整或更换

续表

常见故障	故障原因	故障排除方法
整车低压电气无电	DC/DC 转换器损坏,无输出电压	检查,更换
	其他线束故障	更换
常电电池亏电	DC/DC 转换器电压低	更换
	继电器损坏	更换
	常电电池故障	检查排除
	线束故障	更换

1. 案例一：车辆行驶中报蓄电池故障

主要原因有：插接器是否正常连接，高压熔丝是否熔断，使能信号是否输入正常，DC/DC 转换器本体故障。

故障排除方法如下。

（1）DC/DC 转换器高压系统检测　检查高压控制盒 DC/DC 转换器熔断器是否正常，接触面是否烧蚀、锈蚀、螺钉是否松动；检查高压控制盒、高压附件线束、DC/DC 转换器之间的高压输入电路是否正常。

（2）DC/DC 转换器低压系统检测　检测 DC/DC 转换器低压输出负极和搭铁点之间是否导通；检测 DC/DC 转换器低压输出正极和总熔丝盒 DC/DC 转换器熔丝 MF01 之间是否导通；检查主熔丝；检测使能信号线，检查 DC/DC 转换器低压控制插件的 A 脚和整车控制器 V_{62} 脚是否导通；检测故障信号线，检查 DC/DC 转换器低压控制插件的 B 脚和整车控制器 V_{23} 脚是否导通；检查 DC/DC 转换器低压控制插件的 C 脚和整车控制器 V_{23} 脚是否导通；检测使能信号，车辆正常启动后，检查 DC/DC 转换器低压控制插件的 A 脚电压，应为 12V，如没有电压，检查整车控制器，必要时更换。

（3）通过诊断系统检测　连接诊断仪，进入整车控制器界面，查看蓄电池故障码，并查看故障码对应的冻结帧，分析冻结数据对应的实际工况。读取数据流，选择供电电压，进行路试。车辆开启全部用电设备，原地测试 100min，电压为 13.5V，正常，挂挡行车路试，当车速提高时，供电电压波动也随之增大，波动最高时大于 2V，最低电压到达 11.6V，而整车报警值是 12V，分析该故障与驱动系统干扰有关。

更换驱动电动机后继续路试，输出电压正常，基本稳定在 13.6V。

2. 案例二：知豆纯电动汽车 DC/DC 转换器总成常见故障与排除

（1）常电电池亏电　故障原因：DC/DC 转换器无输出。

排除方法如下。

无高压（DC 72～86V）输入或无 12V 启动信号电压输入以及 DC/DC 转换器自身故障均会造成 DC/DC 转换器无输出电压。首先测量 DC/DC 转换器输入端是否有高压输入，方法如下。

① 将 DC/DC 转换器 P20 航空插头拔出，钥匙拨到"ON"挡位后，用万用表电压挡测量插头两个插孔之间应当有 DC 72～86V 电压。

② 若无高压输入，将钥匙拨到"LOCK"，然后将前机舱分线盒打开，用万用表通断挡检测 DC/DC 转换器保险（16A 分线盒内最右侧）是否烧断。

③ 若 DC/DC 转换器保险完好，则用万用表通断挡检测动力电池总正保险（300A 分线盒内最左侧）是否烧断。

④ 若总正保险完好，则可断定为电池包内故障（动力回路断路或 BMS 故障），经测量 DC/DC 转换器输入端有高压输入，则需进一步检测是否有 12V 启动电压信号输入，检测方法如下。

　　a. 将 DC/DC 转换器输出端插件以及信号线插件从主线中断开。

　　b. 钥匙打到"ON"挡后，用万用表电压挡测量主线上信号线插件端子与 DC/DC 转换器输出插件负极端子之间电压应为 12V。

　　c. 若无 12V 启动信号电压输入，则为主线线路故障，需进一步检测主线信号插件端子至常电电池正极之间线路通断，常电电池正极→ACC 挡保险（30A）或 ON 挡保险（20A）→ACC 继电器或 ON 挡继电器→充电继电器→充电保险（5A），经测量输入端有高压输入且 12V 启动信号电压正常，则可判定 DC/DC 转换器自身故障造成无输出电压。

　　（2）灯光强度不够　故障原因：DC/DC 输出电压低。

　　排除方法：DC/DC 转换器自身故障，更换新的 DC/DC 转换器。

三、电动汽车充电注意事项

充电系统是纯电动汽车主要的能源补给系统，为保障车辆持续行驶提供动力能源。根据动力电池的实时状态控制启动充电和停止充电；并根据动力电池的电量、温度控制充电电流的调节和给动力电池加热。充电系统组成如图 7-19 所示，充电系统电气原理如图 7-20 所示。电动汽车充电器一般有车载充电器、交流充电器、交流充电桩和直流快速充电桩等几种。电动汽车充电器的充电插头不同国家或地区各不相同。

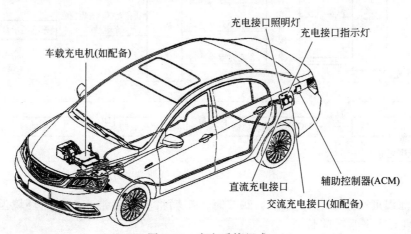

图 7-19　充电系统组成

电动汽车充电注意事项如下。

① 设备必须接地良好，如果充电设备出现故障或者损坏时，接地线可提供最小阻抗电路放电从而减小触电的危险。设备装有设备接地点与供电插头接地点相连的接地线。插头必须与安装正确且接地良好的电源插座互配。

② 整车未解锁，请勿强行开启车辆插座的舱盖。

③ 拔出车辆插头前，请操作整车解锁以解除车辆接口的电子锁，并在 30s 内拔出车辆插头，否则车辆接口的电子锁会重新锁止。

④ 当组合仪表 SOC 指示条进入红色警戒格时，表明动力电池电量已不足。在电量降至红色警戒格时及时充电，不要在电量完全耗尽后再进行充电，否则会影响动力电池的使用寿命。

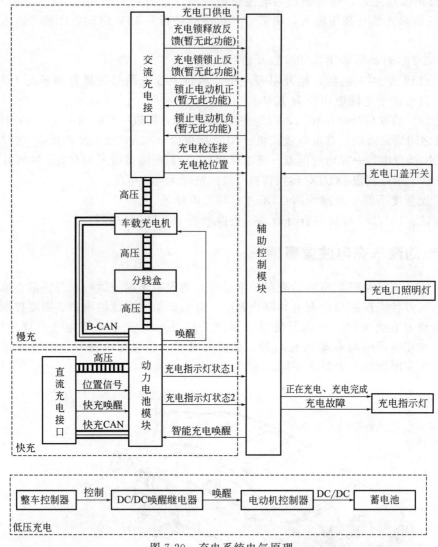

图 7-20 充电系统电气原理

⑤ 当电池温度高于 65℃ 或低于 -20℃ 时,车辆将不能正常充电。当环境温度低于 0℃ 时,充电时间要比平常时间长。

⑥ 家用交流充电是使用车辆配备的交流充电连接装置进行充电的。推荐使用 220V、50Hz、10A 的专用交流电路和电源插座。专用电路是为了避免线路破坏或者由于给动力电池充电时的大功率导致线路跳闸保护,如果没有使用专用线路,可能影响线路上其他设备的正常工作。

⑦ 当外部电网断电后再次供电时,充电设备会自动重新启动充电,不用重新连接充电设备。

⑧ 当动力电池电量充满后,系统会自动停止充电。

⑨ 使用交流充电连接装置时应注意:停止充电时先断开充电设备的车辆插头,再断开电源端供电插头。

⑩ 启动车辆前请确保充电设备已经断开,充电口盖和充电口舱盖已经关闭,因为充电设备锁止机关在没有完全锁止状态下,车辆可能会上"OK"挡。充电口盖未关闭,水或外

来物质可能进入充电口端子，长期会影响正常使用。

四、充电系统常见故障诊断与排除

1. 充电系统故障类型与检测方法

充电系统的故障可分为车载充电机故障和充电设施故障两种。

（1）操作性故障

① 故障现象：正确连接充电枪，充电指示灯异常，无法充电。

② 检测方法：检测挡位、钥匙状态。可根据汽车使用说明书，将挡位和钥匙推至正确位置。

（2）车载充电机故障

① 正确连接充电枪，充电系统无反应，无法充电。

a. 检查充电枪车端和枪车端各触点是否完好，视情况修正损坏的触点。

b. 检测充电枪锁止按键电路是否断开，修复锁止按键电路。

c. 检查电器盒充电熔丝是否熔断，修复或更换充电熔丝。

d. 检测充电枪输出端有无电压，若充电枪控制盒损坏或供电电网络断电，则应进行修理或更换。

② 正确连接充电枪，充电指示灯亮，无法充电。

a. 检查充电输出的辅助电压是否正常，检测动力蓄电池是否完成高压上电，原因是其他高压节点未被唤醒。

b. 检测充电机是否过热，可将车移至阴凉处，检测冷却系统。

③ 正确连接充电枪，充电系统正常反应，但一直无法充满。

a. 检测通信是否正常，可读取故障码，依据故障码进行维修。

b. 检测充电机电压输出是否正常，若输出电压值低于动力蓄电池充电电压或充电机至动力蓄电池高压线缆接触不良，都会造成上述故障。

（3）充电桩故障

① 桩体温度过高。检查系统是否过负荷运行，可重新启动，若启动运行便死机且不能恢复，则立即关机停止充电，联系专业技术人员进行检测。

② 桩体无法刷卡或刷卡不灵敏。

a. 检查主板串口是否可靠连接，重新启动系统。

b. 检查读卡区域或卡槽，可用卡对齐刷卡器读卡区域，重新再次刷卡或输入密码。

2. 充电系统常见故障与排除

车载充电机故障信息将通过 CAN 总线报至总线上，通过 CAN 总线可以找出故障信息。

① 根据指示灯的故障诊断方法，见表 7-6。

表 7-6 根据指示灯的故障诊断

故障现象	故障排除方法
不充电，电源交流灯不亮	检查高压充电母线是否与充电机直流输出连接完好，确认电池的接触器已经闭合
不充电，警告灯闪	确认输入电压在 170～263V AC 之间，输入电缆的截面积在 2.5mm^2 以上
不充电，警告灯闪，且风扇不转	过热警告；清理风扇的灰尘

② 12V 低压供电异常。当充电机 12V 模块异常时，BMS、仪表等由于没有唤醒信号，

无法与充电机进行通信。

判断方式：最简单的判断方式就是交流上电的时候，若电池没有发出继电器闭合的声音，表明可能是 12V 低压未上电。需要检查低压熔断器盒内充电唤醒的熔断器及继电器，以及充电机端子是否出现退针的情况。

③ 充电机检测的电池电压不满足要求。此问题是在充电过程中，BMS 可以正常工作，但充电机工作开始前需要检测动力电池电压，当动力电池电压在工作范围内时，车载充电机可以正常工作，否则充电机认为电池不满足充电的要求。

判断方法：此情况常见的为高压插件端子退针或高压熔断器熔断，或者电池电压超过工作范围。

④ 充电机检测与充电桩"握手"不正常。充电机工作过程中会检测与充电桩之间的"握手"信号，当判断到 CC 的开关断开时，充电机认为此时将要拔掉充电枪，因此会停止工作，防止带电插拔，提升充电枪端子寿命。当充电枪未插到位时，可能出现此情况。

⑤ 充电桩电压正常却无法充电。充电桩输入电压正常却无法充电，是由于施工时电源线不符合标准所引起的无法充电故障。车辆在低温环境下，充电桩开始时与充电机连接正常，由于车辆动力电池低温下需将电芯加热至 0～5℃时，才能进行正常充电，加热过程时，负载较小，电压下降并不多，进入充电过程时，负载加大，输入电压下降，充电桩为充电机提供的电源电压低于 187V 时，充电机无法正常工作，充电机停止工作后，负载减小，测量时电压又恢复正常，这种情况一定要在充电机进入充电过程时通过测量当时的准确电压，来找到故障所在。

3. 快充系统常见故障与排除

(1) 常见故障

① 快充桩与车辆无法通信。快充桩与车辆无法通信的主要原因有唤醒线路熔丝损坏、搭铁点搭铁不良、快充枪、快充口、快充线束、低压电器盒、整车控制器、动力电池低压控制插件等部件的低压辅助电源针脚、连接确认针脚、快充 CAN 针脚等损坏，退针、烧蚀、锈蚀，动力电池和数据采集终端快充 CAN 总线间的电阻不符合。

② 快充桩与车辆通信正常但无充电电流。快充桩与车辆通信正常但无充电电流的主要原因有高压控制盒快充继电器线路熔丝损坏、主熔丝损坏、低压电器盒损坏、高压控制盒损坏、快充线束损坏、动力电池 BMS 快充唤醒失常。

(2) 故障排除思路　排除"快充桩与车辆无法通信"故障，首先检查线路连接情况，然后检查快充系统各部件低压辅助电源、连接确认信号、快充 CAN 线路等的针脚情况以及电压、电阻等是否符合要求。排除"快充桩与车辆通信正常但无充电电流"故障时，显然没有了低压通信的问题，但应检查高压供电线路的熔丝、线束、继电器等有无问题，检查动力电池与高压控制盒连接插件的电压，检查动力电池 BMS 快充唤醒信号是否正常，检查高压控制盒快充连接端子电压是否正常，若有电压则联系动力电池厂家售后对动力电池检测，若无电压则更换高压控制盒。

以某电动车为例，通过图 7-21 说明维修"快充桩与车辆无法通信"故障的思路。

① 检查快充桩与快充口连接是否良好。检查车辆快充口各连接端子有无损坏；快充口和快充枪有无烧蚀和锈蚀现象；快充口 PE 端与车身搭铁是否导通（标准阻值为 0.5Ω 以下）；快充口 CC_1 与 PE 之间的阻值是否符合要求，阻值应为（1000±50）Ω。

② 检测充电唤醒信号是否正常。如未唤醒，可能是唤醒线路熔丝 FB27 损坏、快充口及快充线束损坏、低压电器盒损坏，应逐步检查熔丝电阻、熔丝电压（12V）；快充口 A+ 与快充线束 A+、低压电器盒是否导通，如不导通，应更换或维修。

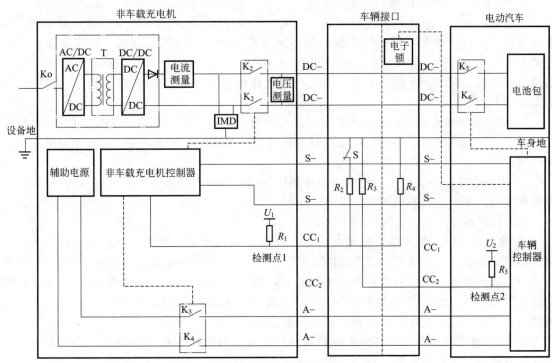

图 7-21 快充系统工作原理

③ 检查车辆端连确认信号是否正常。如快充唤醒信号及相关线束都正常，车辆仍旧不能通信连接，则对车辆端连接确认信号进行检测。可能是快充口及快充线束损坏、整车控制器针脚损坏、动力电池低压控制插件损坏，应逐步检查快充口 CC_2 与快充线束 CC_2 整车控制器插件 17 针是否导通，检查快充口 S－与快充线束整车低压线束插件 S－是否导通，检查快充口 S＋与快充线束整车低压线束插件 S＋是否导通，如不导通应更换或维修；检查快充口 S＋与 S－之间的阻值，应为（60±5）Ω；检查快充线束整车低压线束插件 S－与动力电池低压插件 T 针及数据采集终端插件 2 针是否导通，阻值应小于 0.5Ω；检查快充线束整车低压线束插件 S＋与动力电池低压插件 S 针及数据采集终端插件 1 针是否导通，阻值应小于 0.5Ω；断开快充线束与数据终端和动力电池低压插件，检查快充线束整车低压线束插件 S＋与 S－之间的阻值，应为无穷大，分别检查动力电池和数据采集终端快充 CAN 总线间的电阻，应该都为 120Ω，若不是，应更换或维修，检查快充线束整车低压线束插件 A－与车身搭铁是否导通，若不导通，应更换或维修。

4. 慢充系统常见故障与排除

（1）常见故障

① 充电桩显示车辆未连接，主要原因有充电枪安装不到位，车辆与充电桩两端枪反接。

② 动力电池继电器未闭合，主要原因有插接器连接不正常，车载充电机输出唤醒不正常。

③ 动力电池继电器正常闭合，但充电机无输出电流，主要原因有车端充电枪连接不到位，高压熔丝熔断，高压插接器及线缆连接不正确。

（2）故障排除思路

① 线路连接情况。检查慢充桩——充电线、慢充口、慢充线束、车载充电机、高压控制盒、动力电池之间的线路连接是否良好。

② 检查低压供电及唤醒信号是否正常。检查车载充电机指示灯状态，如三个灯都不亮，表示没有电源输入，分别检查线路熔丝、充电线、慢充口、慢充线束是否正常，若正常，则更换车载充电机；检查车载充电机的 12V 电源及慢充唤醒信号是否正常，高压控制盒内的车载充电机熔断器是否损坏，动力电池 12V 唤醒信号是否正常，整车控制器、动力电池等部件的新能源 CAN 总线是否正常；动力电池低压控制端搭铁及整车控制器控制搭铁是否正常。

③ 检查高压电路是否正常。如果低压电路正常，充电仍无法完成，应逐步检查充电线、慢充线束、车载充电机、高压控制盒、动力电池之间的高压电是否正常，是线束故障还是部件故障。

④ 使用故障诊断仪检查。使用故障诊断仪分别检查动力电池及车载充电机的工作状态，对数据进行分析，找出故障所在。

(3) 故障维修

① 检查慢充桩与慢充口连接是否良好。检查车载充电机，发现三个指示灯都不亮。分别测量充电线桩端充电枪的 N、L、PE、CP、CC 脚和车辆端的 N、L、PE、CP、PE 脚是否导通，如不导通，则修复或更换充电线总成；测量充电线车辆端充电枪的 CC 脚和 PE 脚的阻值，16A 充电线阻值应为 $680\times(1\pm3\%)\Omega$，32A 充电线阻值应为 $220\times(1\pm3\%)\Omega$，若阻值与标准值不符，则修复或更换充电线总成。

② 检查慢充口与车载充电机连接是否良好。排除慢充桩充电线问题后，启动充电，车载充电机指示灯仍旧都不亮，检查慢充线束及车载充电机。

检查插件端子有无烧蚀、虚接现象；分别测量充电口 L、N、PE、CC、CP 脚与充电线束充电机插件 1、1、3、5、6 脚是否导通，如不导通，则修复或更换慢充线束总成；慢充线束检查完毕，恢复好后进行充电测试，如果车载充电机的指示灯还都不亮，则更换车载充电机。

当该车更换车载充电机后，充电正常，故障排除。

五、汽车充电系统使用的禁忌

交流电路和电源插座（16A 插座）不允许使用外接转换接头、插线板等，且应确保 16A 电源插座接地良好。专用交流电路是为了避免线路破坏或者由于给动力电池充电时的大功率导致线路跳闸保护，如果没有使用专用线路，可能影响线路上其他设备的正常工作。

1. 充电设备使用的禁忌

① 不要在充电插座塑料口盖打开的状态下关闭充电口盖板。
② 不要用力拉或者扭转充电电缆。
③ 不要使充电设备承受撞击。
④ 不要把充电设备放在靠近加热器或其他热源的地方。
⑤ 充电时，不建议人员停留在车辆内。
⑥ 充电时，建议将车辆停放在通风处。
⑦ 停止充电时应先断开交流充电连接装置的车辆插头，再断开电源端供电插头。
⑧ 不要将车辆搁置在超过 55℃ 以上或低于 -25℃ 环境下超过 24h。

2. 直流充电使用的禁忌

① 充电完毕或充电过程中停止充电，需先结束充电，再拔下充电插头，切记不要带电插拔。

② 直流充电机周围严禁存放汽油、煤油、机油、板皮、棉纱、破布等易燃易爆物品。
③ 下雨时充电需严格注意安全，避免在雨中插拔充电枪。
④ 车辆停车时，需与直流充电机保持必要间距，切勿碰撞机体。
⑤ 在工作中，若直流充电机产生不正常声响、气味、振动或其他故障，应立即停止工作进行检查，根据情况及时反馈给技术服务人员。

3. 交流充电使用的禁忌

① 柜体运行时切忌随意断开断路器或者按下急停按钮，遭遇特殊情况时，需请示专业人员，勿擅自操作，以免造成柜体重要设备的损坏。
② 切忌随意修改设备原设定值，以免在出现故障时影响出厂设计的保护功能。
③ 柜体运行时禁止直接触碰或间接触碰带电单元。
④ 柜体运行时操作人员及参观人员要与柜体保持一定的安全距离。
⑤ 整个系统应该远离烟火、爆炸物及腐蚀物。
⑥ 在使用完设备后，将负载断开，防止下次上电之前对设备造成伤害。

4. 新能源汽车维修的禁忌

① 打开电动车机舱前，必须将钥匙拧至 OFF 挡。电动车机舱内部标有高压危险警示标的器件，严禁用手直接去触摸；车辆机舱内严禁喷水、冲洗；不要在雨中打开前舱盖，以防止漏电。
② 用户不得私自开启高压电器盒。如果高压熔丝熔断，表示汽车电气系统有较大的故障，应立即与新能源汽车 4S 店联系。
③ 在进行前舱作业之前，必须关闭启动开关。

5. 发生事故时的注意事项

① 保持车辆处于 N 挡，关闭汽车。
② 如果车上电线裸露或破损，禁止触碰任何电线，以防触电。
③ 如果发生火灾，应立刻离开车辆并用磷酸铵盐类灭火器灭火，或用大量水灭火。

参 考 文 献

[1] 熊强,等.汽车电气设备.北京:国防工业出版社,2012.
[2] 麻友良,严运兵.电动汽车概论.北京:机械工业出版社,2012.
[3] 吴文琳,等.汽车电工1000个怎么办.3版.北京:中国电力出版社,2013.
[4] 陈金柱.新能源汽车技术.北京:机械工业出版社,2015.
[5] 吴文琳.汽车万用表检测从入门到精通.2版.北京:化学工业出版社,2019.